櫻井義秀編著

現代中国の宗教変動とアジアのキリスト教

現代宗教文化
研究叢書
007

北海道大学出版会

はじめに

一　ポスト・グローバル時代の宗教

東アジア（東北アジア・東南アジア）では、グローバル化により引き起こされた地域・階層間格差が一九九七年のアジア金融危機によってさらに拡大し、新自由主義政策で経済の底上げを図ろうとした政治の矛盾が噴出した。先進国の日本・韓国・台湾では中間層の分解、貧困層の拡大が進み、一国の中に先進地域から後進地域までを含む中国では、都市と農村や富裕層と貧困層との間で十大階層と言われる階層間の格差が増大している（陸学芸主編二〇〇二）。中進国が多い東南アジア諸国では、タイをはじめ政治的安定や民主化が課題であり、教育・労働・社会保障の領域において社会的排除が進行した。そのためにこれらの国々では、包摂の施策を完全実施するほどの財政的余力が国家・国民共になく、宗教団体・NGO／NPOも含めた市民社会組織による自助努力が行われている（櫻井・道信編　二〇〇九）。

ポスト・グローバルの視点とは、このような社会問題を生み出した世界資本主義に対抗する反グローバリズム思想や抵抗戦術に限定されるものではなく、現実的課題と向き合う中で現代化されたローカルな知や戦略によって社会問題を解決しようという試みに着目することである（新津・吉原　二〇〇六）。その際、グローカル化ともいうべき地域・歴史的文化の創造的活力によって内発的発展に至る事例や（中村編　二〇〇八）、オルターナティブな地域開発を志向している事例（櫻井　二〇〇五）に注目する調査研究がなされてきた。

編者は、タイ上座仏教の僧侶・寺院によるコミュニティ開発や社会事業に注目し、寺院が社会関係資本として機能する可能性を指摘した（櫻井 二〇〇八）。また、分担執筆者も、宗教文化に根ざす世俗倫理と商人・企業家層の関連から内発的発展の経路を問うている（中村 二〇〇五）。このような地域社会づくりや社会事業に力を注ぐ教会や市民団体（Faith Based NGO/NPO=FBOやFaith Related NGO/NPO=FRO）の研究（Smidt 2003）、および社会に積極的に関わり、社会の問題解決を志向する宗教のあり方が、これまで注目されてきた（Abito and Inaba 2006）。したがって、編者は西欧の研究動向に応える意味で、宗教と社会貢献というテーマ（稲場・櫻井編 二〇〇九）や、宗教研究とソーシャル・キャピタル論との接合も試みてきた（櫻井・濱田編 二〇一二、櫻井編 二〇一三）。しかしながら、先進国や中進国の社会階層分化に伴って生じる宗教変動の動態については、まだまだ実態の把握が遅れているのではないかと感じている。

東アジアでは産業化・都市化に伴う地域・階層移動に伴うストレス解消や、成長至上主義のもと地域間・階層間格差が生み出す社会的・精神的剥奪への対応として新しい宗教の動きがあった。外来・新宗教だけに着目してみても、一九八〇年代末より日本には韓国系キリスト教が、韓国では創価学会が（公称信者数一四〇万人）教勢を拡大しているし（李・櫻井編 二〇一一）、韓国ではこれまで教勢を伸ばしてきたキリスト教が鈍化している一方で、ヨガや気功、占いがブームとなる等、日本同様に個人化されたスピリチュアリティがみられる。中国では海外のキリスト教宣教団による家庭教会の拡大とチベット仏教に帰依する漢族の増加が顕著であった。タイでもサンガの内棲セクトとでも言うべきサンティ・アソーク（自然農法コミューン）やタンマカーイ寺（瞑想センター）が信者を集めている。このように、伝統宗教や主流派の教団が、生起する社会問題や人々の要求に応えきれない状況において、霊性・癒やしを求める新宗教運動やスピリチュアリティを求める動きが生じていると理解できる。

しかし、同時に、宗教運動がどのような形で生じるかについては、当該社会における政教関係や経済発展の段階、および社会福祉の成熟度もおおいに関わってくる。本書では、とりわけ中国の宗教動態を扱う際にこの点に注意している。

中国の統制的な宗教市場(①規制された公認宗教、②許容された宗教運動、③取締対象の邪教)をふまえた分析(Yang 2012)や、宗教を文化資源として保護し、和諧社会実現への貢献を義務づける宗教政策によって宗教施設建設や祭礼実施の機会を与えられた宗教復興の動態をみれば(Yang and Lang 2011)、中国では宗教政策の変遷こそが宗教運動に活動の機会を提供したことが了解される(王 二〇一〇、林・肖 二〇一一)。制度的規制が緩い日韓と上座仏教を事実上の公認宗教とするタイでも、政教関係と宗教行政が宗教運動の展開を規定している。本書では、近現代の東アジアにおける宗教の制度分析を軸に宗教動態を変動の局面で把握しようと種々の論考を用意している。

もっとも、当該社会の制度的規制をものともせず布教活動を行う外来宗教や、自由な宗教市場を存分に活用する宣教団体の存在も、グローバリゼーションの脈絡で注目されるところである。グローバルな経済・労働市場を志向した国家では、国内の伝統宗教や新宗教に移民宗教と海外宣教団も加えて宗教多様性を増している(Giordan 2009、三木・櫻井編 二〇一二)。既成宗教と新宗教との葛藤は、古くはヨーロッパで教会税や政府の公認宗教的地位をめぐって生じ、北米では信者獲得をめぐるカルト論争としてもみられるところである(櫻井 二〇一四)。

諸宗教の平和的共存を価値・制度的に保障する宗教多元主義を実現するには、統治に文化的正統性を与える宗教制度と政治の関係(政教関係)を調整する必要がある。ジョン・ヒックの宗教哲学的多元主義論や宗教間対話という宗教運動は、宗教多元化状況への思想・実践的対応として生まれてきたものである。また、多元主義の社会を構築するのにリベラリズムの理念とガバナンスの仕組みだけで十分か、宗教も含む伝統文化や共同体への配慮が必要かについては政治哲学で長らく議論されている(Taylor 1994)。

本書では、世界各地で宗教が公共的領域における政治的決定にいぜんとして影響力を有するという認識を共有しているが(Casanova 1994)、こと東アジアの近現代においては政治が宗教を統制してきたために、宗教が統治システムに介入されない独自の社会空間を形成しているとまでは言えない事情がある。それでも、近年の東アジアをみれば、社会内部のダイナミックな宗教運動とトランスナショナルな宗教がもたらすインパクトから、政治的統制や文化的圧力の網の目をくぐり抜ける宗教的空間の存在を確認できる。

以上、ポスト・グローバル時代の宗教とそのような宗教変動を見る視点、すなわちグローバリゼーションとトランスナショナリズム、宗教多元主義時代における政教関係や共生の論理、および階層分化や社会的排除が進む現代社会の問題に宗教がどのように応えるのかという問題意識を説明した。次に、各章の簡単な要約を付して、本書全体の概要を説明したい。

二　本書の構成

第Ⅰ部「東アジアの社会と宗教」では、東アジアの宗教文化の構成と変動をみる視点の提示を目的とする。第一章の「現代東アジアの宗教」において櫻井義秀は、東アジアの宗教文化の特徴として儒仏道の三教に祖先崇拝とシャーマニズムが習合した多元的宗教世界を基層に置き、外来宗教や新宗教が伝統宗教の再活性化を促す宗教変動の構造を記述する。そのうえで、政治が宗教文化を統制してきた近代までの政教関係を制度論から論じる。また、中国における宗教政策は、このような制度に根ざしながらも中国共産党による政治・文化統治の構造から独特の仕組みをもっているので、この点も説明する。

宗教の社会的活動を規制する政教関係が機会構造的な制度であれば、宗教団体による社会活動への動機づけや社会的需要を生み出すのが社会福祉的制度である。東アジアの福祉レジームは長らく家族・地域による扶養・互助が中心であったが、少子化と都市化によりその制度的基盤が崩壊しつつある。人々の生活基盤や精神的安寧を国家が十分に保障できない状況において、宗教団体や宗教施設が地域福祉の補完的役割を担い、ボランティア（義工）に信者を動機づけ、そして当該社会も宗教団体による社会活動を促進するような施策を行う。郭莉莉・金昌震は第二章「東アジアの福祉と家族」において、日本・韓国・中国・台湾の福祉レジームを比較し、今後の宗教団体による社会活動を予測するための基礎的資料を提示する。

第三章の「中国における計量的宗教社会学とその課題」では、寺澤重法・羅欣寧が近年の中国における宗教動態を把握するための総合調査の実施状況について概括的な報告をなす。政府による公式統計だけでは宗教動向が捉えきれないし、事例研究だけでも全体の趨勢がみえてこない。総合的な社会調査データ分析は、サンプルから母集団全体の動向を推測する際に極めて有益な研究方法となる。

第Ⅱ部「アジアのキリスト教」は、日韓中台に加えて、香港、モンゴル、タイのキリスト教の現況を報告し、それぞれの地域において教会が直面している課題を浮き彫りにする八本の論文から構成される。本書の副題にある躍動するアジアのキリスト教というのは、日本の主流派キリスト教会が聖職者と信徒の高齢化、受洗者や献金額の減少によって存亡の危機に立たされているのに対して、キリスト教大国の韓国では教会内部に種々の問題を抱えながらも教会が成長し、強力な社会的影響力を保持していることを対照した表現である。そして、中国では宗教統制が厳しいにもかかわらず、恐らく世界で最も教会の成長速度が速く、アジア最大のキリスト教人口を抱えるまでになっている。このように東アジアではなぜ教会成長の差がこれほど出ているのかを含めて、アジアのキリスト教の現況を知ることは、日本のキリスト教を理解するうえでも重要な示唆を与える。

第四章「アジアのキリスト教会――日本、韓国、中国、タイ、モンゴルの比較調査」では、櫻井義秀・伍嘉誠が、第Ⅱ部の導入としてアジアのキリスト教をみる視点を提示したうえで、五カ国で実施した共通調査票に基づくアンケート調査からキリスト教信者の入信・回心にかかる動機や契機、宗教活動の内容、教会で涵養される社会関係資本に関して述べる。第五章「本国と日本における韓国カトリック教会と信者たち」では、李賢京が前記の調査票調査をふまえて、韓国のカトリック信徒と在日韓国人カトリック信徒との宗教行動の比較を行う。

第六章「社会参加する中国の家庭教会」において、佐藤千歳は共産党行政府による統治に異議を申し立てる維権運動の実施拠点となっているプロテスタントの家庭教会や、統制と規制をかいくぐりながら非公認のままで教勢を拡大する福音主義的な家庭教会の実態にも迫る。公認教会と非公認教会を比べれば、施設数・信者人口ともプロテスタントの家庭教会、カトリックの地下教会の方が公認教会よりも大きいが、礼拝を行う場所の確保、聖職者の養成、異端的キリスト教の流入など課題が多い。第七章「朝鮮族キリスト教の実態について——中国延辺朝鮮族自治州の事例」では、徐琼が家庭教会と地域のキリスト教を管轄する役人や教会役職者に対して面接調査を行い、地方におけるキリスト教の課題を浮き彫りにする。

中国政府がローマ教会をはじめ海外の宣教団体から影響を受けるキリスト教には警戒心を緩めていないのに対して、台湾ではキリスト教会が一定の政治力をもつに至っている。台湾社会では薄れてきているとはいえ、外省人と本省人、民族と言語、および宗教がエスニックで政治的な社会集団を構成するカテゴリーとなっている。第八章「台湾の政教関係にとっての台湾語教会という存在——長老教会と台湾独立派の友好関係」では、藤野陽平が台湾における政教関係の構図をキリスト教会の教派と政治活動との関係から説明する。

ところで、中台における両岸関係のあり方は、香港と中国本土との関係にも影響を与える。香港では本土派を支えるキリスト教会も少なくない。しかし、大方の教会は政治活動とは距離を置いている。英国植民地としてキリスト教の社会事業が定着し、社会福祉制度をかなりの程度補完している香港では、キリスト教の社会的プレゼンスが圧倒的に高い。伍嘉誠は、第九章「香港におけるキリスト教と社会福祉——その過去、現在、未来」において、香港の福祉レジームとキリスト教による社会活動の関連を歴史的に叙述する。

第十章「ポスト社会主義時代のモンゴルにおけるキリスト教」では、ダーライブヤン・ビャムバジャワ（稲本琢仙訳）が、急速に資本主義化し、海外から資金と企業、NGO／NPOやキリスト教の宣教師が流入する現代モンゴルにおいて、前記の調査票調査と個別教会への訪問調査から、福音派キリスト教会が成長する実態と信者の信仰内容について詳しく報告する。

第十一章「現代タイにおけるカトリック・キリスト教会の実態と社会活動――ラーチャブリー教区を事例として」では、ティラポン・クルプラントンとシリヌット・クーチャルーンパイブーン、ジュタティップ・スチャリクルの三名による共同調査の報告を行う。タイは日本同様、キリスト教人口が総人口の一パーセントを超えないアジアでは稀有な国柄である。

第Ⅲ部「中国の宗教復興」は、キリスト教を除いた仏教と道教、チベット仏教と回族のイスラームについて概況と事例研究を報告する八本の論文と、チベット文化圏に属するインドのジャンムー&カシミール州ラダック地方における仏教ナショナリズムに関する一本の論文から構成される。文化大革命において諸宗教は弾圧を受け、宗教施設の接収をはじめ、宗教者の労働教育や強勢還俗が行われ、中国の宗教は壊滅的な打撃を受けた。改革開放の時代以降、宗教は行政的な統治を受ける団体として許容され、私的な信仰が認められるものの、指定された活動場所以外の公共空間では布教や社会活動が許されていない。宗教は文化として尊重され、施設や文物は文化財として保護されるものの、宗教団体の自律性に枠が課されている。それにもかかわらず、近年はチベット族や回族などの少数民族のみならず、漢族においても伝統宗教への志向性が増している状況がある。

第十二章「中国にみる多神教世界の社会的ダイナミズムと可能性――価値意識における両義性と流動性に着目して」では、中村則弘が中国人の世界観や人間観の基底にある宗教とは何かを論じる。文革期を含めて共産主義の理念や政策が体系化された時期に、中国は社会の活力を失い、政府が地方や各層に社会の近現代化を任せた改革開放以降の混沌とした時代において、中国は世界の大国となったのである。もっとも、共産党政府は、人々の活力や資本主義経済の奔流には手綱を緩めても、千年王国的蜂起や反乱につながりかねない宗教運動には抑圧的であった。

第十三章「明暗を分けたチベット仏教の高僧――中国共産党の宗教政策と権利擁護の主張」において、川田進は、宗教政策に迎合も対立もせず、機会を捉えながらうまく教勢を拡大するチベット仏教の指導者が登場していることを報告する。決定的な葛藤の先には、ダライ・ラマ十四世他の高僧や民族的指導者のように亡命しかないが、それではチベット自治区に残された僧院や人々の信仰が廃れてしまう。

第十四章「雲南保山回族にとっての国家――記憶と予期に裏づけられたシンボル的な存在として」でも、首藤明和が、国家とどのような理念的・実践的折り合いをつけながら民族的宗教が生き残ってきたのかを叙述する。主要民族である漢族との共生の仕方こそ、回族イスラームの教説や信仰実践のあり方を形づくってきたのである。しかし、中央アジアのようにムスリムがマイノリティでなくなる地域において、回族は漢族というよりも直接共産党政府の政策と向き合わざるをえなくなる。川田進は、第十五章「愛国的宗教指導者の悲哀――二〇一三年新疆ウイグル自治区イスラーム調査」において、法令遵守、民族団結、場所管理、宗教和諧、環境衛生を旨とする宗教管理の実態を報告し、そうした宗教・民族政策に反発するムスリムによるテロ事件の背景を分析する。

第十六章「五台山の寺院復興と聖地観光」では、吉喜潔・櫻井義秀が中国における近年の宗教ツーリズムの現況を報告し、現代の巡礼者がどのような動機で聖地を訪れているのかを叙述する。第十七章「西安市の仏教寺院と信徒活動」では、韓舒・櫻井義秀が西安の仏教史を概説した後、寺院の現況と居士たちの宗教活動を報告する。第十八章「北京市の道教と道観」では、趙可佳・櫻井義秀が中国道教と北京の道観について概説した後、道士による道観の運営方法を分析する。第十九章「雲南省・江蘇省・甘粛省における宗教団体の社会活動」では、保薇・栄畳飄・李鑫・櫻井義秀が、雲南省のカトリック村落、江蘇省にある仏教寺院運営の安養院、甘粛省にあるイスラーム女学の現況を報告し、信仰の継承と農村コミュニティ、高齢者施設の終末期ケア、回族女性の社会的地位の向上について考察する。

第二十章「インド、ラダックにおける仏教ナショナリズムの始まり――カシミール近代仏教徒運動との出会い」では、宮坂清がムスリムとチベット仏教徒が混住する地域において、二十世紀初頭に仏教徒に改宗した知識人がカシミール藩王国仏教徒協会を設立し、藩主国の近代化を提言し、国民国家のインドにおいて仏教ナショナリズムを継続的に展開する歴史を分析する。

以上の二十本の論説によって、本書では、現代中国の宗教変動と、アジア各国の新しい宗教の動き、とりわけキリスト教が躍動する現代を描き出す。

参考文献

〈日本語文献〉

稲場圭信・櫻井義秀編、二〇〇九、『社会貢献する宗教』世界思想社。

櫻井義秀、二〇〇五、『東北タイの開発と文化再編』北海道大学図書刊行会。

櫻井義秀、二〇〇八、『東北タイの開発僧――宗教と社会貢献』梓出版社。

櫻井義秀・道信良子編、二〇〇九『現代タイにおける社会的排除――教育、医療、社会参加の機会を求めて』明石書店。

櫻井義秀・濱田陽編、二〇一二、『アジアの宗教とソーシャル・キャピタル』明石書店。

櫻井義秀編、二〇一三、『タイ上座仏教と社会的包摂――ソーシャル・キャピタルとしての宗教』明石書店。

櫻井義秀、二〇一四、『カルト問題と公共性――裁判・メディア・宗教研究はどう論じたか』北海道大学出版会。

櫻井義秀・外川昌彦・矢野秀武編、二〇一五、『アジアの社会参加仏教――政教関係の視座から』北海道大学出版会。

中村則弘、二〇〇五、『台頭する私営企業主と変動する中国社会』ミネルヴァ書房。

中村則弘編、二〇〇八、『脱オリエンタリズムと中国文化』明石書店。

新津晃一・吉原直樹、二〇〇六、『グローバル化とアジア社会』東信堂。

三木英・櫻井義秀編、二〇一二、『日本に生きる移民たちの宗教生活――ニューカマーのもたらす宗教多元化』ミネルヴァ書房。

李元範・櫻井義秀編、二〇一一、『越境する日韓宗教文化――韓国の日系宗教　日本の韓流キリスト教』北海道大学出版会。

〈欧文文献〉
Abito, Ruben L. F. and Inaba, Keishin, 2006, *The Practice of Altruism: Caring and Religion in Global Perspective*, Cambridge

Scholars Press.
Casanova, Jose, 1994, *Public Religions in the Modern World*, University of Chicago Press.
Giordan, Guiseppe, 2009, *Conversion in the age of pluralism*, Brill Academic Publishing.
Smidt, Corwin E., 2003, *Religion as Social Capital: Producing the Common Good*, Baylor University Press.
Taylor, Charles et al., 1994, *Multiculturalism: Examining the Politics of Recognition*, Princeton University Press.
Yang, Fenggang and Lang, Graeme, 2011, *Social Scientific Studies of Religion in China*, Brill.
Yang, Fenggang, 2012, *Religion in China: Survival & Revival under Communist Rule*, Oxford University Press.

〈中国語文献〉
林尚立・肖存良、二〇一一、『統一戦線理論与実践前沿』復旦大学出版社。
陸学芸主編、二〇〇二、『当代中国社会階層研究報告』社会科学文献出版社。
王作安、二〇一〇、『中国的宗教問題和宗教政策』宗教文化出版社。

目次

はじめに　i

第Ⅰ部　東アジアの社会と宗教

第一章　現代東アジアの宗教……………………………………櫻井義秀……3

一　東アジア宗教を見る視点　3
一―一　政教関係と公共空間の変化　3
一―二　世俗化と宗教復興　4
一―三　グローバル化と不安定化社会　7
一―四　宗教統制と社会参加型宗教　8
二　中国の宗教と政教関係　9
二―一　宗教人口　9
二―二　政教関係　11
二―三　宗教による社会支援　14
三　東アジアにおける宗教の特徴　15
三―一　東アジアにおける宗教文化　15

三-二　東アジアの政教関係　16
三-三　宗教による社会支援　17
四　むすび——宗教と公共空間　18

第二章　東アジアの福祉と家族……郭莉莉・金昌震……23

一　東アジアの少子高齢化と福祉　23
二　各国の社会保障と社会福祉　24
二-一　韓　国　24
二-二　中　国　31
二-三　台　湾　41

第三章　中国における計量的宗教社会学とその課題……寺沢重法・羅欣寧……51

一　問題設定　51
二　宗教調査データの概要　52
二-一　中国人精神生活調査　52
二-二　中国仏教僧における神秘体験調査　54
二-三　中国総合社会調査　54
三　宗教調査データを用いた知見の整理　56
四　おわりに——中国宗教の今後の計量研究に向けて　63

第Ⅱ部　アジアのキリスト教

第四章　アジアのキリスト教会
——日本、韓国、中国、タイ、モンゴルの比較調査……櫻井義秀・伍嘉誠……73
一　はじめに　73
二　アジアのキリスト教を比較する視角　73
二-一　近代の宣教と教勢拡大の差異　73
二-二　キリスト教受容の政治的文脈と文化的文脈　75
三　五カ国のキリスト教を比較する視点　76
三-一　政治的機会構造　76
三-二　宗教的シンボルと意味構造　78
三-三　土着化の構造　81
四　五カ国のキリスト教比較　84
四-一　調査概要　84
四-二　信者の個人的・社会的特徴　85
四-三　入信・回心の経験　88
四-四　信仰生活　91
四-五　信仰と人生の問題解決　92
四-六　教会活動とソーシャル・キャピタル　96

五　おわりに　98

第五章　本国と日本における韓国カトリック教会と信者たち……李　賢　京……101
一　問題提起と背景　101
二　韓国カトリック教会の概況　103
二－一　韓国におけるカトリックの伝来と展開　103
二－二　教勢の概況　106
三　調査の概要　109
三－一　調　査　方　法　109
三－二　調査教会の概要　111
四　調査結果——単純集計からみる信者たちの特徴　113
四－一　基本的属性　113
四－二　信　仰　生　活　118
四－三　社会・政治意識　122
四－四　考　　察　124
五　むすびに代えて　126

第六章　社会参加する中国の家庭教会……佐藤千歳……133
一　はじめに　133

二　中国のプロテスタント教会　134
二-一　公認教会「三自システム」と非公認「家庭教会」群　134
二-二　多様化する非公認「家庭教会」　137
二-三　維権運動と家庭教会　140
三　北京の「維権教会」　141
三-一　政治と宗教の中心としての北京　141
三-二　維権教会の歴史と宗教活動　141
三-三　維権運動の代価と苦難神学　147
三-四　維権教会による社会運動　148
四　「公民社会」への展望　150
第七章　朝鮮族キリスト教の実態について――中国延辺朝鮮族自治州の事例……………徐　琼……155
一　はじめに　155
二　キリスト教研究に関する中国語文献　156
三　延吉キリスト教会の現状と運営　158
三-一　延吉キリスト教会概況　158
三-二　延辺州キリスト教の復興　158
三-三　延吉教会の運営　160
四　キリスト教の公認体制と延吉の経験　161

四-一　中国の公認教会体制　161
四-二　延吉の経験——「教会堂による各集会所の統括管理」方法　162
五　延吉のカルト問題　163
六　神学者の育成　166
六-一　中国の神学者育成概況　166
六-二　延辺キリスト教の育成プログラム　166
七　おわりに　168

第八章　台湾の政教関係にとっての台湾語教会という存在——長老教会と台湾独立派の友好関係……藤野陽平……171

一　はじめに——台湾のキリスト教と族群　171
二　日本人教会が去ったら、国語教会が来た——戦後の混乱期のキリスト教　173
三　台湾の民主化運動と台湾語教会　176
四　近年の動向（1）——ひまわり学生運動　178
四-一　総統選挙までの動き　178
四-二　その後の動き——ひまわり青年福音団　180
四-三　台湾公義行動教会　182
五　近年の動向（2）——二〇一六総統選挙　184
六　おわりに——比較対象としての国語教会　190

第九章　香港におけるキリスト教と社会福祉——その過去、現在、未来……………伍　嘉　誠……199
一　はじめに　199
二　香港社会の変遷と社会福祉　200
二-一　初期イギリス植民時代（一八四二—一九四一）　200
二-二　第二次世界大戦と日本統治時代（一九三七—一九四五）　202
二-三　戦後の人口急増の香港社会（一九四五—一九六〇）　203
二-四　経済発展による格差と社会不安——スターフェリー暴動と六七暴動　206
二-五　福祉制度の本格的な展開（一九七〇—一九九〇）　207
二-六　返還後の社会福祉政策とその挑戦と機会（一九九七—）　210
三　社会福祉を行う宗教団体　213
三-一　伝統宗教　213
三-二　キリスト教　215
四　比較のまとめ　217
五　おわりに　225

第十章　ポスト社会主義時代のモンゴルにおけるキリスト教
……………………………ダーライブヤン・ビャンバジャワ／稲本琢仙訳……231
一　はじめに　231

二　ポスト社会主義時代のモンゴルにおけるスピリチュアルと社会混乱　232
三　モンゴルにおけるキリスト教宣教師の動向　236
四　キリスト教改宗の概念化　237
五　調　査　240
五-一　調　査　概　要　240
五-二　先　行　研　究　240
五-三　調査結果——需要と供給　241
六　考察と結果　249
六-一　改宗の背景　249
六-二　キリスト教コミュニティ　250

第十一章　現代タイにおけるカトリック・キリスト教会の実態と社会活動
——ラーチャブリー教区を事例として……ティラポン・クルプラントン、シリヌット・クーチャルーンパイブーン、ジュタティップ・スチャリクル……255
一　はじめに　255
一-一　タイのキリスト教　255
一-二　調　査　方　法　256
二　タイのカトリック　257
三　カトリックの組織構成と管区　262
四　司祭と修道士の養成　264

五　キリスト教の学校　266
六　カトリックの社会活動と運営資金　269
六-一　ラーチャブリー教区社会開発センターの社会活動　270
六-二　社会活動の運営資金　272
七　考　察　273

第Ⅲ部　中国の宗教復興

第十二章　中国にみる多神教世界の社会的ダイナミズムと可能性
——価値意識における両義性と流動性に着目して……中村則弘……281
一　はじめに　281
二　価値前提と世界観をめぐって　282
三　地域活動の担い手からみる中国の価値意識　284
四　流動する世界について　289
五　両義性・流動性および渾沌に基づく世界の危機　291
六　結びにかえて　294

第十三章　明暗を分けたチベット仏教の高僧
——中国共産党の宗教政策と権利擁護の主張……川田　進……301

一　はじめに　301
二　中国共産党の宗教政策――鄧小平から習近平まで　303
二-一　党の宗教政策と政府の宗教管理　303
二-二　鄧小平時期（一九七七―八九年）の宗教政策――脱文革、宗教復興　304
二-三　江沢民時期（一九八九―二〇〇二年）の宗教政策――「三原則」　304
二-四　胡錦濤時期（二〇〇二―一二年）の宗教政策――「四原則」、「宗教と和諧」政策　305
二-五　習近平時期（二〇一二年―）の宗教政策――シルクロード宗教交流政策　305
三　ケンポ・ソダジの弘法活動と仏教ブーム　306
三-一　来日講演活動を支えた日本菩提学会　306
三-二　仏教エッセイ集がベストセラーに　308
三-三　「宗教と和諧」政策との連携　309
三-四　シルクロード宗教交流政策との連携　310
三-五　統一戦線活動への対応を利用した宗教活動の展開　312
四　カルマ・カギュ派の高僧ケンポ・カルツェの挫折　314
四-一　コンヤプ寺と「二〇一三年ケンポ・カルツェ事件」　314
四-二　宗教政策と権利擁護の主張　316

第十四章　雲南保山回族にとっての国家――記憶と予期に裏づけられたシンボル的な存在として

……………………………首藤明和……323
一　問題の所在と作業仮説　323

二　唯一神と天子の絶対矛盾的自己同一としての「二元忠貞」――後の「愛国愛教」へ　324
三　保山回族の記憶と〈同時的〉な〈場所〉――内的世界と外的世界の絶対矛盾的自己同一を支える〈場所〉として　328
四　保山回族の記憶と〈共在的〉な〈場所〉――他者からの暴力に対する感覚や情動を呼び覚ます〈場所〉として　333
五　保山回族の予期と備え　337
六　保山回族にとっての国家――記憶と予期に裏づけられたシンボル的な存在として　342

第十五章　愛国的宗教指導者の悲哀――二〇一三年新疆ウイグル自治区イスラーム調査……川田　進……349

一　はじめに　349
二　インギサル県デルワザモスクと「二つの〝五好〟」運動　350
二-一　金曜集団礼拝　350
二-二　「二つの〝五好〟」運動の展開　350
三　ヘイトガーフモスクの愛国イマーム殺害事件　352
三-一　ヘイトガーフモスク　352
三-二　ジュメ・タヒール殺害事件　353
四　天安門車両炎上事件に見る新疆政策への不満　354
五　新疆宗教調査をめぐる問題　356
五-一　調査言語の問題　356
五-二　宿泊・交通・身分証の問題　357

第十六章　五台山の寺院復興と聖地観光……………………吉喜潔・櫻井義秀……359
一　聖地観光という視点　359
二　五台山の歴史と寺院の現状　361
三　五台山の観光とツーリスト　366
四　おわりに　369
第十七章　西安市の仏教寺院と信徒活動……………………韓舒・櫻井義秀……373
一　宗教文化と社会倫理　373
二　西安市の仏教寺院　375
二-一　西安仏教の歴史　375
二-二　西安市街地の寺院　376
二-三　広仁寺功徳会の社会活動　379
三　西安における仏教徒の宗教意識　383
三-一　市民の宗教意識と活動　383
三-二　西安市の仏教信者　384
四　おわりに　390
第十八章　北京市の道教と道観……………………趙可佳・櫻井義秀……393
一　はじめに　393

二　中国の道教史　394
二-一　道教の歴史　394
二-二　北京の道観史　395
三　北京市の道観　396
四　道士と道教信者の宗教意識　402
四-一　道士になる契機　402
四-二　中元節参加者の宗教意識　404
五　おわりに　406
第十九章　雲南省・江蘇省・甘粛省における宗教団体の社会活動……保薇・栄畳飄・李鑫・櫻井義秀……409
一　はじめに　409
二　雲南省の茨中カトリック教会　410
二-一　茨中教会の歴史　410
二-二　教会の社会活動　411
二-三　村人の教会活動　412
二-四　カトリック教会とソーシャル・キャピタル　414
三　江蘇省の仏教安養院　416
三-一　中国の高齢化と高齢者福祉　416

三-二　高齢者介護の将来　419
四　甘粛省の回族女学　420
四-一　回族のイスラーム教育　420
四-二　蘭州イスラーム教経学院　422
四-三　女学生徒のジェンダー観　423
四-四　卒業生の進路　425
四-五　中国社会における女子イスラーム教育　425

第二十章　インド、ラダックにおける仏教ナショナリズムの始まり
——カシミール近代仏教徒運動との出会い　……………………　宮坂　清……429
一　ラダックにおける仏教とナショナリズム　429
二　グランシー委員会への意見書　432
三　意見書の内容と意義　436
四　カシミール近代仏教運動と仏教徒ラダック人の出会い　441
五　ナショナリズムからコミュナリズムへ　444

おわりに　451
索　引　5
執筆者紹介　1

第Ⅰ部　東アジアの社会と宗教

第一章　現代東アジアの宗教

櫻井義秀

一　東アジア宗教を見る視点

一―一　政教関係と公共空間の変化

宗教統制が行われている国は、東アジアでは中国だけである。その他の東アジアの諸国において政教関係と宗教変動を一言ずつまとめるならば、韓国では維新体制と寄り添う形で保守神学のプロテスタント教会が国民の二〇パーセント近くを信者とし（浅見・安 二〇一二、金 二〇一五）、台湾では戒厳令が解除された仏教集団が教勢と社会的影響力を伸張させた（五十嵐 二〇〇六）。両国とも政治体制の変動と宗教を含む民間団体の社会参加はおおいに関連している。香港では返還を前提とした行政府によるミニマムの統治によってキリスト教系ＮＧＯ・ＮＰＯによる社会活動の領域がおおいに拡張した（伍 二〇一五）。これに対して、日本では戦後に明治以来の政治的統制が廃されたものの厳格な政教分離体制のもと、宗教による公共空間への参加は、創価学会による政治進出を除いて教団から後援を受けた議員による政治参加に留まる（塚田 二〇一五）。長期間の経済成長による社会保障の充実によって福祉が社会化され、宗教による社会活動は後景化した（稲場・櫻井編 二〇〇九）。

このように政教関係だけ取り上げても東アジアの諸国はそれぞれに独特であり、政治的統制の有無によって宗教制度や団体が関与する公共空間もスペースの位相や領域の大きさがおおいに変わるのである。というわけで、地域の個性記述的な水準からもう少し社会学的理論の水準で東アジアにおける宗教変動を扱おうとすると、どうしてもさらに抽象度の高い議論に陥りかねない。しかしながら、一般的な趨勢命題を介さなくては、東アジアはもとよりヨーロッパや北米他の地域との比較もできないので、宗教社会学の大きな議論のなかで東アジア宗教の特徴が捉えられるのかどうかの検討が必要になる。

以下、この章では次のような構成で論を進めることにしたい。

①比較社会学・宗教社会学的関心から現代中国の宗教変動を考察するうえでどのような問題があるのかを考える。特に宗教社会学で論じられる命題と東アジアにおける宗教変動との関連について論点をまとめる。

②現代中国の宗教制度・宗教概況を簡単にまとめ、中国宗教の国内外の研究動向から、今後の宗教研究の趨勢を考察する。

③東アジアの五つの地域（日本・韓国・中国・台湾・香港）における宗教文化・政教関係の概説を行い、宗教文化の類似と相違、制度宗教に対する政治の優越という共通の特徴と民主化以降の差異を指摘する。

④比較福祉制度論的視点から、現代宗教が公共空間に関与する社会活動として社会事業・社会支援をあげ、現況を概説する。

一-二　世俗化と宗教復興

二十世紀における宗教変動は大きく言えば世俗化の趨勢にあり、ウェーバー以来の近代化・合理化論、世俗化社会における新しい宗教性が主要な研究のテーマであった。既成宗教は形骸化し、宗教性は内心倫理や笑い・ユーモアといった心の働きに痕跡を残すのみだといった議論が一九八〇年代まで論じられた（Beckford 2003）。また、無神論と科学主義により宗教制度を掘り崩そうとした社会主義・共産主義によっても世俗化は進行したが、宗教文化をイデオロギーに置き換える試みはことごとく失敗した。ベルリンの壁が崩壊後、東欧諸国やロシアではカトリックや正教が復興し、中国でも改革開放後にキリスト教をはじめとする諸宗教が復興している（March 2011）。一九九〇年代以降の宗教研究において主流となった趨勢命題を簡単に列挙しよう。

①ファンダメンタリズムの台頭。元来は二十世紀初頭のアメリカにおいて聖書無謬説を唱えたキリスト教原理主義を指したが、イランのイスラーム革命と西欧・北米におけるムスリム移民の増大によってキリスト教文化圏とイスラームが対抗的な関係で捉えられ、世界観の争い（cosmic war）が語られるようになった（Juergensmeyer 2003=2003）。現在のアルカーイダやＩＳのような宗教的過激派の拡大も反グローバリズムのグローバル化という趨勢で捉えられる。

②宗教の政治参加の拡大と公共宗教論。ホセ・カサノヴァの『公共宗教論』が著名であるが、世俗化が進行したのは、非聖化（ライシテ）を政策とするフランスや、カトリックやルッター派教会を公認宗教とする北欧や南欧の諸国に限られ、東欧やラテンアメリカではカトリックが社会主義や権威主義体制を揺るがす勢力となったし、アメリカでは宗教右派が無視できない政治勢力となっている（Casanova 1994=1997）。現在、植民地期から現代までの長期的かつ歴史的な時間軸で宗教と公共空間との関係を考察する業績が公刊されつつある（島薗・磯前 二〇一四）。

③合理的選択と宗教市場論。ロドニー・スタークやウィリアム・ベインブリッジによれば、人間は自身の行為や社会のあり方に意味を、人生の苦難には心理的補償を求める。伝統的に宗教は心理的補償を提供してきたが、現代のように多様な宗教の価値が認められ、自由な宗教活動が認められる社会では、意味や補償を求める人々のニーズに応えようと宗教団体間で競争が起きる。自由な競争は供給者の能力と供給財の質を高め、宗教をめぐる市場は活性化するという。その典型がアメリカや韓国のメガチャーチである（Stark and Bainbridge 1985）。

宗教市場論の持ち味は、資本主義的な自由市場と社会主義的な統制市場を両極として、市場の自由化と規制が個人の宗教的需要と宗教団体による供給にどのような影響を与えるのかを巧みに説明するところにある。楊鳳崗(Fenggang Yang)は共産主義下の宗教政策と中国の宗教市場の趨勢を次のように説明した。

元来が儒仏道の三教に加え民間信仰が盛んな社会において宗教的需要が抑圧され(代替物としての毛沢東崇拝やイデオロギー教育が与えられた)、需要に応じる供給(宗教施設と宗教指導者の不足については後に述べる)が絞られる統制経済下では、どんなパンであれ店に客が列をなすという。キリスト教に接することがまれであれば、教会学校で正式な教育を受けていない伝道師による説教であろうと人は聞きたがるものである。つまり、多数の布教熱心な宗教団体が自由に活動するアメリカとは逆の中国の状況がサプライサイドの経済理論から説明される。

現在、中国には三色市場(白は公認宗教、灰色は気功・民間信仰団体などの黙認宗教、黒は非公認のプロテスタント家庭教会、カトリックの地下教会や海外宣教団、新宗教など)があると言われ、統制の強弱で市場は縮小拡大するとされる。家庭教会や地下教会は増えつづけ、近年、黙認宗教の域に移行し、後述の法輪功は灰色市場で活動を許容されていたが、急速な成長と政権への抗議姿勢により一九九九年に活動を禁止された。また、後に述べる仏教寺院の復興状況も顕著である(Yang 2012)。

楊はパデュー大学の教授と中国宗教研究所所長を務めるほか、宗教の科学的研究学会(Society for the Scientific Study of Religion)会長にも選ばれた宗教学者であり、中国に宗教社会学的な研究方法を紹介し、中国の宗教研究に大きな影響力をもつ人物である。中国の諸大学や香港でサマーセミナーを開催しており、サーベイ型宗教調査と事例研究による実証的研究を中国の大学に根づかせようとしているが、研究成果の公刊や政府との関係において微妙な問題もあると筆者に述懐していた(Yang 2011)。

中国の状況から考えると、世俗化論や近代化論で展開された宗教の衰退というテーゼは、共産党政権下の厳しい統制かつ経済成長の途上であっても宗教的ニーズが衰えないという現実によって反証されたようにもみえる。ただし、経済成長が続いても社会的不安や格差が増しているという状況が、日本を含め先進国の高度経済成長期に生じた世俗化状況とは異なる。中国における階層間・地域間の差異や、権限や資力をもつ層ともたない層との格差が生み出す憤懣や無力感、閉塞感への理解なしに現代人の価値観やコミュニティへの希求は理解できない。

一-三　グローバル化と不安定化社会

ピッパ・ノリスとロナルド・イングルハートは、一九八一年から二〇〇一年まで実施された世界価値観調査（のべ七六カ国）を用いて現代宗教の趨勢を分析した。主な知見を列挙すると、①農業社会、産業社会、ポスト産業社会の順で、宗教参加（礼拝等への出席）・宗教への価値づけ・宗教的信念が下降する傾向があり、②指標ごとに分節化してみると、人間開発のレベルが低く、ジニ係数が高く、乳幼児死亡率が高く、人口増加率が高く、平均余命が短い国では宗教参加率が高い。③男性より女性が、教育・収入・社会階層の諸点で脆弱な層において宗教参加率が高い（Norris and Inglehart 2004: 清水 二〇一三）。これらの知見は近代化論の枠組みで理解可能であり、世俗化傾向が見て取れる。しかしながら、②のような例は南アジアや中東、アフリカに顕著であり、そこでは破綻国家や脆弱な国家に代わって宗教勢力が力を持ち、他方でこれらの地域からポスト産業社会に移民が流入する。そして、ホスト社会において人口の十パーセントを超える程度になると宗教＝エスニシティ＝不安定層がリンクする社会層となり、現在のヨーロッパを悩ます宗教多元主義政策と宗教的過激主義への対応の桎梏が生じるのである。

中国は一国で農業社会、産業社会、ポスト産業社会を含み込む複合的な社会とも言え、世俗化傾向もあれば宗教復興傾向もあり、しかも、都市化に伴う地域間移動や階層間移動によって生じる家郷喪失感と結びつくキリスト教会への所属という例もあれば、中間層以上において急激な資本主義化・消費社会化に伴う価値喪失から都市の仏教寺院やチベットの仏学院で本格的に学ぼうという若者世代が増えてもいる。

ここで重要な問題は、長期的な産業化（もしくはポスト産業化）により社会的安定性が増した社会では世俗化が進行するが、急激な産業化とそれに伴う地域や階層上の社会移動が増加する社会では、サーベイ型調査に表れる宗教への価値づけや宗教意識自体は低下する一方で、宗教団体の活発な活動や熱烈な信者たちが同時に立ち現れてくるという二面性があることである。単純な世俗化でも宗教復興でもない。

東アジア諸国でみれば、この現象は日本の高度経済成長期における新宗教の隆盛、韓国におけるプロテスタント教会の伸張、台湾における仏教団体の大躍進に見て取れる。中国も含めてこれらの諸国ではポスト産業社会へ移行していると考えられるので、このような二面性が現在も維持されているのかどうかは今後の実証研究を待ったうえで検討されなければならない。

一-四　宗教統制と社会参加型宗教

世界的にみて社会的不安が増した社会では宗教活動が活性化しているという。そうした宗教活動が個人の領域にとどまらず、社会の公的領域にまで伸張し政権批判につながると予測されるときに、政権は宗教に介入的な政策をとる傾向にある。ジョナサン・フォックスによれば、世界一七五カ国の宗教政策を一九九〇年と二〇〇二年とで比較した場合、介入的な政策をとる国は増加していた。公認を経た統制か支援か、介入の形態は宗教ごと国ごとに独自であるものの、政治は宗教と無関係には進められないという状況が起きている。宗教の文化的正当性と人々の統合力は、為政者にとって脅威であると同時に魅力的でもある。その意味では、近代化・世俗化は多系的に進行し、宗教文化・制度、国家の政策と連関しながら、どの国も同じ道筋を辿ることはないと言える（Fox 2008）。

中国の場合、宗教に対する統制が継続される一方で、その一環でもありながら宗教団体側でも意識的に社会福祉的な活動によって公共空間に参加する方法が模索されている。キリスト教会による地域福祉は海外から支援資金を得ていることが多いし、仏教寺院でも華人団体からの支援が指摘されてきたが、自前で布施を集めて社会支援を行う寺院も増えてきている。このような現象は、次の三つの側面から考察されるべきである。

①ポスト福祉国家の時代において社会福祉の担い手が多様化せざるをえないが、そこで再び宗教団体や宗教系団体（Faith Based/Related Organization, FBO or FRO）に社会支援を期待し、委託する動きがヨーロッパやアメリカで拡大しており、宗教の社会活動という研究領域も確立している（白波瀬 二〇一五）。

②家族・地域による福祉に依存してきたアジアでは長らく伝統宗教が社会福祉を補完する役割を果たしており、イスラーム、上座仏教、大乗仏教、キリスト教の諸団体の社会的プレゼンスは相当に強い（櫻井・濱田編 二〇一二）。

③ポスト社会主義国家における宗教の位置や社会参加の空間は脆弱であるために、政治に対しては社会的正当性を獲得し、信者獲得のためにも社会活動を行う宗教団体が少なくなく、海外からの布教者や活動資金の流れも目立つ。モンゴルや中国に対する韓国系教会の働きかけは相当に強いし、チャリティに限定した資金供与は香港からの流れもある（滝澤 二〇一五）。

以上、本書の読者にとって基礎となる東アジアの宗教を認識する構図と中国宗教に関わるいくつかの要点を指摘したが、これらはあくまでも宗教の現代的側面を理解する視点の提示に留まる。次節では、念のために現代中国の宗教概況を確認し、本論である東アジアにおける宗教変動の動向へと筆を進めることにしたい。

二　中国の宗教と政教関係

二-一　宗教人口

現代中国の宗教変動については文化庁宗務課の調査報告（川上 二〇一四）や文化人類学的研究として長谷（長谷

二〇〇七)、鈴木(鈴木 二〇一二)、瀬川・川口(瀬川・川口編 二〇一三)、小西(小西 二〇一五)によるモノグラフが手元にあり、その他CiNiiで検索し入手した基督教・天主教・イスラーム・道教・仏教の五大公認宗教と民俗宗教に関する雑誌論文も数十編あるのだが、あまりに多岐にわたるため言及する紙幅がない。ここでは概説らしく宗教人口の統計にのみふれておきたい。

中国に限らず公式の宗教人口を知るためにセンサスを実施している国は少ない。韓国のみ住宅調査というセンサスを十年おきに実施しておおよその宗教人口を把握できるが、日本の『宗教年鑑』は宗教法人ごとの自己申告数なので総計二億人を超え、信仰心や宗教団体への所属がある人は約三割しかいないという新聞社による世論調査の結果と対照をなす。

中国では、『宗教事務条例』が一九九七年十月の現状として、天主教四百万人(会堂四千六百)、基督教一千万人(教会・布教所三万七千カ所)、イスラーム一千八百万人(清真寺三万カ寺)、仏教では一万三千カ寺(チベット仏教は三千カ寺、上座仏教は一千六百カ寺)、道教の宮観は一千五百カ所としている(国家宗教事務局政策法規司編 二〇一〇:五五一)。仏教と道教に関しては寺院や宮観ごとに信徒を把握していないために宗教人口を推測することはできない。楊が最新のデータとして書籍で紹介している新聞社の資料では、二〇〇九年時点における信者人口は天主教五百三十万人(会堂は六千カ所)、基督教一千六百万人(教会は五万八千カ所)、イスラームが二千百万人(清真寺三万五千カ所)であり、寺院が二万カ寺、宮観が三千カ所とされる(Yang 2012, 93-94)。

中国社会科学院世界宗教研究所研究グループが二〇〇八―九年に実施した無作為抽出で全国に六万部配布した調査結果から推測すると(回収率は百パーセント!)、キリスト教信者数は全国総人口の一・八パーセントを占めており、推定人数は二三〇五万人である。信者の半数は小学校卒以下の学歴で、一九九三年以降に信仰を始めたキリスト教信者は信者総数の七三・四パーセントを占め、入信動機を「自分あるいは家族の病気」と回答した人は六八・八パーセント、「家の伝統の影響を受けて」キリスト教を信仰する信者は一五・〇パーセントである。六七・九パーセントのキリスト教信者が「登録された場所」で、二〇・二パーセントのキリスト教信者が「登録されていない場所」で宗教活動を行う。「友人の家」で宗教活動を行うキリスト教信者は二六・七パーセントで、「自宅」で宗教活動を行うキリスト教信者は二二・四パーセントを占めている（中国社会科学院世界宗教研究所課題組 二〇一〇）。

言うまでもなく、中国では天主教・基督教・イスラーム・仏教・道教のみが公認され、公認された宗教施設の人口しか数えられないために、上記の数値は推測数であろうし、新宗教や非公認の宗教団体および施設に関わる資料は含まれないことが多い。また、東アジアにおいて民俗宗教や歴史宗教と習合した慣習的宗教実践を信仰と捉える人はいないために、民間信仰に信者人口という概念はない（ただし、台湾の統計では民間信仰も信者人口としている）。

二―二　政教関係

中国における宗教政策や法律上の宗教団体の扱いに関しては、民国期から中国共産党へ移行した時期では酒井（酒井 二〇〇二：四四一―五三一）、基督教関連の政策を含む資料（富坂キリスト教センター編 二〇〇八）、簡便な概要（土屋 二〇〇九）、チベット仏教への統制に詳しい川田（川田 二〇一五）が参考になる。以下の記述はほぼその要約である。

中華人民共和国憲法（一九五四、一九七五、一九七八、一九八二年に採択）ではいずれも信教の自由が認められている。一九八二年採択の第三六条では、①国家・社会団体・個人は公民に対して宗教の信仰と無信仰を強制してはならない、②国家は宗教を保護するが、宗教を利用した社会秩序の破壊は認められない、③宗教団体は外国勢力の支配を受けない、と規定されている。日本の憲法二〇条の信教の自由の規定と比べると①はほぼ同じだが、②と③が中国独特の制度と言える。つまり、保護というのは利益供与ではなく、共産党が宗教団体を公認し領導することを意味する。また、外国勢力とはカトリックにおけるローマ法王庁や海外の宣教団体、新宗教の海外布教が意図され、亡命したダライ・ラマによるチベット仏教への影響力も阻止することを意図したものである。

中国の宗教政策の変遷を見るとおおよそ三つの時期に区分される。ただし、民国期を前史に加えるならば、五・四啓蒙運動を受けた国民党政府は一九二八年に「神祠存廃標準」を交付して民間信仰を淫祠や牛頭邪神として批判し、「寺廟管理条例」による宗教施設の管理と風俗改革に取り組んだ。このような近代主義による宗教統制は共産党の政策に継承され、文革時に頂点に達することになる。

こうした近代的な啓蒙主義や国民国家的法治に基づいた民間信仰や宗教団体の統制は、中国のみならず日本やタイでもありえた。すなわち、日本で一九四〇年に成立した宗教団体法は、教団の統合や管理を通して宗教を国家総力戦体制に組み込もうとした悪法として認識されているが、近代的な宗教観や法律による教団の登記と管理をめざしたものと言うこともできる。タイでも一九四一年のサンガ法によりサンガに近代的な統治の仕組みが導入され、一九六一年のサンガ法では僧団長の地位は国王の任命であり、事実上内閣が僧団を管理することで現在に至る。

話を中国に戻そう。現在の中国共産党による宗教政策は次のとおりである。

第一期は一九四九年の中華人民共和国成立から文化大革命が終結するまでの宗教抑圧の時代である。上記の五大公認宗教は一九五三年から五七年にかけて中国(天主教・基督教・回教・仏教・道教の各)協会を設立し、傘下の宗教施設は行政と密接な関係のなかで運営されることになった。

しかも、一九六六年から十年間続いた文化大革命によって五大公認宗教は大打撃を受ける。これが第二期であり、人民公社と大躍進計画の失政により実権を失っていた毛沢東が巻き返しに出て、毛沢東思想を学習した青少年が紅衛兵として知識人や実務派を吊し上げ、自己批判を強要する運動が全国に拡大した。毛沢東の無神論が至上の宗教論となり、紅衛兵が宗教施設を破壊し、宗教者に暴力がふるわれたのである。チベットでは寺院の破壊、僧侶の強制還俗・投獄があった(石編 二〇一二)。一九七六年に四人組が逮捕されて文革が集結するまで、「毛沢東崇拝」という代理宗教が中国全土を覆った。この代理宗教という概念は西欧の宗教学者たちのものであって社会主義指導者たちの霊廟、偶像化や神話化（毛沢東語録の聖典化）を指すものである（Smart 1998=2002：122-125）。

第三期はハードな統制からソフトな統制に移行した鄧小平・江沢民・胡錦濤の時代である。この時期は総書記の講話が宗教政策の骨子を形作ることになる。江沢民は民族（特にチベット族と回族）と宗教への対応に神経を使い、信教の自由と宗教の独立自主に加えて、①法による宗教事務の管理と、②宗教の社会主義社会への適応という談話が、後の宗教政策を方向づけるものになった。

二〇〇四年に「宗教事務条例」が制定され、宗教団体の設立、施設の運営と活動の管理、教職者の人事や資産管理、法的責任という原則が定められ、その下に詳細な宗教法規が規定されていく。公認宗教であっても公認された施設の外部で布教活動を行うことは原則認められていない。また、宗教の社会主義社会への適応という方針に関しては、一つは胡錦濤の「科学的発展観」と「和諧社会」に資する宗教の社会貢献が積極的に求められ、もう一つは宗教を文化資源として活用する方向（伝統的祭礼や仏教寺院の復興とツーリズム）を官民一体で推進した。

この時期には、宗教政策が抑圧から緩和に転じたために公認宗教の教勢が伸張する。すでに宗教市場論の項で述べたように人々の宗教に対する欲求も増大した。中国で一九八〇年代から九〇年代にかけて伸びた非公認の宗教として、①キリスト教の家庭教会、②気功の治病・健康法（特に李洪志によって設立され九〇年代に勢力を伸ばした法輪功）、③チベット仏教の仏学院や修行地、④海外の華人ネットワークから支援を受けた寺院などの隆盛がある。

このうち法輪功は、政府の統制に抗議して中国政府要人が居住する中南海を信者で包囲する抗議活動を行ったことから、江沢民が一九九九年に活動を禁止した。地方政府と公安が宗教活動に対して抑圧的になるか許容するか、統制するために利害関係のあるものを支援するかといった統治と、柔軟に対応する宗教団体側の戦略には多様なものがある。先に述べた川田の東チベットにおける仏学院と修行地の活仏や学僧たちのやり方は明らかにダライ・ラマ支持地域とは異なるし、地方寺院の復興には経済投資を狙う地方政府と華僑（足羽 二〇〇〇）、宗教局・寺院・仏教協会（ワンク 二〇〇〇）の関係があることが報告されている。

潮州地方では、清末の十九世紀末期にローカルな「大峰祖師信仰」と結びついた慈善結社の善堂が現れ、民国期に大きく発展した。そして、十九世紀に始まった潮州人の大量移住とともに、タイやマレー半島を中心に東南アジアにも伝わり、華人社会の相互扶助的組織として、また現代ではタイのように政府の地域福祉を補完するような慈善活動を展開している。中国本土では中華人民共和国成立とともに公益活動がすべて行政に移管されたが、改革開放以降、海外の華人団体から支援を受けて善堂が復興し、養老院・診療所・貧困者支援・奨学金支給などの活動をなすところが出てきているという（玉置 二〇一二）。

二-三　宗教による社会支援

キリスト教では、天津条約締結以後、布教権を獲得した西欧諸国は宣教師を派遣し、布教と社会事業（カトリックの修道会による病院、学校、福祉施設の設立など）を行っていた（深澤 二〇〇〇）。しかし、上述のようにキリスト教の三自愛国運動（中国人による教会の自治・自養・自伝）が進展し、外国人宣教師が追放され、宗教統制が制度化されるに至って中国の宗教は公共的領域から排除された。長い抑圧の時代を経て一九九〇年代以降、カトリックでは養老院を設置、仏教寺院が安養院を付設する動きが出てきた。また、二〇〇〇年代には辺境地域にSalvation Army, Oxfam, World Visionをはじめ宣教団体とＦＢＯ団体が地域福祉の活動を展開するようになった（Hirano 2008）。

しかし、こうした宗教による社会支援活動が公共的活動として認められることは当分の間ないのではないか。中国共産党は無神論の立場に立つが、秩序を乱さない限りにおいて信教の自由を保障し、保護的政策をとる（龚 二〇一二）。中国の宗教研究は近年非常に盛んになっているが、宗教が国家による和諧社会の実現や社会政策にどのように協力していくのかという論考が顕著であり、宗教は「宗教文化」として伝統文化保護やツーリズムの対象となることで安全地帯を確保しているようにもみえる（白 二〇一四）。市民社会形成のアクターになるような地位は与えられていない。その点において、中国本土と比較して台湾の宗教はおおいに伸張したと言えよう。

さて、次の節では現代中国の宗教を東アジア宗教という歴史性と地域性の大枠のなかで俯瞰しながら、政教関係と福祉制度の観点から宗教団体に対する国家的・社会的期待の特徴を述べておきたい。

三　東アジアにおける宗教の特徴

三-一　東アジアにおける宗教文化

現代ではどのような社会であろうと当該地域の宗教構造には、基層信仰（民俗宗教）・伝統宗教（歴史宗教）・現代宗教（新宗教や外来宗教）の重層性がみられる。しかし、東アジアの場合、キリスト教やイスラーム、ヒンドゥー教や上座仏教といった伝統宗教が圧倒的な教勢を維持している地域と比べると、基層信仰の持続性が強い。すなわち、宗教文化の基層では地域ごとに儒仏道の三教が独自のやり方で習合して民俗信仰となり、祖先崇拝や巫俗、卜占が日常生活を構成する主要な儀礼となっている（菊池 二〇〇八）。そして、基層信仰の上位に仏教や道教の宗派、外来宗教の教派による教団宗教が位置し、人々を信者として組織化している。チベット族や回族ではエスニシティと宗教文化が強く結びついているが、漢族では基層信仰と選択的宗教文化の二重構造がある。しかも、その選択性は民俗宗教にも通底するが現世利益的・契約的であり、御利益のない祠は壊され、神に罰が与えられるというものである（酒井 二〇〇二：四四一―四四二）。

祖先崇拝は家族・氏族（宗族）によって実施され、民俗宗教的祭祀も地域の人々によって実施される慣習的宗教行為であり、信仰という捉え方はされていない。他方で、儒仏道の歴史宗教は権力に庇護・許容されながら宗教活動のスペースを確保し、西欧的な聖俗二元的権力構造やイスラーム圏のような一元的権力構造を形成することはなかった。しかし、宗教的カリスマをもつ人物や歴史宗教によって民族集団や階層性を有する集団がまとまり、政権の統治力の弱体化した時期に教勢を拡大した例はあり、政治は宗教勢力の管理に心を砕いてきたのである。

歴史的にみれば、中国が儒仏道の教えと実践を日本や韓国に対して文明や政治思想として伝えたが、近代に入って日本が植民地主義国家として台頭するようになると、日本化した近代仏教や神道、皇道的キリスト教の開拓布教が台湾・朝鮮半島で行われ、新宗教も植民地に移住した日本人社会に教線を延ばしていった（寺田 二〇〇九）。戦後における東アジアの宗教文化交流では、日系新宗教である創価学会が韓国で教勢をおおいに延ばし（公称信者数百四十万）、その代わりに韓国系キリスト教が新宗教含めて日本の信者獲得に成功した（李・櫻井編 二〇一一）。中国は社会主義化したために改革開放以降、仏教やキリスト教に対して日本・韓国・台湾から資金や布教師の支援がなされている。なお、明明上帝（無生老母）を主神とする一貫道は清で発生し、台湾・香港で教勢を拡大したが（篠原 一九八七）、日本では天道総天壇（玉皇山弥勒寺）として華人社会を中心に信者を有する。

三-二　東アジアの政教関係

東アジアでは古代より近代まで政治権力から完全に自立しえた宗教団体はなかった。もちろん、仏教では出家者集団が王権から相応の対応を受けていたことは事実だが、政治権力に影響力を行使しうるほどの政治的経済的基盤は持ちえなかった。ただし、日本の中世では寺社が荘園を有し権門として公家や武家と覇を競ったという見方もあり、実際に浄土真宗教団が封建領主でもあった。チベットにおける宗派の長も封建領主化した。しかし、政治権力が仏教や儒教（朱子学）を統治の正当化に利用したのであって、ヨーロッパ中世の教皇やイスラームのカリフのような存在ではなかった。新宗教や民俗宗教は権力の支配が及ばない地方や私的領域（村落や家族）において存在を認められたが、キリスト教のような外来宗教は日本・韓国では抑圧された。政治権力が認めていない祭式は淫祠であり、信奉者集団が成立すれば邪教と呼ばれる政治優位の政教関係は中国に限定されたものではなかった。

しかしながら、東アジアでは十九世紀後半からヨーロッパや北米・ロシアによる開国要求とプロテスタント・カトリック・正教の布教を認めてから、政治は宗教に対する介入の程度を緩めたが、その後日本による植民地政策・同化政策によって宗教は統制されるものとなった。宗教に対する管理や影響力の行使は中国、維新体制下の韓国、戒厳令下の台湾においても一九八〇年代まで継続されることになった。

三-三　宗教による社会支援

前節においてポスト福祉国家以降における宗教多元化に対応する宗教団体による公共空間への進出に関しては概略述べたとおりである。日本・韓国・中国は香港と台湾を除いて国民国家としての統合度合いと民族や歴史の一貫性が強いために、国民の統治と民生への配慮が先行した。日本は福祉国家型、中国は社会主義型をめざし、韓国は高度経済成長を経て福祉国家型をめざした。台湾は国民党と外省人(公務員)対応の社会保障から始め、香港は植民地返還を見越して行政府はほとんど何も民生支援をしなかったので、宗教団体による社会福祉が伸びることになった。特に、キリスト教による教育・医療・社会福祉は十九世紀末より東アジアにおける宣教政策として開始されたので、現代中国を除く日本・韓国・台湾・香港において社会的存在感がある。

現代中国における社会福祉の課題は、①都市と農村を二分する戸籍制度によって移動や社会支援を受ける資格が制限されていること、②農村地域を都市に組み入れ開発を進める地方政府が失地農民に対して不十分な保障しかしていないこと、③悪化する環境汚染による健康と衛生の問題を対応しきれていないこと、④政策に対する維権の申し立てや異見の表明に制限があること、⑤高齢化の速度は遅いものの(二〇一〇年で八・九パーセント、二〇三〇年は一六・二三パーセント、二〇五〇年は二三・〇七パーセントの予測)、老親扶養が現世代の夫婦や独身者に求められる福祉環境がいまだ改善されていないことなどである。

日本では経済成長期において貧病争が新宗教への入信動機と言われてきたが、中国でも医療や健康上の不安は一九八〇年代における気功の隆盛や法輪功の拡大、全能神のようなキリスト教系カルトの興隆と連動している。家庭教会や地下教会が伸びているのも社会不安と新都市住民(農村からの都市への移動者やエスニックコミュニティを求める人たち)が社会関係資本を欲していることを背景としているものと思われる。つまり、そうした資源(人的つながり、生活・教育資金等の提供、日常生活や就職に関わる情報提供など)を提供できれば、宗教団体は信者を獲得できる。

社会保障の未整備によって治病や不安解消のために教会へ入信する人や寺院で祈願する人も増えるであろうし、社会支援や慈善活動、少数ではあるが維権活動を支援することに共鳴して教会の社会活動に関わっていく人もいる。また、現代中国の過剰な「資本主義社会化」に違和感を覚える人たちや自治が可能な社会空間を求める人たちが伝統宗教や新宗教に居場所を求めることもあろう。

四　むすび——宗教と公共空間

東アジアの近現代化には日本の植民地主義や戦後の経済交流がおおいに関わっており、特徴のある国民社会が形成されてきた。十九世紀後半から二十世紀前半までキリスト教の宣教や社会事業が国家の福祉的機能を代替した時代では、四カ国の宗教が社会的領域に関わるやり方には共通点が多かった。しかし、戦後、経済復興と民主化、社会福祉の制度化を一九六〇年代までに成し遂げた日本では、市民レベルでは公共空間における宗教への役割期待が失われた。他方、台湾・韓国では仏教やキリスト教が開発独裁体制に対応する保守的サイドに身を置きながら教勢の維持・拡大に努め、賛否両論を伴いながら民主化後に公共空間への参与を強めている。香港では公共空間におけるキリスト教会の参加が顕著であり、中国では宗教管理の立場を堅持しているものの、地域社会のレベルでは宗教団体や宗教者が公共的領域に関与するスペースが生まれている。

開発独裁や全体主義の国家において自治が可能な社会的領域は、地域社会と種々の社会集団である。そこには政治的統治が完全に及ばない、もしくは受け流したり利用したりする柔軟な社会空間があろう。今後、中国の現代宗教が従来公共空間から閉め出された人々に対していかに居場所と活動の場所を与えていくのか、公共空間における宗教の位置に注視して社会学的研究が進展されるべきではないかと考える。

付記：本章は拙編著（櫻井・外川・矢野編 二〇一五）の第一章「東アジアの政教関係と福祉――比較制度論的視点」の資料・データを三、四節において加筆・修正しながら用いている。また、『日中社会学研究』二四号、二〇一六年、三〇―四四頁の特集「現代中国の宗教」に掲載された論文を書籍に合わせて改稿したものである。

参考文献

〈日本語文献〉

浅見雅一・安廷苑、二〇一二、『韓国とキリスト教』中央公論新社。

足羽與志子、二〇〇〇、「中国南部における仏教復興の動態――国家・社会・トランスナショナリズム」菱田雅春編『現代中国の構造変動――社会―国家の共棲関係』東京大学出版会。

五十嵐真子、二〇〇六、『現代台湾宗教の諸相――台湾漢族に関する文化人類学的研究』人文書院。

石剛編、二〇一二、『「牛頭邪神を一掃せよ」と文化大革命』三元社。

稲場圭信・櫻井義秀編、二〇〇九、『社会貢献する宗教』世界思想社。

川田進、二〇一五、『東チベットの宗教空間――中国共産党の宗教政策と社会変容』北海道大学出版会。

川上新二、二〇一四、「第一章　東アジア」「第二部一章　中国」文化庁文化部宗務課『在留外国人の宗教事情に関する資料集――東アジア・南アメリカ編』。

菊池章太、二〇〇八、『儒教・仏教・道教――東アジアの思想空間』講談社。

金鎮虎、二〇一五、香山洋人訳『市民K、教会を出る――韓国プロテスタントの成功と失敗、その欲望の社会学』新教出版社。

伍嘉誠、二〇一五、「香港社会における高齢化とキリスト教団体による高齢者福祉――ソーシャル・キャピタルの視点から」『日中社会学研究』第二三巻、一〇七―一二二頁。

小西賢吾、二〇一五、『四川チベットの宗教と地域社会――宗教復興後を生き抜くボン教徒の人類学的研究』風響社。

酒井忠夫、二〇〇二、『近・現代中国における宗教結社の研究　酒井忠夫著作集六』国書刊行会。

櫻井義秀、二〇〇五、『東北タイの開発と文化再編』北海道大学図書刊行会。

櫻井義秀、二〇〇八、『東北タイの開発僧――宗教と社会貢献』梓出版社。

櫻井義秀、二〇一〇、『死者の結婚――祖先崇拝とシャーマニズム』北海道大学出版会。

櫻井義秀・道信良子編、二〇一〇、『現代タイにおける社会的排除と包摂――教育、医療、社会参加の機会をめざして』梓出版社。

櫻井義秀・濱田陽編、二〇一二、『アジアの宗教とソーシャル・キャピタル』明石書店。

櫻井義秀編、二〇一三、『タイ上座仏教と社会的包摂――ソーシャル・キャピタルとしての宗教』明石書店。

櫻井義秀・外川昌彦・矢野秀武編、二〇一五、『アジアの社会参加仏教――政教関係の視座から』北海道大学出版会。

篠原寿雄、一九八七、「台湾の民衆宗教・一貫道の研究――その歴史について」『駒澤大学文学部研究紀要』第四五巻、四三―一〇二頁。

島薗進・磯前順一編、二〇一四、『宗教と公共空間』東京大学出版会。

清水香基、二〇一三、「世俗化の研究――P. Norris & R. Inglehartの“Sacred and Secular”(2004)に関する研究ノート」『青山総合文化政策学』第七巻、四七―七二頁。

白波瀬達也、二〇一五、『宗教の社会貢献を問い直す――ホームレス支援の現場から』ナカニシヤ出版。

鈴木正崇、二〇一二、『ミャオ族の歴史と文化の動態――中国南部山地民の想像力の変容』風響社。

瀬川昌久・川口幸大編、二〇一三、『現代中国の宗教――信仰と社会をめぐる民族誌』昭和堂。

滝澤克彦、二〇一五、『越境する宗教　モンゴルの福音派――ポスト社会主義モンゴルにおける宗教復興と福音派キリスト教の台頭』新泉社。

玉置充子、二〇一二、「第六章　中国と東南アジアの華人社会――民間信仰と結びついた慈善団体「善堂」」櫻井義秀・濱田陽編『アジアの宗教とソーシャル・キャピタル』明石書店、一九六―二一九頁。

塚田穂高、二〇一五、『宗教と政治の転轍点――保守合同と政教一致の宗教社会学』花伝社。

土屋英雄、二〇〇九、『現代中国の信教の自由――研究と資料』尚学社。

寺田善朗、二〇〇九、『旧植民地における日系新宗教の受容――台湾生長の家のモノグラフ』ハーベスト社。

富坂キリスト教センター編、二〇〇八、『原典現代キリスト教資料集』新教出版社。

白松強、二〇一四、「中国における民間信仰に関する保護政策と政府介入――湖北省の国指定無形文化遺産の捉黄鬼を事例として」『日中社会学研究』第二二巻、一〇〇―一一四頁。

長谷千代子、二〇〇七、『文化の政治と生活の詩学――中国雲南省徳宏タイ族の日常的実践』風響社。

深澤秀男、二〇〇〇、『中国の近代化とキリスト教』新教出版社。

藤野陽平、二〇一三、『台湾における民衆キリスト教の人類学――社会的文脈と癒しの実践』風響社。

三木英・櫻井義秀編、二〇一二、『日本に生きる移民たちの宗教生活――ニューカマーのもたらす宗教多元化』ミネルヴァ書房。

李元範・櫻井義秀編、二〇一一、『越境する日韓宗教文化――韓国の日系宗教　日本の韓流キリスト教』北海道大学出版会。

ワンク、ディヴィット・L、二〇〇〇、「仏教復興の政治学――競合する機構と正当性」菱田雅春編『現代中国の構造変動――社会―国家の共棲関係』東京大学出版会。

〈英語文献〉
Beckford, James. 2003. *Social Theory & Religion*. Cambridge University Press.
Casanova, José. 1994. *Public Religions in the Modern World*, University of Chicago Press.（邦訳：ホセ・カサノヴァ、一九九七、『近代世界の公共宗教』津城寛文訳、玉川大学出版部。）

Fox, Jonathan, 2008, *World Survey of Religion and the State*, Cambridge University Press, NY.
Hirano, Miwa, 2008, *Civilizing Missions*, Palgrave Macmillan, NY.
Juergensmeyer, Mark, 2003, *Terror in the Mind of God: The Global Rise of Religious Violence*, University of California Press, LA.（邦訳：マーク・ユルゲンスマイヤー、二〇〇三『グローバル時代の宗教とテロリズム——いまなぜ神の名で人の命が奪われるのか』立山良司訳、明石書店。）
March, Christopher, 2011, *Religion and the State in Russia and China: Suppression, Survival, and Revival*, Continuum, NY.
Norris, Pippa and Inglehart, Ronald, 2004, *Sacred and Secular: Religion and Politics Worldwide*, Cambridge University Press, Cambridge, UK.
Stark, Rodney and Bainbridge, William Sims, 1985, *The Future of Religion: Secularization, Revival and Cult Formation*, University of California Press, Berkeley LA.
Smart, Ninian, 1998, *The World Religions*, Calmann & King Ltd, London.（邦訳：ニニアン・スマート、二〇〇二『世界の諸宗教Ⅱ　変容と共生』石井研士訳、教文館。）
Yang, Fenggang and Lang, Graeme eds., 2011, *Social Scientific Studies of Religion in China: Methodology, Theories, and Findings*, Brill, Leiden.
Yang, Fenggang, 2012, *Religion in China: Survival and Revival under Communist Rule*, Oxford University Press, NY.

〈中国語文献〉

龚学増、二〇一一、「马克思主义宗教观研究六〇年」卓新平編『当代中国宗教学研究（一九四九—二〇〇九）』中国社会科学出版社。

国家宗教事务局政策法規司編、二〇一〇、『宗教事务条例』宗教文化出版社。

中国社会科学院世界宗教研究所課題組、二〇一〇、「中国基督教入戸問巻調査報告」金沢・邱永輝編『中国宗教報告二〇一〇宗教藍皮書』社会科学文献出版社、一九〇—二一二頁。

第二章　東アジアの福祉と家族

郭莉莉・金昌震

一　東アジアの少子高齢化と福祉

これまで、東アジア各国政府の関心は、社会福祉ではなく経済成長や経済開発に置かれてきた。すなわち、東アジアは「福祉志向国家」ではなく、「開発志向国家」であったと言えるだろう（末廣 一九九六、二〇〇〇）。ところが、一九九〇年代に入って生じた次の三つの新しい動きが、東アジア各国の社会福祉への広範な関心と政府の本格的な取り組みを引き起こした（末廣 二〇〇六）。一つめは、一九八〇年代後半から高揚してきた民主化運動と、それに伴う国民の「生活の質の向上」に対する関心である。二つめは、一九九七年のアジア通貨危機と、それを契機とするソーシャル・セーフティネット構築や社会保護政策に対する関心である。三つめは、急速な少子高齢化の進行と、それに伴う政府の福祉国家戦略への関心である。このうち、三つめの少子高齢化の人口変動が最も重要な背景であると指摘されている。

現在、東アジアは世界で合計特殊出生率が最も低い地域となっており、少子化という共通の課題に直面している。表2-1は東アジアの合計特殊出生率の動きである。

また、東アジア地域の高齢化に目を転じると、日本以外の東アジア地域は、高齢化率が一〇パーセント——一五

表 2-1　東アジアの合計特殊出生率の動き

	1980年	1985年	1990年	1995年	2000年	2005年	2010年	2013年
日本	1.75	1.76	1.54	1.42	1.36	1.26	1.39	1.43
韓国	2.7	1.7	1.59	1.64	1.47	1.08	1.23	1.19
中国	2.5	2.7	2.4	1.7	1.4	1.5	1.5	1.6
香港	2.06	1.47	1.21	1.15	1.04	0.96	1.1	1.12
台湾	2.46	1.88	1.81	1.78	1.68	1.12	0.9	1.07

注：中国と台湾の 1980 年は 1981 年の数値。
出典：下記のデータをもとに作成。United Nations "Demographic Yearbook", WHO "World Health Statistics", 各国統計。日本は厚生労働省「人口動態統計」。中国は World Bank "Date Indicators"。

パーセントとまだ高くないが（表2-2）、日本を上回るスピードで急速に高齢化している。東アジアの高齢化の最大の特徴は、そのスピードの速さにあるといえる。高齢化進行の速度を測る指標である「倍加年数」（六十五歳以上人口割合が七パーセントから一四パーセントになるまでに要した年数）の国際比較を見ると、フランスでは一二六年、スウェーデンでは八十五年かかったが、日本の場合わずか二十四年とこれまでで最短である。日本以外の東アジア地域は、中国が二十五年、韓国が十八年であり、日本と同じか、より速いスピードで高齢化が進行している[1]。

人口構造の少子高齢化によって、家族の扶養能力が著しく低下し、地域における相互扶助機能も弱体化している。家族と地域社会の変化により、生活に支障を来す人が増大し、こうした人々に対する公的支援の拡充が新しい政策課題として浮上している。

二　各国の社会保障と社会福祉

二-一　韓　国

(1)　社会保障と社会福祉の概況

現在韓国では社会保障という用語は「出産、養育、失業、老齢、障がい、疾病、貧困および死亡などの社会的リスクから国民生活の質を向上するために必要とする所得、サービスを保障する社会保険、公共扶助（public assistance)、社会サービスである」と定義されている(社会保障基本法第三条第一号)。

社会保障基本法では社会保険について「国民に発生する社会的危険に保険方式で対処し、国民の健康と所得を保証する制度」と規定している。業務上の災害に対しては「産業災害補償保険(以下、産災保険)」、疾病やけがに対しては「国民健康保険(以下、健康保険)」がある。また、国民の老齢、障がい、死亡に対しては「国民年金」、さらに失業に対しては「雇用保険」があり、この四つの保険を「四大社会保険」という。また、韓国では少子化とともに高齢化が急速に進み、それに伴う高齢者の介護やケアの問題が社会的な問題になっており、「老人長期療養保険」が二〇〇八年七月から実施されている。現在、以上の五つの保険が「五大社会保険」と名づけられ、韓国の社会保障の根幹を担っている。

また公共扶助(日本の「公的扶助」に該当する)は、国家および自治体の責任の下に、生活維持の能力に欠けるため貧困に陥っている国民の最低生活を保障し、自立を支援する制度である(社会保障基本法第三条第三号)。

最後に社会サービスとは、国家・自治体および民間部門の助けを必要とするすべての国民に、相談・リハビリテーション・職業紹介および指導・社会福祉施設の利用などを提供し、正常な生活ができるように支援する制度である(社会保障基本法第三条第四号)。

施行年度をみると、「産災保険」制度は「五大社会保険」のなかで最も早く、一九六四年に導入された。その後一九七七年からは「健康保険」制度が整備され、一九八九年になって国民皆保険が達成された。また「健康保険」制度の枠組みの中で少子高齢化社会の対策として「老人長期療養保険(介護保険と類似)」が二〇〇八年七月に実施されることになった。一九八八年に導入された「国民年金」制度は漸次に拡大され、一九九九年には国

表 2-2　東アジアの高齢化率　(%)

	日本	韓国	台湾	香港	中国
高齢化率(2014 年)	26.0	12.7	11.9	14.7	10.1

出典：日本―内閣府『平成 27 年版高齢社会白書』，韓国―統計庁「人口動態計」，台湾―行政院主計総処『統計月報第 596 期』，香港―政府統計処『2015 年版香港統計年刊』，中国―国家統計局「2014 年国民経済と社会発展統計公報」。

されるようになった。

民皆年金の時代を迎えることになった。最後に国民の失業に対応する「雇用保険」は一九九五年になってから実行

韓国に大きな影響を与えた社会・経済的イベントを中心に、当時の政権がどのような対応したのか、社会保障と社会福祉の観点から考察する。そのために、社会保障の発展段階を三つに分けて論じる。

①福祉体系の構築期（一九八七―一九九七年）

一九八七―一九九七年は韓国社会の福祉体制の基礎が形成された時期である。この時期は軍事政権の非民主性を批判する学生や市民の民主化運動が激しく行われ、その結果として一九八七年には国民が直接大統領を選出する直接選挙制の導入や金大中氏の赦免復権などを骨子とする「六二九民主化宣言」という大きな政治的な成果があった。同時に民主化運動の勝利は労働者の人権問題への関心を高め、賃金の値上がりをはじめ、国民年金（一九八八年）や皆国民健康保険制度（一九八九年）の導入まで社会保障分野でも大きな進展があった。

アジア金融危機以前の一九九三年から一九九七年の金泳三政権は、韓国の経済・社会保障分野において重要な転換期である。長い軍事政権から文民政権が誕生し、民主化の進展とともに先進国への参入を目標としてグローバル化が推進された。グローバル化の趨勢のなか、UN安全保障理事会とOECD加入（一九九五年）をきっかけに韓国の福祉水準と政策について国際比較が可能になり、福祉国家論の議論が本格的に始まった。

社会保険においては三十人以上の規模の企業を対象に雇用保険制度（一九九五年）が導入され、韓国の「四大社会保険」の体系が整えられた。また、都市中心に導入された国民年金制度は農漁村地域にまで拡大、適用されるようになった。

しかし、当時の雇用保険制度は大規模の事業場で正規雇用として働く労働者を中心としたものであり、自営業や非正規労働者には適用されなかった。その結果、正規・非正規という労働の二元化が進み、正規職と非正規職の間には所得・福祉格差が生じた。この格差はアジア通貨危機によってさらに広がり、社会的な問題として対策が急務

になってきた。

②福祉制度の拡大期（一九九八—二〇〇七年）

一九九八—二〇〇七年は福祉制度の拡大された時期である。一九九七年に起きたアジア通貨危機は韓国社会に大きな打撃を与えた。国際通貨基金（以下、ＩＭＦ）や世界銀行（World Bank）などから金融援助を受けた韓国は、財政緊縮をはじめ、企業におけるリストラ、市場開放、労働市場の柔軟化と流動化などの要求が高まった。国際金融機構の圧力による一連の措置により、企業倒産・売却・リストラなどによって失職者が急増し、貧困率も増加した。この問題を解決するために、韓国政府は福祉政策を拡大し、ソーシャル・セーフティネットを強化せざるをえなかった。

当時、政権を担った金大中大統領（一九九八—二〇〇三年）は景気回復のための経済政策と社会保障改革を同時に進めていく難題に直面していた。そのとき打ち出された福祉が「生産的福祉」であり、中流階級の育成と国民の生活水準の向上のために、市場経済と福祉を一つの国政運営体制に置いた。チェ（二〇一四：九六）は生産的福祉について市場経済と社会的平等を同時に成し遂げる均衡の福祉であり、福祉支出がただの消費にならず、社会的な人的投資につながり社会的生産性を極大化する戦略であると論じている。確かに、「生産的福祉」は今までの経済成長と国民の福祉という二分法的な思考から離れ、国民の福祉が経済発展に寄与することで、真の民主主義を実現しようとするパラダイム転換であった。

具体的な政策として、国民基礎生活保障制度の導入（二〇〇〇年）と社会保険の適用対象を大幅に拡大したことや皆国民年金の実現（一九九九年）、健康保険で診療を受ける日数の拡大、雇用保険と産業災害保険のすべての企業に拡大したことなどがあげられる。この福祉拡大の背景には政権初期から経済危機の状態に置かれ、アジア金融危機がもたらした様々なリスクから失業者と「社会脆弱階層[2]」を救う必要があったと指摘することができる（キム二〇〇二）。

その後、自らを「参与政府」と称した盧武鉉政権(二〇〇三—二〇〇七年)は国民福祉の強化を国政の中心においた「参与福祉」を提示した。「参与福祉」は「生産的福祉」の基調を継承し発展したもので、「福祉の普遍化」・「福祉に対する国家の責任強化」・「福祉政策過程に対する国民の参与強化」などを打ち出した。「参与福祉」の代表的な成果として、国民年金の持続可能性を保つために二〇〇七年の受給水準を六十パーセントから五十パーセントに引き下げ、最終的に二〇二八年までに四十パーセントまで下げることをめざす画期的な改革を実施した。また、高齢者介護のため「老人長期療養保険法」を策定し、生計保障のために基礎高齢年金制度(二〇〇八年)を導入した。最後に、少子高齢化社会に対応するため、二〇〇六年「低出産高齢社会基本計画(セロマジプラン二〇一〇)」を策定し推進した。

③福祉制度の調整期(二〇〇八年—現在)

二〇〇八年以降から現在までは、福祉拡張過程で発生してきた問題を調整する時期である。ＩＭＦ金融危機の直後、金大中政権はアジア通貨危機を克服するために「生産的福祉」政策を展開した。しかし、福祉政策の導入にあたってその効果と福祉制度全体との整合性を検討する時間的余裕が十分ではなかった。また、その後の政権も新しい制度の導入にあたって政策の効果と効率、それに持続可能性を判断する政策的な経験が足りなかった。このように、ＩＭＦ危機の克服と競争的福祉政策の導入は必然的に福祉政策の再検討や見直しにつながった。「保守派」である李明博政権(二〇〇八—二〇一二年)では「能動的福祉」が推進されるようになったが、これは貧困や疾病など社会的なリスクを予防し、リスクにさらされている人々は仕事を通じて再起できるように支援する、いわば経済成長とともにする福祉をめざすものである。十年ぶりに「進歩政権」から政権を取り戻した李明博政権では、福祉の恩恵を直接に提供するより、庶民や零細自営業者などの負担を減らしていく生活福祉を強調した(チェ 二〇一四：一〇五)。具体的に、庶民生活と密接な「油類費(燃料)」・「通信料金」・「通行料金(高速料金)」・「電気料金」・「私教育費[3]」など「五大庶民生活費軽減」が代表的な施策である。また、医療部門では、営利医療法人の導入・民間医療保険の活性化・医療サービスへの競争を制限する各種規制を緩和し、医療サービスの国際競争力を強化しようとした。加えて、「老人長期療養保険(日本の介護保険に該当する)」と「基礎老齢年金」が二〇〇八年に実施され、盧武鉉政権で導入された制度が定着し、本格化された(キム・ナム 二〇一一)。

以上、時代別に起きた社会・経済的なイベントや政権による政策の変遷から「福祉体系構築期」、「福祉制度拡大期」、「福祉調整期」に分けて社会保障を概観した。次の項では、近年の社会福祉動向と今後の課題について考察する。

(2) 最近の政策の動向

朴槿恵政権(二〇一三―二〇一七年)の福祉政策は経済復興、国民幸福、文化隆盛、平和統一の基盤構築という四大国政運営課題のなか、「合わせ型福祉・雇用」という戦略を提示した。李明博政権で論争になった普遍的福祉政策を受け入れ、保守政権の新福祉政策を通して国民幸福を実現しようとしている。具体的に、①ライフサイクルに合わせた福祉、②自立支援の福祉体系、③低出産(少子化)の克服、女性の活動という三つの戦略で二十五の課題が提示されている。重要な内容としては、基礎年金の導入(基礎高齢年金の改定)、雇用・福祉連携、低所得層に合わせた給付体系の構築、保育に対する国家責任を拡充、四大重症疾患に対する保障性の強化などが設定されている。

このように、現政権では新しい政策への意志と既存福祉制度の福祉支出の増加が反映され、二〇一四年には福祉予算が百兆ウォンを越えた。すなわち、政府予算の三分の一に相当する百六兆ウォンを福祉分野に投入し、国民が幸福な希望の時代を迎えるため「合わせ型福祉・雇用」の国政運営課題に力量を集中しているのである。なかでも「ライフサイクルに合わせた福祉」をアピールしており、乳幼児から高齢者までそれぞれの世代が必要とする福祉サービスの提供を理念としている。

朴槿恵政権は「小さな政府」を志向する保守政権の延長線であり、新自由主義的な社会福祉政策を継承しているなか、少子高齢化によって増加する福祉支出と低成長による税収の減少のなかで新たな挑戦に迫られていた。

（3）今後の福祉課題

韓国の社会保障は「低福祉・低負担」を基本構造としている。ＯＥＣＤ加盟国の社会保障支出率を比べてみると、韓国の社会保障支出率は二〇一二年に九・三パーセントであり、ＯＥＣＤ加盟国の平均値二一・七パーセントよりかなり低い水準である(OECD, Social Expenditure Database)。また、国民の負担を判断する際に用いられる国民負担率をみると、二〇一三年で最も高い水準の国はデンマークの六六・九パーセントであり、最も低い水準の国はメキシコの二〇・五パーセントである。韓国は二五・一パーセントで以前より増加しているものの平均からみると低い水準で止まっている（法務省「国民負担率（対国民所得比）の国際比較（ＯＥＣＤ加盟三十三カ国）」）。

朴槿恵政権の社会福祉政策は「増税なし福祉」を標榜している。「増税なし福祉」とは、国民の福祉負担は上げずに社会福祉を実現しようとする公約である。財政の健全化を図ることと同時に、「地下経済の陽性化」[4]によって福祉財源が確保できるという計画である。しかし、朴政権が約束した老人基礎年金、ヌリ過程（満三―五歳無償保育）、高校無償教育、多子女奨学金制度（三人目以降の子どもに対する大学授業料の全額支援）が本来の計画より対象者が縮小されたり、関連予算の凍結、または削減など一連の福祉公約や政策の後退がみられ、公約や福祉政策の実現性が疑問視されている。さらに、三年連続の財政の赤字が生じ、政府の福祉財政の状況をより悲観的にみる声が高い。政府は増税について、まず非効率的な財政の支出を減らし経済を活性化することで福祉財源を確保する立場を堅持する方針だが、それは以前の政権でも重点を置いて推進したにもかかわらず、目に見える成果が出なかった。また、「増税なし福祉」という基調に反する政権の新しい政策の導入は国民の不満を引き起こした。例えば、国民の健康のためにタバコの価格を引き上げたがそれによって生じた庶民の税負担、また財の再分配を名分として確定申告の際に会社員の税負担が増えたことが、増税に対する論争を本格的に起こしたとも言える。その結果、「増税なし福祉」という原則を堅持してきた政府は、議会が主導的に増税に対する議論と福祉水準の国民的合意を形成するならば、政策の転換を検討するという方針を表した。

イ(二〇一四)は、今の「低負担・低福祉」では財政に不安定さをもたらすため「適正負担・適正福祉」への転換が必要であると論じている。むろん、どのようなレベルが「適正」なのかという議論は必要と思うが、韓国社会で社会福祉に対する欲求水準と負担についての議論と、増税に対する社会的コンセンサスが必要であるという意味では示唆するところが多い。

韓国では急速な少子高齢化が社会に与える負の影響についての懸念がますます高まっている。現在、高齢者の退職年齢を引き上げ、高齢者たちの経済活動の期間を延長する方法が模索されている。しかし、この方法では福祉支出を抑える効果は限界があるし、増える一方の社会保険の負担は世代間葛藤を引き起こす可能性がある。また、少子高齢化が進むなか、生産労働人口層の結婚と出産を促進するためには、所得保存に焦点を当てた福祉制度のみでは解決の展望がつかない(ノ二〇一五)。所得保存と同時に安定的な就労保障、住居保障対策、また子どもに対する保育・教育の費用軽減と環境整備、さらに高齢者に対しては医療保障など社会保障の全般からバランスよく対策に取り組む必要があり、その前提には所要財源に対する社会的コンセンサスを見出さねばならないだろう。[5]

二-二　中　国

(1)　社会保障と社会福祉の概況

中国の社会保障・福祉を理解するうえで、「二元構造」という表現が非常に重要な概念だと思われる。中国の都市—農村二元構造をつくり出したのは、戸籍制度である。一九五八年の「中華人民共和国戸籍登録条例」の公布によって、住民を「農村戸口」(農村戸籍)と「城鎮戸口」(都市戸籍)に分けて管理する戸籍制度が確立した。政府は農村から都市への人口移動を厳格に制限した。戸籍制度の下で、都市と農村において異なる制度・政策が制定されてきたため、経済や教育、福祉など多くの面において都市住民と農村住民の間に大きな不平等が存在している。近年、戸籍制度の改革によって、人口移動は昔よりはるかに自由になってきているが、「都市戸籍」と「農村戸籍」という二元構造は基本的には変わっていないため、都市と農村の間でいぜんとして大きな格差が存在している。

ここでは、中国の社会保障・福祉政策について、「毛沢東時代(一九四九―一九七六年)」と、「改革解放以降(一九七八―現在)」の二つの時期に分けて概観する。以下は、範(二〇〇六)、鐘(二〇〇八)および王(二〇一〇)を参照した。

①毛沢東時代(一九四九―一九七六年)

一九四九年(中華人民共和国成立)―一九七六年(毛沢東の死去)までの時期が「毛沢東時代」と定義されている。戸籍制度によってつくり出された二元構造は、毛沢東時代の社会保障・福祉政策の方向性を決定した。中国政府は、一九五一年に「中華人民共和国労働保険条例」を公布し、都市部の社会保障・福祉制度の骨格を確立した。当時の保険制度は、全国民を対象とするものではなく、都市労働者を中心としていた。一般的に言えば、社会保険の正常な運営を保つためには被保険者の保険料の負担が不可欠であるが、都市戸籍をもつ住民は「単位」(勤務先、ほとんどが国営企業と集団企業)の従業員として、保険料自己負担なしで年金や医療、労働災害などを一括した総合的な社会保険に加入していた。当時、保険料は「単位」と政府が全額負担していた。国有企業を中心とする「単位」制度は、所得保障だけでなく、労働者とその家族に住宅、教育、余暇活動に及ぶ生活のすべてを保障していた。「単位」の従業員を対象とする福利厚生は、主に次の三つがある。①住宅の無料提供、②食堂や託児所、体育館、病院など各種の職場付属施設の提供、③暖房費や交通費など各種の手当および生活補助金の提供である。当時の「単位」は都市労働者にとって大家族のような存在であった。

都市部の手厚い社会保障・福祉制度に対して、農民の生活は、「人民公社―生産大隊―生産隊」という制度の下で、低いレベルで保障されていた。当時、経済水準が低く、農家が相互に協力し合う必要性が高まった。一九五八年に「農村で人民公社を設置することに関する決議」が採択され、「人民公社化」という運動が急速に推進され、一九七〇年代末まで人民公社が農村を管理する末端権力組織となった。「人民公社化」以降、農民たちが所有する土地や家畜、家庭の手作業のための生産資材などが国家・集団所有となった。人民公社の下に「生産大隊」と「生産隊」が設置され、共同生産・共同分配の体制が確立した。人民公社が解体されるまで、農村の社会福祉は、公的扶助である「五保制度」と、地域相互扶助の性格をもつ簡易的な医療保険である「農村合作医療制度」しかなかった。三無老人（労働力、法定扶養者、収入源がない高齢者）に対しては「五保制度」が適用されるが、それ以外の高齢者は家族による扶養が中心で、年金制度は存在しなかった。

毛沢東時代の社会福祉政策を一言でまとめれば、都市住民にとっては「単位」、農民にとっては「人民公社」が「福祉コミュニティ」であった。

②改革開放以降（一九七八年―現在）

一九七六年、毛沢東の死去によって、計画経済社会に終止符が打たれた。一九七八年十二月に開かれた中国共産党第十一期中央委員会第三回総会（三中総会）では、改革開放政策の実施が決定された。

都市部では、市場における自由競争原理が導入された結果、非効率な国有企業は経営不振に陥り、「単位」制度が崩壊し、国有企業・政府が保険料を全額負担する社会保障モデルが維持できなくなった。「中国の人々にとって、職場単位はもはや、従業員のためのあらゆる社会福祉サービスの供給を期待できる『慈悲深い乳母』ではなく、激しい市場競争のなか、利潤獲得に奮闘する独立した一供給者となっている」（熊 二〇〇六：一九四頁）。一九九〇年代に、政府は「企業従業員養老保険制度改革に関する決定」（一九九一年）や「都市従業員基本医療保険制度の構築に関する決定」（一九九八年）など一連の法規定と条例を制定し、社会保険制度の改革・再編を行った。社会保険制度はこれまでの企業・国家が保険料の財源を賄う国家保障型から、個人・企業・国の三者負担という社会共済型へ転換した。また、国有企業の改革・倒産により、社会主義社会には無縁と思われていた失業、貧困などが発生し、貧富の格差も拡大した。政府は社会の安定を図るために、失業保険（一九九九年）や都市生活保護制度（一九九三年発足、一九九九年全国的実施）を確立した。現行の社会保険制度として、都市企業従業員を対象に養老保険、医療保険、失業保険、労災保険、出産保険の五種類の保険が適用されている。また、国民皆保険・皆年金を目標に、都市部の自営業者や無職者を対象として、二〇〇七年には「城鎮居民基本医療保険制度」、二〇一一年には「城鎮居民社会養老保険」制度が新たに設けられた。福祉サービスに関しては、「単位」の崩壊によって末端レベルの社会管理システムの再構築を迫られるなかで、従来「単位」が行っていた、人の管理や福祉の供給を担う新たな組織として、地域社会をベースとする「社区」[6]が登場した。一九八七年に、地域福祉サービスを意味する「社区服務」の概念が提出され、地域福祉の整備が進められている。

一方、農村部では、まず経済面から見ると、共同生産・共同分配の人民公社が崩壊し、「家族聯産承包責任制」と呼ばれる農家ごとの生産請負制が導入された。これは「農家を農業生産の基本的な経営単位とし、集団所有の土地を人口によって農家に分配し、農家は集団に対して一定数量の現物あるいは現金を納める制度である」（小林二〇〇八：二六一頁）。福祉方面では、人民公社の崩壊に伴い、相互扶助の養老機能は果たせなくなり、人民公社を土台とする「合作医療制度」も維持できなくなった。また、一人っ子政策の実施と労働人口の都市への移動によって家族扶養の機能も低下し、農村部で新たなセーフティネットの構築が求められるようになった。こうした社会背景の下に、一九九二年に政府は「県級農村社会養老保険基本案（試行）」を公布し、農村部での統一的な年金制度の実施を試みた。しかし、この制度は任意加入、保険料の自己負担、財政責任の不在によって挫折した。二〇〇六年には、旧型農村養老保険は全面的に見直されることとなり、二〇〇九年に「新型農村社会養老保険」がスタートした。医療保険に関しては、二〇〇三年に「新型農村合作医療制度」が施行された。ただし、失業保険・労災保険・

出産保険はいまだに存在しない。

全国をカバーしている社会保障・社会福祉制度はできているものの、制度設計や給付水準などの面において、都市部と農村部とではまったく異なるシステムになっている。

（2）最近の政策動向

習近平政権の政策の特徴について、改革開放以降の各政権と比較しながらみていく。

鄧小平時代（一九七八―一九九三）―江沢民時代（一九九三―二〇〇三）において、改革開放への路線変更や社会主義市場経済の導入などの大きな政策転換に象徴されるように、世界最大の発展途上国・中国にとって経済成長の実現が最優先の課題である。経済重視路線によって中国は目覚ましい経済発展を遂げる一方で、その副作用として地域間・階層間の格差が深刻化しており、国民の間で不満が高まっている。経済優先だった鄧小平―江沢民時代の発展戦略を大きく変え、格差の是正や広大な農村部の社会保障・福祉の整備に乗り出したのは、胡錦濤政権（二〇〇三―二〇一三）である（大西 二〇一三：三頁）。「和諧社会」（調和社会）の建設というスローガンにその政策姿勢が凝縮されている。胡錦濤は在任中に、農民と都市非就労者を対象に新しい医療保険と養老保険を制定し、また従来都市部にしかなかった「最低生活保障制度」を農村にも適用させた。江沢民時代まで中国の発展戦略の重点が「パイの拡大」に置かれていたというのであれば、胡錦濤時代に入ってから「パイの分配」にも目配りされるようになったといえる。

二〇一二年十一月の中国共産党全国代表大会と二〇一三年三月の全国人民代表大会（以下、「全国両会」と略す）を経て、習近平政権（二〇一三―二〇一八）が発足した。人民代表大会閉幕後の国内外記者会見で、今後の施政目標として、李克強首相は、①持続的な経済発展の維持、②民生の改善、③社会公平の促進の三つをあげている（表2-3）。そして、民生改善の目玉政策として、都市・農村間の格差の是正と農民工の権益の保護をめざす「新型都市化」政策が打ち出された。経済発展を主題とすることを堅持しながら、民生問題の改善と格差の是正に取り組むという点で、習近

表 2-3　習近平政権の施政方針

施政目標	1. 持続的な経済発展の維持	・2020 年目標(一人当たり GDP を 2010 年に比べ倍増する)の実現 ※ 7%の経済成長率の維持が必要 ・内需の潜在力とイノベーションの活力の喚起，新たな経済原動力の創出 ・雇用と収入の拡大，環境保護と資源節約の促進，経済成長の質・効益の向上
	2. 民生の改善	・都市と農村の住民，特に低所得者の収入増，中所得層の拡大 ・教育・医療・養老保険・住宅など，基本的民生を保障するセーフティネットの構築 ・生活保障や大病支援制度の整備，特別貧困層の基本的な生活保障
	3. 社会公平の促進	・出身(都市部か農村部か)や家庭背景に関係なく，努力した人に平等なチャンスを保障する ・国営企業，民営企業，個人経営者に関係なく，公平な競争を通じてしかるべき成果を得られるように努力する
目玉政策	新型都市化	・「土地の都市化」(ハード面の建設)を強調する従来型都市化の見直し，「人間本位の都市化」(制度などソフト面の整備)の推進 ・中小都市における都市戸籍の取得緩和，一億人の農民を都市部に定住 ・農民工向けの教育・就業・社会保障・住宅などの公共福祉サービスの整備 ・農民の土地請負経営権の保護

注:「国家新型都市化計画」においては，農民工の都市戸籍への転換について，「小都市において全面的に解禁し，人口 50 万人～500 万人の中都市・大都市において合理的な範囲で解禁する」としている一方で，「人口 500 万人以上の特大都市は人口規模を厳格に抑制する」と規定している。

出典:「2013 全国両会」に関する新華網報道，「国家新型都市化計画」(2014～2020 年)をもとに作成。

平政権は胡錦濤政権の方針を引き継いでいると言える。

中国社会の中長期ビジョンについて、「中国の夢」という政治スローガンが「和諧社会」に取って代わった。「中国の夢」とは、「中華民族の偉大な復興を実現すること」である。

その中心的な目標は「二つの百年」にまとめられる。一つは、中国共産党成立百年に当たる二〇二一年までに、国内総生産(GDP)と都市・農村住民の所得を二〇一〇年比で倍増し、「小康社会」(適度にゆと

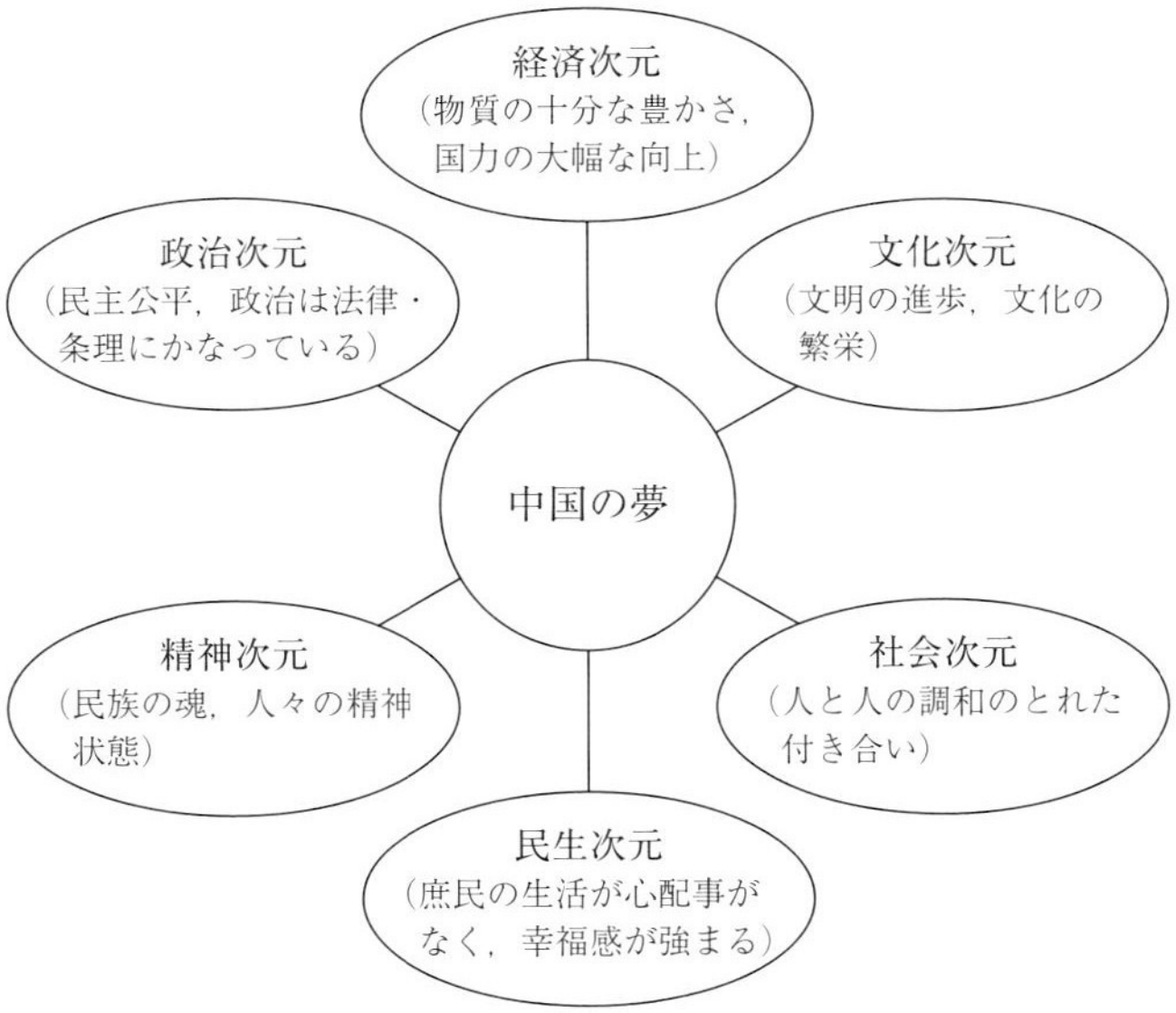

図 2-1　多次元な「中国の夢」

出典:「Chinese Dream」[新華網（日本語版）ホームページ]をもとに作成。

りのある社会）を達成することである。もう一つは、中国が成立百年を迎える二〇四九年までに富強・民主・文明・調和をかなえた社会主義現代化国家を建設することである。

「中国の夢」は非常に包括的な概念であり、政治・経済・文化・社会・民生・精神など、様々な次元を含んでいる（図2-1）。個人レベルでみると、人々にとって「中国の夢」とは、「より良い教育、より安定した仕事、より満足した収入、より頼れる社会保障、より高レベルな医療・衛生サービス、より心地よい居住条件、より美しい環境、子供たちの健康的な成長」（新華網（日本語）より）である。

こうした人々の「夢」を実現するには、政府による公的支援の拡充は避けては通れない。しかし現状では、社会保障に対する政府の支出は圧倒的に少ない。社会保障給付費の対GDP比（二〇一一年）をみると、福祉に手厚いフランスは三一・四パーセント、デンマークは三〇・三パーセントである。東アジア地域では、日本は二三・七パーセント、韓国は一〇・二パーセントであるのに対して、中国（二〇一〇年）はわずか五・三三

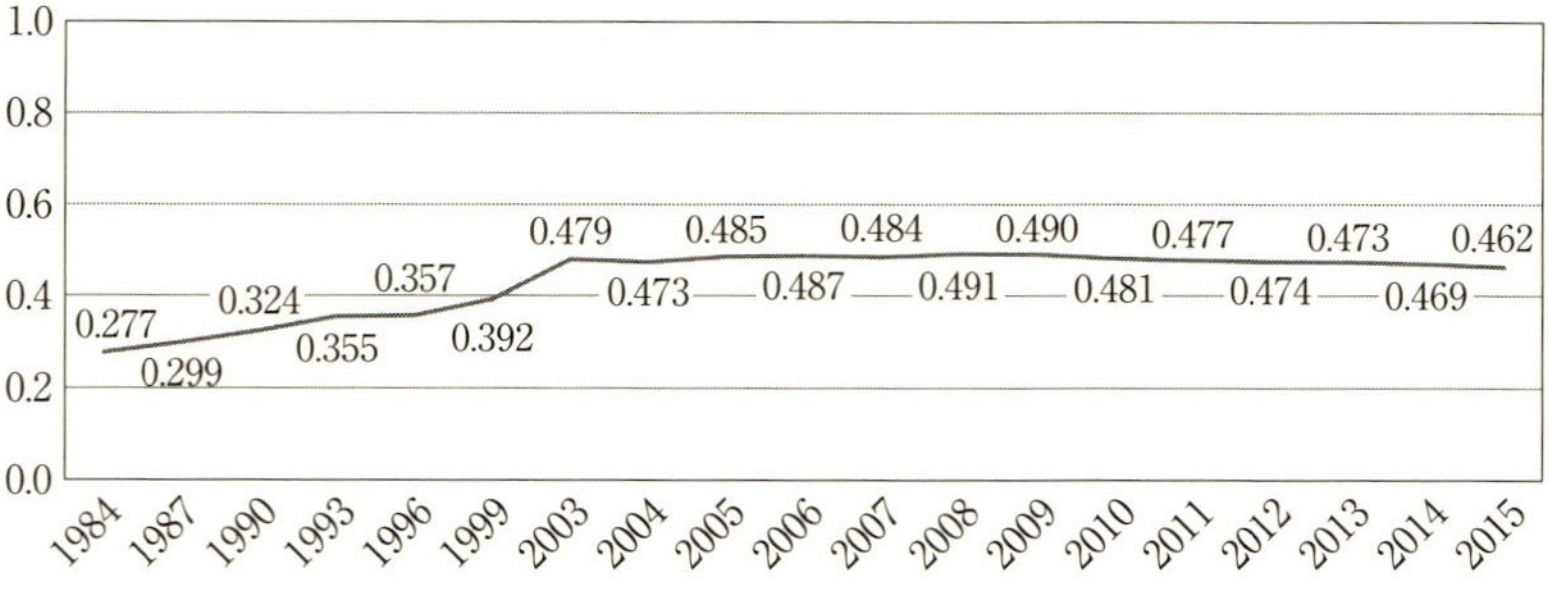

図 2-2　中国のジニ係数の推移

出典：下記のデータをもとに作成。1980 年代と 1990 年代のデータは，World Bank "Date Indicators"。2000 年代以降のデータは，中国国家統計局の公式データ。

パーセントにすぎない(7)。さらに、中国は、巨大な人口規模、途上国での少子高齢化、都市―農村二元構造など、他国にはない独特な問題を抱えている。

このような状況のなかで、国民個々の「夢」をいかにして実現させるのか、政府が直面する課題は小さくない。

（3）今後の福祉課題

中国は、一九九〇年代以降、ほぼ毎年一〇パーセント超のGDP成長率をみせており、驚異的なスピードで世界第二位の経済大国にまで発展した。しかし、二〇一二年からGDP成長率は三年連続七パーセント台に落ち込み、二〇一五年は六・九パーセントと成長減速が鮮明となっている。いずれは定常型経済の域に入った日本と同様に、経済成長の恩恵で社会福祉の財源を確保することが困難になる（櫻井 二〇一五：二〇頁）とされている。経済成長の勢いが弱まるなかで、地域間・階層間の格差が大きい中国においては、限られたパイをいかに公平に分配するかがより重要な課題となっている。

所得格差・貧富格差を測る指標として、「ジニ係数」がよく用いられる。ジニ係数の数値は〇―一の範囲で示されており、一に近づくほど所得格差が大きく、ゼロに近づくほど所得格差が小さいとされている。ジニ係数が警戒ラインの〇・四を超えると、社会が不安定化する恐れがある。図2-2は、中国のジニ係数の推移である。改革開放以降、中国のジニ係数は急速に上昇しており、二〇〇〇年代初頭にはすでに警戒ラインの〇・四を超えている。

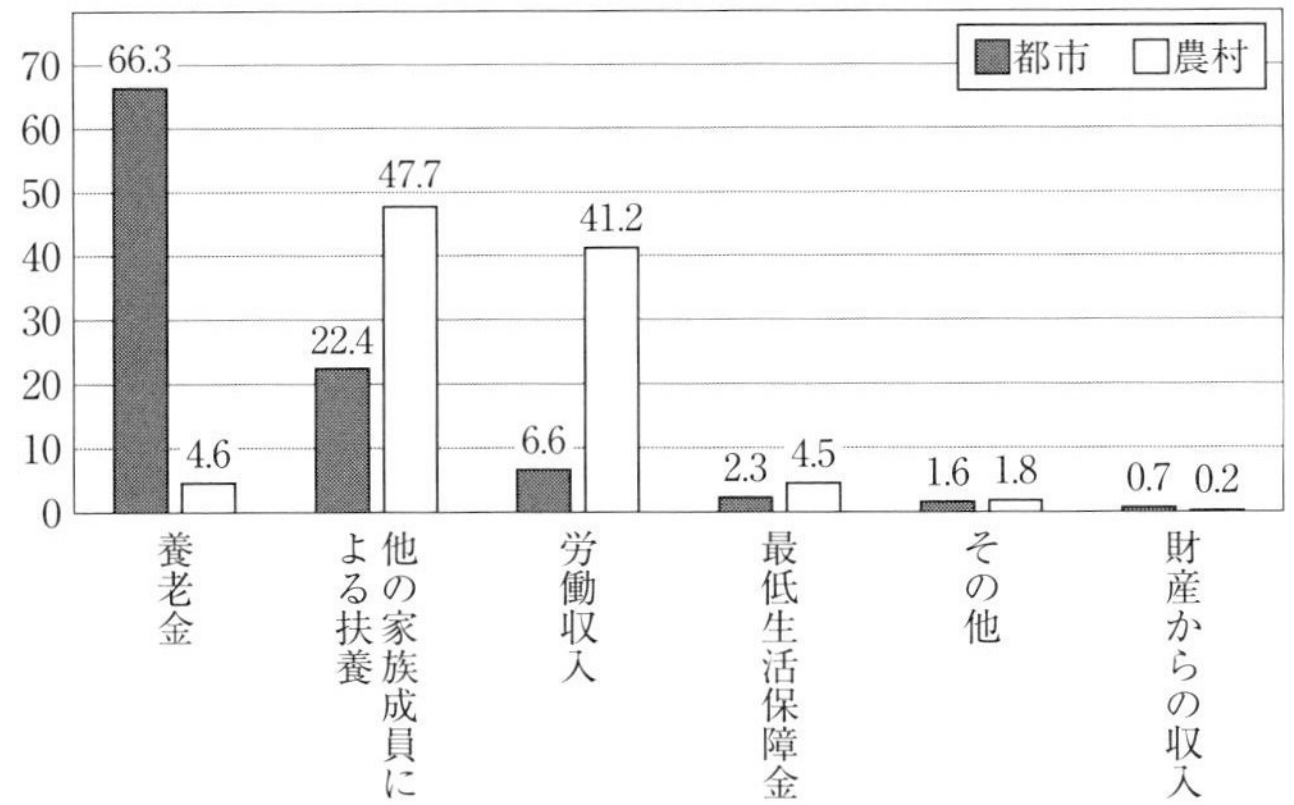

図 2-3　中国都市と農村 60 歳以上高齢者の主な収入源(2010 年)
出典：杜(2013: 15)をもとに作成。

二〇〇三年以降のデータを見ると、二〇〇八年の〇・四九一をピークに緩やかな低下をみせているが、いぜんとして警戒ラインを超える高い数値となっている。

貧富格差・福祉格差を改善するために、二〇〇〇年代に、政府はそれまで社会保険制度から排除されていた農民・都市非就労者を対象に、新しい医療保険と年金制度を矢継ぎ早に創設し、国民皆保険・皆年金制度を一応整備してきた。しかし、その一方で中国の皆保険・皆年金制度は、都市・農村の二元構造、階層間格差を温存する形で制定されたため、既存の公務員社会保険および都市就労者社会保険と、都市非就労者および農民を対象にした新しい社会保険との間には、給付水準に雲泥の差がある。何(二〇一二)の試算によれば、中国における四種類の年金の受給額は、公務員養老保険：都市企業就労者基本養老保険：都市住民社会養老保険：新型農村社会養老保険の順で、四一：二〇：一：一になる。また、医療保険に関しては、給付額の水準は、公務員医療保険：都市企業就労者基本医療保険：都市住民基本医療保険：新型農村合作医療保険の順で、十二：八：一：一であるとされている。

実際に、都市と農村高齢者の主な収入源(図2-3)をみると、都市部では六六・三パーセントの高齢者が年金を主な収入源としている(日本の高齢者と同じ数値[8])のに対して、農村高齢者はわずか四・六パーセントに留まっている。このデータから、農村年金の所得代替率が低いことがうかがえる。実態として、農村高齢者の多くはいぜんとして家族扶養(子どもからの仕送りなど)と自助努力(自分の労働収入)に頼っている。今後、政府が取り組まなければならない課題の一つは、「低すぎる新型社会保険の給付水準を引き上げて、制度間の格差を縮小することである」(澤田 二〇一三:一五七頁)と指摘される。

近年、中国の社会保障分野において「底線公平」[9](最低限度の公平)という概念が提起されている。この概念は、二〇〇二年に中国社会科学院の社会学者・景天魁によって提出されたものである。ここでの「底線」とは、政府責任の「底線」を指す。計画経済時代、中国の経済水準は決して高くはなかったが、政府は社会保障における責任をきちんと果たしたため、当時、就学や医療など社会福祉の問題はほとんど存在しなかった。しかし、社会主義市場経済が導入され、経済が急速に発展している現在、社会福祉が大きな社会問題となっている。その根本的な原因は、社会福祉における政府の責任と市場の作用の境界線の曖昧さにあると指摘されている。七億―八億人の農民と二億人の農民工の福祉権を保障するために、政府は「底線公平」を堅持して、基礎年金、公共衛生・基本医療、生活保護、義務教育、公共サービスなど、基本的な民生問題の解決に努めなければならない。一方、政府の財政能力には限りがあるため、一定水準以上の福祉ニーズを満たすには、個人とその家族、市場などに任せるしかない(景 二〇一三)。

現代中国において社会保障制度を整備することは経済発展を実現することよりも困難であるとされている(景 二〇〇七、袖井 二〇〇八:三五七頁)。政府の財政能力に配慮しつつ、政府が果たすべき最低限の責任を求める「底線公平」という理念は、中国の福祉の将来像を考えるうえで大きなヒントを与えてくれるのではないかと思われる。

二―三　台　湾

(1) 社会保障と社会福祉の概況

歴史的理由により、台湾の社会保障・社会福祉の仕組みは複雑である。一九四九年に、中国大陸での国共内戦に敗れた国民党政府は台湾に渡った。陳(二〇〇九)によれば、戒厳令が解除される一九八七年まで、国民党政府は、「経済優先」と「充実した福祉が人々の依存性・怠惰を助長する」との二つの考えから、社会福祉の整備に消極的であった。ところが、戒厳令解除後、民主化の波によって社会構造が激変し、社会福祉も急速に発展した。台湾の社会保障・社会福祉は、戒厳令が解除された一九八七年を境に、戒厳令時代において構築された「軍公教福利」(軍人・公務員・教員を優先した社会福祉)と、戒厳令解除後に政治の民主化に伴って展開された社会保障・社会福祉に分けることができる(徐 二〇〇七)。以下では、二つの時期の社会保障・福祉制度について、徐(二〇〇七)、陳(二〇〇九)および小島(二〇一五)を参考にまとめる。

① 「光復」から戒厳令解除まで(一九四五年―一九八七年)

この時期に台湾で実施された社会福祉の特徴を一言で言えば、「残余型福祉」という言葉に尽きる。政権基盤を固めるために、国民党は渡台まもない一九五〇年代に、政府を直接支える立場にある軍人・公務員・教員・大企業労働者(主に外省人)[10]を対象に社会保障の整備に着手した。この時期の社会保障制度は、医療保険や年金保険などを一括した職域別の総合保険(日本のかつての船員保険に相当)である。一九五〇年に「労工保険」(国営や公営の大企業の労働者が加入)と「軍人保険」(すべての軍人が加入)、一九五八年に「公務員保険」(公務員と教員が加入)が実施された(「公務員保険」は一九九九年に「私立学校教職員保険」と合併して、「公教人員保険」となる)。「労工保険」に関しては、実施当初、大企業の労働者のみが保険の対象者であり、中小企業の労働者がそこから排除されていたため、対象が拡大されるまでの二十年近く、保険の加入者数は労働者全体の五パーセントにすぎなかったという。

一九七〇年代の台湾は、国内外の政治的・経済的不安に直面していた。国連からの脱退(一九七一年)や日本との断交(一九七二年)、アメリカとの断交(一九七八年)など、台湾は国際社会において孤立した状況に置かれた。また、一九七〇年代の二度にわたるオイルショックは台湾の経済に影を落とし、国民の間で生活に対する不安と政府に対する不満が高まった。人々の不安・不満を緩和するために、国民党政権は一九七三年に「児童福祉法」、一九八〇年に老人福祉、障害者福祉、生活保護に関する「福祉三法」(老人福利法、残障福利法、社会救助法)を制定した。また、一九七〇年代から一九八〇年代にかけて、「労工保険」の加入対象の範囲を中小企業の労働者に拡大し、私立学校の教員、農民などを対象にした社会保険制度を導入した。

②民主化以降(一九八七年―現在)

戒厳令が解除された一九八七年以降、台湾の社会福祉は急速に発展した。社会福祉の急速な発展は政治の民主化の進展と密接に関わっている。戒厳令解除後、国民党以外の政党の活動が認められるようになった。民主化に伴う選挙体制のもとで、各政党は総統選挙などで勝利するために、社会福祉などの住民にとって一番身近な問題の解決に重点を置き、年金公約を掲げた。年金公約合戦の結果、具体的な施策として様々な老年手当て政策が打ち出された。例えば、低所得高齢者を対象にした「中低収入老人生活津貼」(一九九三年)、高齢の農民と一部の漁民を対象にした「老年農民福祉津貼」(一九九五年)、条件つきで一般所得の高齢者を対象にした「敬老福利生活津貼」(二〇〇二年)などがある。これらの年金政策は公的年金に準ずる制度であり、高齢者福祉の増進に貢献したが、その一方で、「ばらまき福祉」、「制度の乱立を招いた」などの批判がある。

上述した政治の民主化のほかに、戒厳令解除後の台湾の社会福祉の発展を促すものとして、社会運動団体の役割も大きい。戒厳令解除後、福祉の充実を目的に、「残障連盟」(障害者福祉増進、一九九〇年)、「老人福利推動連盟」(高齢者福祉増進、一九九四年）などの社会運動団体が結成された。これらの団体が果たした役割をみると、例えば、「老人福利推動連盟」の呼びかけで、老人福利法の改正（一九九七年）や「中低収入老人生活津貼」の支給対象範囲の拡大（一九九七年）、ホームヘルパー資格制度の確立（一九九八年）などが実現した。近年、「老人福利推動連盟」は特に要介護高齢者と家族介護者の支援体制の構築に力を入れている。

一九九〇年代に、国民皆保険・皆年金に向けて社会保険制度の全面的な整備が進められた。まず医療保険の分野では、総合保険である公務員保険や労工保険などから医療給付部分が切り離されて、一九九五年に全国民を対象に一元化された「全民健康保険」が実施された。これにより国民皆保険が達成された。年金制度に関しては、職域保険を利用できない自営業者や無職者などを対象とした「国民年金」は、制度設計をめぐって十数年にわたる紆余曲折を経て、ようやく二〇〇八年から実施された。医療保険のように一元化されておらず、制度が複数あるものの、「国民年金」の創設により国民皆年金を実現した。現行の年金制度は「労工保険」、「軍人保険」「公教人員保険」、「国民保険」の四つの制度から給付が行われている。また、前述したように、準年金的な役割を果たす高齢者向けの福祉手当てもあるため、台湾の高齢者の経済保障の仕組みは日本より複雑である。

一九九〇年代後半に、失業保険の整備も進められた。この時期に、グローバル化の影響で、多くの企業の工場が台湾からより人件費の安い発展途上国に移転した。それに伴って発生した失業問題に対して、政府は一九九九年に「労働者保険失業給付実施弁法」を制定し、失業保険給付を始めた。そして二〇〇一年に正式に「就業保険法」草案を提出し、二〇〇三年から正式に実施した。

社会保険のほかに、急速な高齢化の進行と家族の変容を背景に、長期介護支援体制の整備も進められている。二〇〇七年に、日本のゴールデンプランを参考にした「長期介護十カ年計画」（二〇〇七―二〇一七年）が発表された。長期介護サービスには在宅サービス、地域（通所）サービス、施設サービスの三種類がある。サービスの利用対象者は、要介護高齢者だけでなく、五十五歳以上の先住民と五十―六四歳の障害者も含まれる。なお、台湾では、重度

表 2-4　蔡英文政権の施政方針

「五大社会安心計画」
①「安心住宅計画」 8年間で20万戸の公営賃貸住宅を供給など ②「食品安全計画」 トレーサビリティの強化など ③「コミュニティケア計画」 介護サービス・託児教育の充実を通じた雇用・安心の確保 ④「年金永続計画」 年金基金の破綻回避など ⑤「治安確保計画」 薬物・詐欺防止など
「五大イノベーション研究開発計画」
①「グリーンエネルギーテクノロジー」 ②「スマート機械」　③「アジアシリコンバレー計画」 ④「バイオ・医薬」　⑤「国防産業」
通商政策
・TPPへの加盟準備の早期達成，日本などとのFTA・EPA締結，先進国・東南アジアなどとの連携強化 ・中国との経済交流の継続・拡大など

出典：伊藤（2016: 10）

の要介護高齢者を同居家族（就業していないなどの条件がある）が介護している低所得世帯に対して、「中低収入老人特別照顧津貼」という家族介護手当制度がある。長期介護制度の整備によって公的介護サービスの利用が増えたと言われている。しかしその一方で、現行の介護制度は税財源によって支えられているため、補助対象範囲が狭いことや財源が不安定であることなどの問題点が存在する。こうした問題点を改善するために、近年、介護保険制度の導入が検討されている[11]。

（2）最近の政策の動向

二〇一六年五月二十日に、同年一月の総統選挙で当選した民進党の蔡英文が国民党の馬英九の後任として台湾の第十四代総統に就任した。蔡英文は新政権の課題として、①経済構造の転換、②社会セーフティネットの強化、③社会の公平と正義、④地域の平和で安定した発展と両岸（中台）関係の適切な処理、⑤外交と世界的な課題への貢献の五つを取り上げ、これらの課題を解決するために、「五大社会安心計

表 2-5　55 歳以上の人の主な収入源

	労働収入	配偶者による扶養	貯蓄・利息・家賃・投資所得	退職金・保険給付	子どもによる扶養	借入金	政府援助・手当て	社会・友人の援助	その他	不明
合　計	20.53	9.63	11.97	14.77	32.43	0.19	9.58	0.60	0.12	0.18
年齢別										
55～64 歳	34.64	14.87	11.60	13.07	22.45	0.32	1.73	1.04	0.20	0.07
65 歳～	6.99	4.60	12.33	16.40	42.00	0.06	17.12	0.17	0.05	0.28

出典：「2009 年老人状況調査摘要分析」（台湾内政部統計処 2010）をもとに作成。

画」や「五大イノベーション研究開発計画」などの看板政策を打ち出した（表2-4）。

これらの施策が打ち出された背景には、台湾の厳しい経済社会状況と人々の現状改善への強い願望がある。伊藤（二〇一六）によれば、馬英九政権は発足当初に「経済建設六三三計画」を掲げた。この計画においては、在任八年のうちに、台湾の年平均GDP成長率を六パーセント以上、一人当たりGDPを三万ドル以上に引き上げ、失業率を三パーセント以下に引き下げるという目標を設定した。しかし、二〇〇八―二〇一五年の年平均GDP成長率は二・八パーセント、二〇一五年の一人当たりGDPは二万二千二九四ドル、二〇一五年一二月の失業率は三・八七パーセントと、目標が達成できなかった。経済が低迷する一方で、住宅価格はこの八年間に二倍近く上昇し、若者を中心に生活の先行きへの不安が高まっている。また、中国との融和政策を進めた馬英九政権は、対中経済関係の緊密化を通じて台湾経済の活性化を図ってきたが、その一方で、中国経済への過度依存や安全性に問題のある食品の流入増などへの懸念が高まっている（伊藤二〇一六：九頁）。さらに、止まらない少子化、急ピッチで進む高齢化、完備されていない高齢者介護制度、破綻が懸念される年金制度など、福祉分野で対処すべき課題は山積している。

（3）今後の福祉課題

これまで述べてきたように、長期介護など一部の制度を除き、台湾の社会保障システムはほぼ完成された状態にある。今後、業種間・世代間の格差を縮小し、少子高齢化に対応した社会保障制度を構築することが課題である。近年、特に指摘されているのは、年金制度間の不公平の問題である。内政部の「二〇〇九年老人状況調査摘要分析」によると、五十五歳以上の人の主な収入源(表2-5)は、「子どもによる扶養」が三三・四三パーセントと最も高い。年齢別でみると、五十五―六十四歳は「労働収入」に頼る人が最も多い(三四・六四パーセント)のに対して、六十五歳以上は、「子どもによる扶養」の割合が最も高い(四二・〇〇パーセント)。すなわち、年をとるにつれて、家族扶養の重要度が増す。この調査結果から、中華圏の老親扶養の伝統とともに、公的年金の所得代替率の低さがうかがえる。

ただし、上記の調査結果については職業別に見る必要がある。台湾政府はかつて公務員に有利な年金制度を提供していたため、公務員年金の所得代替率は平均して九〇―一一〇パーセントの間にあり、世界的な基準である六〇パーセントをはるかに超えていた(呉 二〇〇九：一七七頁)。小島が指摘するように、今後少子高齢化がいっそう進行すると、老後生活を子どもに依存することが難しくなる。高齢期に自立した経済基盤を確立させるためには、制度間における給付と負担の不公平の解消などの制度改革が急務である(小島 二〇一五：一〇五頁)。

注

(1)　各地域の倍加年数はUnited Nations "World Population Prospects: The 2010 Revision (中位推移)"を参照した。

(2)　社会脆弱階層とは、「低所得世帯」・「欠損家庭(片親世帯)」・「多文化家庭(国際結婚)」・「独居高齢者世帯(高齢者単身世帯)」・「身体障害者世帯」などを意味する。

(3)　韓国の私教育費には、教材費・副教材費・課外授業費(塾など)学校指定用品費・団体活動費・共通費などの項目があるが、そのなかで家庭に最も大きな負担になっているのが学校教育以外の教育分野に支出する「課外授業費」である。

(4)　地下経済の陽性化とは、正式な統計の範囲外で行われている違法な経済活動や税の未申告など、「表」に現れない地下経済(underground economy)で流れる「金の取引き」などを「透明化」することである。ちなみに、韓国の地下経済の規模は、国内総生産（ＧＤＰ）の二五―三〇パーセントに達していて、米国九・三パーセント、スイス八・六パーセント、日本一一・九パーセント、中国一四・三パーセントと推定されているが、韓国はＯＥＣＤ二十五カ国の平均より十ポイントほど高いと指摘されている（韓国開発研究院）。

（5）所得保存とは、各種の社会的リスクによって所得源が喪失された場合、喪失された所得の一部、または全部を補償することである。

（6）社区とは半民半官の自治組織であり、地域における人口の管理、防災、福祉、文化活動などを担う。「社区」という表現は中国独特の言葉であり、適切な日本語訳がないが、しいて翻訳すれば「コミュニティ」にあたる。

（7）ＯＥＣＤ諸国に関するデータはOECD. Stat（date extracted on 04 Apr 2015）、中国のデータは、『中国財政年鑑二〇一一』より。

（8）内閣府の「平成二十二年度　第七回高齢者の生活と意識に関する国際比較調査結果」によると、二〇一〇年に、六六・三パーセントの高齢者が「公的年金」を主な収入源としている。他の項目に関しては、「仕事による収入」二四・三パーセント、「財産からの収入」一一・〇パーセント、「子どもなどからの援助」一・九パーセント、「生活保護」〇・八パーセントである。

（9）底線は英語に訳すと“bottom line”となる。

（10）一九四九年に国民党とともに中国大陸から渡台した人（軍人・公務員・一般市民）は「外省人」、元から台湾にいる人は「本省人」と呼ばれる。

（11）二〇一六年五月に発足した蔡英文新政権は、長期介護体系について保険制ではなく、税収制を選択すべきと主張している。税収制を採用すると、「政府は資源を運用でき、全力で地域の長期ケアサービスを発展させられる」「最も早いスピードで手軽な金額にすることができる」などのメリットがあるとしている。詳しくは、民進党（日本語）のブログ（http://dppjapanese.blogspot.jp/2015/09/blog-post.html、二〇一六年六月四日取得）を参照。

参考文献

〈日本語文献〉

岩田正美・武川正吾・永岡正己・平岡公一編、二〇〇三、『社会福祉の原理と思想』、有斐閣。
埋橋孝文・木村清美・戸谷浩之編、二〇〇九、『東アジアの社会福祉――日本・韓国・台湾の現状と課題』、ナカニシヤ出版。

王文亮、二〇一〇、『現代中国社会保障事典』集広舎。

大西康雄、二〇一三、「習近平政権の展望」大西康雄編『習近平政権の中国――「調和」の次に来るもの』アジア経済研究所、一―一一頁。

景天魁、二〇〇七年六月二日、基調講演「調和社会構築のメカニズム」第一九回日中社会学会、日本福祉大学。

呉文傑、二〇〇九、「台湾における社会保障財政の持続可能性」埋橋孝文・木村清美・戸谷裕之編『東アジアの社会保障――日本・韓国・台湾の現状と課題』ナカニシヤ出版、一六四―一七八頁。

厚生労働省、二〇一四、「国民生活基礎調査」。

厚生労働省、二〇一四、「被保護調査　年次調査」。

小島克久、二〇一五、「台湾」増田雅暢・金貞任編著『アジアの社会保障』法律文化社、八一―一〇七頁。

小林一穂、二〇〇八、「中国農村家族の変化と安定――山東省の事例調査から」首藤明和・落合恵美子・小林一穂編『分岐する現代中国家族――個人と家族の再編成』明石書店、二五六―三〇一頁。

櫻井義秀、二〇一五、「東アジアの政教関係と福祉」櫻井義秀・外川昌彦・矢野秀武編著『アジアの社会参加仏教――政教関係の視座から』北海道大学出版会、三―四三頁。

澤田ゆかり、二〇一三、「社会保障制度の新たな課題――国民皆保険体制に内在する格差への対応」大西康雄編『習近平政権の中国――「調和」の次に来るもの』アジア経済研究所、一三七―一六一頁。

徐明仿、二〇〇七、「政治の民主化と高齢者福祉の進展」沈潔編著『中華圏の高齢者福祉と介護――中国・香港・台湾』ミネルヴァ書房、一七〇―一八二頁。

鐘家新、二〇〇八、「毛沢東時代の社会福祉政策」袖井孝子・陳立行編著『転換期中国における社会保障と社会福祉』明石書店、六二―八八頁。

末廣昭、一九九六、「発展途上国の開発主義」東京大学社会科学研究所編『二十世紀システム4　開発主義』、東京大学出版会。

末廣昭、二〇〇〇、『キャッチアップ型工業化論――アジア経済の軌跡と展望』、名古屋大学出版会。

末廣昭、二〇〇六、「東アジア福祉システムの展望――論点の整理」『アジア研究』五二巻二号、一一三―一二四頁。

袖井孝子、二〇〇八、「結びにかえて」袖井孝子・陳立行編著『転換期中国における社会保障と社会福祉』明石書店、三四三―三六〇頁。

陳小紅、二〇〇九、「台湾社会政策の発展――示唆と展望」埋橋孝文・木村清美・戸谷裕之編『東アジアの社会保障――日本・韓国・台湾の現状と課題』ナカニシヤ出版、一三八―一六三頁。

何文炯、二〇一二年九月八日、基調講演「中国社会保障の発展と展望」（配布資料）第8回社会保障国際論壇、千葉。

熊躍根、二〇〇六、「改革後の中国における社会変動と福祉多元主義の発展――中国福祉レジームをめぐる討議」社会政策学会編『東アジアにおける社会政策学の展開』一八八―二一二頁。


〈中国語文献〉

範斌、二〇〇六、『福利社会学』社会科学文献出版社。

傅東编、二〇一一、『中国財政年鑑二〇一一』中国財政雑誌社。

杜鵬、二〇一三、「中国人口老齢化現状与変化」『中国社会保障』二〇一三年第一期、一三―一五頁。

景天魁、二〇一三、「底線公平概念和指標体系――関於社会保障基礎理論的探討」『哈尔滨工業大学学報（社会科学版）』一五（一）、二一―三四頁。


〈韓国語文献〉

이상이（イ）、二〇一四、박근혜 정부의 복지정책 평가와 우리의 과제（朴槿恵政権における福祉政策の評価と課題）、동부신문。

김원섭（キム）・남윤철（ナム）、二〇一一、「이명박 정부 사회정책의 발전: 한국 복지국가 확대의끝?」（李明博政権の社会政策の発展――韓国福祉国家の終わり?）」『아세아연구』제五四권 제一호、고려대학교 아세아문제연구소、一一九―一五二頁。

김연명（キム）、二〇〇二、『한국 복지국가 성격 논쟁Ⅰ（韓国福祉国家の性格の論争Ⅰ）』인간과 복지。

정경배（ジョン）、二〇〇二、생산적 복지의 기본구상과 정책과제（生産的福祉の基本構想と政策的な課題）、한국보건사회연구원。

최병호（チェ）、二〇一四、「우리나라 복지정책의 변천과 과제（我が国の福祉政策の変遷と課題）」『예산정책연구』제三권 제一호、八九―一二九。

노대명（ノ）、二〇一五、「한국 복지제도의 현황과 쟁점（韓国の福祉制度の現状と争点）」『보건복지포럼』제二二二호、한국보건사회연구원、六―二二頁。

통계청（統計庁）、「社会調査」（二〇一五年）。

통계청（統計庁）、「高齢者統計」（二〇一三年・二〇一五年）。

〈参考ＵＲＬ〉


内閣府、二〇一五、「平成二十七年版　少子化社会対策白書　全体版（ＰＤＦ形式）」内閣府ホームページ、http://www8.cao.go.jp/shoushi/shoushika/whitepaper/measures/w-2015/27webhonpen/index.html、二〇一六年四月一八日取得。

「二〇一三全国両会」、新華網ホームページ、http://www.xinhuanet.com/2013lh/、二〇一六年五月二〇日取得。

「Chinese Dream」、新華網（日本語版）ホームページ、http://jp.xinhuanet.com/zt/chinadream/index.htm、二〇一六年五月二〇日取得。

伊藤信悟、二〇一六、「台湾の政権交代と日台経済関係の行方——経済パートナーとしての日本への高い期待は持続」『みずほリサーチ』二〇一六年三月号（http://www.mizuho-ri.co.jp/publication/research/pdf/research/r160301taiwan.pdf、みずほ総合研究所ホームページ、二〇一六年五月二五日取得）。

台湾内政部統計処、二〇一〇、「二〇〇九年老人状況調査摘要分析」、（台湾内政部統計処ホームページ、http://sowf.moi.gov.tw/stat/Survey/list.html、二〇一六年六月二日取得）。

Social Expenditure Database（www.oecd.org/social/expenditure.htm）二〇一六年五月一二日取得。

財務省（www.mof.go.jp/tax_policy/summary/condition/238.htm）二〇一六年五月一二日取得。

青瓦臺（http://www1.president.go.kr/policy/keynote02.php）二〇一六年五月一二日取得。

保健福祉部（http://www.mohw.go.kr/front_new/index.jsp）二〇一六年五月一二日取得。

第三章　中国における計量的宗教社会学とその課題

寺沢重法・羅欣寧

一　問題設定

近年におけるアジアの社会学的研究においては計量研究の重要性が高まりつつある。従来、計量研究は、地域のリアリティを捉えきれないものとして地域研究においてはしばしば批判される傾向にあった。こうした指摘は計量調査が困難な地域に関しては当てはまるのかもしれない。だが、「多くの国で各種の質問紙調査が実施されるようになり、データアーカイブが充実しつつある現実を考えるにつけ、こうした態度は改める時期に来ている。それどころか、現地の研究者と共同で質問紙調査を実施したり、そこで得られた知見を一緒に解釈したりする機会は、徐々に増加している。計量分析ができ、しかも地域を熟知している研究者が必要とされるのではないか」（園田二〇〇六：一〇八）と指摘されるように、計量的手法を用いたアジア研究は今後重要になってくるだろう。

中国に関しても、近年はCGSS（Chinese General Social Survey）や世界価値観調査（World Values Survey）などの大規模計量調査が実施されている（湊 二〇〇七）。また計量研究の盛んなアメリカの大学で多くの中国人留学生が社会学のトレーニングを受けて学位を取得し、中国に帰国、あるいはアメリカに残り計量社会学的中国研究に取り組んでいる。

それでは中国の宗教社会学的研究についてはどうか。これまでの手法としては宗教現象が生じる場を観察し、その地域の歴史や社会構造を解明するエスノグラフィカルな手法が用いられてきた。しかし近年の中国では、大規模な計量的宗教調査が蓄積されデータも二次データとして公開されるようになっている。今後の中国宗教の研究において、こうした計量的宗教調査およびその分析結果がよりインパクトをもつようになる可能性は低くはない。このような状況を鑑みると、中国の宗教社会学的研究においても計量的研究や計量調査データに関する知見を共有しておくことが重要であると言えよう。

そこで本章では、近年の宗教においていかなる計量的宗教調査が蓄積されているのか、その内容はいかなるものなのか、計量的手法を用いた実証研究としてどのような知見が得られているのか、そして今後我々はこうしたデータを用いることで中国宗教のどのような研究ができるようになるのか、といった問題を整理してみたい。

以下、本章では中国を代表する宗教調査数種について概観する。このことで現在どのような宗教調査が行われているのかを理解することができる。[1] 次に、これらのデータを用いた計量的宗教研究がどのような知見を提示しているのかをトピックごとに整理する。

二　宗教調査データの概要

本章では、計量的宗教研究において重要な三つの調査データについて、その概要を説明する。

二－一　中国人精神生活調査

中国人精神生活調査(Spiritual Life Study of Chinese Residents, ＳＬＳＣ、ＳＬＳＣＲ、ＣＳＬＳなどと略す。本章ではＳＬＳＣと略す)は、中国とアメリカの中国研究者、宗教社会学者を中心とする研究グループによる、中国の宗教に関する全国規模のデータを蓄積することを目的とした社会調査プロジェクトである。例えばFenggang Yang(パデュー大学)、瞿海源(中央研究院)、Rodney Stark(ベイラー大学)などの宗教社会学者らが参加している。ベイラー大学とパデュー大学が主たる調査主体である。調査は二〇〇七年に行われた。調査は中国の零点調査公司が実施している。抽出方法は多段無作為抽出法、調査対象地は直轄市三箇所(北京、上海、重慶)、省都六箇所(広州、南京、武漢、合肥、西安、成都)、地級市十一箇所、県級市十六箇所、鎮二十箇所の計五十六地点である(新疆ウイグル自治区とチベット自治区は対象地から除かれている)。調査法は個別面接法である。対象者は十六歳から七十五歳の男女、サンプル数は七〇二一人(回収率二八・一パーセント)である。現時点で唯一の全国規模の宗教調査であり、データセットと調査票(中国語版)はThe Association of Religious Data Archive(ＡＲＤＡ)に寄託され、二次分析が可能である(ＳＰＳＳ、Ｓｔａｔａ、テキストファイルで提供)(2)。

設問は約百問設定されている。内容は信仰する宗教の名前と入信時期、宗教施設を訪れる頻度、家族が信仰する宗教、読経、念仏、風水、気功、八卦や毛沢東の肖像の保有状況、来世や因果応報を信じるか否か、宗教の社会に対する意義についての評価など多様な宗教関連設問が設定されている。宗教関連設問以外には、年齢、職業、学歴、収入、家族構成などのフェイスシート項目から始まり、家族観、信頼感(家族、職場など)、生活満足度、幸福感、主観的健康、ソーシャル・キャピタル(友人との交流や各種団体への参加頻度など)、社会問題(環境、失業、住宅など)への関心度、政治的態度などの様々な社会意識関連設問も設定されている。こうしたことからＳＬＳＣを用いることで、中国における宗教性の詳細や社会的属性と宗教性の関係、さらには宗教性と社会意識の関係についても分析可能である。

二―二　中国仏教僧における神秘体験調査

中国仏教僧における神秘体験調査（Study of Mysticism in Chinese Buddhist Monks and Nuns, 以下、ＳＭＣＢＭＮと略す）は、Chen Zuo（オレゴン大学）を調査主体として二〇一〇年三月から二〇一一年四月に実施された調査である。調査対象地は中国仏教四大聖地の一つである安徽省九華山であり、九華山にある一三九寺院（浄土教と禅仏教）に所属する僧侶九十三人、尼僧四十六人が対象である。調査は個別面接法で実施されている。対象者の年齢は二十五歳から八十九歳である。ＳＭＣＢＭＮは、中国仏教僧における神秘体験を測定するための宗教心理学的調査であり、神秘体験に関する九個の設問と四個の基本属性（性別、年齢、出家年数、宗派）に関する設問が組み込まれている。ＳＬＳＣに比べて設問数が少なく、基本属性に関する設問も少ないことから様々な分析を行うのはやや難しいが、中国仏教の僧侶の宗教心理を測定した調査として貴重である。ＳＭＣＢＭＮもデータセットがＡＲＤＡに寄託され、ＳＰＳＳ、Ｓｔａｔａ、テキストファイルで一般公開されている。(3)

二―三　中国総合社会調査

中国総合社会調査（Chinese General Social Survey, 以下ＣＧＳＳ）は、アメリカの General Social Survey（ＧＳＳ）の中国版である。二〇〇三年に開始され、中国初の全国的かつ総合的な調査プロジェクトである。ＣＧＳＳは中国社会、コミュニティ、家庭などの様々なトピックを調べる調査を実施し、大量のデータを蓄積し、データを公開している。近年は、ＪＧＳＳ（日本）、ＫＧＳＳ（韓国）、ＴＳＣＳ（台湾）と連動したＥＡＳＳ（East Asia Social Survey）にも参加し国際比較調査としての役割も担っている（岩井・上田編 二〇一二）。

表 3-1　CGSS-2003〜2013 の内容

	調査票の内容
2003 年	家族，社会変動，社会的ネットワークとソーシャル・キャピタル，教育，職業，労働，自己評価，態度と行動
2004 年	家族，価値観と社会的容認，高齢化と健康，流動化と社会変動
2005 年	家族，心理的健康，経済的態度と行動，コミュニティ生活と政策，農村政策
2006 年	家族(EASS と共通)，職業と労働，企業制度の変化と経済改革，社会経済活動，態度，意識，自己評価
2008 年	家族，教育暦と職歴，性格と態度，ソーシャル・キャピタルと就職，社会的不平等(ISSP と共通)，グローバル化(EASS と共通)
2010 年	コアモジュール，階級意識，社会階層，収入と消費，宗教，環境(ISSP と共通)，健康(EASS と共通)
2011 年	コアモジュール，心理的健康とスティグマ，住宅，健康(ISSP と共通)
2012 年	コアモジュール，主観的幸福感，文化的消費，家族と男女の役割(ISSP と共通)，社会的ネットワークとソーシャル・キャピタル(EASS と共通)
2013 年	コアモジュール，CGSS-2003 の繰り返し調査，道徳，公共サービスに対する満足度

出典：http://www.chinagss.org/index.php?r=index/questionnaire(2016 年 2 月 22 日取得)より作成。

CGSSは、世帯を対象として世帯単位で連続的に横断的調査が行われ、現時点まで合計九回のデータを公開している(調査対象者は一万人以上)。CGSSは社会学、経済学、人口学、政治学、歴史学、人類学など様々な分野の研究者が使用し、研究成果は千点を超えている。

二〇〇三年以降、CGSSは三つの調査方針のもとに行われてきた。つまり、二〇〇三—二〇〇六年調査、二〇〇八年調査、二〇一〇年調査方針である。基本的には確率比例抽出法を利用し、調査対象は十八歳以上の男女である。

二〇〇三—二〇〇六年調査では、中国全国から一二五県を第一段階で抽出し、そのなかからさらに五百の郷鎮、千の居委会と村委会、一万人を抽出している。都市部と農村部のサンプルの比率は五九〇〇：四一〇〇である(4)。

二〇〇八年調査は、百県を第一次段階で抽出し、その中から三百郷鎮、六百居委会と村委会、六千人を抽出している。二〇一〇年調査は、百県と五大都市を第一段階で抽出し、そのなかから四百八十居委会と村委会、一万二千人を抽出している。[5]

各調査票の内容の詳細は表3-1のとおりである。宗教に関する調査項目が入っているのはCGSS-2010のみである。内容は信仰の有無、宗教名、宗教性（宗教参加の頻度、祈りの頻度、宗教を重視する程度など）、親や配偶者の信仰、運命主義、伝統的な宗教活動、気功などがある。

三　宗教調査データを用いた知見の整理

それではこうした大規模調査データを用いてどのような実証研究が蓄積されてきたのだろうか。本章では、分析のテーマを（1）宗教状況の動態、（2）宗教性の規定要因、（3）民間信仰の類型化、（4）僧侶の宗教心理、（5）宗教と精神的健康、（6）宗教と信頼、（7）宗教とその他の社会的態度に大別して知見を整理していきたい。（1）から（4）は主として宗教性そのものに焦点が当てられた分析、（5）から（7）は宗教性と社会意識の関連に焦点を当てた分析である（Sherkat and Ellison 1999）。レビュー対象論文は、各データセットの利用論文リストから抽出し、それ以外にも近年の中国の宗教を扱った研究書等を用いて補った。

なお、中国における宗教性を扱っていても、中国は国際比較分析の対象地域の一地域として扱われるにとどまり、中国社会の分析が主たる目的ではない論文はレビュー対象から除外する。[6]また、上記のデータセット以外の一次データを用いている論文であっても、それが上記データセットに関連する調査プロジェクトとして行われたものである場合には、レビュー対象として取り上げる。論文とそのテーマ、データは表3-2にまとめている。

（1）宗教状況の動態

まず中国における宗教人口や宗教動態の把握をめざした分析としてZhai(2010)があげられる。Zhai(2010)はSLSCを用いて、中国の宗教状況を台湾の宗教状況(二〇〇四年実施のTSCSを使用)と比較しながら検討し、中国の非宗教的な状況を明らかにしている。例えば信仰ありと回答する人が約八十パーセントにおよぶ台湾に比して、中国では約八十パーセントが無宗教と回答する。寺院等を訪れる頻度や霊魂の存在を信じる人の割合も台湾に比べて中国は相対的に低めである。一方でカトリック、プロテスタント含めたキリスト教人口は中国、台湾ともに大きくは異ならず(約三パーセント)、戦後の共産党の宗教政策によって民間信仰が抑制された今日の中国においてキリスト教が人々の宗教的ニーズを満たす機能をもちつつある可能性を示唆している。

表3-2　論文のリスト

テーマ番号	論文	データ
1	Zhai(2010)	SLSC
1	Stark and Liu(2011)	SLSC
1	Hu and Leamaster(2015)	CGSS-2010
2	Hu(2014)	SLSC
2	唐(2014)	CGSS-2010
2	馮(2014)	CGSS-2010
3	Yang and Hu(2012)	SLSC
4	Chen *et al.*(2011a)	一次データ
4	Chen *et al.*(2011b)	SMCBMN
5	Liu and Mencken(2010)	SLSC
5	劉(2014)	CGSS-2006 CGSS-2010
5	Wei and Liu(2013)	一次データ
5	Zhang and Liu(2012)	一次データ
6	韓(2014)	CGSS-2010
6	寞(2013)	CGSS-2010
7	阮・鄭・劉(2014a)	CGSS-2008 CGSS-2010
7	阮・鄭・劉(2014b)	CGSS-2006

Stark and Liu(2011)はSLSCを用いて、二〇〇七年時点における中国の宗教人口を検討しているが(Q9)、その際に、二〇〇一年の第四回世界価値観調査の集計結果との比較を行っている。二〇〇一年から比較的顕著な増加がみられたのは、仏教(二・一パーセント→一八・一パーセント)であり、無宗教(九三・〇パーセント→七七・一パーセント)およびキリスト教(三・三パーセント→二・七パーセント)は若干減少傾向にある。欧米の宗教社会学では近年の中国におけるキリスト教の隆盛がしばしば指摘されるが、むしろ仏教の隆盛の方が顕著であることが指摘される。またキリスト教信者の特性について有意差がみられたのは、性別(男性一・六パーセント、女性

三・八パーセント)、共産党員(共産党員〇・〇パーセント、共産主義青年団員一・七パーセント、非メンバー三・一パーセント)、共産党員と共産主義青年団員を除いた人々の収入(四五〇一元以下二・五パーセント、四五〇一―七千元四・四、七千元以上三・八パーセント)であり、仏教については共産党員のみ有意差があり、キリスト教とほぼ同じ関連が見出されることを明らかにしている。

現代中国における宗教移動(religious mobility)というテーマを、CGSS-2010を用いて分析したのはHu and Leamaster(2015)である。対象者は一九七八年の改革開放後に生まれた者とその両親である(計七二二人)。中国全体での宗教属性の分布の移動(structural mobility)と世代間移動については個人の宗教属性の移動(exchange mobility)を取り上げている。分析の結果、前者については父子間ではイスラム教、キリスト教(カトリックとプロテスタント)と無宗教から伝統宗教(道教と民間信仰)や無宗教への移動が増加している。また、母子間では無宗教の世代間継承が強い傾向にある。後者については、無宗教の親の子どもは伝統宗教やキリスト教に移動する傾向があり、伝統宗教の親の子どもはキリスト教に移動する傾向がある。またイスラム教では世代間継承が強い傾向にある。

(2)宗教性の規定要因

Leamaster and Hu(2014)はSLSCを用いて、仏教徒であることと民間信仰の関係、ならびに民間信仰に対する世俗化理論と外的安全性理論の妥当性、民間信仰と地域差を分析している。分析対象は、先祖の霊を信じること(Q29-17)などの七つの民間信仰的心理、および占いをすること(Q21-1)などの六つの民間信仰的実践を合わせた、計十三項目である。仏教徒であること(特に入門儀礼を受けた人)と民間信仰の間には強い関連がみられ、中国における仏教と民間信仰の密接な関連が推察される。世俗化理論の指標である学歴については、民間信仰のどの側面をみるかで知見が異なり、一致した知見は得られない。外的安全性理論については、不平等が重要な社会問題であると認識することは、民間信仰的心理の強さと関連するものの、民間信仰的実践とは明確に関連しない。地域差についても必ずしも一致した知見は得られていない。

欧米の宗教社会学の理論を用いた分析としては、ほかにも唐（二〇一四）が、ＣＧＳＳ-２０１０を用いて世俗化論と宗教市場理論を比較し、現代中国の宗教の隆盛に関する分析を行っている。それによると、改革開放以降、中国では信仰をもつ人が急増したが、それぞれの宗教は互いに競争していたというよりも、むしろ相互尊重の関係にあった。この現象は宗教世俗化論からも宗教市場理論からも解釈できないことが指摘されてきた。分析では、中国人の宗教選択や宗教行動の影響要素に焦点を当てている。結果、中国では、社会的属性が宗教性に相対的に強い影響を与えており、中国人の信仰の有無を決定する主な要因は、社会的および歴史的要因であろうと論じている。

社会的属性が宗教性に与える影響について、特に社会階層の影響に着目したのは馮（二〇一四）である（ＣＧＳＳ-２０１０を使用）。様々な欧米宗教行為理論を検証するとともに比較分析を行い、中国では「相対的剥奪」「社会的学習」「宗教の補償機能」「宗教的態度」「社会人口学的特性」という五つの要因によって宗教状況を解釈可能であることを指摘した。

（3）民間信仰の類型化

Yang and Hu（2012）はＳＬＳＣを用いて中国における民間信仰について台湾と比較しながら検討している（台湾については二〇〇九年台湾社会変遷基本調査とReligious Experience Survey of Taiwanを使用）。まず華人の民間信仰を①共同体的民間信仰（祖先供養および観音などに対する参拝など）、②セクト的民間信仰（一貫道などへの所属）、③個人的民間信仰（占いなど）に類型化した。中国では、共同体的民間信仰が一九・九パーセント（台湾は八七・九パーセント）、個人的民間信仰が五一・九パーセント（八四・七パーセント）である（セクト的民間信仰に関する設問はＳＬＳＣには含まれていない。台湾では一・八パーセント）。そして中国において、共同体的民間信仰を行う人には女性、年齢の高い人、低学歴者が多く（台湾では年齢の低い人が多い）、個人的民間信仰は女性、低所得者と高所得者（台湾では低学歴者)が行う傾向にあることを明らかにしている。[7]

(4) 僧侶の宗教心理

宗教社会心理学の立場から宗教性を論じたものとしてChen *et al.*(2011b)があげられる。Chen *et al.*(2011b)はSMCBMNを用いて、神秘体験の代表的な尺度であるHood's Mysticism Scale(M Scale)を中国仏教をふまえた項目にアレンジし(空性、真如など)、中国におけるM Scaleの妥当性を検証している。確証的因子分析の結果、中国仏教僧侶の神秘体験は「内省性(introvertive)」、「外向性(extrovertive)」、「解釈性(interpretation)」の三因子から構成され、キリスト教ベースの神秘体験と因子構成がある程度共通していることが明らかになっている。なお、Chen *et al.*(2011a)によってチベット仏教僧の神秘体験の調査も実施され(調査地は成都)、チベット仏教僧の神秘体験が同様の三因子構造からなることが明らかにされている(データは未公開)。

(5) 宗教と精神的健康

宗教性と様々な社会的態度に関する研究で、頻繁に取り上げられるのは、宗教と精神的健康の関連である(抑うつ感、幸福感など)。

Liu and Mencken(2010)はSLSCを用いて、運命主義と幸福感の関係を論じている。運命主義が無力感や剥奪感といった精神的健康の悪さに関連するというウェーバーやデュルケム以来の仮説に対して、近年の宗教の合理的選択理論においてはむしろ運命主義が精神的健康の良さと関連する「運命主義的主意主義仮説」(fatalistic voluntarism thesis)が提唱されている。Liu and Mencken(2010)は諸変数を統制したうえでも運命主義(Q40)は幸福感(Q46)と有意に結びつき、中国においては「運命主義的主意主義仮説」が支持されることを明らかにしている。

劉(二〇一四)は、中国の人口の大部分を占める農村住民の宗教性と主観的幸福感の関係を検討した。その結果、性別、民族、学歴、世帯収入、居住地域などが宗教性に影響を与える傾向が示された（女性―少数民族―低学歴者―低収入者―東部居住者の方が信仰をもつ傾向があり、宗教に入信する傾向がみられる）が、影響関係は宗教性によって異なっている。だが、中国農村住民の信仰と幸福感の間に有意な関連は確認できなかった。

Wei and Liu（2013）は中国河北省の地方部に居住する十八歳から三十四歳の女性を対象とした一次データから中国における宗教性と抑うつ感（CES-D尺度）の関係を検討している。内発的宗教性（Hoge IR Scale（Liu and Koenig 2012））は抑うつ感の低さと有意に関連し、さらに内発的宗教性が高い人と低い人は抑うつ感が低くかつ中程度の人は抑うつ感が高いという曲線関係が部分的に確認された。また、宗教性が高くかつストレスの多いライフイベントを経験した人は抑うつ感が高いという結果であった。また、内発的宗教性と出産に関するトラブルの経験、宗教的信念（因果応報、天命、陰陽五行、仏および菩薩、霊魂および鬼、先祖の霊、運、死後の世界、死後の霊魂の存在、地獄に関して信じるかどうかを尋ねた設問の合算値）とストレス経験、個人的宗教実践（念仏、気功、読経など）と結婚上の葛藤、宗教参加と結婚上の葛藤といった交互作用項が負の関連を示したことから、ストレス下にある回答者において宗教性が抑うつ感の強さと結びつく、ストレス悪化効果が示唆される。

Zhang and Liu（2012）は中国地方部三地域の十五歳から三十四歳の男女における儒教的倫理と自殺の関係を分析する。儒教的倫理の指標として、親孝行（親より先に死んではならない、などの項目の合計得点）、調和（家族や友人の協調関係がのぞましい、などの項目の合計得点）、女性の服従（夫と子どもの面倒を見るべき、などの項目の合計得点）を使用している。分析の結果、親孝行は自殺と負の関連があり、女性の服従は自殺と正の関連がある。調和は有意ではないが、負のライフイベントの自殺に対する効果を緩衝する傾向が見受けられる。

（6）宗教と信頼

宗教と信頼の関係についてもいくつかの論考が発表されている。韓（二〇一四）は、キリスト教と社会集団への信頼、社会全体への信頼との関連を分析している。その結果、費孝通の「差序格局」理論（華人は血縁や地縁の親密さから相互信頼性を判断する）が示したとおり、キリスト教信者はより親しい人間をより強く信頼する。一方で、信仰をもたない人よりもキリスト教信者の方が社会全体への信頼は弱い。また、キリスト教はソーシャル・キャピタルをある程度信者に提供し、組織内の相互的信頼を強化してきたことも明らかにしている。

竇（二〇一三）は、中国人の一般的信頼を「親族への信頼」「知人への信頼」「親しくない人への信頼」と捉え、それぞれへの信頼性をまとめたものを「一般的信頼」と定義し、宗教性がそれぞれの信頼性に与える影響を検討した（CGSS-2010を使用）。その結果、①宗教信者の間の「一般的信頼」は無宗教の人よりもずっと弱い傾向にある。②宗教性が信頼性に与える影響の強さは親しい人より親しくない人に対して強くなる（「親族への信頼」＜「知人への信頼」＜「親しくない人への信頼」）。③仏教、道教、プロテスタント、カトリックはいずれも一般的信頼に対して負の有意な関連をもつ。一方、イスラム教は「親族への信頼」と強い正の関連があり、民間信仰は「親しくない人への信頼」と負の関連をもっていた。

（7）宗教とその他の社会的態度

阮・鄭・劉（二〇一四a）は、宗教性と企業志向の関連について、「価値観」「ソーシャル・キャピタル」「差別を受ける可能性」「人的資本」という四つの次元から検討した（CGSS-2006、CGSS-2008、CGSS-2010）。分析では、企業家を「個人事業主」と「自営業者（老板）」に分けた。その結果、価値観とソーシャル・キャピタルは企業活動に有意な関連があることが判明した。また、人的資本は「個人事業主」の規定要因の一つだったが、「自営業者（老板）」の規定要因ではなかった。

阮・鄭・劉（二〇一四b）は、宗教性と社会的対立の関連性に着目し、不公平感や社会運動に関する設問（E22a、E23、E29）を用いて、宗教性の社会的機能について分析した（CGSS-2006）。まず、中国の宗教的な人の中には

「弱勢群体」（女性、農村住民、高齢者、学歴が低い、社会保障がない、共産党員ではない、無職、未婚など）の割合が高いため、信者の経済的・社会的・政治的資源へのアクセスはある程度限定されている。そして、信仰の有無は不公平を感じることに有意な関連があり、社会運動への参加とも有意な関連がある。信仰は社会的マイノリティーとして差別されることへの自覚を促し、社会的対立を起こす媒介要因となる可能性が指摘されている。

四　おわりに——中国宗教の今後の計量研究に向けて

本章では、中国の宗教を対象とした計量調査の動向とそれらのデータを用いた計量研究についてレビューを行った。まずＳＬＳＣＲは現代中国の宗教に関して、サンプル数、設問の詳しさともに最も重厚な宗教調査データである。ただしＳＬＳＣＲを用いた論考は必ずしも多く発表されておらず、今後の分析の余地がおおいに残されている。ＳＭＣＢＭＮは心理学向けの調査であり設問数自体も多くはないが、僧侶の属性と宗教体験などの関連をみることが可能である。ＣＧＳＳは総合調査であるため、宗教に関する設問そのものは多くはない。しかしながら社会的属性や他の社会意識などの設問も豊富に含まれているため、これらの変数と宗教性の関連を分析するのに適している。またＥＡＳＳに組み込まれたことから、日本、韓国、台湾との国際比較分析も徐々に可能になってきている点も今後の分析に期待されるところである。

これらのデータを用いた計量的宗教研究の特徴として以下の点があげられる。まず、中国における宗教人口や社会的属性と宗教性、僧侶の宗教心理の測定に関心が向けられている。また、中国におけるキリスト教人口の動態、宗教移動、宗教市場理論や外的安全性理論の検証、神秘体験の測定など欧米の宗教社会学の理論や知見をふまえた研究が少なくない。これらの理論や知見の適合性については必ずしも一致してはいない。例えば中国の宗教性は社会階層の影響力が強いとの指摘もなされていた。また民間信仰と仏教の関連性や民間信仰の類型化など、中国の宗教状況により密着したテーマも扱われていた。

第二に中国における宗教性と社会意識の関連に関しては、宗教性と精神的健康との関連に焦点を当てた分析が相対的に多い。取り上げられる変数について、宗教性に関しては運命主義、内発的宗教性、宗教的信念、儒教的倫理、精神的健康に関しては幸福感、抑うつ感、自殺などが扱われている。知見は取り上げる変数によって異なる。運命主義は幸福感と結びつくが、農村においては信仰と幸福感に有意な関連はみられない。内発的宗教性は抑うつ感の低さと関連するが、儒教的倫理は自殺と正の関連があることも指摘されている。内発的宗教性と抑うつ感の関係のように曲線関係がみられる場合もある。宗教性にストレスを緩衝する効果があるのか逆に悪化する効果があるのかについては、個人的宗教実践と結婚生活上のストレスについては悪化効果がみられる一方、儒教的倫理感の一部には自殺に対する緩衝効果がみられるなど複数の知見が提起されている。

第三にこれらの知見をふまえると、中国における宗教性とソーシャル・キャピタル、社会参加の関係に関心が向けられていることがうかがわれる。宗教属性によって信頼感の度合いに濃淡がみられる場合もあれば、宗教属性をもつ回答者よりもむしろ無宗教の回答者の方が信頼感が高いという知見もある。また宗教性が不公平感の強さと結びつくことで社会運動への参加が促進されるという可能性も指摘されている。

以上の点をふまえたうえで、今後の課題として取り上げるべきテーマについて述べたい。第一に中国における宗教性の尺度についてより議論を深める必要がある。ＳＬＳＣＲには豊富な宗教関連設問が組み込まれているが、Yang and Hu (2012) を除いて宗教性の測定に関する議論はあまり行われていない。宗教性と精神的健康の関連が、取り上げる宗教性によって異なること、宗教性によってその規定要因が異なることなどから、中国における宗教性をどのように捉えていくかということが今後の重要課題の一つであると推察される。

第二に社会的属性と宗教性の関連についての議論が必要である。世俗化理論や宗教市場理論、外的安全性理論などは必ずしも中国における宗教性を十分に説明してはいなかった。むしろ総体的にみて有意な関連が確認されたのは、学歴、所得、共産党員か否かなど、回答者の社会経済的地位に関わる変数である傾向が確認された。改革開放以降の大きな社会変動のなかで、中国社会の不平等が拡大し、中国の宗教性もこうした不平等のなかに埋め込まれている傾向にあることが推察される。宗教性が不公平感と関連するという知見からも、宗教性の社会経済的規定要因に関する議論が重要であることが示唆される。上記の社会経済的地位に関する変数以外にも、職業（威信や職種、国営企業と民営企業の違いなど）、資産保有状況、戸籍の違いなど、多面的な社会経済的地位を視野に入れながら、宗教性との関連を論じる必要があるだろう。近年の欧米の宗教社会学においては宗教性と社会階層・不平等というテーマが注目されており（Terazawa and Ng 2015）、中国社会の分析はこうした近年の宗教社会学においても意義のある知見につながるだろう。

第三に精神的健康や信頼感と宗教性の関係に関心が向けられてきたが、その他の社会意識との関連についても議論が必要である。例えば、信頼感をソーシャル・キャピタルの一つの構成要素とみなすのであれば、信頼感以外にもボランティア活動やネットワークなどに関する議論を深める必要がある。宗教性と社会運動への参加の関係を論じるのであれば、同時に政治的態度や社会政策への評価など、政治的イシューとの関わりについても論じていく必要がある。さらに、個別の社会意識との関係のみならず、宗教性がどのような社会意識と関連しているかについて、大まかな見取り図を描いていくことも必要だろう（横井・川端 二〇一三）。以上のような分析から、中国における宗教性の社会的機能を浮き彫りにすることが可能になる。また第二の社会的属性と宗教性に関する分析と組み合わせることで、どのような社会的属性の人々がどのような宗教性をもち、その宗教性を通じてどのような社会意識を形成しているのかといった、社会意識形成プロセスの媒介要因としての宗教性の位置づけについても明確化ができるだろう。

第四に上記の課題について、国外、特に台湾との比較分析を行うことも重要である。ＣＧＳＳはＥＡＳＳにも組み込まれているため、宗教の国際比較も部分的に可能である。また台湾においては、多くの宗教調査データが蓄積され、計量研究も行われており、中国の分析を行う際の大きな参照点となりうる。例えば、台湾では宗教性の構成要素に関する議論、宗教性と精神的健康に関する議論、宗教性と抗議行動に関する議論など多くの知見が蓄積されている（寺沢 二〇一五）。台湾における知見を参照点とすることで、中国の特徴がより鮮明に浮かび上がると推察される。

中国において大規模な宗教調査が行われ始めたのは近年であり、分析自体も必ずしも多く行われているわけではない。しかしながら、中国の宗教状況や社会状況に根ざしたデータセットが構築されており、それらを用いた分析を進めていくことで、様々な角度から中国の宗教性を計量的に論じていくことが可能である。中国の宗教性に関する計量的知見を蓄積してくことは、台湾やシンガポールなどの他の華人社会の宗教性、さらには東アジアの宗教性を論じていくうえで大きな意味をもつだろう。

付記：本研究は日本学術振興会科学研究費に基づく以下の三つのプロジェクトの一環として行われた。（1）「台湾における宗教性・社会階層・精神的健康に関する社会学的研究」（若手研究B、研究代表者：寺沢重法、課題番号：一五K二〇八二一）、（2）「東アジアにおける宗教多元化と宗教政策の比較社会学的研究」（基盤研究B、研究代表者：櫻井義秀、課題番号：二五三〇一〇三七）、（3）「人口減少社会日本における宗教とウェルビーイングの地域研究」（基盤研究B、研究代表者：櫻井義秀、課題番号：一五H〇三一六〇）。また、本章は寺沢重法・羅欣寧、二〇一六、「中国における計量的宗教社会学とその課題」『日中社会学研究』二四号、四五―五六頁に基づいている。

注

（1）　台湾においても「台湾社会変遷基本調査」の蓄積に伴い、計量的宗教研究の蓄積が進んでいる。詳細は寺沢（二〇一五）を参照のこと。

（2）URLは以下のとおりである。http://www.thearda.com/Archive/Files/Descriptions/SPRTCHNA.asp（二〇一六年一月二十二日取得）

（3）URLは以下のとおりである。http://www.thearda.com/Archive/Files/Descriptions/BUDDHIST.asp（二〇一六年一月二十二日取得）

（4）CGSS-2003—2006の対象地については以下のウェブサイトを参照。http://www.chinagss.org/index.php?r=index/sample

（5）CGSS-2010の対象地については以下のウェブサイトを参照。http://www.chinagss.org/index.php?r=index/sample

（6）例えば Adamczyk and Cheng（2015）は世界価値観調査を用いて儒教的価値観と同性愛への賛否に対するマルチレベル分析を行っている。対象地域に中国も含まれているが、分析の主眼は国際比較分析にあるため、本章では取り上げなかった。

（7）Yang and Hu（2012）のモデルを応用した分析として、Hu（2014）が台湾における民間信仰とボランティア・寄付行動の分析を行っている。

参考文献

〈日本語文献〉

岩井紀子・上田光明編、二〇一二、『データで見る東アジアの文化と価値観——東アジア社会調査による日韓中台の比較2』ナカニシヤ出版。

園田茂人、二〇〇六、「書評　有田伸著『韓国の教育と社会階層——「学歴社会」への実証的アプローチ』」『アジア研究』五二巻四号、一〇八—一一〇頁。

寺沢重法、二〇一五、「東アジアにおける大規模宗教調査データの蓄積——「台湾社会変遷基本調査」を事例として」『宗教と社会』二一号、六五—七二頁。

湊邦生、二〇〇七、「東アジアにおける国際比較社会調査とその課題——世界価値観調査、ISSP、アジア・バロメーター、東アジア価値観国際比較調査からEASSへ」『日本版 General Social Survey 研究論文集』六、一—一三頁。

横井桃子・川端亮、二〇一三、「宗教性の測定——国際比較研究を目指して」『宗教と社会』一九号、七九—九五頁。

〈中国語文献〉

窦方、二〇一三、「宗教信仰与中国居民的信任水平――基于 2010CGSS 数拠」、《社会学》一、五三―六四頁。

馮学蘭、二〇一四、《中国居民宗教行為的階層差異》中国人民大学。

韓恆、二〇一四、《教内信任：基督教信仰と人際信任――基于 2010 年度 CGSS 的分析》、《世界宗教文化》四、七一―七八頁。

劉海強、二〇一四、《農村居民宗教信仰的現状及其与主観幸福感関係研究》山東大学。

阮栄平、鄭風田、劉力、二〇一四ａ、〈信仰的力量：宗教有利于創業嗎?〉、《経済研究》三、一七一―一八四頁。

阮栄平、鄭風田、劉力、二〇一四ｂ、〈宗教信仰与社会衝突：根源還是工具?〉、《経済学(季刊)》二、七九三―八一六頁。

唐麗娜、二〇一四、《社会変遷与宗教信仰――基于 CGSS2010 的実証分析》中国人民大学。

〈英語文献〉

Adamczyk, Amy and Yen-hsin Alice Cheng, 2015, “Explaining Attitudes about Homosexuality in Confucian and non-Confucian Nations: Is there a ‘Cultural’ Influence?”, *Social Science Research*, 51: 276-289.

Chen, Zhou, Ralph W. Hood Jr., Lijun Yang and P. J. Watson, 2011a, “Mystical Experience Among Tibetan Buddhists: The Common Core Thesis Revisited”, *Journal for the Scientific Study of Religion*, 50-2: 328-338.

Chen, Zhou, Wen Qi, Ralph W. Hood Jr. and R. J. Watson, 2011b, “Common Core Thesis and Qualitative and Quantitative Analysis of Mysticism in Chinese Buddhist Monks and Nuns”, *Journal for the Scientific Study of Religion*, 50-4: 654-670.

Hu, Anning, 2014, “Gifts of Money and Gifts of Time: Folk Religion and Civic Involvement in a Chinese society”, *Review of Religious Research*, 56: 313-335.

Hu, Anning and Reid J. Leamaster, 2015, “Intergenerational Religious Mobility in Contemporary China”, *Journal for the Scientific Study of Religion*, 54-1: 79-99.

Leamaster, Reid J. and Anning Hu, 2014, “Popular Buddhists: The Relationship between Popular Religious Involvement and Buddhist Identity in Contemporary China”, *Sociology of Religion*, 75-2: 234-259.

Liu, Eric Y. and F. Carson Menken, 2010, “Fatalistic Voluntarism and Life Happiness in Post-Socialist China”, *Sociological Spectrum*, 30: 270-288.

Liu, Eric Y. and Harold G. Koenig, 2012, "Measuring intrinsic religiosity: Scales for Use in Mental Health Studies in China: A Research Report", *Mental Health, Religion, and Culture*, 16-2: 215-24.

Sherkat, Darren E. and Christopher. G. Ellison, 1999, "Recent Developments and Current Controversies in the Sociology of Religion", *Annual Review of Sociology*, 25: 363-394.

Stark, Rodney and Eric Y. Liu, 2011, "The Religious Awaking in China", *Review of Religious Research*, 52-3: 282-289.

Terazawa, Shigenori and Ka-Shing Ng, 2015, "Religious Affiliation and Social Stratification in Taiwan (2000-2010): Analysis of Taiwan Social Change Survey", *Journal of the Graduate School of Letters*, 10: 59-70.

Wei, Dedong and Eric Y. Liu, 2013, "Religious Involvement and Depression: Evidence for Curvilinear and Stress-Moderating Effects Among Young Women in Rural China", *Journal for the Scientific Study of Religion*, 52-2: 349-367.

Yang, Fenggang and Anning Hu, 2012, "Mapping Chinese Folk Religion in Mainland China and Taiwan", *Journal for the Scientific Study of Religion*, 51-3: 505-521.

Zhai, Jiexia Elisa, 2010, "Contrasting of Trends of Religious Markets in Contemporary Mainland China and Taiwan", *Journal of Church and State*, 59-1: 94-111.

Zhang, Jie and Eric Y. Liu, 2012, "Confucianism and Youth Suicide in Rural China", *Review of Religious Research*, 54-1: 93-111.

第Ⅱ部　アジアのキリスト教

第四章　アジアのキリスト教会
――日本、韓国、中国、タイ、モンゴルの比較調査

櫻井義秀・伍嘉誠

一　はじめに

本章は第Ⅱ部「アジアのキリスト教」の最初の章として、①アジアのキリスト教を比較する視点を提示するべく先行研究にもふれながら比較宗教史的視座の提示を行い、②五カ国で実施したキリスト教会の比較調査に関して概括的に知見を報告することを目的としている。調査教会は、韓国のカトリック、中国のプロテスタント、タイのカトリック、モンゴルのプロテスタントである。

では、現代アジアのキリスト教をどのように考察していくのかという本章の視点から述べていきたい。

二　アジアのキリスト教を比較する視角

二-一　近代の宣教と教勢拡大の差異

東アジアと東南アジアへのキリスト教宣教は十九世紀後半から本格化した。もちろん、歴史をさかのぼれば中国

では八世紀に大秦景教流行中国碑が建立されており、イエズス会によるアジア宣教は十六世紀後半から十七世紀にかけて行われ、日本ではフランシスコ・ザビエルによって直接的に伝道が進められ、大名のキリシタンへの改宗と所領下の民衆に多くの信者を獲得した。また、マカオに拠点をおいたマテオ・リッチの指示によって中国と韓国への宣教は間接的に進められた。しかし、日本では幕府が二百六十年にわたってキリスト教を禁教とし、韓国でも十九世紀半ばにカトリック信者が二度にわたって捕縛、処刑された。中国でも十八世紀後半には正教が残るものの、カトリックによる宣教は途絶えた。

東アジアにおける宣教は十九世紀半ばに東インド会社から支援を受けたロバート・モリソンや、十九世紀末に開国して信教の自由を認めた日本や韓国における宣教師たちの活動を待たなければならなかったのである。中国では英国のハドソン・テーラーほかによる「内地会」の伝道やティモシー・リチャードによる社会事業型の宣教が教会成長を促し、カトリックの宣教会によっても雲南省などの辺境部や農村での伝道が進められ、二十世紀中盤までに教会は順調に発展した（原　二〇〇五、王　二〇一二）。もちろん、外国勢力の流入は末期の清朝や地域社会に葛藤も引き起こし、郷村社会の利害関係のなかで虐げられたものの、改宗や対抗的な社会空間として教会の建設が進められたのである（佐藤　一九九〇）。

近代の宣教史に関しては、日本の研究者や韓国・中国の研究者によって様々な観点から研究が進められ、標準的な通史も出版されている（土肥　一九八〇、浅見・安　二〇一二、徐　二〇〇九、深澤　二〇〇〇）。また、ほぼ同時期から宣教が始められて約百五十年の間に、韓国では国民の約三割にキリスト教人口が拡大し、中国でもこの二、三〇年の間にキリスト教人口が激増して公認・非公認の教会を併せると約五千万人の信者を有するほど教会が成長した。これに対して日本のキリスト教人口は総人口の約一パーセントに満たない低成長ぶりを示している。当然、ここから日韓のキリスト教成長の比較という問題視角が生じるし（尾形　一九九七、古屋　二〇〇九）、日韓中の三国を比較するという問題設定も可能になるのではないだろうか。

本章は日韓中の三国に加えてタイとモンゴルの教会も比較調査の対象に加えているために、どうしても現状の比較が分析の中心になってしまうという限界を抱えている。しかし、教会成長の問題を考えるときに、五カ国のキリスト教団や個別教会、信者が直面する現代的な状況を比較するだけでは、なぜキリスト教がそれぞれの国に定着し、社会的に受容されて教会成長を遂げることができたのか、できなかったのかの違いがわからない。宣教の社会史的な比較が必要である。現在、アジア全体を比較したキリスト教史の書籍もある以上（Phan 2011）、いたずらに専門家にとって既知の概要を述べる必要もないが、現状の比較のために最低限必要な歴史的文脈について記述しておきたい。

二―二　キリスト教受容の政治的文脈と文化的文脈

本書には、すでに現代アジアの宗教文化の研究者による総論的な政教関係の章があり、また、日本を除いた韓国・中国・台湾・モンゴル・香港・タイのキリスト教についての専門的な章が設けられ、それぞれの章において各国におけるキリスト教宣教史の概説がなされている。本章ではモンゴルと香港を除いた五カ国で実施したキリスト教会調査の比較研究が主題なので、各国における宣教史と現状を個別に説明するよりも、比較の視点によりアジアにおけるキリスト教を理解する方法を探りたい。そのため、当該国におけるキリスト教会の成長・発展の差異を見る際に入れ込むべき視点を説明しておこう。

ここでは徐正敏の日韓キリスト教比較の観点（徐　二〇〇九）を援用して、①政治的機会構造、②宗教的シンボルと意味構造、③土着化の構造の三点を検討してみたい。徐は順に、政治的状況、信仰的「内燃」、文化的一体性という用語を用いているが、筆者が用いる用語と含意はほぼ同じである。しかし、ここではより社会学的・宗教学的な用語を用いることで問題の鮮明化を図りたい。政治的機会構造では、布教に際して信教の自由や信者の人権が守られる法的保障がなされているかどうか、政府が宗教活動をどの程度管理・統制しているかという観点から布教の自由度を見ていく。信仰的「内燃」とは、信者を宗教運動に駆り立てる情念に近い表現であるが、宗教運動のダイナミックな意味構造とそれをつくり上げる社会経済的状況との間で発生する信仰的表現でもある。これは、キリスト教が当該地域の宗教文化や経済社会に土着化する際に生じる世界観や人間観の葛藤をも伴う。このより静態的な意味構造に着目したのが文化的一体性の議論である。

以下、日韓中の比較を中心に中国を手厚く記述し、台湾・モンゴル・香港・タイの例を付け加える。

三　五カ国のキリスト教を比較する視点

三-一　政治的機会構造

日韓中における宣教の歴史は政治体制による抑圧と当該社会との軋轢を伴いつづけるものであるが、宣教に対する自由度は日韓において開国から敗戦と光復のときまで低く、中国では近代から現代まで統制を受けるものになっている。しかも、近代日本のキリスト教は、政府による天皇と国家への忠誠を誓わせる国家総動員体制への政治的圧力に屈して翼賛的・皇道的になり、植民地では抑圧的な宣教活動も行った。一九六七年に日本基督教団は「第二次大戦下における日本基督教団の責任についての告白」において罪責を悔い、韓国キリスト教会に謝罪したうえでの宣教協力関係を結んでいる。現代の日本のキリスト教諸教派は、「原始福音キリストの幕屋」のような土着型教派を例外としていずれも反軍国主義の立場を鮮明にし、日本基督教団は特に市民社会運動とも連携して、日本の伝統文化やナショナリズムと対峙する政治的スタンスを保っている。

それに対して韓国では、日本の植民地主義に抵抗する民族主義的運動とキリスト教指導者の宣教が一致し、光復後も韓国のナショナリズムや保守主義とキリスト教が強力に結合する構造が続いている。しかも、アジアの奇跡と呼ばれるキリスト教人口の拡大によって誰にとっても教会自体が有力な社会関係資本の獲得先となり、政治家が宗教家たちと密接な関係を求めたことによっても教勢が拡大した。もちろん、政権の主流派と相容れない市民運動派や「民衆神学」のような韓国土着の抵抗神学が生み出されたものの、政治的にも社会的にもマジョリティになったキリスト教会は、既得権益層を基盤として安定するに至ったのである（金 二〇一五）。

中国のキリスト教会は日韓と異なり、中国共産党によって統一戦線が可能な組織体制に組み入れられ、活動領域の制限を現在に至るまで受けている。一九五〇年に中国キリスト教の自養・自治・自伝を方針として成立された中国基督教三自愛国運動委員会と、一九八〇年に公認キリスト教会の合同を目指して設立された中国基督教協会が「両会」として中国のキリスト教を統括する。この両会による指導下にない非公認教会が家庭教会と呼ばれ、中国天主教愛国会の指導下にない地下教会とともに宗教活動を行っている。このような統制下であっても中国のキリスト教は農村部や辺境部で教勢を拡大し、現在は都市部でも非公認の教会が興隆している。党と宗教局などの中央行政では、公式的には公認教会の宗教活動のみ許可し、それ以外の場所における宣教活動を認めていないはずだが、地方や現場では、顕著な反体制を表明しない限り、事実上キリスト教の活動を黙認しているのが実態である。ただし、習近平政権は胡錦濤時代よりもキリスト教会への統制を強めている。二〇一四年、浙江省温州の三江教会堂が地元政府により建築基準を超えたということで強制的に破壊・撤去され、十字架が目立ちすぎるということで千二百以上の教会から十字架が撤去されたという（黄 二〇一五）。

次に、主に布教対象となった社会層について比べてみると、日本のキリスト教は歴史的に主流教派が中上層のエリートに受容され、教育・医療・福祉の社会事業において大きく貢献した。そして、戦後の道徳的空白期に一時的に教勢を拡大したものの、長期的には停滞した。それに対して、韓国では一九六〇年代以降の高度経済成長期に地方農村部から都市部に流入した労働者や中下層を信者として取り込むことに成功した。この特徴は一九八〇年代以降の中国でも同様であり、当然のことながら中上層よりも中下層の総人口が多いため、この層をターゲットとした布教は大いに成果を上げた。日本においてこの社会層を取り込んだのが霊友会系、世界救世教系、および日蓮正宗系の新宗教運動であり、その間キリスト教会は伝統仏教や神道と同様、新宗教と比べて布教に熱心とは言えなかった。

台湾のキリスト教は山地民や本省人に受容され、長老派教会に加えて真耶穌教会のような聖霊派教会の勢力も強い。一九八九年の戒厳令解除までは国民党による統制があった。モンゴルでは一九九〇年にモンゴル人民党による一党独裁が終了し、人々が信教の自由を獲得して以降、福音派の宣教団が布教を開始し、首都ウランバートルに多くの教会が会堂を設けることになった（滝澤 二〇一五）。二〇一〇年の人口調査によると、キリスト教信者は人口の二・一パーセントであり、三九歳以下の信者が約五割であることから考えると、キリスト教会は若い年齢層を引き付けている（Mongolia Population Census 2010）。英国領時代の香港はキリスト教の宣教には極めて好都合であり、信者の獲得のみならず、教育・福祉の諸領域で確固たる基盤を形成できた。タイでは宗教統制はないものの、山地民への布教を除けば目立った宣教の実績をあげることはできなかった。タイのキリスト教人口は日本同様に一パーセントに満たない。日本とタイの事例は、宗教の伸びが政治的機会構造だけでは説明できない好例である。どこに他国との相違点があるのか。

あらかじめ述べておけば、当該国におけるナショナリズムとキリスト教との距離である。日本には神道と仏教、タイにはタイ上座仏教というように強固に民族主義や民族の精神文化と接合した伝統宗教があり、政治的にも社会的にもナショナリズムとキリスト教が関わりをもつ隙はなかったのである。この点を次項で詳しく見ていこう。

三―二　宗教的シンボルと意味構造

東アジアのキリスト教は、近代の当該地域における民族主義や近年のナショナリズムと対立するのか、あるいは協調するのか。言うまでもなく、キリスト教は教義的には普遍主義を唱える歴史宗教であるが、政治的・文化的には植民地主義やオリエンタリズムと無縁ではなかった。日韓中において国家権力が近世においてキリスト教の宣教を禁止したのは、西欧の植民地主義と軌を一にしていたからである。しかし、西欧列強の政治的圧力の下にキリスト教を含めた信教の自由を容認せざるをえなくなった日韓中において、政権はいぜんとして、伝統的な宗教文化や政治思想と関連しないのみならず相対化しかねないキリスト教とは距離を置いた。当該国における民族主義とキリスト教は相容れないものだった。

ところが、日本に植民地化された韓国において、アジア諸国の文化や民度の格差を前提とした大東亜構想のようなアジア主義的ナショナリズムに対抗するには、韓国の伝統的な儒教倫理よりもキリスト教の普遍主義がより強力な思想的抵抗の道具となったし、イスラエルに自国の苦難をなぞらえ、預言者のように解放を唱える熱烈な牧師による説教は国民的共感を呼んだ。一九〇〇年初頭に発生した大覚醒運動や民族主義的キリスト教、およびキリスト教系新宗教運動は同じような情念に支えられていたのである。光復後に朝鮮戦争や東西対立の最前線に立たされ、国家存亡の危機に直面した韓国民の精神を鼓舞したのは、保守的な神学に支えられたキリスト教であり、キリスト教はナショナリズムと親和的であった。

日本のキリスト教は戦後日本のナショナリズムと結びつくことはまったくなかった。普遍主義的・平和主義的な教説と宣教方針は、市民主義的な知識人層には好意的に受け止められたが、この層はキリスト教や西欧文化を受け入れても信者にはならなかった。しかも、中上層の人口は少なく、一方で高度成長期に拡大した新中間層に情念のレベルで訴える力は弱かった。

良くも悪くも、日本は戦後に一回限りの国家存亡の危機を乗り越え、経済成長によって国民生活の底上げがなされた。多くの国民が豊かになるという欲望を満たした時点で、現世利益に訴えた新宗教運動を含めて宗教の出番はなくなった。経済的豊かさと社会福祉の充実によって日本では世俗化が進行したのである。この点が、一九五〇年から八〇年代まで朝鮮戦争に続く維新体制を標榜する独裁政権下で、頼れる社会組織や精神的拠り所が求められつづけた韓国との違いである。日本宗教にとってサバイバルの危機は近年、人口減少社会への転換によって生じているのだが、この議論は別の論考で行っているのでご参照いただきたい(櫻井・川又 二〇一六)。

中国は日韓と異なり、辛亥革命を実行した孫文自身が受洗し、社会改革的なキリスト教を評価していたが(深澤 二〇〇〇：一四八―一六八)、彼の死後、中国の伝統にならってやはり政治権力による宗教統制の歴史を辿ることになる。革命によって政権奪取した中国共産党は民族主義を独占し、複合民族国家を成立させる新たなナショナリズムの形成にあたり、現存する民族主義や宗教文化には明確な限界を定めた。そのために、西欧出自のキリスト教は党において普遍主義的理念として扱われることがなく、一宗教文化として活動を許容されるに留まった。また、党は中国基督教協会と中国天主教愛国教会によって信者に党への忠誠を誓うナショナリズムを教導するよう指導している。そこで中国のキリスト教は、党のナショナリズムに協調する三自愛国教会として党の監視下で生き残りを図る一方で、非公認の家庭教会・地下教会として統制の枠外で教勢を拡大してきたのである。

中国におけるキリスト教会の成長の背景には、文革以後の宗教統制が緩和されたことと併せて、共産主義や毛沢東崇拝に代わる社会正義を多くの人々が求め、改革開放政策の下で急速な資本主義化が進展して甚だしい社会的格差が生じ、生きづらさの救いと癒しを求める人々が増加したことがある。豊かさと成長から取り残された農村部の人々ほど社会的矛盾を感じていたので、都市部に先んじて教会の成長が見られたとも言える(徐 二〇一二)。もちろん、復興途上の教会も村に残された女性と高齢者に熱心に働きかけた(李 二〇〇三)。

このような道徳的な真空状態からの解放と癒やしの求めに対して中国内外の聖霊派教会が応じてきたが、そのなかには両会と中国政府が異端視や邪教視する教派も多数含まれている。古くは真耶穌教会やウォッチマン・ニーとウィットネス・リーに率いられたローカルチャーチ(地方教会)がある。近年では全能神、呼喊派、徒弟会、全範囲教会、霊霊教、新約教会、主神教、被立王、統一教会、三班僕人派、ファミリー・インターナショナル(神の子どもたち）、世界エリヤ福音宣教会、達米宣教会などが、共産党中央委員会や国務院、公安部により邪教とみなされている（Bays 2011: 183-207. 文匯網訊ウェブサイト）。

ところで、台湾には二つのナショナリズムがある。中国国民党は台湾に移動後も、中国本土も含めた国民党政権による一つの中国をめざしてきた。他方で、民主進歩党をはじめ本省人たちは台湾人アイデンティティに基づいて台湾を独立国家とすることを考えてきた。前者には外省人、後者には本省人と山地民の教会が関わりをもち、ナショナリズムとキリスト教会の関係は複雑である。モンゴルでは伝統仏教がモンゴルの民族文化となっているためにキリスト教は外来の宗教文化に留まり、この点はタイも同様である。香港の場合は、一九九七年以降、親中派と本土派の対立があり、中国とは異なる民主主義や信教の自由を求めるキリスト教会指導者が少なくない。しかも、華人という大きな中国文化圏の意識では、尖閣諸島ほかの領土問題では中国本土や台湾と協調して日本に対抗し、国民国家のレベルでは、香港と台湾は中国とは異なる政治的空間とする複層的なナショナリズムをもつ。

ともあれ、アジアにおけるキリスト教会は、近現代において国家や国民のナショナリズムと多様な関わり方をしてきた。そのうちナショナリズムとの協調によって教勢拡大できたのは韓国だけであって、日中やモンゴル・タイでは抑制的に機能した。台湾・香港では中国との関係において民族主義が分断されるので、単独の民族意識とキリスト教が関連をもつことはない。宗教的意味構造については伝統文化との土着化の問題が関わっているので、次の項で論じよう。

三-三　土着化の構造

武田清子は、キリスト教信仰の受容を「埋没・孤立・対決・接木・背教」という五類型を用いて説明し、このうち伝統文化的背景をもちながらキリスト教に対峙した対決型（内村鑑三や植村正久など）と、日本文化とキリスト教との共通点から独自の宗教観や宗教運動を形成した接木型（賀川豊彦など）を信仰者の土着化の事例としてあげている（武田　一九六七）。武田はキリスト教指導者の宗教思想において土着化を考察しているが、ここでは伝統的な宗教文化との文化的親和性からキリスト教への改宗を考えてみたい。

当然のことながら、近代までに形成された東アジアの宗教文化とキリスト教には大きな相違点がある。大きく言えば、祖先崇拝やシャーマニズムといった民間信仰と儒仏道の三教が共存し、人々が必要に応じて帰依している東アジアの宗教文化と、絶対神・唯一神への排他的信仰を強調するキリスト教とでは、「信仰」の概念が異なる。しかも、キリスト教的な神義論の要にある「罪」や「救済」という神学的・信仰的概念は、東アジア的な宗教文化において存在しなかったものである。宗教思想における東アジアの宗教文化とキリスト教との相違点や共通点についてはほかにも議論があるが（キュング・チン　二〇〇五）、ここでは庶民層の宗教理解や行動に着目したい。

キリスト教でいう「罪」は、本来個々人の現世における不幸の出来とは関係がない。ところが、仏教にせよ道教にせよ、民間信仰にしても、「苦」や「不幸」には原因を求め、その解消こそが宗教的な修行や儀礼となっている。さらに、東アジアの宗教には神の一方的な贖いによる救済はない。祖先にせよ神仏にせよ、祀るものや求めて来たるものに救いを与える。この互酬的な観念ゆえに儀礼における供養と功徳、供え物とご利益といった現世利益的な関係が成立する。こうした伝統的な考え方に慣れ親しんだ人々にキリスト教の原理的な神学を説いても、なかなかストンと腑に落ちることはないだろう。

現実的にアジアにおけるキリスト教の布教において、教育を受けた青年層には、西欧文化による憧れや感化が信仰を得る契機となったものが少なくないと思われる。他方で、経済力をもつ宣教師から従者としての仕事を得ることや、医療・教育・社会支援にあずかることを目的とした庶民層も少なくない。後者では、神学に基づいた信仰よりも、愛の神、施しの神の概念が強かったのではないだろうか。しかし、恩恵を望む信者ばかりでは宣教資金の切れ目が縁の切れ目になってしまい、土着化はかなわない。そこで伝統的な宗教文化、とりわけ中下層の人々が慣れ親しんだ基層信仰や道徳観念に接合できるキリスト教理解の提示や布教方法が問題になる。

日本では、近世に確立した寺檀制度によって家と祭祀の継承の観念が強化されたために、キリスト教への改宗によって親への孝養を果たせなくなることにためらったり、家の宗教（宗旨）を変えることによる祟り・障りといったことを懸念したりする人々が少なくなかった。日本のプロテスタント教派もカトリックも年忌法要に代わるミサや追悼の記念式を設けて先祖祭祀に譲歩した。しかし、さらに踏み込んで先祖そのものの救済をするべく、死者のためのバプテスマ（洗礼）を授ける「イエス之御霊教会教団」のような教派は、主流派から異端視されている。祖先崇拝と習合した仏教は長らくキリスト教にとって強力な競合相手であった。

韓国の先祖祭祀は儒教式の祭祀（チェサ）であり、仏教とは関係しない。また、巫者が慰霊を行うクッは広く浸透した民間信仰であり、神霊を憑依させる宗教文化であるシャーマニズムに慣れ親しんだ韓国民にとって、キリスト教の聖霊の働きは魅力的なものだった。二十世紀初頭の心霊復興運動以降、牧師が聖霊による癒しや清め、聖霊の力を強調して人々の感情に直接語りかける布教方法が、韓国民の癒しや居場所を求める心に強力に響いた。世界的な聖霊派教会の活動を牽引しているのも現在の韓国教会である。

中国の場合、二十世紀初頭から農村や少数民族地域で宣教を始め、多数の信者を獲得し、文革期を挟んでさらに信者数を増やした。宗族の祠堂や村落の村廟には種々の神々が祀られているが、数ある神霊のうちでより強力な神としてキリスト教を選ぶ人々が多かったとされる。邪霊祓除の儀礼はキリスト教の悪魔祓いの儀礼に代替され、カリスマ的な説教者は霊力のある霊媒師とみなされ、教育・医療を受ける機会がなく識字率が極めて低い農村部においてキリスト教は有力な宗教になったとされる（Hunter and Chan 1993: 141–175）。

台湾と香港における漢民族の民間宗教とキリスト教との関係は中国の場合とそれほど変わらないと思われる。モンゴルの場合は、家庭内祭祀とキリスト教的信仰を両立させる試みは信者の信仰いかんとも言えるが、社会主義の時代に伝統宗教は慣習とみなされ、個人的信仰とは別のものという認識も生じてきたとされる。そのためにポスト社会主義の時代においても改宗にためらう人々が少なくない。

タイの上座仏教は近代化と共に官製仏教として制度化され、王権や政権を正当化するエクレシア（教会）の構造をもち、しかも精霊崇拝や守護霊崇拝とも習合しているために、タイの文化・社会において支配的な地位を有している。したがって、山地民においては祖先崇拝や精霊崇拝を廃してキリスト教に改宗させる宣教は成功したが、中部・北部・東北部のタイでは仏教、南部ではイスラームという強固な宗教基盤に食い込むことが難しかったのではないかと考えられる。日本同様、タイのキリスト教人口が一パーセント以下という宣教成果には、文化的な障壁が背景にあると考えてもよさそうである。

以上、アジアにおける民間信仰や伝統宗教とキリスト教との競合・協調の関係を見てきたが、宗教文化的な親和性の有無は、布教や信仰の困難さとして生じる可能性を指摘しておこう。これで日本・韓国・中国・台湾・モンゴル・香港・タイにおけるキリスト教の近現代を簡単に素描したので、現代のキリスト教会の特徴と信者の宗教意識や社会層の分析に移りたい。

四　五カ国のキリスト教比較

四-一　調査概要

本調査では、分担研究者それぞれの協力者や協力団体との関係で、表4-1に示した五カ国の教会の信者、計二四四〇名に対して、カトリックとプロテスタント共通の調査票で調査を行った。韓国と日本では韓国人のカトリック教会、タイではラーチャブリー県のカトリック教会信者とプロテスタント教会信者が半々、中国とモンゴルではプロテスタント教会信者のみとなった。したがって、以下の説明では、信者に特にカトリックとプロテスタントの区別を付けない場合は、国ごとに対象者が異なる点に留意していただきたい。

表 4-1　調査地

国	人数	調査地・教会
韓国	1343	シンチョン洞，サップギョ大田，グイ洞，大田ウォルピョン洞，グロ教会のカトリック教会
日本	221	カトリック東京韓人教会
中国	201	上海市内のプロテスタント教会公認教会と非公認教会
タイ	295	ラーチャブリー県とバンコク都のカトリック・プロテスタント教会
モンゴル	380	ウランバートル他(25箇所のプロテスタント教会)
合計	2440	

四-二　信者の個人的・社会的特徴

五カ国ともに教会の信者は女性が多く、韓国で顕著である(表4-2)。カトリックが家族単位で信者であることが多いことを考えると、韓日において女性が男性の二、三倍であることに注目したい。ただし、この調査では教会に通う信者については女性が男性より多いことのみ確認したと言え、この傾向は全世界的な傾向とも合致する。

最終学歴に関しては、五カ国とも大学卒が最も多いことに注目したい(表4-3)。専門学校や二年間の短大相当を含めると韓日で約四割は近年の一般的な進学率に近いが、中国で約三割、タイで約四割、モンゴルで五割を超える構成比は、明らかに信者が高学歴層であると言える。

このような高学歴層が信者である理由に、タイで郡部が含まれるほかは都市部での調査であること、信者の職業分類(表4-4)からわかるように専門職や事務職の割合が高いことから調査対象者に都市中間層が多いことが推測される。それはタイ、モンゴルにおいて農業の従事者が極めて少ないことからも明らかである。韓日では主婦の割合が高いが、短大・大卒に見合った夫の学歴・職業的地位もそれなりのものと推測される。タイとモンゴルでは学生の割合が高い

表 4-2　信者の性別

	韓国	日本	中国	タイ	モンゴル	合計
男性	310 (23.1%)	73 (33.0%)	68 (33.8%)	114 (38.6%)	142 (37.4%)	707 (29.0%)
女性	913 (68.0%)	135 (61.1%)	120 (59.7%)	151 (51.2%)	231 (60.8%)	1550 (63.5%)
無回答・非該当	120 (8.9%)	13 (5.9%)	13 (6.5%)	30 (10.2%)	7 (1.8%)	183 (7.5%)
回答人数合計	1343	221	201	295	380	2440

$x^2(8) = 73.895$, $p < 0.001$

表 4-3　信者の最終学歴

	韓国	日本	中国	タイ	モンゴル	合計
未就学	7 (0.5%)	1 (0.5%)	2 (1.0%)	16 (5.4%)	2 (0.5%)	28 (1.1%)
初等(国民)学校	50 (3.7%)	2 (0.9%)	3 (1.5%)	18 (6.1%)	0 (0.0%)	73 (3.0%)
中学校	72 (5.4%)	5 (2.3%)	29 (14.4%)	23 (7.8%)	23 (6.1%)	152 (6.2%)
高等学校	425 (31.6%)	31 (14.0%)	34 (16.9%)	19 (6.4%)	46 (12.1%)	555 (22.7%)
専門大学(2・3 年制)	138 (10.3%)	30 (13.6%)	43 (21.4%)	15 (5.1%)	45 (11.8%)	271 (11.1%)
大学校(4 年制)	394 (29.3%)	91 (41.2%)	66 (32.8%)	115 (39.0%)	207 (54.5%)	873 (35.8%)
大学院(碩士課程)	98 (7.3%)	23 (10.4%)	14 (7.0%)	37 (12.5%)	42 (11.1%)	214 (8.8%)
大学院(博士課程)	18 (1.3%)	17 (7.7%)	2 (1.0%)	6 (2.0%)	2 (0.5%)	45 (1.8%)
その他	1 (0.1%)	0 (0.0%)	0 (0.0%)	4 (1.4%)	0 (0.0%)	5 (0.2%)
無回答・非該当	140 (10.4%)	21 (9.5%)	8 (4.0%)	42 (14.2%)	13 (3.4%)	224 (9.2%)
回答人数合計	1343	221	201	295	380	2440

$x^2(40) = 455.9728$, $p < 0.001$

表 4-4　信者の職種

	韓国	日本	中国	タイ	モンゴル	合計
企業の経営者・自営業者	97 (7.2%)	24 (10.9%)	34 (16.9%)	42 (14.2%)	20 (5.3%)	217 (8.9%)
専門職(弁護士, 会計士, 医師, 教授, 教師, 看護師など)	95 (7.1%)	22 (10.0%)	14 (7.0%)	58 (19.7%)	50 (13.2%)	239 (9.8%)
管理職(企業の部長, 高級公務員など)	43 (3.2%)	10 (4.5%)	15 (7.5%)	9 (3.1%)	12 (3.2%)	89 (3.6%)
事務職(会社員, 一般公務員など)	100 (7.4%)	36 (16.3%)	34 (16.9%)	22 (7.5%)	36 (9.5%)	228 (9.3%)
ブルーカラー(生産監督, 熟練工, 機能工, 工場労働者など)	73 (5.4%)	9 (4.1%)	17 (8.5%)	14 (4.7%)	35 (9.2%)	148 (6.1%)
農業労働者	13 (1.0%)	3 (1.4%)	2 (1.0%)	10 (3.4%)	1 (0.3%)	29 (1.2%)
軍人, 警察	5 (0.4%)	0 (0.0%)	0 (0.0%)	1 (0.3%)	0 (0.0%)	6 (0.2%)
無職	38 (2.8%)	2 (0.9%)	6 (3.0%)	4 (1.4%)	33 (8.7%)	83 (3.4%)
主婦	466 (34.7%)	45 (20.4%)	15 (7.5%)	5 (1.7%)	19 (5.0%)	550 (22.5%)
学生	60 (4.5%)	23 (10.4%)	13 (6.5%)	61 (20.7%)	107 (28.2%)	264 (10.8%)
その他	69 (5.1%)	12 (5.4%)	15 (7.5%)	26 (8.8%)	53 (13.9%)	175 (7.2%)
無回答・非該当	284 (21.1%)	35 (15.8%)	36 (17.9%)	43 (14.6%)	14 (3.7%)	412 (16.9%)
回答人数合計	1343	221	201	295	380	2440

$x^2(48) = 719.000,\ p < 0.001$　　注：灰色は国ごとに回答率 1～3 位の職種

が、タイでは教会とミッション・スクールが近接していること、モンゴルでは学生など青年層の信者が多いことに対応していると考えられる。日本の韓国人教会では博士課程在籍者か修了者が約八パーセントを占めるが、留学生などが集まるエスニック教会であることを反映している。

階層帰属意識から見てみると、五カ国の信者とも中の中が厚く、中の上を含めるとそれぞれの国の階層構成から考えても、都市中間層の信者であることがうかがえる(表4-5)。韓国と中国が中と中の下の信者が多く、タイとモンゴルでは少ない。世帯収入についても調べてみたが、韓国では信者の相対的な階層が中の中と中の下が多いのに対して、日本の韓国人信者は上と中の中が多く、中国は中の上と中の中、タイでは中の

表 4-5　信者の主観的階層帰属意識

	韓国	日本	中国	タイ	モンゴル	合計
上	11 (0.8%)	8 (3.6%)	2 (1.0%)	21 (7.1%)	15 (3.9%)	57 (2.3%)
中の上	181 (13.5%)	51 (23.1%)	27 (13.4%)	13 (4.4%)	111 (29.2%)	383 (15.7%)
中の中	535 (39.8%)	99 (44.8%)	101 (50.2%)	190 (64.4%)	198 (52.1%)	1123 (46.0%)
中の下	373 (27.8%)	35 (15.8%)	43 (21.4%)	31 (10.5%)	39 (10.3%)	521 (21.4%)
下	93 (6.9%)	6 (2.7%)	11 (5.5%)	7 (2.4%)	2 (0.5%)	119 (4.9%)
無回答・非該当	150 (11.2%)	22 (10.0%)	17 (8.5%)	33 (11.2%)	15 (3.9%)	237 (9.7%)
回答人数合計	1343	221	201	295	380	2440

$x^2(20) = 283.389,\ p < 0.001$

中、モンゴルでは上と中の上に多かった。韓国のカトリック信者は階層的に中下層、日本の韓国人信者は中層、中国とタイでは中層、モンゴルは中上層が多い。もっとも、中国とタイでは階層間格差がかなり大きく、上層の基準がかなり高いのではないかと思われる。モンゴルでも急激な都市化・産業化で格差が拡大しているが、まだ上層は都市中間層のレベルではないかと思われる。日本もその傾向がある。そのため、実質的な世帯収入の相対的な位置よりも階層帰属意識が低く出る中国のような国と、逆に高く出るモンゴルのような国があるのではないかと考えられる。

四－三　入信・回心の経験

宗教団体における入信とは団体のメンバーシップを獲得することを意味するが、キリスト教では洗礼を受けたかどうかで教会の正式なメンバーかどうかを明確に判断できる。もちろん、信者となってからの活動状況には個人差があり、継続的に教会の様々な活動に熱心に関わるか、洗礼を受けたことで満足し、日曜ごとの礼拝だけ出席するか、信徒の籍だけ残す信者となるか、信者のタイプは様々である。まずは、洗礼を受けた背景を見ていこう。

韓国と日本の信者の洗礼を受けた背景はほぼ同じパターンを示し

表 4-6　洗礼を受けた背景（複数回答）

	韓国	日本	中国	タイ	モンゴル	合計
病気の問題	33 （2.5%）	5 （2.3%）	10 （5.0%）	31 （10.5%）	10 （2.6%）	89 （3.6%）
結婚の問題	78 （5.8%）	22 （10.0%）	5 （2.5%）	6 （2.0%）	9 （2.4%）	120 （4.9%）
家庭の問題	123 （9.2%）	11 （5.0%）	11 （5.5%）	3 （1.0%）	15 （3.9%）	163 （6.7%）
商売・職業の問題	15 （1.1%）	4 （1.8%）	6 （3.0%）	1 （0.3%）	3 （0.8%）	29 （1.2%）
子どもの問題	76 （5.7%）	7 （3.2%）	6 （3.0%）	3 （1.0%）	7 （1.8%）	99 （4.1%）
親や配偶者，親戚の勧め	459 （34.2%）	91 （41.2%）	14 （7.0%）	76 （25.8%）	12 （3.2%）	652 （26.7%）
友人や知人，職場の人などの勧め	211 （15.7%）	17 （7.7%）	17 （8.5%）	26 （8.8%）	25 （6.6%）	296 （12.1%）
精神修養	149 （11.1%）	22 （10.0%）	16 （8.0%）	19 （6.4%）	35 （9.2%）	241 （9.9%）
霊的なものに対する関心から	269 （20.0%）	40 （18.1%）	26 （12.9%）	66 （22.4%）	6 （1.6%）	407 （16.7%）
先祖の供養	30 （2.2%）	4 （1.8%）	0 （0.0%）	7 （2.4%）	2 （0.5%）	43 （1.8%）
特に理由はなく，何となく	262 （19.5%）	32 （14.5%）	16 （8.0%）	31 （10.5%）	21 （5.5%）	362 （14.8%）
回答人数合計	1343	221	201	295	380	2440

注：灰色は国ごとに回答率1～3位の回答。パーセント表示は国ごとの回答人数に対する割合を示す。

ており、「親や配偶者、親戚の勧め」、「霊的なものに対する関心から」、「特に理由はなく、何となく」と答えた人が最も多い（表4-6）。中国の信者では「霊的なものに対する関心から」、「友人や知人、職場の人などの勧め」、「精神修養」といった理由が多い。また、タイの信者は、日本と韓国のように親族の勧めと霊的関心が最も多いが、「病気の問題」で洗礼を受けたと答えた人が他の国より数多く見られる。モンゴルの信者は「精神修養」と「友人や知人、職場の人などの勧め」が多い。ただし、韓国・日本・タイでは複数回答での累計回答数が回答した信者の数にほぼ対応しているのに対して、中国では二分の一、モンゴルでは三分の一にとどまっている。両国ではどれにも該当しない個人的理由をもった人が多いのか、あるいはキリスト教信仰に対する社会的偏見のゆえに答えたがらなかった

表 4-7　信仰を勧めた人

	韓国	日本	中国	タイ	モンゴル	合計
家族・親戚	558 (41.5%)	99 (44.8%)	51 (25.4%)	59 (20.0%)	38 (10.0%)	805 (33.0%)
近所の人	29 (2.2%)	4 (1.8%)	0 (0.0%)	0 (0.0%)	0 (0.0%)	33 (1.4%)
友人・知人	37 (2.8%)	2 (0.9%)	27 (13.4%)	39 (13.2%)	33 (8.7%)	138 (5.7%)
職場関係の人	133 (9.9%)	22 (10.0%)	1 (0.5%)	3 (1.0%)	1 (0.3%)	160 (6.6%)
伝道に来た人	18 (1.3%)	1 (0.5%)	14 (7.0%)	2 (0.7%)	94 (24.7%)	129 (5.3%)
街頭で声をかけた人	6 (0.4%)	0 (0.0%)	0 (0.0%)	39 (13.2%)	2 (0.5%)	47 (1.9%)
自分から進んで	311 (23.2%)	37 (16.7%)	25 (12.4%)	26 (8.8%)	118 (31.1%)	517 (21.2%)
その他	69 (5.1%)	9 (4.1%)	15 (7.5%)	14 (4.7%)	28 (7.4%)	135 (5.5%)
無回答・非該当	182 (13.6%)	47 (21.3%)	68 (33.8%)	113 (38.3%)	66 (17.4%)	476 (19.5%)
回答人数合計	1343	221	201	295	380	2440

$x^2(32) = 1000,\ p < 0.001$　　注：灰色は国ごとに回答率 1～3 位の回答

のか、理由は判然としない。

東アジアにおいて伝統宗教ではないキリスト教は、その地で生活していればひとりでに宗教文化としてなじんでくるようなものではない。誰かが意識的にキリスト教を紹介し、熱心に勧めることによってこそ一人の信仰者が生まれる。信仰を勧めた人を調べてみると、韓国、日本、中国、タイの信者は「家族・親戚」を答えた人の割合が高く、モンゴルの信者は「伝道を受けて」「自分から進んで」という人が圧倒的に多い（表 4-7）。また、韓国と日本の信者では「職場関係の人」で、中国、タイ、モンゴルの信者では「友人・知人」から勧められるパターンが多い。韓国社会および日本の韓国人コミュニティでは、職場の中で疑似的な親族関係に近い「お兄さん、お姉さん」と呼ぶ親密な関係があり、キリスト教信者が多いこともあって、職場の人を教会に連れて行くことがごく普通になされる。なお、中国とタイでは無回答・非該当が多い。

次に、洗礼を受けた時期やその時期の経済状況を見ていこう。人生の発達段階において、青年期、結

表 4-8　洗礼を受けた時期

	韓国	日本	中国	タイ	モンゴル	合計
学生	205 (15.3%)	53 (24.0%)	4 (2.0%)	107 (36.3%)	105 (27.6%)	474 (19.4%)
就職後	362 (27.0%)	54 (24.4%)	83 (41.3%)	60 (20.3%)	70 (18.4%)	629 (25.8%)
主婦	412 (30.7%)	34 (15.4%)	6 (3.0%)	10 (3.4%)	3 (0.8%)	465 (19.1%)
その他	292 (21.7%)	60 (27.1%)	37 (18.4%)	81 (27.5%)	159 (41.8%)	629 (25.8%)
無回答・非該当	72 (5.4%)	20 (9.0%)	71 (35.3%)	37 (12.5%)	43 (11.3%)	243 (10.0%)
回答人数合計	1343	221	201	295	380	2440

$x^2(16) = 574.030,\ p < 0.001$

婚・子育ての家族形成期、晩年の時期が最も宗教的課題に接しやすい時期である。すなわち、人生の意味、人間関係への悩み、病いや死の恐怖の克服がそれである。洗礼を受けた時期は、特定の時期に集中しないように見える(表4-8)。最も選択されたのは、韓国では「主婦」、中国では「就職後」、タイでは「学生」、日本とモンゴルでは「その他」の時期である。しかし、すでに洗礼を受けた背景で見たように、貧病争といった個人や家族、職場などの諸問題から入信している人はどの国で見ても二十パーセントを超えていない。

念のために、洗礼を受けた時期の経済状況を問うてみると、韓国、日本、中国、モンゴルは「収入だけでなんとか暮らせた」を答えた人が最も多いに対し、タイでは「余裕があって貯金した」を選択した人の方が多い(表4-9)。また、モンゴルでは、「貯金も使い、お金も借りた」と答えた人は十パーセントを超え、他の国より数多く見られる。

四-四　信仰生活

カトリック、プロテスタントともに信者にとって第一に守るべき教会行事は日曜礼拝である。これは儒仏道の三教や民間信仰と最も異なるキリスト教の「教会宗教」たるゆえんである。すなわち、キリスト教では、信仰共同体における信仰が重視され、それによって救済にも与ることがで

表 4-9　洗礼を受けたときの経済状況

	韓国	日本	中国	タイ	モンゴル	合計
余裕があって貯金した	347 (25.8%)	59 (26.7%)	39 (19.4%)	89 (30.2%)	38 (10.0%)	572 (23.4%)
収入だけでなんとか暮らせた	629 (46.8%)	91 (41.2%)	78 (38.8%)	64 (21.7%)	203 (53.4%)	1065 (43.6%)
貯金を下ろして使った	32 (2.4%)	5 (2.3%)	4 (2.0%)	13 (4.4%)	15 (3.9%)	69 (2.8%)
貯金も使い，お金も借りた	73 (5.4%)	10 (4.5%)	9 (4.5%)	12 (4.1%)	43 (11.3%)	147 (6.0%)
無回答・非該当	262 (19.5%)	56 (25.3%)	71 (35.3%)	117 (39.7%)	81 (21.3%)	587 (24.1%)
回答人数合計	1343	221	201	295	380	2440

$x^2(16) = 167.328,\ p < 0.001$

き、教会・教派組織における聖職者の階梯を秩序・指導の源泉としている。

礼拝出席の守り具合、祈祷の頻度、聖書を読む頻度、どれをとってもかなり熱心な信者たちであることがうかがえる。礼拝については、韓国では日曜礼拝以外の祈祷会、モンゴルでは福音派が多いのでこれまた祈祷会への参加者が多い（表4-10）。祈祷で見ると、モンゴルの信者が極めて熱心であることがわかる（表4-11）。聖書を読む頻度であるが、韓国・日本がカトリック信者であること、タイの半数がカトリックであることから頻度は高くない（表4-12）。中国・モンゴルはプロテスタント教会なので聖書を読む頻度は高い。

教会には月例献金や目的を定めた献金がある。その献金によって教会が支えられる仕組みは各国共通である。ただし、タイやモンゴルでは海外の宣教団から支えられる部分が少なくないと考えられるが、信徒が捧げる感謝献金は信仰のバロメーターとされている。韓国のカトリック信者が中くらいに集中しており、日本の韓国人カトリック信者と中国のプロテスタント信者が中と少、タイが少、モンゴルが多と中に集まっている特徴がある。この点でもモンゴルの信者は熱心であると言えるだろう。

四-五　信仰と人生の問題解決

民間信仰や新宗教では現世利益的な問題解決が実際にあり、その効果

表 4-10　礼拝出席

	韓国	日本	中国	タイ	モンゴル	合計
週に 1 度以上	802 (59.7%)	40 (18.1%)	81 (40.3%)	101 (34.2%)	235 (61.8%)	1259 (51.6%)
週に 1 度	441 (32.8%)	162 (73.3%)	71 (35.3%)	139 (47.1%)	106 (27.9%)	919 (37.7%)
月に 1 度	3 (0.2%)	4 (1.8%)	8 (4.0%)	18 (6.1%)	21 (5.5%)	54 (2.2%)
特別な宗教上の祝日だけ	8 (0.6%)	2 (0.9%)	3 (1.5%)	17 (5.8%)	5 (1.3%)	35 (1.4%)
年に 1 度	1 (0.1%)	1 (0.5%)	2 (1.0%)	0 (0.0%)	1 (0.3%)	5 (0.2%)
ほとんど出席しない	12 (0.9%)	4 (1.8%)	3 (1.5%)	6 (2.0%)	5 (1.3%)	30 (1.2%)
無回答・非該当	76 (5.7%)	8 (3.6%)	33 (16.4%)	14 (4.7%)	7 (1.8%)	138 (5.7%)
回答人数合計	1343	221	201	295	380	2440

$x^2(24) = 371.609$, $p < 0.001$

表 4-11　祈祷の頻度

	韓国	日本	中国	タイ	モンゴル	合計
毎日 1 回以上	713 (53.1%)	91 (41.2%)	119 (59.2%)	184 (62.4%)	301 (79.2%)	1408 (57.7%)
週に 2〜3 回	269 (20.0%)	38 (17.2%)	22 (10.9%)	42 (14.2%)	37 (9.7%)	408 (16.7%)
週に 1 回	65 (4.8%)	22 (10.0%)	4 (2.0%)	18 (6.1%)	13 (3.4%)	122 (5.0%)
ときどき思い出したときにする	213 (15.9%)	58 (26.2%)	39 (19.4%)	34 (11.5%)	24 (6.3%)	368 (15.1%)
全然しない	11 (0.8%)	4 (1.8%)	1 (0.5%)	2 (0.7%)	2 (0.5%)	20 (0.8%)
無回答・非該当	72 (5.4%)	8 (3.6%)	16 (8.0%)	15 (5.1%)	3 (0.8%)	114 (4.7%)
回答人数合計	1343	221	201	295	380	2440

$x^2(20) = 154.645$, $p < 0.001$

表 4-12　聖書を読む頻度

	韓国	日本	中国	タイ	モンゴル	合計
毎日１回以上	189 (14.1%)	18 (8.1%)	76 (37.8%)	103 (34.9%)	189 (49.7%)	575 (23.6%)
週に 2〜3 回	260 (19.4%)	30 (13.6%)	41 (20.4%)	40 (13.6%)	74 (19.5%)	445 (18.2%)
週に１回	139 (10.3%)	24 (10.9%)	13 (6.5%)	34 (11.5%)	48 (12.6%)	258 (10.6%)
ときどき思い出したときにする	511 (38.0%)	88 (39.8%)	54 (26.9%)	82 (27.8%)	59 (15.5%)	794 (32.5%)
全然しない	151 (11.2%)	51 (23.1%)	7 (3.5%)	19 (6.4%)	6 (1.6%)	234 (9.6%)
無回答・非該当	93 (6.9%)	10 (4.5%)	10 (5.0%)	17 (5.8%)	4 (1.1%)	134 (5.5%)
回答人数合計	1343	221	201	295	380	2440

$x^2(20) = 385.701,\ p < 0.001$

表 4-13　感謝献金の多寡

	韓国	日本	中国	タイ	モンゴル	合計
多	27 (2.0%)	7 (3.2%)	29 (14.4%)	10 (3.4%)	107 (28.2%)	115 (4.7%)
中	1061 (79.0%)	122 (55.2%)	94 (46.8%)	43 (14.6%)	153 (40.3%)	1538 (63.0%)
少	158 (11.8%)	72 (32.6%)	58 (28.9%)	224 (75.9%)	95 (25.0%)	607 (24.9%)
無回答・非該当	97 (7.2%)	20 (9.0%)	20 (10.0%)	18 (6.1%)	25 (6.6%)	180 (7.4%)
回答人数合計	1343	221	201	295	380	2440

$x^2(12) = 924.522,\ p < 0.001$

が持続しないことには信仰が維持されないという特徴がある。廟や祠での祈祷・祈願であれば一回限り、もしくは御礼参りということもあろう。教義自体に現世利益が強く織り込まれているのが新宗教である。しかし、キリスト教では現世的な意味では救済がないにもかかわらず、信仰を継続する信者が少なくないし、神はなぜほかならぬ私に苦しみを与えるのかという苦難の神義論も洗練されている。したがって、具体的な問題解決のために入信した後、信仰生活から何を得ているのかということを訊ねるのは、キリスト教信者にとっては極めて意義深いことであると言わざるをえない。

まず、信仰生活によって入信

表 4-14　問題の解決の程度

	韓国	日本	中国	タイ	モンゴル	合計
入信時の悩みはすべて解決し，恵みを多く得た	254 (18.9%)	50 (22.6%)	40 (19.9%)	36 (12.2%)	100 (26.3%)	480 (19.7%)
入信時の悩みは解決していないが，解決しつつある	140 (10.4%)	31 (14.0%)	28 (13.9%)	29 (9.8%)	115 (30.3%)	343 (14.1%)
入信時の悩みは解決していないが，今後解決が期待できる	117 (8.7%)	16 (7.2%)	18 (9.0%)	22 (7.5%)	27 (7.1%)	200 (8.2%)
特に恵みは得られなかったが，心が安定した	160 (11.9%)	20 (9.0%)	53 (26.4%)	67 (22.7%)	85 (22.4%)	385 (15.8%)
入信時の悩みは解決しておらず，今後解決も期待できない	24 (1.8%)	0 (0.0%)	0 (0.0%)	5 (1.7%)	1 (0.3%)	30 (1.2%)
無回答・非該当	648 (48.3%)	104 (47.1%)	62 (30.8%)	136 (46.1%)	52 (13.7%)	1002 (41.1%)
回答人数合計	1343	221	201	295	380	2440

$x^2(20) = 267.097,\ p < 0.001$

表 4-15　解決された問題（複数回答）

	韓国	日本	中国	タイ	モンゴル	合計
病気の問題	65 (4.8%)	7 (3.2%)	24 (11.9%)	43 (14.6%)	88 (23.2%)	227 (9.3%)
結婚の問題	55 (4.1%)	11 (5.0%)	17 (8.5%)	7 (2.4%)	12 (3.2%)	102 (4.2%)
家庭の問題	189 (14.1%)	37 (16.7%)	39 (19.4%)	32 (10.8%)	145 (38.2%)	442 (18.1%)
商売・職業の問題	73 (5.4%)	23 (10.4%)	53 (26.4%)	20 (6.8%)	37 (9.7%)	206 (8.4%)
子どもの問題	86 (6.4%)	14 (6.3%)	18 (9.0%)	21 (7.1%)	23 (6.1%)	162 (6.6%)
その他	113 (8.4%)	18 (8.1%)	18 (9.0%)	52 (17.6%)	101 (26.6%)	302 (12.4%)
回答人数合計	1343	221	201	295	380	2440

注：灰色は国ごとに回答率 1～3 位の回答

前に抱えていた問題が解決したのかどうかを訊ねてみた。そうすると、韓国と日本の信者は「入信時の悩みはすべて解決し、恵みを多く得た」と答える信者が多いのに対し、中国とタイの信者は「特に恵みは得られなかったが、心が安定した」、モンゴルの信者は「入信時の悩みは解決していないが、解決しつつある」を答えた信者が多く見られる（表4-14）。

解決された問題として中国・タイ・モンゴルでは病気と家庭問題をあげ、韓国・日本で

表 4-16　信仰する理由（複数回答）

	韓国	日本	中国	タイ	モンゴル	合計
心の平安	920（68.5%）	162（73.3%）	128（63.7%）	145（49.2%）	113（29.7%）	1468（60.2%）
恩寵（福）	477（35.5%）	70（31.7%）	127（63.2%）	99（33.6%）	4（ 1.1%）	777（31.8%）
死後の永遠の生命	543（40.4%）	59（26.7%）	122（60.7%）	168（56.9%）	179（47.1%）	1071（43.9%）
人生の意味の探究	583（43.4%）	99（44.8%）	92（45.8%）	96（32.5%）	203（53.4%）	1073（44.0%）
回答人数合計	1343	221	201	295	380	2440

も家庭問題をあげている（表4-15）。中国では商売・職業上での問題、モンゴルでは病気・家庭問題の割合が極めて高いのが特徴である。韓国・日本では皆保険医療が制度化されており、タイでも先進的な医療は実費負担であるが、基礎的な治療は低廉に受けられる。中国・モンゴルでも似たような状況である。

問題解決後の信仰生活であるが、韓国・日本・中国では心の平安、中国では平安・福・永遠の命と期待するものが多く、タイでは平安と永遠の命、モンゴルは永遠の命と人生の意味という答えが比較的多い（表4-16）。祈福信仰は韓国のキリスト教において特に強いと言われるが、中国は韓国・タイの二倍になっている。永遠の命はキリスト教特有のものであり、上座仏教やモンゴル仏教にない魅力なのかもしれない。

四-六　教会活動とソーシャル・キャピタル

キリスト教会では礼拝や祈祷会、四旬節やクリスマスなどの年中行事をはじめ集合的儀礼の場が多く、信者は地域や施設を対象とした社会福祉活動を行う機会が少なくない。そうした教会活動に参加することで、信者同士お互いに知り合い助け合う関係を得る。この関係はソーシャル・キャピタル（社会関係資本）と呼ぶことも可能であり、信者はお互いに助け合う関係を築き（互酬性）、教会を通じて人や組織を信頼することを学び（社会的信頼）、具体的な人間関係（ネットワーク）を獲得するのである（Smidt 2003、櫻井・濱田 二〇一二）。そして、教会で培われた

表 4-17　教会で得られるソーシャル・キャピタル（複数回答）

	韓国	日本	中国	タイ	モンゴル	合計
国会議員・市議員などの政治家	186 (13.8%)	26 (11.8%)	43 (21.4%)	110 (37.3%)	109 (28.7%)	474 (19.4%)
弁護士・検事・判事などの法律家	210 (15.6%)	49 (22.2%)	53 (26.4%)	102 (34.6%)	214 (56.3%)	628 (25.7%)
医師	391 (29.1%)	78 (35.3%)	89 (44.3%)	131 (44.4%)	258 (67.9%)	947 (38.8%)
企業の経営者	412 (30.7%)	92 (41.6%)	127 (63.2%)	215 (72.9%)	225 (59.2%)	1071 (43.9%)
回答数合計	1199	245	312	558	806	3120
回答人数合計	1343	221	201	295	380	2440
回答者ごとに得られる「ソーシャル・キャピタル」	1：0.89	1：1.11	1：1.55	1：1.89	1：2.12	1：1.39

表 4-18　ボランティア活動を一回以上した人（複数回答）

	韓国	日本	中国	タイ	モンゴル	合計
政党・選挙運動の手伝い，市民運動などの活動	45 (3.4%)	12 (5.4%)	37 (18.4%)	36 (12.2%)	64 (16.8%)	194 (8.0%)
病人，お年寄りの介護，貧しい人の援助などの活動	545 (40.6%)	55 (24.9%)	67 (33.3%)	183 (62.0%)	186 (48.9%)	1036 (42.5%)
聖堂など宗教団体の活動	733 (54.6%)	111 (50.2%)	105 (52.2%)	222 (75.3%)	224 (58.9%)	1395 (57.2%)
その他のボランティア活動	593 (44.2%)	64 (29.0%)	55 (27.4%)	175 (59.3%)	189 (49.7%)	1076 (44.1%)
回答人数合計	1343	221	201	295	380	2440

ソーシャル・キャピタルが地域社会や市民社会において発揮できれば、ボランティア活動や市民運動・社会活動に積極的に関わる市民性も涵養される。

五カ国ともに教会において医師や企業の経営者と知り合うことが多く、中国・タイ・モンゴルでは法律家を含めた専門家や政治家との知遇を得る機会があると答えている（表4-17）。とりわけ、モンゴルではその割合が高い。回答者一人あたり得られるこれらの人々の人数を平均するとモンゴルが最も多く、韓国と日本の韓国系カトリック信者の約二倍になる。

また、ボランティア活動への参加を質問したところ、「政党・選挙運動の手伝い、市民運動などの活動」では中国の信者が最も多く、「病人、お年寄りの介護、貧しい人の援助などの活動」、「聖堂など宗教団体の活動」、そして「その他のボランティア活動」の三つではタイの信者が最も多い（表4-18）。タイの上座仏教では積徳行為が勧められ、人々は善行と来世での幸せを結びつけて考え、学校教育でもスカウト活動が活発であることから、キリスト教徒に限らない傾向であるかもしれない。

五　おわりに

本章ではアジアのキリスト教会について素描するために、アジアのキリスト教を比較する視点を提示する節と、五カ国の比較調査の結果を概括的に報告する節を設けた。韓国のカトリック、中国のプロテスタント、タイのカトリック、モンゴルのプロテスタントについては、それぞれ章を改めて調査担当者が詳しい報告を行うので参照されたい。

アジアのキリスト教は近現代の東アジアだけに限っても多様な発展を遂げている。日本・韓国・中国・台湾は十九世紀末から本格的な宣教を受けたが、日本の近代化と植民地政策に対応して国民国家の建設を進めざるをえず、独自の政教関係を構築していく。キリスト教会はそうした国ごとの宗教統制や経済政策に呼応しながら、カトリックもプロテスタントも成長してきた。最も宗教活動に制限がなく人々の経済生活も先に豊かになった日本のキリスト教会が長期の停滞に陥っているのに対して、韓国は奇跡的な成長を遂げ、次いで信者人口の点では中国がアジア最大のキリスト教国になろうとしている。なぜ、このような教会成長の差異が生まれたかを考えることは、これからのアジアにおけるキリスト教のあり方を、宗教文化や政教関係、社会経済的な発展との関連において考えるうえで重要な発見をもたらすのではないかと考えている。本章では若干の思いつきと数カ所の教会を比較した資料を提示したにすぎないが、さらに比較の視点から調査研究を継続していきたい。

参考文献

〈日本語文献〉


浅見雅一・安廷苑、二〇一二、『韓国とキリスト教――いかにして国家的宗教になりえたか』中央公論新社。

尾形守、一九九七、『日韓教会成長比較――文化とキリスト教史』ホープ出版。

王艾明、二〇一二、『王道――二一世紀中国の教会と市民社会のための神学』松谷曄介訳、新教出版社。

閔庚培、一九八一、『韓国キリスト教会史――韓国民族教会形成の過程』金忠一訳、新教出版社。

稲場圭信・櫻井義秀編、二〇〇九、『社会貢献する宗教』世界思想社。

金鎮虎、二〇一五、『市民K、教会を出る――韓国プロテスタントの成功と失敗、その欲望の社会学』香山洋人訳、新教出版社。

黄大衛、二〇一五、「中国キリスト教と政府の宗教政策――浙江省事件を中心として」VISIO、四五：四一―五〇頁。

佐藤公彦、一九九〇、「カトリック布教と郷村社会」路遙・佐々木衛編『中国の家・村・神々――近代華北農村社会論』東方書院。

櫻井義秀、二〇〇五、『東北タイの開発と文化再編』北海道大学出版会。

櫻井義秀、二〇〇八、『東北タイの開発僧――宗教の社会貢献』梓出版社。

櫻井義秀・道信良子編、二〇一〇、『現代タイにおける社会的排除と包摂の施策』梓出版社。

櫻井義秀・濱田陽、二〇一二、『アジアの宗教とソーシャル・キャピタル』明石書店。

櫻井義秀・川又俊則、二〇一六、『人口減少社会と寺院――ソーシャル・キャピタルの視座から』法藏館。

徐正敏、二〇〇九、『日韓キリスト教関係史研究』日本キリスト教団出版局。

徐亦猛、二〇一二、「中国における農村の宗教に関する研究――キリスト教を中心に」『日本の神学』五一（〇）、一二二―一四四頁。

武田清子、一九六七、『土着と背教』新教出版社。

滝澤克彦、二〇一五、『越境する宗教　モンゴルの福音派――ポスト社会主義モンゴルにおける宗教復興と福音派キリスト教の台頭』新泉社。

土肥昭夫、一九八〇、『日本プロテスタント・キリスト教史』新教出版社。

橘木俊詔、二〇〇六、『格差社会――何が問題なのか』岩波書店。

新津晃一・吉原直樹、二〇〇六、『グローバル化とアジア社会』東信堂。

禹晳熏・朴権一著、二〇〇七＝二〇〇九、『韓国ワーキングプア　八八万ウォン世代――絶望の時代に向けた希望の経済学』金友子・金聖一・朴昌明訳、明石書店。

ハンス・キュング、ジュリア・チン、二〇〇五、『中国宗教とキリスト教の対話』森田安一・藤井潤・大川裕子・楊暁捷訳、刀水書房。

深澤秀男、二〇〇〇、『中国の近代化とキリスト教』新教出版社。

古屋安雄、二〇〇九、『なぜ日本にキリスト教は広まらないのか』教文館。

中村則弘、二〇〇八、『脱オリエンタリズムと中国文化』明石書店。

原誠、二〇〇五、「中国・雲南省のプロテスタント・キリスト教についての一考察」『基督教研究』六七（一）、七九―一〇四頁。

陸学芸主編、二〇〇二、『当代中国社会階層研究報告』社会科学文献。

李元奎、二〇〇〇、『韓国基督教の社会変動的機能』。

李雯文、二〇〇三、「教会と国家の間に生きる女性たち――現代中国農村社会におけるカトリック修道女の事例から」『宗教と社会』九：一三三―一五二頁。

柳東植、一九八七、『韓国のキリスト教』東京大学出版会。

柳東植、一九八六、『韓国キリスト教神学思想史』教文館。

〈欧文文献〉
Bays, D. H., 2011, *A New History of Christianity in China*, UK: Wiley-Blackwell.
Hunter, A. and Chan, K.-K., 1993, *Protestantism in Contemporary China*, UK: Cambridge University Press.
Phan, P. C. *eds.*, 2011, *Christianities in Asia*, UK: Wiley-Blackwell.
Smidt, C., 2003, *Religion as Social Capital: Producing the Common Good*, TX: Baylor University Press.

〈ウェブサイト〉

文匯網訊、中國14個明確認定邪教組織名單　http://news.wenweipo.com/2014/06/03/IN1406030001.htm（二〇一六年十一月十四日閲覧）

第五章　本国と日本における韓国カトリック教会と信者たち

李　賢　京

一　問題提起と背景

アジア地域は、中南米やアフリカ地域での急速なキリスト教の成長とは対照的に、五百年の宣教史を通してキリスト教信者数が人口の二パーセント未満にとどまり、宣教がおおいに成功できなかった地域と言われる。そのなかで、欧米社会から強制的にキリスト教化されたフィリピンに次ぎ、韓国はキリスト教信者数、人口対比率ともにアジアで第二のキリスト教国家である（キム他 二〇〇四：三二）。

韓国では、プロテスタントとカトリックを合わせた信者数が全人口の約二十五パーセントを超え、カトリックは人口の約十パーセントに及ぶ。地理的に隣接している日本のキリスト教信者数が約一パーセントという状況からみれば、韓国社会におけるキリスト教の影響力の高さが理解できる。なかでも、カトリックの受容は、欧米からの宣教師の伝道によるものではなく、朝鮮王朝時代の先進的な一部の実学儒教者たちの自発的な「西学」研究から生まれ、それが信仰へと広がるという世界史上希有な出来事であったと言える。

ところが、韓国においてプロテスタントとカトリックは継続して成長してきたが、一九八〇年代半ば以降、それ以前は飛躍的な成長をみせていたプロテスタント信者の増加が頭打ちとなったことに対して、カトリック信者の増加が目立った。さらに、「二〇〇五年人口センサス調査」(日本の国勢調査に該当する)の結果、同年の「カトリック教勢調査」での信者数より四七万九千人が多く集計され、世間の注目を集めた(カン 二〇〇六a：九七)。また、同調査の一九九五年から二〇〇五年までの十年間、カトリック信者は七四・四パーセント増加したことに対し、同期間中の仏教信者数は三・九パーセント増にとどまっており、プロテスタントは逆に一・六パーセント減少したことから、韓国では宗教市場における三大宗教の占有率が今後変わっていくとの議論が過熱した。

以上のような状況を受け、韓国ではカトリックの現状や成長要因を把握するための実態調査が多く実施された。例えば、韓国天主教会二百周年記念司牧会議委員会『二〇〇周年記念司牧会議社会調査報告書』(一九八五年)、カトリック正義平和研究所『韓国カトリック教会と疎外層、そして社会運動』(一九九〇年)、『天主教と韓国近現代の社会文化的変動――近現代一〇〇年間のカトリック教会に対する一般国民意識調査報告書』(二〇〇四年)、統合司牧研究所『カトリック信者の宗教生活と信仰生活――カトリック新聞創刊八〇周年記念信者意識調査報告書』(二〇〇七年)と、韓国ギャラップ調査研究所『韓国人の宗教』(一九八四―二〇一四年)などが代表的なものである。

これらの調査では、カトリックに対する好感度の上昇や韓国人の個人主義傾向などといった主観的な部分に注目したものが多い。そのなかでも、とりわけプロテスタント信者数の減少とカトリック信者数の増加を比較しながら考察したものが多く、①プロテスタントの排他的な態度(聖書解釈の独自性の主張、新宗教に対する拒絶、すでにキリスト教徒になっている人までを布教対象とする信者奪い合い状況の激化など)、②カトリックの他宗教に対する寛容な態度(新宗教や韓国の民間信仰を伝統文化として認識、かつ排斥せず受け止める態度など)、③韓国社会の個人主義化傾向(プロテスタントの家族的なコミュニティの重視、熱狂的な礼拝、積極的な社会奉仕活動に対し、カトリックは緩やかな信者組織や個人の信仰に没頭する傾向)などがその原因としてあげられた。調査のなかには、カトリック信者において中間階層以上が占める割合が増大し、八〇年代以前に比べ、社会階層が上昇していると報告したものもあるが、客観的なデータに基づいて、どのような特徴をもつ信者たちが増えたかなどに焦点を当てたものはあまりみられない。

韓国カトリックは、教会の成立が聖職者によるものではなく、信者たちによって自発的に生まれた点で、諸外国とは大きな差がある。また、受容後から教会が成立・拡大するまでの間、最も大きな役割を担ったのも信者であった。しかしながら、これまで韓国カトリックの教勢拡大に関する研究において、信者側に焦点を当てて、総合的に検討したものはほとんどみられない。さらに、一九八〇年代以降、グローバル化とともに海外へ移住する韓国人が増えるにつれ、当該地域においてもカトリック信仰を保持する場合が増えている。このような状況も視野に入れ、本国（韓国）と海外在住の信者たちを比較することで、具体的にどのような社会階層を巻き込んだかに対する総合的かつ立体的な知見が得られると考える。本章では、韓国と日本において韓国人カトリック信者を対象とした質問紙調査の結果をもとに、信者たちの特徴から韓国カトリックの教勢拡大の要因について検討したい。

二　韓国カトリック教会の概況

二―一　韓国におけるカトリックの伝来と展開

朝鮮半島においては、三国時代・高麗時代からカトリックとの接触は少なくなかったものの、カトリックが朝鮮半島内の人々に受容され、王朝時代には信者や教会を生み出すまでには至らなかった（韓国教会史研究所編 二〇〇九）。王朝時代における宗教は、国家や民族の存立基盤として、あるいは政権の正統性の根拠として位置づけられ、三国時代や高麗時代においては仏教が王朝の基本的理念として、朝鮮王朝時代には儒教が社会理念として国教の位置を占めてきたからである（伊藤 二〇〇五：一二三）。

その後、一般的に、朝鮮半島におけるカトリックの受容は、一七八三年朝鮮王朝から清朝に派遣された使節の一員であった李承薫が、天主教の洗礼を受けたことから始まっているとされている。李はその翌年に帰国し、朝鮮の都である漢陽に天主教会を組織し、本格的な宣教活動が開始された。このように、朝鮮天主教会は、欧米の宣教師や司祭の入国による宣教活動ではなく、朝鮮の学者たちの自発的な研究的関心から生まれ、広まっていったのである（柳 二〇一三：一二）。

ただし、朝鮮天主教会の創立運動には、両班《ヤンバン》層の知識人が参加しただけではなく、多様な社会階層が参加した（盧 一九八九：三六）。朝鮮王朝時代の身分制度は、法的には「良賤制」のもと、「良人」と「賤人」に区別していた。しかし実際は、良人のなかを「両班（支配階層）」「中人（両班と常民の間に位置する階層）」「常民（農工商業に従事する一般の庶民）」に三分し、計四つの身分階級が存在していたのである。なかでも、中人層（主に外国語、医学、法律などの専門的な知識を備えた人々と、行政の実務者で今の公務員にあたる人々で構成）に該当する人々が多く参加しているが、彼らは当時、中国との交流を通じて世界秩序の変化を感知しており、地位上昇を制限する封建秩序の廃止を強く求めていたからである。人間の尊厳と平等を強調する天主教の教えは、彼らにとって一種の「社会的福音」として受け入れられ、教会創立運動に積極的な態度を示したのである。さらに、創立直後に入信した人々のなかには、常民層も多く参加しており、天主教の受容は、創立直後から両班層をはじめ、中人や常民層に至るまで範囲が広がっていった。したがって、初期天主教信仰運動は多様な階層と多様な改宗動機、そしてそれに伴う多様な信仰形態で展開されたと理解できる。ただし、こうした多様性にもかかわらず、参加者たちは程度の差はあるものの、当時の支配理念である朱子学に対して批判的な立場を有し、その批判的意識から、社会的機能を果たしていない朱子学の限界を、天主教信仰を通して補完もしくは代替しようとする共通点をもっていたのである（盧 一九八九：三七）。

以上のような背景には、朝鮮王朝の中期以降、身分制度による分裂と葛藤の顕在化がある。封建社会における身分制度などの矛盾の深化は、社会変革をめざす民衆の主体性の強化や民衆運動の組織化を促した。このような民衆の意識が一つの民衆運動として帰結するには、既成社会体制の社会的矛盾の原因追究やそれを解決するための方法や理念の提示が不可欠であるが、当時、運動を主導していた人々は、「弥勒信仰」や「秘訣思想」といった民衆の生活基盤と密接な関わりをもつ秘訣を新たに体系化し、または変化させることによって、既成社会体制の終焉と新たな未来の到来を願っていた（盧　一九八九：二九―三〇）。この弥勒信仰と秘訣思想は、十九世紀に入ってからさらに広まっていった。それと同時に、信仰や思想を基盤としながら既存の社会体制を覆そうとする社会改革運動も高まっていった。それは、朝鮮の体制のなかで政治的に疎外された「士族」の間に支持を得て弾圧の対象となったカトリック、そして農民戦争の様相を呈した東学党の乱をはじめとして「後天開闢」による社会刷新を唱えた甑山教などの新宗教運動、さらに民族の主体性を唱えて抗日運動を展開した大倧教などである（伊藤　二〇〇五：一五）。

しかしながら、朝鮮王朝において儒教以外の宗教伝統は、かつて国教の位置にあった仏教ばかりかカトリックや民族的な宗教伝統までも、すべて正統性のない教えとして否定され、弾圧の対象となった（伊藤　二〇〇五：一三）。とりわけ、天主教の教えにある神の概念は、儒教を国教とする朝鮮でその社会秩序の根本とされる「天」の権威を脅かすものとみなされ、また人倫の基本とも言うべき祖先祭祀を否定したことから、天主教は当初から厳しい弾圧の対象となった。その結果、宣教開始からわずか数年後には、多くの殉教者を出すなど、深刻な迫害に直面することになった。だが、カトリックは近代化をめざした社会改革と啓蒙のための新しい思想・世界観として受け入れられた。さらには日本による植民地支配に対抗するうえでも普遍的な宗教思想として広まった。この点では、幕末から文明開化期の日本におけるキリスト教の受容に比べ、はるかに積極的に受容されたと言える。

ところが、以上のような大迫害という出来事によって、天主教運動は民衆運動へ転換することになった。つまり、初期の社会改革的な受容の動機から、迫害期間を通して、現世での苦痛を来世の救済として補おうとする来世志向的な信仰形態へと変容していったのである（盧　一九八九：一〇六―一〇七）。その結果、運動範囲を下層階級へ広げることができた。以降、下層民の救済的な宗教運動として成長し、疎外された階級に人間の自由と平等に対する意識を高め、日本植民地時代には独立運動の主導勢力として台頭した。さらに、戦後（韓国では解放）と朝鮮戦争を経て、欧米文物の媒介者として、友国の代表的な宗教として認識されるようになり、その信頼感は増していったのである。このような流れは、一九七〇年代に入ってから各種人権運動や労働運動、農民保護運動などを通して保持され、結果、カトリックの教勢拡大へとつながった。

とりわけ、解放後、カトリックは軍事独裁政権下における人権抑圧に対する民主化闘争や財閥主導下における労働者の権利擁護運動の大きな担い手となり、また行政の対応が遅れた社会福祉面でも積極的に社会問題への関与を深めてきた（伊藤 二〇〇五：二七）。一方では、大都市中心の経済発展に伴い、向都離村した若年層にとって、教会は都市生活への精神的適応を助ける役割を果たした。さらには、こうした急浮上してきた大都市の新しい民衆層に対して、教会は人々に社会参与の機会をもたらし、市民形成において重要な役割を果たしてきた（伊藤 二〇〇五：二八）。また、人権擁護や民主化闘争といった政治社会的な運動ばかりではなく、その宗教的正統性の点でも、「民衆神学」または「参与の神学」といった神学運動を展開して国際的な関心を呼んできた。

二-二　教勢の概況

『韓国天主教会統計二〇一五』によると、韓国カトリックは十六教区で構成され、特殊教区である軍宗教区[1]を除けば、ソウル管区（ソウル大教区[2]、春川教区、大田教区、仁川教区、水原教区、原州教区、議政府教区）、大邱管区（大邱大教区、釜山教区、清州教区、馬山教区、安東教区）、光州管区（光州大教区、全州教区、済州教区）に分かれている[3]（図5-1）。韓国全国に本堂（聖堂）は一七〇六カ所あり、信者数は五、六五五、五〇四人、神父は五、〇九一人である（表5-1）。また、修道会は一六九団体（男子修道会四十六団体・一、五八五人、女子修道会一二三団体・一〇、一五五人）存在し、神学大学生は一、四七〇人である。

カトリックは韓国で受容されて以来、継続して信者数が増えており、韓国総人口でカトリック信者の占める割合も増大しつづけている。表5-1にみるように、一一〇年間で信者数はおよそ七〇倍に増加している。同期間の韓国総人口の増加が約四倍であることを考えると、これは急激な成長と言える。また、本堂の数も五十六カ所から一、七〇六カ所へと約三十倍に増えた。神父数も六十五人から五、〇九一人へと七十八倍に増えた。そして毎年受洗者も増えている。この数値からみると、韓国カトリックは急成長してきたと言える。また、宗教の「社会的影響力」または「社会的公信力」といわれる医療機関の数も、仏教やプロテスタントに比べ、カトリックが最も多い[4]。

このような韓国カトリックの信者増加の背景としては、主に韓国人のカトリックに対する高い好感度が影響を与えたとされ、それは①カトリック教会の結束力、②カトリック教会の清廉さ、③カトリック教会の正義と人権運動、④祖先祭祀と葬儀に対する柔軟な態度、⑤他宗教に対するオープンな態度によるものであると考えられてきた(オ 二〇〇六)。今日、韓国社会において、総人口比で十パーセントを超えるカトリック信者が信仰生活をしており、かつ非信者にも馴染みのない宗教ではなくなっている。例えば、

図 5-1　韓国カトリックの教区管轄地図
出典：『韓国天主教会統計 2015』(英文版)，p.5

表 5-1　韓国カトリックの教勢の推移（1915-2015 年度）

年度	総人口（人）	信者（人）	人口対比信者割合（%）	本堂	公所	神父（人）	洗礼者（人）
1915	16,278,389	84,869	0.52	56	1,051	65	6,070
1924	18,068,116	99,123	0.55	70	1,155	104	6,468
1935	21,891,180	141,052	0.64	130	1,494	217	12,306
1944	25,917,881	179,114	0.69	163	1,274	234	9,710
1955	21,052,386	215,554	1.02	152	990	282	24,370
1965	28,704,674	669,384	2.33	313	1,863	624	59,938
1975	35,280,725	1,052,691	2.98	480	1,785	983	50,725
1985	40,805,744	1,995,905	4.89	692	1,772	1,227	162,731
1995	45,092,991	3,451,266	7.65	1,017	1,348	2,029	136,779

出典：『韓国天主教会総覧 1995-2003』p.1104-1106，『韓国天主教会総覧 2004-2012』p.634-635，『韓国天主教会統計 2015』p.7，9 より抜粋して筆者作成

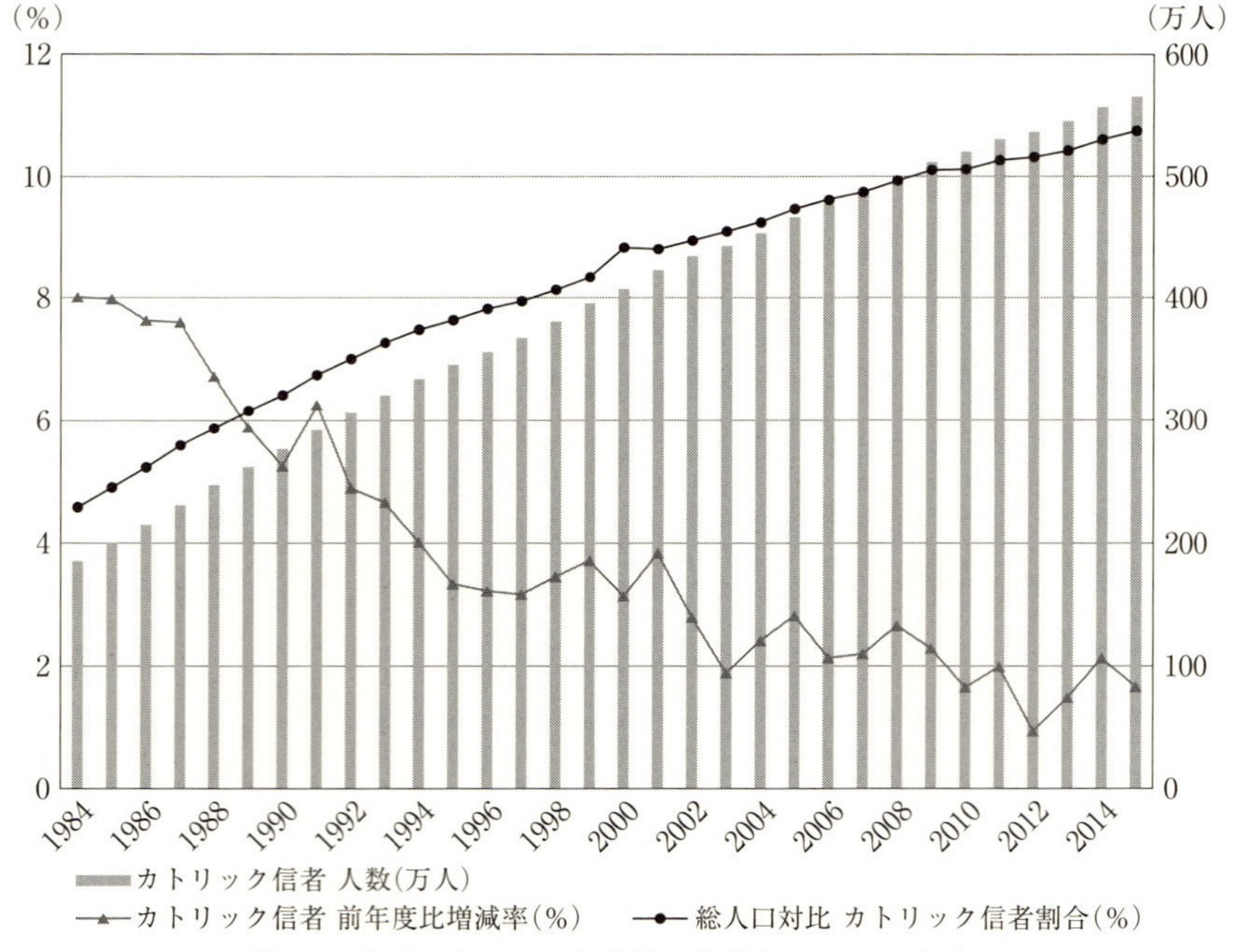

図 5-2　韓国カトリック信者数の推移（1984-2015 年度）

出典：『韓国天主教会統計』各年より筆者作成

二〇〇九年、金寿煥枢機卿が亡くなったとき、韓国のメディアは「善終」という言葉で死去を大きく伝え、当時の大統領(李明博)をはじめとする各界著名人が宗教を問わず哀悼の意を表明した。また、ソウル市内の明洞聖堂には一日で約十万人が追悼に訪れた。テレビドラマや映画などでも、カトリック教会は「神聖な場所」とされ、神父またはシスターは「神聖な職業」として頻繁に登場している。もちろんあくまでもシナリオ作家の主観的な意見が反映されているかもしれないが、ドラマや映画をみる一般人がそれを違和感なく受け入れていることも、このような好感度が反映されていると思われる。

だが、このような急成長にもかかわらず、信者数の成長鈍化や日曜ミサ出席者の減少傾向、「告解の秘跡」を行う信者の減少などの理由から、韓国カトリック内部や関連学界では危機的局面に突入したとの声が高まっている(チョ 二〇一〇：一八六)。実際、図5-2で確認できるように、一九八五年以降、韓国カトリックの信者全体数は増え、韓国総人口に占める割合は増えているものの、前年に対する信者数の増加割合は、継続して減少傾向にある。めざましい成長を遂げてきた韓国カトリックだが、現在はかつての面影は見られない状況であると言える。

三　調査の概要

三-一　調査方法

本調査は、かつて韓国で神学校を修了し、長年にわたり韓国でハンセン病患者へのボランティア活動に携わった天使大学のケン・スレイマン氏(カトリック円山教会主任司祭)の協力を得て、ソウル、大田、釜山、そして東京にあるカトリック教会の主任司祭を紹介してもらい、ソウル四カ所、大田二カ所、釜山三カ所、東京一カ所の教会をそれぞれ直接訪問し、主任司祭への聞き取り調査を行った。その後、あらかじめ印刷し持参した質問紙を直接渡して信者を対象とした調査を依頼し、後日郵送で回収した。各教会では日曜ミサの終了後に質問紙を配布し、その場で回答してもらい、回収した。韓国カトリック教会の場合、日曜ミサは一日に複数回行われているが、実施する時間帯などは教会側に一任した。

本調査は、二〇一一年調査開始直後、筆者が韓国に帰国したため、日本で回収したデータの集計や管理が一時滞っていたが、北海道大学の櫻井教授や天使大学の田島教授の協力を得て本書にて発表するものである。ただし、質問紙の回収やデータのコーディング作業段階にて、ソウル二カ所と大田、釜山のデータが混合していることが発覚。残りの信頼できるデータとして残ったのがソウル二カ所と東京教会であった。そのため、本章では以上の三カ所のデータを用いて分析することにした。調査開始からすでに五年が経過しており、一部のデータを使用できないことなどの諸問題があるが、近年の韓国カトリックの教勢拡大の要因を、①信者たちに焦点を当て、②韓国と日本で同時に調査を行い、③これまで好感度の上昇といった主観的な知見から分析されていた韓国カトリックの成長について、客観的なデータを提示しながらその要因について探る点で、統合的な視点を提供できると考える。

質問紙は、韓国カトリック教会の信者を対象とした質問紙調査に基づく先行研究を参考に、自己記入式とした。調査は、居住地などの項目を除き、同一調査内容で、ソウル、大田、釜山、東京で実施した。調査内容は、①信仰生活、②洗礼を受けた当時の状況、③以前の宗教、④出席・実践頻度、⑤親・家族の信仰有無と属性、⑥祖先祭祀・墓参りの頻度、⑦占い・霊に関する意識、⑧政治・政策に関する意識、⑨人口社会学的情報に分類し、計九十項目から構成した。分析は、教会別にそれぞれの回答者の属性および各変数の記述統計量を算出した。解析に際しては、統計ソフト IBM SPSS for Windows ver. 24を用いた。なお有意水準は五パーセント未満とした。

三―二　調査教会の概要

ソウルA教会とソウルB教会は東ソウル地区にあり、ソウルを東西に流れる漢江《ハンガン》を境として、A教会は南側、B教会は北側に位置し、それぞれ「江南《カンナム》」「江北《カンブク》」に立地する。また、東京韓人教会は、同じくソウル教区に属しながら日本の関東地域の韓国人カトリック信者たちが集う教会として、東京都文京区関口に所在している（表5-2）。

表5-3はソウルA、Bの概況をまとめたものである。ソウルA教会は、管轄地域の人口が増加するにつれ、信者数も増加していることに対して、ソウルB教会は、管轄地域の人口減少とともに、信者数が減少していることが見て取れる。

A教会は、一九八一年に所在区の教会から分立し、当初は商業ビルを借りて臨時聖堂としてスタートした。当時の信者数は、四七一世帯・一五四四人である。翌年から教会の建物建設が始まり、一九八五年に完工した。その後、信者数は徐々に増え、一九八九年にはA教会から新しい教会が分立した。A教会は、一九六三年にソウル市に編入されるまでは農村地域であったが、六〇年代以降、ソウルの住宅難を解消するための対策として大規模な高層マンションが建設されることとなり、人口が急増した。その後の七〇―八〇年代にかけて引き続き高層マンションが多く建設され、さらには一九八〇年に地下鉄が開通し大型デパート、ホテル、高層ビルなどが建設されて、人口はますます増えていった。住民の職種も多様で、信者たちの所得格差も大きいという。また、周囲にはプロテスタント教会が四箇所あるが、交流はないという。

一方、B教会は一九七六年に現所在地を購入、教会建設が始まった。当時の信者数は、三六八世帯・一一五二人である。その後、信者数が徐々に増え、八四年にはB教会から新しい教会が分立した。現所在地の建物は、九〇年に再建築が始まり、九一年に完成したが、その祝聖奉献式に故・金寿煥枢機卿も参加している。二〇〇二年に新た

表 5-2　調査対象聖堂の概況

区分	地域	聖堂名	設立年	所在地
韓国	ソウル	ソウル A	1981	ソウル特別市松坡区
		ソウル B	1977	ソウル特別市広津区
日本	東京	東京	1985	東京都文京区関口 3-16-15

表 5-3　ソウル A・B 教会の概況(2007・2010 年度比較)

		ソウル A		ソウル B	
区分＼年度		2007	2010	2007	2010
教会所在地の人口(人)		26,511	49,217	84,006	70,941
信者数	計(人)	5,160	7,470	6,794	6,486
	男(人)	2,160	3,193	2,823	2,666
	女(人)	3,000	4,277	3,971	3,820
教会所在地人口対比信者数		19.40%	15.20%	8%	9.14%
日曜ミサ出席者数*(人)		1,835	2,339	2,815	2,238
信者数比出席者参加率		35.5%	31.3%	50.3%	34.5%
洗礼者数	計(人)	157	176	226	174
	男(人)	62	66	83	60
	女(人)	95	110	143	114

＊日曜ミサ出席者数: 毎週出席者の平均数
出典:『司牧訪問報告書』(ソウル A 教会), 2011 年,『ソウル B 教会現況』(第六・七・八次司牧訪問資料), 2007・2010 年度より筆者作成

に教会を分立させ、二〇〇八年に周辺地域が一部編入し、現在に至っている。B教会がある地域は、九〇年代末、大型の製造会社が複数移転してきたことを期に、高層マンションの建設も始まり、人口も急激に増えている。また、地下鉄路線が交差する場所として交通の要所であり、大公園があって周辺には学園も多く並び、それ以外は商業施設と住宅が混合する地域である。川沿いのマンションに住んでいる信者の割合は多いが、流動人口の多い地区であり、教区外に住む信者も多い。また、教籍は親の元に置いているものの実際には離れて暮らしている信者も多いという。

　他方、東京韓人教会は、東京の韓国人信者たちが東京教区の司教座聖堂(カテドラル)である「カトリック東京カテドラル関口教会」の中に信者の集いを構成したことからスタートしている[6]。その後、一九八四年六月には東京在住の韓国人信者のためにソウル教区から司祭が派遣され、同年八月には韓国からイエズス聖心侍女会のシスター二人が派遣された。そして一九八五年、六本木の「フランシスカン・チャペルセン

ター」で、初の韓人教会ミサが行われた。フランシスカン・チャペルセンターでのミサと秘跡を通じて韓人教会の活動は活性化し、信者の数も徐々に増え、これに伴いより広い空間が求められていた。一九九〇年には、東京カテドラル関口教会聖マリア大聖堂へとミサの場所を移すとともに、カテドラル敷地内のカトリックセンター二階の事務室二室と地下教室二室を使用するようになった。その後、信者数の増加とともに、二〇〇九年に同センターの二・三階を改修し韓人教会の専用空間として長期間の使用が可能となった。教会訪問当時、日曜ミサには関口教会に出席する日本人信者より、東京韓人教会のミサに出席する韓国人信者の数がはるかに多かった。東京韓人教会については、概要を記した報告書を入手することができなかったが、二〇一一年三月六日に参加したミサでは、出席者が二三〇人くらいであった。

四　調査結果――単純集計からみる信者たちの特徴

四-一　基本的属性

(1) 性別・年齢・婚姻状況

信者の性別構成においては、いずれの教会も女性の占める割合が高く、その割合は東京教会よりソウルの方がやや高い(表5-4)。韓国ではカトリックだけではなく、プロテスタントや仏教においても、信者は男性より女性が多い傾向にある点で、類似している。

年齢別分布を見てみると、ソウルA教会とB教会では五〇代が、東京教会では四〇代が最も多い。教会別年齢平均は、ソウルA、B教会ともに四九・一歳、東京教会は四三・五歳で、東京教会の方がやや若い。ソウルA、B教会

表 5-4　教会別の性別・年齢・婚姻状況

区分		ソウル A	ソウル B	東京
性別	男性	68(23.1%)	32(19.2%)	73(35.1%)
	女性	226(76.9%)	135(80.8%)	135(64.9%)
	合計	294(100.0%)	167(100.0%)	208(100.0%)
年齢	10 歳代	2(1.0%)	2(1.6%)	6(3.0%)
	20 歳代	22(11.0%)	24(19.7%)	30(14.9%)
	30 歳代	17(8.5%)	10(8.2%)	44(21.8%)
	40 歳代	48(24.0%)	14(11.5%)	59(29.2%)
	50 歳代	73(36.5%)	43(35.2%)	49(24.3%)
	60 歳代	33(16.5%)	18(14.8%)	9(4.5%)
	70 歳代	5(2.5%)	9(7.4%)	4(2.0%)
	80 歳代	0	2(1.6%)	0
	90 歳代	0	0	1(0.5%)
	合計	200(100.0%)	122(100.0%)	202(100.0%)
婚姻状況	既婚	227(78.0%)	101(61.6%)	120(59.4%)
	死別	15(5.2%)	12(7.3%)	10(5.0%)
	離婚	1(0.3%)	1(0.6%)	18(8.9%)
	別居	0(0.0%)	2(1.2%)	2(1.0%)
	未婚	40(13.7%)	41(25.0%)	49(24.3%)
	同居	8(2.7%)	7(4.3%)	3(1.5%)
	合計	291(100.0%)	164(100.0%)	202(100.0%)

・性別：有効数 669(95.6%)，欠損値 31(4.4%)
・年齢：有効数 524(74.9%)，欠損値 176(25.1%)
・婚姻状況：有効数 657(93.9%)，欠損値 43(6.1%)

の平均年齢は同じであるが、B教会の場合二〇代の占める割合がA教会や東京教会に比べて多い。B教会の主任司祭への聞き取り調査の際、一度教会から離れて戻ってきた信者や新しく洗礼を受けた信者が、二〇一〇年を境にやや増えたことが確認できた。しかし、その理由については教会側も把握していなかった。

婚姻状況においては、いずれも既婚者が圧倒的に多いものの、ソウルB教会と東京教会では未婚者の割合も少なくない。B教会は近年増えた二〇代の影響と考えられ、東京教会は平均年齢がソウルA、B教会よりやや低いことと、本国(韓国)から単身で来日して暮らしている者が含まれていると推察される。

(2) 学　歴

学歴においては、いずれの教会も大卒が最も多い(表5-5)。また、ソウルA教会では高卒と大卒との差があまりないのに対し、東京教会は、大卒だけではなく、大学院修士・博士課程の卒業・中退・在学中を合わせた割合が多い。

表 5-5　教会別学歴

区分		未就学	初	中	高	専門	大	院(修)	院(博)
ソウルA	卒業	0	2(0.7%)	7(2.5%)	89(32.1%)	21(7.6%)	107(38.6%)	20(7.2%)	3(1.1%)
	中退	0	0	1(0.4%)	2(0.7%)	3(1.1%)	4(1.4%)	0	0
	在学中	0	0	0	0	1(0.4%)	12(4.3%)	4(1.4%)	1(0.4%)
ソウルB	卒業	1(0.6%)	7(4.5%)	4(2.6%)	34(22.1%)	19(12.3%)	53(34.4%)	10(6.5%)	1(0.6%)
	中退	0	0	0	2(1.3%)	4(2.6%)	4(2.6%)	0	0
	在学中	0	0	1(0.6%)	0	0	8(5.2%)	4(2.6%)	2(1.3%)
東京	卒業	0	0	3(1.6%)	26(13.5%)	22(11.4%)	78(40.4%)	16(8.3%)	11(5.7%)
	中退	0	0	1(0.5%)	2(1.0%)	5(2.6%)	3(1.6%)	2(1.0%)	0
	在学中	0	1(0.5%)	0	1(0.5%)	3(1.6%)	9(4.7%)	5(2.6%)	5(2.6%)

・有効数 624(89.1%)，欠損値 76(10.9%)

一九八〇年代まで韓国の教育水準別人口構成において最も高い割合を占めていたのは初等学校卒業で、ついで未就学が多かった。それが八五年になると、高卒の割合が最も高くなり、初等学校卒は二番目となった。現在も全人口において高卒が最も多い。さらに九五年になると、高卒の次を大卒が占め、二〇〇五年以降は高卒は減少傾向となったのに対し、大卒が継続して増えつつある。二〇一五年現在、韓国での大学進学率(短大を含む)は七十八パーセントを超え、ＯＥＣＤ加盟国のなかでも上位にある。ただし、世代間の学歴格差は大きく、ＯＥＣＤの平均格差をはるかに上回る(韓国統計庁 二〇一五：二一二)。一概には言えないが、本調査対象の教会も韓国の状況がそのまま反映されていると思われる。東京教会が韓国の平均学歴よりやや高いのは、大手企業の日本駐在員や留学生などの影響であると思われる。

(3) 職　業

表5-6の雇用形態においては、調査対象者のうち女性かつ既婚者が多いことから、ソウルＡ、Ｂ教会は主婦が圧倒的に多いが、東京教会は正社員の割合が高い。その理由として、企業の駐在員などで来日している人が含まれていることと、日本では既婚でも有職の女性がソウルより多いことが考えられる。また、東京教会は学生の数もソウルＡ、Ｂ教会を上回っているが、実際に教会を訪問した際、留学生が少なくないこと

表 5-6　教会別信者の雇用形態

区分	ソウル A	ソウル B	東京
正社員	52(19.5%)	36(22.2%)	72(35.5%)
臨時職員	13(4.9%)	3(1.9%)	12(5.9%)
雇用主	16(6.0%)	2(1.2%)	20(9.9%)
退職	8(3.0%)	7(4.3%)	2(1.0%)
主婦	143(53.8%)	88(54.3%)	54(26.6%)
学生	17(6.4%)	14(8.6%)	25(12.3%)
失業	3(1.1%)	4(2.5%)	5(2.5%)
その他	14(5.3%)	8(4.9%)	13(6.4%)
	266(100.0%)	162(100.0%)	203(100.0%)

・有効数 631(90.1%)，欠損値 69(9.9%)

を確認することができ、その影響もあるのではないかと思われる。
また、今回はデータは提示していないが、職場分類(政府、公企業、民間企業、公益機関)に関する回答では、いずれの教会も民間企業が最も多く、次に公益機関が多い。また、政府や公企業の割合は多くない点でも共通している。

一方、図5-3の職種分類としては、主婦を除いた場合、事務、専門、管理職などに従事するホワイトカラー層が多い。東京教会の専門職・事務職に従事する人々や学生などの割合は、ソウルA、B教会を上回っている。この結果は、東京教会の信者の学歴がソウルA、B教会より高いことと無関係ではないと考えられる。

(4)　月平均収入

図5-4の一世帯当たり月平均収入では、ソウルA、B教会の平均値は四〇〇―四四九万ウォン、東京教会は四五〇―四九九万ウォンで、東京教会がやや高い結果となった。調査を実施した二〇一一年時点で、韓国の一世帯あたり月平均所得は約四〇八万ウォンであり(韓国統計庁 二〇一五：六〇)、いずれもこれとあまり大きな差はない。

一般的に、韓国ウォンを円に換算する際は、「円を一〇倍したものがウォン」であると大雑把な計算をする場合が多い。だが、調査を実施した二〇一一年は、東日本大震災後、円が急騰し、円高が進んだ時期である(二〇一一年度平均為替相場、一〇〇ウォン：七・四三円)。東京教会で月収入が一〇〇〇万ウォン以上と回答した人の割合が比較的高く出たのも、その影響であると考えられる。ただし、同年、日本の一世帯当たり平均年間所得金額は約五四八万

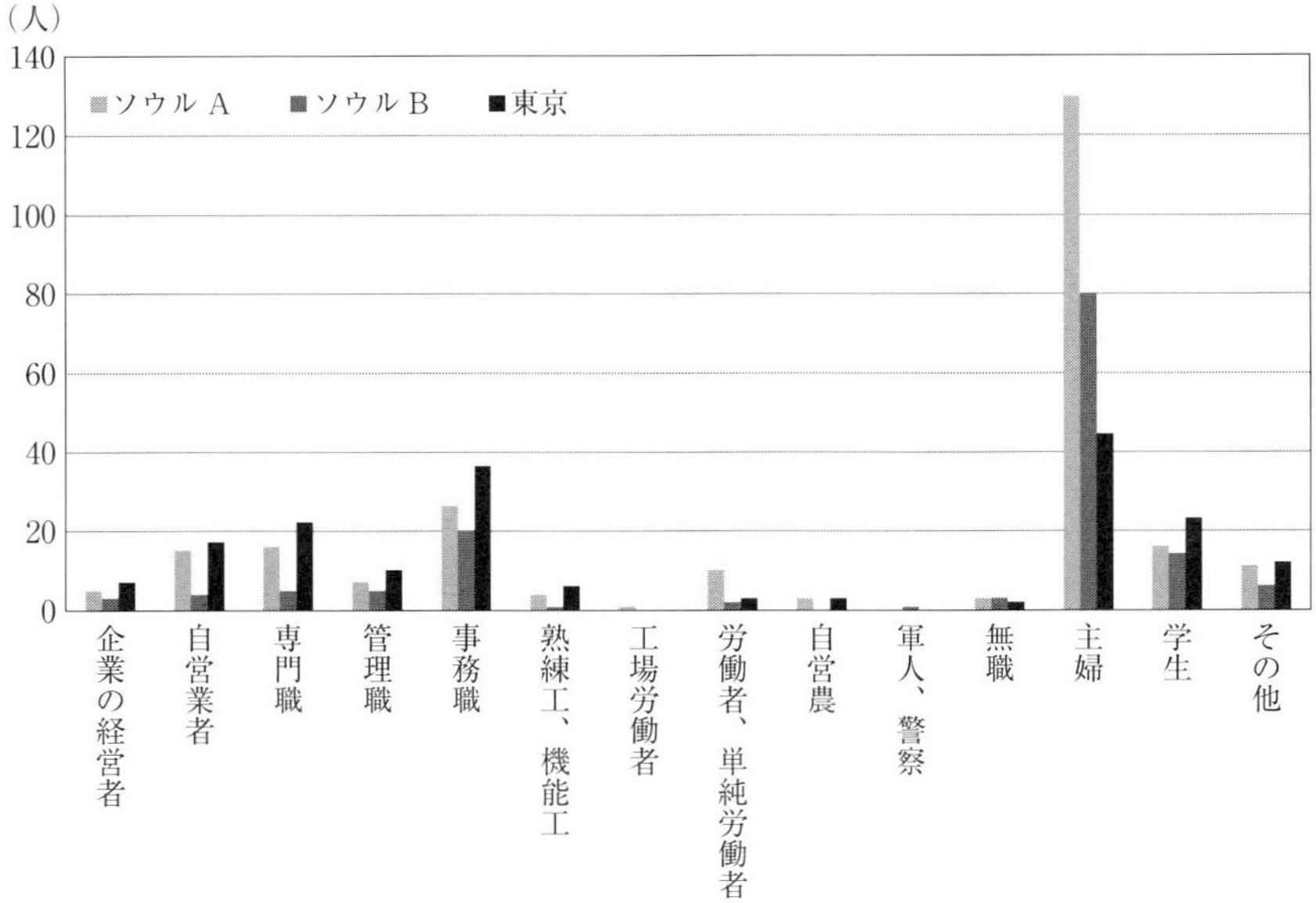

図 5-3　教会別職業分類

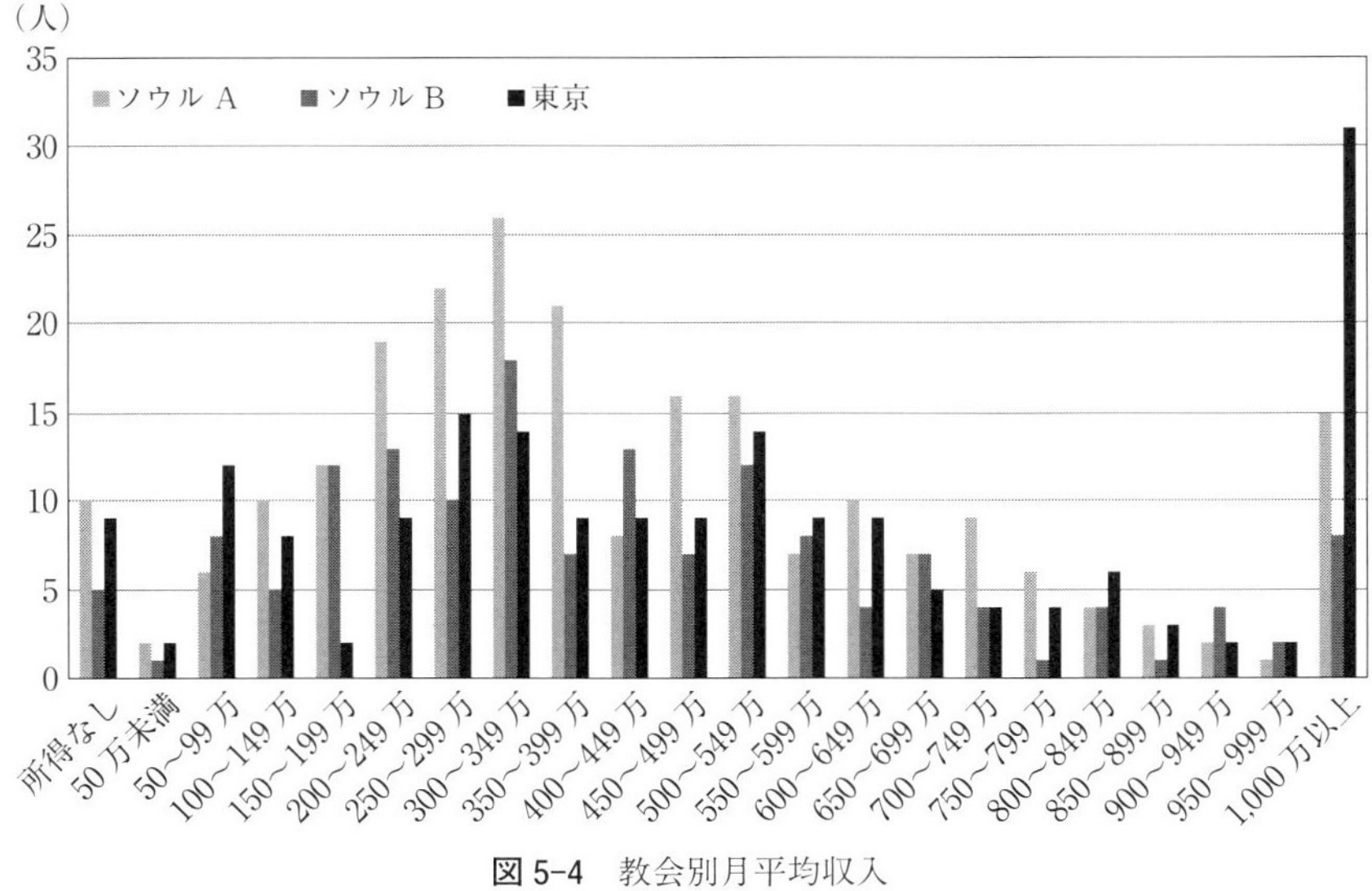

図 5-4　教会別月平均収入

・有効数 573(81.9%), 欠損値 127(18.1%)

円で（厚生労働省 二〇一二：一二）、これを単純平均（合計／一二カ月）で計算した場合の金額が約四五万円（＝約六〇五万ウォン）であることを考えると、東京教会信者の月平均収入は、日本全体の平均を下回る。また、ソウルより東京教会の方が信者間の所得格差が大きいことが確認できるが、学生の割合がソウルより多いことと無関係ではないと推察される。

四-二　信仰生活

（1）受洗時期

図5-5の洗礼を受けた時期は、いずれの教会も一九八〇年代が多い。韓国カトリックの信者数が八〇年代に入ってから倍以上に増加していることと無関係ではないと考えられる。ただし、いずれの教会も九〇年代以降、受洗者が減少傾向にあるが、東京教会では二〇〇〇年代以降回復し、さらに二〇一〇年以降に洗礼を受けた信者の割合はソウルより多いことがわかる。なお、今回はデータの提示をしていないが、洗礼を受けた場所に関しては、東京教会の信者の場合、来日してからという人も少し含まれていたが、多くは韓国で受けたと回答した。

（2）受洗のきっかけと勧めた人

受洗のきっかけ（多重回答）としては、今回はデータの提示をしていないが、いずれの教会も「親・配偶者・親戚の勧め」が最も多く、次に「霊的なものに対する関心」が多かった。最も身近な人に勧められたことと、本人の関心がきっかけとして多いことがわかる。この結果は、表5-7の回答でも確認できる。受洗を最も勧めた人として、ソウルA教会が「本人自ら」が六六人（二五・七パーセント）で最も多く、「配偶者」が四十人（一五・六パーセント）、

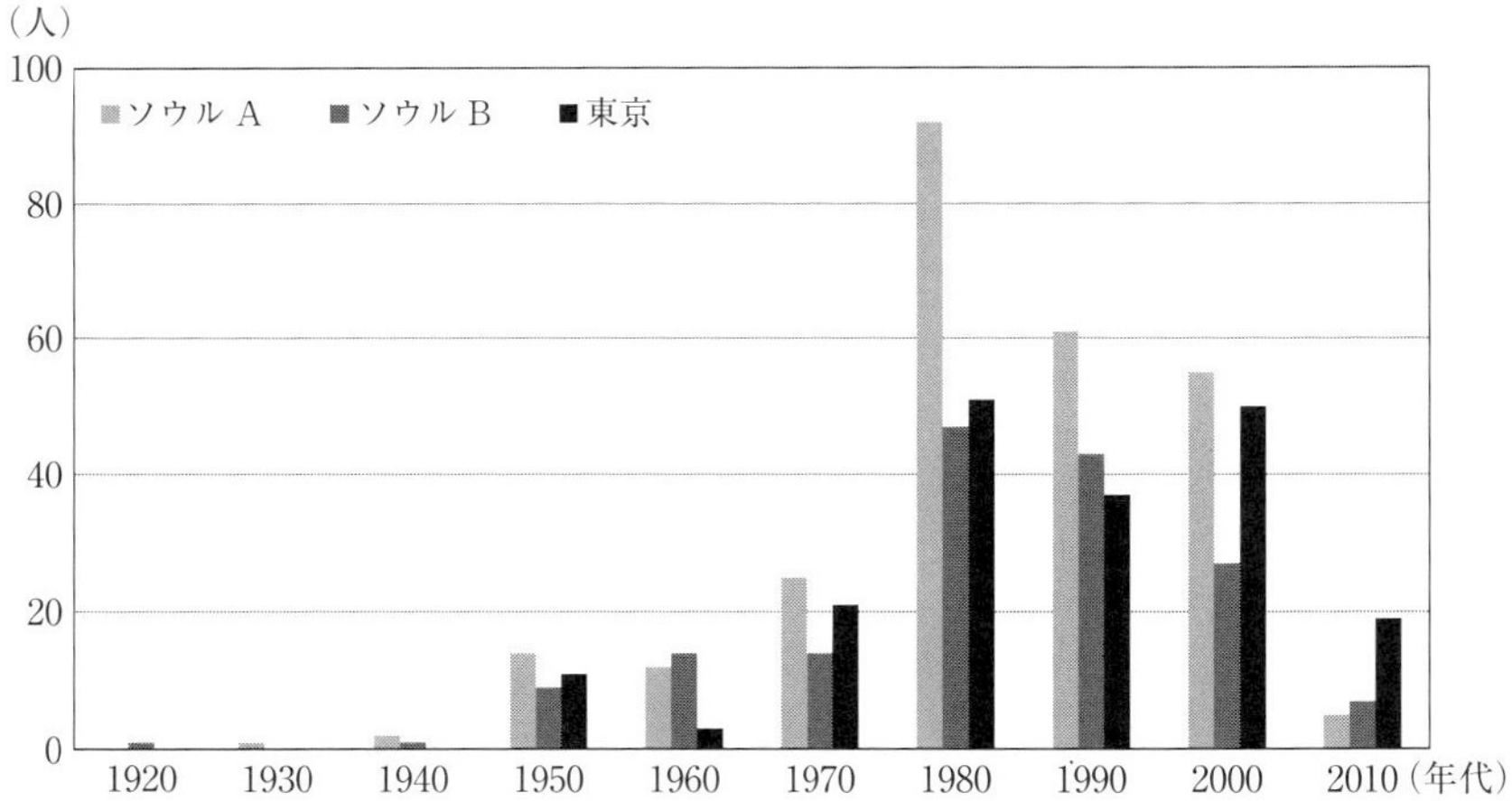

図 5–5　教会別受洗時期（年代別）　・有効数 622（88.9％），欠損値 78（11.1％）

表 5–7　教会別受洗を勧めた人（度数は各教会の中での割合）

	ソウル A	ソウル B	東京	合計
配偶者	40（15.6％）	17（11.9％）	24（13.8％）	81（14.1％）
配偶者の父	3（1.2％）	1（0.7％）	0	4（0.7％）
配偶者の母	11（4.3％）	6（4.2％）	4（2.3％）	21（3.7％）
本人の父	6（2.3％）	3（2.1％）	6（3.4％）	15（2.6％）
本人の母	37（14.4％）	27（18.9％）	53（30.5％）	117（20.4％）
祖母	6（2.3％）	3（2.1％）	7（4.0％）	16（2.8％）
本人の子ども	6（2.3％）	2（1.4％）	0	8（1.4％）
本人の兄弟	13（5.1％）	8（5.6％）	5（2.9％）	26（4.5％）
親戚	5（1.9％）	5（3.5％）	4（2.3％）	14（2.4％）
隣人	11（4.3％）	0	2（1.1％）	13（2.3％）
友人，知人	34（13.2％）	20（14.0％）	22（12.6％）	76（13.2％）
職場の人	2（0.8％）	3（2.1％）	1（0.6％）	6（1.0％）
伝道しにきた人	2（0.8％）	0	0	2（0.3％）
本人自ら	66（25.7％）	37（25.9％）	37（21.3％）	140（24.4％）
その他	15（5.8％）	11（7.7％）	9（5.2％）	35（6.1％）

表5-8　教会別家族の信仰有無(度数は教会の中での割合)

	ソウルA	ソウルB	東京	合計
配偶者	183(59.6%)	90(52.3%)	98(44.3%)	371(53.0%)
配偶者の父	53(17.3%)	25(14.5%)	33(14.9%)	111(15.9%)
配偶者の母	92(30.0%)	48(27.9%)	47(21.3%)	187(26.7%)
本人の父	79(25.7%)	52(30.2%)	81(36.7%)	212(30.3%)
本人の母	127(41.4%)	83(48.3%)	116(52.5%)	326(46.6%)
祖父	27(8.8%)	17(9.9%)	21(9.5%)	65(9.3%)
祖母	38(12.4%)	26(15.1%)	35(15.8%)	99(14.1%)
本人の子ども	186(60.6%)	99(57.6%)	91(41.2%)	376(53.7%)
本人の兄弟・姉妹	157(51.1%)	94(54.7%)	124(56.1%)	375(53.6%)
なし	10(3.3%)	11(6.4%)	15(6.8%)	36(5.1%)

「本人の母」が三十七人(一四・四パーセント)の順であった。ソウルB教会は、「本人自ら」が三十七人(二五・九パーセント)、「本人の母」が二十七人(一八・九パーセント)、「友人・知人」が二十人(一四・〇パーセント)の順であった。一方、東京教会の場合、「本人の母」が五十三人(三〇・五パーセント)、「本人自ら」が三十七人(二一・三パーセント)、「配偶者」が二十四人(一三・八パーセント)の順であった。「本人自ら」以外では、自分の母や配偶者に勧められた場合が多い。これは、家の宗教としての信仰継承が行われていることと、結婚を期に配偶者に勧められて入信した場合であると推定できる。また、本人自らの入信は、「霊的なものへの関心」に起因すると考えられるが、これは後に説明する近年の「聖霊運動」とも無関係ではないと推察される。

(3)家族の信仰有無(多重回答)

家族のカトリック信仰有無の回答では、配偶者や母、兄弟・姉妹、子どもに信者がいる場合が多いことが見て取れる(表5-8)。前述のとおり、親からの信仰継承および結婚による入信、自分が入信後に子どもに信仰を勧めた場合などと推測できる。いずれも、自分だけにとどまらず、最も身近な存在である家族にもカトリックを勧めていると考えられる。

(4)教会出席、祈り、聖書の実践頻度

表5-9の教会への出席頻度においては、ソウルA・B教会は、「週に数

表 5-9　教会別教会・祈り・聖書の実践頻度

区分		ソウルA	ソウルB	東京
出席頻度	週に数回	196(65.6%)	105(63.6%)	40(18.8%)
	週に1回	93(31.1%)	56(33.9%)	162(76.1%)
	月に1回	2(0.7%)	0	4(1.9%)
	特別な宗教の祝日だけ	3(1.0%)	1(0.6%)	2(0.9%)
	年に1回	0	1(0.6%)	1(0.5%)
	ほとんどない	5(1.7%)	2(1.2%)	4(1.9%)
合計		299(100.0%)	165(100.0%)	213(100.0%)
祈りの頻度	毎日数回	154(51.9%)	100(59.9%)	91(42.7%)
	週に1回	18(6.1%)	8(4.8%)	22(10.3%)
	週に2−3回	80(26.9%)	31(18.6%)	38(17.8%)
	思い出した時	42(14.1%)	28(16.8%)	58(27.2%)
	ほとんどしない	3(1.0%)	0	4(1.9%)
合計		297(100.0%)	167(100.0%)	213(100.0%)
聖書の頻度	毎日数回	30(10.1%)	36(21.6%)	18(8.5%)
	週に1回	40(13.5%)	19(11.4%)	24(11.4%)
	週に2−3回	57(19.3%)	37(22.2%)	30(14.2%)
	思い出したとき	133(44.9%)	62(37.1%)	88(41.7%)
	ほとんどしない	36(12.2%)	13(7.8%)	51(24.2%)
合計		296(100.0%)	167(100.0%)	211(100.0%)

・出席率：有効数677(96.7%)，欠損値23(3.3%)
・祈り：有効数677(96.7%)，欠損値23(3.3%)
・聖書：674(96.3%)，欠損値26(3.7%)

回」教会に出席している人が最も多かったことに対し、東京教会は「週に一回」参加している人が最も多い結果となった。これは日曜のミサに複数回参加しているか、または平日の信者の集まりや聖書勉強会、教会内外でのボランティア活動に活発に参加しているということであると考えられる。ただし、ソウルA教会では日曜ミサが五回、平日十三回、ソウルB教会が日曜ミサ八回、平日ミサ十二回であるのに対し、東京教会は日曜ミサ一回、平日のミサ五回というミサの実施数とも関係している。主に日曜ミサに多くの信者が参加していることを考えると、一回しかない東京教会で「週に一回」と回答した人が最も多かったのは当然の結果であろう。ただし、それでも平日にもミサが複数実施されていることを考えると、東京で参加頻度が低かったのは、ソウルでは主婦が最も多いのに比べて、東京教会では主婦層が少なく、会社員や学生が多いことに起因するとも考えられる。

一方、いずれの教会においても祈りを「毎日数回」と回答した人が最も多かったのに対し、聖書は「思い出したとき」に読むと回答した人が最も多い。これには、一九八〇年代以降、聖霊セミナーという名で行われている「聖霊運動」が少なからず影響を与えていると考える。聖霊運動とは、聖霊(Holy Spirit)によるキリスト教会の刷新を求める運動で、一般的にプロテスタントのペンテコステ系教会にて行われる放言(心霊祈祷)、聖霊降臨、予言などの体験を伴う。カトリックにおける聖霊運動は、一九六〇年代にアメリカでの体験が報告されて以来、七〇年代以降韓国にも受容された(チョ 二〇一二：七四―七八)。八〇年に入ってから、韓国カトリックの各教区別に「韓国カトリック聖霊刷新奉仕会」が発足、「韓国カトリック聖霊刷新奉仕者協議会」が誕生した。現在、同会は、韓国天主会主教会議公認の全国団体として各教区に置くなど、聖霊運動に力を入れており、信者たちが身近に参加することが可能になっている。

四-三　社会・政治意識

(1) ボランティア活動への参加頻度

表5-10にみるように、ソウルA、B教会の場合、政治活動や社会的弱者へのボランティア活動には消極的である反面、教会内ボランティアには積極的であることが確認できる。これに対し、東京教会では、政治活動・社会的弱者・その他ボランティア活動において「一度もない」と回答した人が最も多く、社会参加意識が低く、ボランティアに対して消極的であることが見て取れる。ただし、教会内ボランティアについての回答では、「一度もない」と「六回以上」がほぼ同じ割合で多く、教会内活動においてはまったく参加しない消極的な信者と、頻繁に参加している積極的な信者に二極化している。

表 5-10　教会別社会活動への参加頻度

		ソウルA	ソウルB	東京
政治活動へのボランティア	一度もない	121(93.8%)	77(95.1%)	128(91.4%)
	1－2回	6(4.7%)	4(4.9%)	8(5.7%)
	3－5回	1(0.8%)	0	1(0.7%)
	6回以上	1(0.8%)	0	3(2.1%)
合計		129(100.0%)	81(100.0%)	140(100.0%)
社会的弱者へのボランティア	一度もない	51(27.3%)	32(28.3%)	101(64.7%)
	1－2回	58(31.0%)	37(32.7%)	27(17.3%)
	3－5回	18(9.6%)	8(7.1%)	12(7.7%)
	6回以上	60(32.1%)	36(31.9%)	16(10.3%)
合計		187(100.0%)	113(100.0%)	156(100.0%)
教会内ボランティア	一度もない	38(18.3%)	19(14.2%)	69(38.3%)
	1－2回	38(18.3%)	30(22.4%)	33(18.3%)
	3－5回	29(13.9%)	15(11.2%)	17(9.4%)
	6回以上	103(49.5%)	70(52.2%)	61(33.9%)
合計		208(100.0%)	134(100.0%)	180(100.0%)
その他ボランティア	一度もない	48(24.6%)	27(23.1%)	91(58.7%)
	1－2回	46(23.6%)	38(32.5%)	28(18.1%)
	3－5回	24(12.3%)	13(11.1%)	10(6.5%)
	6回以上	77(39.5%)	39(33.3%)	26(16.8%)
合計		195(100.0%)	117(100.0%)	155(100.0%)

（2）政治・政策に関する意識

表5-11にみるように、全体的に高齢者・子どもへの生活・医療・教育負担に関する項目に対しては、個人の責任でも政府の責任でもなく、中立的な意見が多いことがわかる。ただし、高齢者医療に関しては、東京教会の場合、政府の責任であると考える信者が多い。一方、子どもの教育においては、ソウルA、B教会ともに、個人の責任であると考える信者が多い結果となった。多少の差はあるものの、全般的に個人も政府も責任があると考える中立的な立場の信者が多いことが確認できた。

（3）福祉と負担に対する意識

表5-12は、「A 増税してでも、福祉などの公共サービスを充実させるべきである」と「B 福祉などの公共サービスが低下しても、税負担を軽減すべきである」という項目に対する回答をまとめたものである。結果、「Aに近い」と「どちらかといえばA」を合わせた割合が最も多く出た。これは、税金を通して政府が社会福祉サービスを改善すべきという公助的な考えであり、どちらか

表 5-11　政治・政策に関する意識

		個人1	個人2	中間	政府1	政府2
高齢者生活	ソウル A	54(21.3%)	29(11.5%)	84(33.2%)	43(17.0%)	43(17.0%)
	ソウル B	53(32.9%)	15(9.3%)	50(31.1%)	20(12.4%)	23(14.3%)
	東京	38(20.0%)	23(12.1%)	62(32.6%)	35(18.4%)	32(16.8%)
高齢者医療	ソウル A	31(12.3%)	20(7.9%)	82(32.5%)	56(22.2%)	63(25.0%)
	ソウル B	24(15.6%)	13(8.4%)	53(34.4%)	26(16.9%)	38(24.7%)
	東京	18(9.8%)	13(6.9%)	42(22.2%)	58(30.7%)	58(30.7%)
子どもの教育	ソウル A	89(35.2%)	44(17.4%)	77(30.4%)	25(9.9%)	18(7.1%)
	ソウル B	66(42.3%)	23(14.7%)	51(32.7%)	8(5.1%)	8(5.1%)
	東京	58(30.1%)	37(19.2%)	62(32.1%)	22(11.4%)	14(7.3%)
保育・育児	ソウル A	72(28.7%)	38(15.1%)	83(33.1%)	34(13.5%)	24(9.6%)
	ソウル B	48(30.6%)	24(15.3%)	55(35.0%)	8(5.1%)	22(14.0%)
	東京	44(23.4%)	34(18.1%)	56(29.8%)	33(17.6%)	21(11.2%)

表 5-12　福祉に関する意識

	A に近い	どちらかといえば A	どちらともいえない	どちらかといえば B	B に近い	合計
ソウル A	89(36.8%)	72(29.8%)	41(16.9%)	27(11.2%)	13(5.4%)	242(100.0%)
ソウル B	54(35.8%)	54(35.8%)	21(13.9%)	12(7.9%)	10(6.6%)	151(100.0%)
東京	81(42.9%)	62(32.8%)	26(13.8%)	11(5.8%)	9(4.8%)	189(100.0%)

と言えば、政府の責任として対応すべきであると認識している人が多いことを意味する。先述(表5-11)の高齢者・子どもの福祉面においては中立的な意見が多かったことに対し、公共サービスにおいては政府の責任であると思う人が多い結果となり、ボランティア活動など個人が自ら社会問題に直接的に関与するよりは、政府を通して間接的・消極的に関与したいという考えだと理解できる。

四-四　考　察

今日、韓国カトリックは「中間層の宗教」と言われるなど、信者の社会階層において中間層への傾斜が目立っている。一般的に「中間層」とは、経済的領域だけではなく、生活機会、学歴、職業的地位などの非経済的領域も含まれる。韓国においての中間層は、ホワイトカラー層、短大以上の学歴、月平均三百万ウォン以上の所得金額、三十平方メートル以上の居住空間に住む人を指す(チョ 二〇〇六：九一)。調査結果の分析を通して、韓国カトリックの信者たちの社会・経済的水準は、韓国人の平均的な社会・経済水準に比べ、やや高いという結果となった。学歴・月収入などにおいては、韓国の中間層に該当する信者が多く、その一面を確認することができた。東京教会はソウルA、B教会をやや上回っていることが確認されたが、さほどの差異はみられない。

このような結果は、信者の社会階層とカトリックへの回心の間には、ある程度の意味をもつ相関があると解釈できる。韓国カトリックは、受容当時、士族の自発的入信により上流層が多かったが、受容後のカトリックへの弾圧過程のなかで、中下層にまでその範囲が広がっていった。その後、解放から一九七〇年代にかけ、社会問題や労働問題などへの積極的な参加により労働者層の支持を得て、彼らを多く回心させた。さらに、韓国人にとってのカトリックは、友国の宗教として、近代化のシンボルとしての認識が広まり、経済的富裕や安定が確保できる宗教として、都市下層民に広まっていったのである。

しかし、八〇年代半ば以降、信者数は増えてはいるものの、かつて著しかった成長率は、年々減少傾向にある。本調査対象の多くが八〇年代に受洗した人々であり、学歴や月収入などにおいて韓国の平均値を上回り、いわゆる中間層と言われる人々が集中している。つまり、八〇年代以降、韓国カトリックにおける信者の社会階層が上昇したことを意味する。教会における社会階層の上昇(中間層の増加)は、それ以前の信者集団の目標であった成長主義や経済的な裕福さ、安定よりは、中間層の特徴である個人主義的な生活態度を志向する社会層が教会の主体的なメンバーになってきていることを示唆する。

このことは、教会の大型化および教会運営の巨大化、司祭中心主義という現在の韓国カトリックの性格とも結びつく(チョ 二〇一二:八二)。司祭中心主義は、司祭と比較的簡単に接触できる中間層の信者たちを教会側が好むことを意味する。教会としては教会運営に中間層信者が必要であり、その結果、相互選択的親和力(selective affinity)が生まれ、韓国カトリック教会では「中間層中心の教会」という現象をより促していると考える。この信者層の移動は、新しい集団の自集団への抱擁的態度(inclusive attitude)、かつ既存集団への排他的態度(exclusive attitude)を示し、従来の信者集団の教会での減退や消滅を意味すると同時に、今後新しい集団類型の勢力拡大という結果を招く可能性がますます高くなると考えられる。

一方、調査を通して、社会参加の頻度や意識が低いことが明らかになった。今日、韓国カトリック教会では、「社会教理（the social doctrine of the church）」を強調している。カトリックにおいての社会教理とは、宗教が社会問題（民主化運動、労働者・農民・都市貧困層の権益向上運動、生命・環境・平和運動など）に積極的に意思を示し、それを実践するための教理的根拠としている（チョ 二〇一二：六四）。このような社会問題に対する運動を、韓国では一般的に「社会参与」もしくは「現実参与」とよぶが、近年韓国カトリックでは「社会教理」という用語を頻繁に使用するようになった。その背景には、かつて社会問題に積極的に関わったカトリック信者たちの減少があり、その改善のための動きであるとも理解できる。実際、韓国カトリックでは社会教理を実践するための「正義平和委員会」が韓国天主教主教会議の傘下委員会として、さらに各教区にも設けられた。さらに「韓国天主教平信徒司徒職団体協議会」においても社会教理の実践をリードするとの決議表明がなされ、一部の聖職者と信者たちにより社会実践を行うための「社会正義市民行動」という市民団体も結成された（チョ 二〇一二：六七）。逆に言うと、このような組織の発足は、社会参加の低下という現実が反映されたものと解釈できる。

つまり、信者たちの社会参加と社会教理を強調する教団側と、信者たちの間に、現実と理想という大きな乖離が生じていることと解釈できる。これは信者の社会階層において中間層以上が占める割合が年々高くなっていることとも無関係ではないだろう。

五　むすびに代えて

かつて韓国カトリックは、向都離村した人々のための都市での共同体としての役割、さらには、社会問題や人権問題などに対して積極的に介入することで、多くの信者の回心を導き出した。しかし本調査からは、現在の韓国カトリックは社会問題に消極的であり、信者の社会階層も中間層へ傾斜するなど、一九八〇年代半ば以降、カトリック信者たちの宗教性や属性などにおいて変化が生じていることが確認された。言い換えれば、八〇年代半ば以降、韓国においてプロテスタントの成長鈍化は信者の社会階層における変化がもたらされず、それに対し、カトリックは従来の信者層に代わる新たな信者層を獲得することで、ある程度の成長率を見せていると解釈できる。さらに、本国と日本でのカトリック信者たちの特徴を統合的に検討することで、グローバル化によって韓国人の海外移住が増えているなか、海外においても信者たちの特徴において類似する傾向が表れていることを確認することができた。

本章は、これまでの各調査にて、主に信者たちの主観的な意識に焦点を当てていることに対し、客観的なデータに基づいて、信者たちの社会階層の移動を明らかにし、韓国カトリックの成長要因について検討することをめざしてきた。さらに、分析の結果、信者たちの中間層への傾斜によって、社会問題の介入に対する保守化および社会教理の強調などの変化にも影響を与えていることをみることができた。ただし、以下の二点については今後検討が必要と考える。

一つは、典礼・祈り・聖書の実践頻度である。信者たちのミサへの出席頻度と祈りの頻度は高いものの、聖書を読む頻度は低いという調査結果は、近年韓国カトリックで活性化している「聖霊運動」との関連で考察する必要があると考える。聖霊運動と言えば、一般的に放言、通声祈祷、復興会などに代表されるプロテスタントのペンテコステ運動が思い浮かび、ミサと各種秘跡など厳粛な雰囲気をもつカトリックと聖霊運動とは関連性がないようにみえる。しかし、韓国カトリックにおいても「聖霊刷新運動」と呼ばれるものがあり、ペンテコステ系教会の特徴に非常に類似している（チョ 二〇一二：七四—七八）。一九六〇年代にアメリカにて、放言や予言が出たり、霊歌を歌いながら賛美したりするなどといった聖霊降臨の体験が報告されて以来、韓国でも「聖霊セミナー」という名が韓国カトリックでよく使用されるようになった。八〇年代に入ってからは、教区別に「韓国カトリック聖霊刷新奉仕会」が発足し、「韓国カトリック聖霊刷新奉仕者協議会」が誕生した。現在、同協議会は、韓国天主会主教会議が認定した全国団体として各教区に置かれている。

ただし、この聖霊セミナーに参加する信者は、一般的には社会・経済的水準が低い人が多いとされている（チョ二〇一一：七四）。一九九八年のアジア金融危機および二〇〇七年のリーマンショック直後に、聖霊セミナーの履修者が増加したことも、この分析を裏づけるデータである。一般的に、中間層以上の信者は、教会内で行われるクルシージョ(Cursillo)[7]活動に参加する傾向があると言われている。むろん、信者の社会階層を問わず、韓国の宗教伝統の一つとも言われている「祈福信仰」とも無関係ではないと考えられるが、聖霊セミナーと信者の社会階層との関連性に関しては、今後綿密な検討が必要と考える。

二つは、調査対象の三つの教会のうち、僅差ではあるが、ソウルA、B教会と東京教会の信者たちの典礼・祈り・聖書の実践頻度の違いに注目する必要がある。一般的に、移住者は本国でより移住先で熱心に宗教生活を営む傾向がある。しかし、東京教会ではソウルA、B教会より典礼および教会内でのボランティア活動などへの参加頻度が低い。移住先の教会という空間は、信仰生活の保持そのものよりは、移民教会の特徴の一つである情報共有や親睦、就職・アルバイトの紹介などの手段として活用されている場合が多い。そのため、ミサがある日曜日はもちろん、ミサのない日でも教会を頻繁に訪れたり、教会内外での信者同士の小集団活動などが活発に行われる。この点で、東京教会は移民教会でありながらもその特徴が薄く、むしろソウル教区の東京支部教会的な性格が強いと言えよう。韓国カトリック信者たちの社会階層的特徴が、移民教会の機能を超越して影響を及ぼしているかどうか、今後継続して調査を行い、再検討する必要があると考える。

注記：本章は、天使大学の田島忠篤教授との共同研究で実施したものである。特に、本調査の発案・構想・実施計画は全般的に田島教授の手によるものであり、執筆にあたっては田島教授から多大なるアドバイスと協力をいただいた。ただし、本章は全文を李が執筆しており、文章に関する責任はすべて李にある。

謝辞：本稿の執筆にあたりご協力頂いた多くの方々に謝意を表したい。韓国および日本での調査実施に、天使大学看護学科のケン・スレイマン先生より多大なご協力をいただいた。また、スレイマン先生からご紹介いただき、韓国カトリック教会の主任司祭およびスタッフの方々には、ご多忙のところを、調査配布、回収にご協力いただいた。最後に、ご回答いただいた調査対象者の信者の皆様に、改めて深く感謝申し上げたい。

注

（1）　韓国全国の軍人、軍部隊司祭の管轄教区を指す。

（2）　ここには、ソウルを含む首都圏だけではなく、北朝鮮の黄海道全域まで含まれる。

（3）　平壌教区、咸興教区、徳源自治修道院区は、北朝鮮側に設定されている組織である。現在はソウル大教区教区長が平壌教区長代理を、春川教区教区長が咸興教区長代理を、聖ベネディクト倭館修道院(Order of St. Benedict Waegwan Abbey)長が徳源自治修道院区長代理を兼ねている。ただし、北朝鮮側にあるため、当然ながら実質的には管理できず、信者数などの把握も難しく、いわば「沈黙の教会」と呼ばれている。

（4）『韓国の宗教現況二〇一二年度』によると、カトリックの医療機関数は百四十六カ所、仏教は四十二カ所、プロテスタントは八十四カ所である。

（5）　カトリックでは死を迎えることを善終（大罪のない状態で亡くなること）という。

（6）　教会沿革に関しては、カトリック東京韓人教会ホームページ　http://www.tokyo-koreancatholic.org/（二〇一六年八月三日閲覧）、カトリック東京大司教区教会案内　http://tokyo.catholic.jp/archdiocese/church/tokyo/15941/（二〇一六年八月三日閲覧）から引用した。

（7）　クルシージョ(Cursillo)とは、スペイン語のコース(Curso)と短い(-illo)という意味の合成語として「短期過程」を意味する。講義やグループワークなどを行う教育プログラムも含まれるが、ミサやレクレーションなども行い、「回心のための三泊四日の短期講習」にあたる。ほかにも、青年聖書集会やＭＥ（Marriage Encounter）などの信者団体もある。

参考文献

〈韓国語文献〉

オ・キョンファン（오경환）、二〇〇六、「カトリック信者の増加とその要因（가톨릭 신자의 증가와 그 요인）」韓国カトリック医療協会『Health & mission』七号、四六―五五頁。

カトリック正義平和研究所編（가톨릭정의평화연구소편）、一九九〇、『韓国カトリック教会と疎外層、そして社会運動（한국가톨릭교회와 소외층 그리고 사회운동）』。

カン・インチョル（강인철）、二〇〇六a、「教勢統計からみる韓国天主教――一九九四～二〇〇五年（교세통계로 본 한국 천주교：1994～2005 년）」ハンシン人文学研究所『宗教文化研究』八号、六七―一〇三頁。

カン・インチョル（강인철）、二〇〇六b、『韓国天主教の歴史社会学（한국 천주교의 역사사회학）』ハンシン大学校出版部。

カン・インチョル（강인철）、二〇〇七、『韓国天主教会の刷新のための社会学的省察（한국 천주교회의 쇄신을 위한 사회적 성찰）』ウリ神学研究所。

カン・インチョル（강인철）、二〇〇八、『宗教権力と韓国天主教会（종교권력과 한국 천주교회）』ハンシン大学校出版部。

韓国ギャラップ調査研究所編（한국갤럽조사연구소편）、二〇一五、『韓国人の宗教（一九八四―二〇一四年）（한국인의 종교（1984-2014 년））』。

韓国教会史研究所編（한국교회사연구소편）、二〇〇九、『韓国天主教史（一）（한국천주교사 1）』。

韓国天主教中央協議会（한국천주교중앙협의회）、二〇一五、『韓国天主教会統計二〇一五（한국천주교회통계 2015）』。

韓国天主教会二百周年記念司牧会議社会調査報告書委員会編（한국천주교회 200 주년기념사목회의위원회편）、一九八五、『二〇〇周年記念司牧会議社会調査報告書（200 주년기념사목회의 사회조사보고서）』。

韓国天主教会主教会議・韓国天主教中央協議会（한국천주교회주교회의・한국천주교중앙협의회）、二〇〇四、『韓国天主教会総覧（一九九五―二〇〇三年）（한국천주교회총람（1995-2003 년））』。

韓国天主教会主教会議・韓国天主教中央協議会（한국천주교회주교회의・한국천주교중앙협의회）、二〇一三、『韓国天主教会総覧（二〇〇四―二〇一二年）（한국천주교회총람（2004-2012 년））』。

韓国統計庁編(한국통계청편)、二〇一五、『統計でみる光復七〇年韓国社会の変化(통계로 본 광복 70주년 한국사회의 변화)』。

キム・チェドク、パク・ムンス、パク・イルヨン(김재득・박문수・박일영)、二〇〇四、『天主教と韓国近現代の社会文化的変動――評価と展望のための専門家調査報告書(천주교와 한국 근・현대의 사회문화적 변동: 평가와 전망을 위한 전문가 조사보고서)』ハンウルアカデミー。

キム・チェドク、パク・ムンス、パク・イルヨン(김재득・박문수・박일영)、二〇〇四b、『天主教と韓国近現代の社会文化的変動――近現代一〇〇年間のカトリック教会に対する一般国民意識調査報告書(천주교와 한국 근・현대의 사회문화적 변동: 근・현대 100년 속의 가톨릭교회에 대한 일반국민 의식조사 보고서)』カトリック出版社。

趙珖(조광)、二〇一〇、『韓国近現代天主教史研究(한국 근・현대 천주교사 연구)』景仁文化社。

チョ・トンギ(조동기)、二〇〇六、「中産層の社会人口学的特性と主観的階層意識(중산층의 사회인구학적 특성과 주관적 계층의식)」『韓国人口学』二九号三巻、八九―一〇九頁。

チョ・ヒョンボム(조현범)、二〇一〇、「現代韓国天主教の宗教的特性に関する考察(현대 한국 천주교의 종교적 특성에 관한 고찰)」韓国学中央研究院『精神文化研究』三三巻、一八三―二一二頁。

チョ・ヒョンボム(조현범)、二〇一二、「韓国天主教の現在と未来(한국 천주교의 현재와 미래)」韓国宗教学会『宗教研究』六八輯、五五―八六頁。

統合司牧研究所編(통합사목연구소)、二〇〇七、『カトリック信者の宗教生活と信仰生活――カトリック新聞創刊八〇周年記念信者意識調査報告書(가톨릭 신자의 종교의식과 신앙생활: 가톨릭신문 창간 80주년기념 신자 의식조사 보고서)』。

盧吉明(노길명)、一九八九、「韓国宗教成長の社会的背景(한국종교 성장의 사회적 배경)」イ・ウォンギュ編著『韓国教会と社会』ナダン出版社、九四―一二六頁。

盧吉明(노길명)、二〇〇五、『民族史と天主教会(민족사와 천주교회)』韓国教会史研究所。


〈日本語文献〉

伊藤亞人、二〇〇五、「第一章　東アジア」文化庁編『海外の宗教事情に関する調査報告書』七―四七頁。

厚生労働省、二〇一二、『国民生活基礎調査平成二四年』。

柳洪烈著・金容權訳、二〇一三、『近代朝鮮における天主教弾圧と抵抗』彩流社。

第六章　社会参加する中国の家庭教会

佐藤千歳

一　はじめに

改革開放政策の進展とともに宗教政策は緩和され、中国は一九八〇年代から九〇年代にかけて爆発的な宗教ルネサンスを経験した。推定三億人に達した宗教人口の三分の二は、八〇年代からの改革開放期に信仰を得た信者たちとされる（卓 二〇〇八：三）。なかでも「家庭教会」と通称される非公認のプロテスタント教会群は、体制外の宗教活動であるにもかかわらず中国全土で教勢を拡大し、公認教会の著名な指導者でさえ「中国キリスト教の中の自由教会［筆者注：家庭教会］の方が（中略）純正な伝統の継承者となっており、やがては将来の中国キリスト教の主流、すなわちキリスト教の公同的伝統の継承者となる」（王艾明 二〇一二：六八）と評価するまでになった。(1)

しかし、中国においてプロテスタントは外来宗教であり、マルクス主義無神論の立場をとる中国共産党のイデオロギーとは本質的に相容れない。このため家庭教会を含むプロテスタント信者の増加が、共産党が政治・経済・文化的な資源を独占する中国社会をどのように変えるかは、中国内外の強い関心を集めてきた。

他方、宗教人口の拡大が続いた一九九〇年代は、経済成長による社会の近代化を背景に、消費者運動やフェミニズム、労働運動の分野で個人の権利擁護を主張する「維権」と呼ばれる社会運動が中国社会に広がった時期でもある。維権の運動は二十一世紀に入り、党・国体制との緊張をはらみつつ、市民社会（中国では「公民社会」）の形成を探る動きに発展した。従来、中国の宗教信者は政治や社会運動に無関心とされてきたが、一部には維権や市民社会の形成を目指す運動に加わるキリスト教徒も現れ始めた。本章では、社会運動に関わる中国の家庭教会を「維権教会」と名づけ、公認教会や他の家庭教会と比較しながら、中国のプロテスタント教会全体における位置づけや、宗教・社会活動の特色を示す。そのうえで、中国社会の変化と維権教会との関わりを考察したい。

二　中国のプロテスタント教会

二-一　公認教会「三自システム」と非公認「家庭教会」群

中国の宗教政策は、一九五〇年代に成立した公認宗教制を基盤とし、仏教、道教、イスラーム、カトリック、プロテスタントの五宗教を公認している。実態としては五宗教とも、公認全国組織の「愛国宗教団体」[2]の指導を受ける体制内の宗教活動と、それ以外の宗教活動の二重構造となっている。表6-1のとおり、プロテスタントの公認団体は「中国基督教三自愛国運動委員会（三自会）」と「中国基督教協会」の二団体で、ともに上海に本部を置く。

三自会は、新中国の建国まもない一九五四年、有力な神学者・呉耀宗（一八九三―一九七九年）らが、欧米からの人材や資金援助を断ち切って神学的にも経済的にも、また教会組織としても「自立」した教会を目指す「三自愛国運動」の実践を掲げ、全国の教会指導者に呼びかけて設立した。外見上は「民間団体」であるが、実際には設立時から共産党の指導を受け、現在も国家宗教事務局と共産党中央統一戦線工作部の管理下にある。三自会は、中央―省（自治区・直轄市）―市と、行政組織の各レベルに設置されており、公認教会の聖職者は必ず三自会に所属する。三

表 6-1　中国のキリスト教会と公認宗教制度

	教会の分類と通称	信者数推計	宗教団体	信者の分布	教　派
プロテスタント	公認教会 「三自教会」	2305 万～1 億 3 千万 ※うち家庭教会は 4500 万～6000 万	「両会」：中国基督教三自愛国運動委員会・中国基督教協会（政府公認）	チベット・新疆ウイグル両自治区を含む全国 浙江，河南，江蘇，上海，安徽，広東，北京，雲南などに集中	特定の教派を標榜せず，「ポスト教派」を主張
	非公認教会 「家庭教会」		上記 2 団体の管理を受けない。全国規模の教団組織は存在しない		福音派，長老会，改革派，バプテスト，ペンテコステ派，聖公会など
カトリック	公認教会 「公開教会」	公認・非公認を合計して 1200 万人 うち公認は 560 万	中国天主教愛国会・中国天主教主教（司教）団（ともに政府公認で，バチカンは非公認）	全国に分布し，河北，上海，江蘇，福建，広東，北京，天津に集中	中国政府はバチカン市国と国交断絶したが，教会は公認，非公認ともにバチカンの指導を受けており，日常の宗教活動においてローマ法王を重要な信仰の対象としている
	非公認教会 「地下教会」		天主教中国大陸主教団（中国政府の取締りにより活動停止）		

出典：『宗教藍皮書　中国宗教報告（2009）』社会科学文献出版社（北京）2009 年，95 頁。『宗教藍皮書 2010』129 頁。カトリック香港教区聖神研究所「二零零七至零八年中國天主教大事回顧」（http://www.hsstudyc.org.hk/big5/tripod_b5/b5_tripod_151_07.html　2016 年 9 月 8 日閲覧）。「中国基督教家庭教会合法化研究」于建嵘 2012（http://www.mzb.com.cn/html/report/441101-1.htm　2016 年 9 月 8 日閲覧）。

自会の任務は、傘下の聖職者を通じて一般信者に党・政府の政策を浸透させることや、時の政権のイデオロギーと基督教の信仰とを融合した独自の神学の構築と宣伝などである。三自会は、教会と中国政治・社会との融和を図る、外向きで政治色の濃い団体と言える。

「中国基督教協会」は、改革開放期の宗教政策緩和により一九八〇年に設立された。聖職者の育成や聖書と神学書籍の出版、各地の教会や信者間の交流など、教会内部の業務を中心に取り扱う。公認教会は、この二団体を通じて聖職者と一般信者を動員し、教会内部の結束と一般社会との融合を図りながら、中国全土を網羅する「三自システム」と呼ばれるヒエラルキーを構成している。

これに対し非公認の「家庭教会」は、個人の住居やオフィスなど私的な空間で少人数の宗教活動を行い、政府の条例で義務づけられた「宗教活動場所」としての登記を行わない教会群である(3)。表6-1のとおり、少数民族地域を含む各地で確認されている。数は多いが各教会の規模は小さく(4)、異なる地域や複数の教派を束ねる組織をもたない家庭教会は、中国全土にばらまかれた砂のようにまとまりのない存在である。地方政府の宗教管理部門と警察は、信者数が急拡大したり、活動が政治的な色彩を帯びた家庭教会を選んで常時監視の対象とし、状況に応じて「違法集会」を理由に教会を閉鎖したり、リーダーを逮捕している。

公認・非公認を合わせたプロテスタントの信者数は、最少は中国社会科学院世界宗教研究所の全国調査による二三〇五万人（中国社会科学院世界宗教研究所課題組 二〇一〇：一九二）から、最多は総人口の一割に相当する一億三千万人まで、調査手法や時期によって多様な見解が混在する。蘆らは、中国総合社会調査（CGSS）と中国家庭追跡調査（CFPS）の二種類の全国的な社会調査のデータから、公認・非公認を合わせたプロテスタント信者の人口は全人口の一・九―二・二％、すなわち二五六八万―二九三六万人と推計した（蘆・張 二〇一六：三四）。

複数の推計に共通するのは、第一に、一九四九年のプロテスタント信者数が七十万人（王作安 二〇〇八：七二）、人口比で〇・一三％であったのと比較し、文化大革命による宗教圧殺にもかかわらず、信者数は人口比で少なくとも十六倍、人数で同じく三十七倍と激増したこと。第二に、新中国建国後の七十年間で、プロテスタントは漢民族にとって仏教に次ぐ第二の宗教に躍進したこと。第三に、宗教活動の頻度や信者間の信頼感に着目すると、プロテスタントはほかの宗教と比べ、日常の宗教活動が頻繁で信者の組織化の程度が高いという点である。

プロテスタント信者の中心は社会的弱者である。他宗教と比べ、信者の最終学歴も平均所得も低く、無収入者が一割を占めると推計される。[5] 非／半識字者が四分の一を占め、信者の半数以上は農村に住むとの調査結果もある（蘆・張 二〇一六：四一―四二）。プロテスタント信者はまた、社会の変化も敏感に反映してきた。一九八〇年代から進行した都市化は最も顕著な例である。九〇年代に入り中国の都市部では、農村からの出稼ぎ者や、大学進学を機に都市へ移住した高学歴専門職の若者がコミュニティを形成した。この大規模な国内移民を反映し、プロテスタント教会にも、①出稼ぎ農民、②学生・ホワイトカラー・知識人、③企業経営者――という信者グループが出現し、「都市新興教会」と呼ばれる新しいタイプの家庭教会を建てた（段 二〇〇九：一三九）。

二-二　多様化する非公認「家庭教会」

無数に存在する「家庭教会」は、設立の歴史や地域、指導者・信者の属性によって表6-2のとおり複数の類型に分かれる。

公認宗教制度の骨格が整い、公認団体「三自会」の設立が提起された一九五一年以降、党・政府の教会に対する干渉や異なる教派との合同を嫌った指導者は三自会に参加せず、体制外に転じた。北京の王明道（一九〇〇―一九九一年）や袁相忱（一九一四―二〇〇五年）、広州の林献羔（一九二四―二〇一三年）といった指導者は、三自会への参加を拒み、それぞれ約二十年におよぶ獄中生活を送ったが、各自の教会は拡大し、都市部の伝統的な家庭教会の源流となった（Stark and Wang 2015: 56-66）。

農村部では一九五〇年代後半、非合法の布教活動が盛んになった。于建嵘らの調査によると、安徽、河南、山東、浙江の各省では、体制外の小規模な伝道組織が多く設立されたといい、これが農村の伝統的な家庭教会の基盤を形成したと考えられる（于 二〇一〇）。六六年からの文化大革命では、公認宗教を含むすべての宗教が否定されたが、農村部では密かに礼拝が続けられた。文革後期には、こうした信者が布教活動を活発化させ、文革終結後に農村部で家庭教会が拡大する基礎を築いている。(6) つづく八〇年代には、文革の終結による宗教政策の緩和や、米中関係の改善によって聖書や資金が国外から流入し、都市・農村を問わず家庭教会の信者は急増した。

河南省や浙江省の農村では、米国や香港など海外の教会から支援を受け、本部教会を頂点に複数の教会を組織化した「団隊」形式の家庭教会グループの活動が盛んになった。「団隊」の多くは、農村の家父長式の教会管理モデルをとり、北京や上海など都市部へ進出したが、九〇年代に入ると、個人崇拝や異端とされる教義の流入で組織が弱体化し、単立教会や地方ごとの教会に分裂した（于 二〇一〇）。

都市部では一九九〇年代から、都市化によって現れた新しいグループが、独自に家庭教会を設立した。出稼ぎ農民（農民工）による「農民工教会」や、知識人や専門職、学生による「ホワイトカラー教会」などで、「新興都市教会」と総称される（黄 二〇〇七：三二六―三二七）。後述する「維権教会」も、新興都市教会に含まれる。

公認教会と非公認（家庭）教会は、教会指導者・信者ともに往来があり、対立しつつも相互に補完しあう関係にある。非公認教会から公認教会への動きとしては、文革で壊滅した公認教会を再建するため、当時の三自会の指導者・丁光訓（一九一五―二〇一二年）が一九八〇年代に、三自会への参加を広く呼びかけ、家庭教会の信者がまとまって公認教会に転じた（田島 二〇一三：一九一）。また聖職者の慢性的な不足に悩む一部の家庭教会は、系統的な聖職者養成のシステムを有する三自会の教育機関に、若手の伝道師を派遣している。

逆に公認教会の指導者が三自会を脱退し、家庭教会に転じる例も広くみられる。(7) 教義や人事をめぐって公認教会が分裂したり、地方政府による教会財産の強制徴用に公認教会の指導者が反発する事例が多い。その背景には、王

表 6-2　中国の家庭教会の類型

家庭教会の類型		設立時期	分布地域	信者の属性と教派	教会管理モデル	政府との関係
伝統都市家庭教会		1949 年以前に設立。非公認となるのは 1950 年代初めから	北京，広州，上海など都市部	クリスチャン家庭出身の都市住民で年齢層高め。教派は福音派が中心	単立教会，または本部教会と複数の小規模な礼拝所で構成	公認団体への参加強制と，指導者の長期投獄
伝統農村家庭教会		1958〜60 年の大躍進期から	河南，浙江，安徽，山東の各省	クリスチャン家庭出身の農村住民，下層の農民。教派では福音派，霊恩派（カリスマ運動）の影響あり	家父長式，集権的で閉鎖型。単立教会または本部教会と複数の小規模な礼拝所で構成	地方政府の宗教部門と警察部門による取締り強化により，一部は地下教会化
農村「団隊」式教会		1980 年代	河南，浙江，安徽	伝統農村家庭教会の信者。霊恩派の影響あり	本部教会を中心に大小の教会群を組織化し，全国布教を実施。家父長式で集権的個人崇拝の傾向あり	組織化や全国布教を契機に，取締り強化
新興都市家庭教会	ホワイトカラー教会	1990 年代	北京，上海，広州，深圳など沿海部大都市や，各省の省都	ホワイトカラー専門職，学生 年齢層低めで高学歴者が多い 教派は福音派，改革派など	長老制，分権に配慮 単立教会または本部教会と複数の小規模な礼拝所で構成	教会側は，政府と融和的な関係を望むが，政府は大規模化の場合に教会閉鎖や指導者拘束
	「維権教会」	2000 年代初めから		ホワイトカラー専門職，知識人，民主活動家，維権弁護士，直訴民など。 教派は改革派	長老制，分権に配慮 単立教会	常時監視の対象 場合により教会閉鎖や指導者を逮捕
	農民工教会	1990 年代から		農村から都市への出稼ぎ農民（農民工） 霊恩派，福音派	家父長式 単立教会／本部教会と複数の小規模な礼拝場所で構成	監視対象だが，指導者逮捕や教会閉鎖は稀

出典：黄剑波，2007 年，「城市化进程中的中国基督教」，『拆毁了中间隔断的墙』（余国良编著），宗教文化出版社。于建嵘，2010 年，「中国基督教家庭教会合法化研究」『战略与管理』 3/4 期于建嵘（http://www.chinaelections.org/article/11/179031.html　2016 年 9 月 8 日閲覧）

艾明（王艾明 二〇一二：六八）やVala（Vala 2009: 118）が指摘するように、本来はキリスト教徒の団体だった三自会の官僚化が進み、政府による教会への介入が露骨になった結果、公認教会の一部の指導者や一般信者が三自会に対する不満を蓄積している現状があげられる。各地の家庭教会は公認教会の「不満分子」の受け皿の役割も果たしている。

二―三　維権運動と家庭教会

「維権教会」とは、中国語で「権利侵害行為に対する対抗、または権利を要求する行為そのもの」（呉 二〇一二：三三四―三三五）を意味する「維権」と、教会とを組み合わせた概念である。「維権」という用語は一九九〇年代なかば、女性の権利拡大と消費者運動の分野で、メディアや公的機関による宣伝を通じて広がった。その後、労働問題、環境問題、不動産の所有権問題などでも使われるようになり、現在では中国社会で個人が権利を主張する際のスローガンとして広く流通している。「維権教会」は、維権の運動を主体的に行ったり、支援したりする教会を指すことになる。

筆者は二〇一〇年から、中国のキリスト教の俯瞰図を把握する目的で、北京、上海など沿海部の大都市や、河南や浙江、河北など信者の集中する農村部で現地調査を行った。その過程で、社会運動に積極的に関わる複数の家庭教会に出会った。家庭教会と関わる社会運動は四つに大別できた。第一は一九八九年の天安門事件を経験した「天安門世代」の信者による民主化運動。第二は、政府による土地の強制収容や労働問題の解決を求める維権の運動。第三は、維権のなかでも特に信教の自由や教会の財産権の保護など、キリスト教徒としての権利擁護を求める運動。第四は、教会学校や児童養護施設などの社会事業だった。本章では、これらの教会を総称して「維権教会」と呼ぶ。

家庭教会と社会運動の関わりについては呉（呉 二〇一二：三四六―三六六）が、複数の家庭教会が「維権」のスローガンを掲げて信教の自由を求める活動を行っていることを指摘したほか、渡辺（渡辺 二〇一四：一七）や田島（田島二〇一三：一九〇）は、天安門事件を経験した家庭教会の指導者が社会運動に積極的であることに言及している。ただ、家庭教会が維権の運動に関わる背景や、活動実態についての具体的な記述は少ない。本章では事例調査で具体例を示したうえで、中国社会全体で進む市民社会の建設との関係を展望したい。

三　北京の「維権教会」

三-一　政治と宗教の中心としての北京

首都北京は中国のプロテスタントにとって南京や上海と並ぶ中心地である。歴史的には、欧米の海外宣教組織（ミッション）が十九世紀から北京に続々と教会学校や大学を設立し、中国布教の拠点とした。一九四九年以降も、北京には公認・非公認双方の教会が集中し、九〇年代以降は都市におけるキリスト教ブームを牽引した。同時に北京は、共産党政権に対する異議申し立ての発信地でもある。七八年の北京の春[8]、八九年の天安門事件と続く民主化運動の舞台となり、現在も中央政府機関に対する陳情者が北京に集まり、「直訴村」と呼ばれる集住地を形成する[9]。北京の「維権教会」は、こうした歴史・地理的条件が重なり、政治と宗教が結びついた新興都市家庭教会として誕生した。

三-二　維権教会の歴史と宗教活動

「五月に冤罪に抗議する活動に参加した兄弟姉妹が逮捕されましたが、一カ月で釈放されました。天安門事件の

写真 6-1　家庭教会の礼拝（筆者撮影）

記念日が近づいて警察が教会に来ましたが、礼拝は守られました。政府はライオンのように獰猛ですが、神は私たちとともにいます。食われることはありません」。

二〇一六年八月のある日曜日、北京市内の高層アパートの一室で、家庭教会Aの礼拝がいつものように行われていた。リーダーの王さんの説教に、聖書とお茶を手に食卓やソファを囲んだ中年の男女十人が耳を傾けた。筆者が初めてA教会を訪れた五年前と比べ、礼拝の場所は移転し、信者の大半が入れ替わった。しかし、壁に掛かった木製の十字架と、メンバー全員が民主化運動や直訴に関係しているという事実は変わっていない。

筆者は維権教会について、北京の家庭教会Aを中心に二〇一一年から調査を続けている。日曜礼拝や聖書学習会、教会間の交流会に参与観察したほか、主要メンバー（表6-3）に対するインタビューを行い、教会の内部刊行物も参照した。

A教会は二〇〇四年、天安門事件の挫折を経て民主活動家から牧師に転じた陳さん[10]（仮名、以下同）が、人権擁護に取り組む弁護士や作家らに声をかけて始まった。しかし、メンバーの政治色が強く、北京市当局による礼拝所閉鎖[11]や陳牧師の拘束といった妨害が続き、一年で活動を休止した。その後二〇一一年、設立メンバーで出版業者の王さんが、当時のメンバーや友人に声をかけ、元官僚で詩人の張さん宅で教会を再開した。日曜礼拝の参加者は十五人程度で、家庭教会としても小型の部類に入る。

教会活動の中心が日曜礼拝であり、賛美歌、祈祷、説教の三要素から成ることは、公認教会を含めた他のプロテ

表 6-3　A 教会の主なメンバー（仮名）

牧師　陳さん	2004 年に A 教会を設立したが拘束され，釈放後に米国へ移民した。楊さんの元教え子
元官僚　張さん	天安門事件の参加者。詩人でもある。礼拝場所として自宅マンションを提供した
出版業者　王さん	天安門事件の参加者。2011 年に A 教会の活動再開を呼びかけた
元大学教員　楊さん	民主化を目標に地下政党「中国民主党」を結成し 18 年間服役。2008 年に出所後，A 教会の精神的リーダーとなる
北京の元工員　李さん	天安門事件に労働者として参加。1990 年代から民主活動家や直訴民，受刑者に布教を続ける
元医師　鄭さん	天安門事件に参加。民主活動家や直訴を行う人々に伝道
会社員　江さん	天安門事件に参加。楊さんと「中国民主党」結成に参加し，服役

スタント教会とA教会は変わりない。A教会の特色としては、信者同士が信仰体験を語り合う「分かち合い」の時間が長いことがあげられる。入信の経緯や民主活動や維権の運動での挫折、一党専制が続く中国政治の問題などを、信仰の視点からどのように理解すべきかについて、幅広く話し合っていた。

表6-2の分類に従うと、A教会は都市に立地し、ホワイトカラー専門職や高学歴者が二〇〇〇年以降に設立した新しい教会であることから、「新興都市家庭教会」に分類される。神学的には改革派の流れをくむが、特定の教団や組織には所属していない。設立者の陳牧師が天安門事件の経験者であることから、布教は当時の学生運動の結びつきを通じて行われ、信者の大半は民主化や維権などの社会運動に強い関心をもっていた。運営は、小規模ながら長老による合議制をとっていた。陳牧師が当局の迫害を避けて出国した後は、民主活動家の楊さんが教会の精神的支柱となった。

（1）民主活動家　楊さん

一九五五年生まれの楊さんは、北京大で言語学を専攻し、八六年に北京語言学院（大学）の講師となった。大学の同期には李克強首相がおり、同世代のトップエリートだったが、天安門事件で学生デモを組織し、勤務先から停職処分を受けた。停職中、「学生運動が失敗したのは政党組織がなかったからだ」との結論に至り、一九九一年に地下政党「中国自由民主

党」を結成する。九二年、天安門事件の犠牲者を追悼するチラシを模型飛行機で天安門上空から散布する計画を進

めていたところを逮捕され、反革命集団組織罪などで懲役二十年の判決を受けた。そして楊さんは獄中で、他の囚

人から秘密裏にキリスト教の布教を受けた。

「二〇〇五年ごろ、刑務所で服役が終わりに近づいた囚人を集める区画に移された。そこで聖書をこっそり

と学ぶ囚人のグループに出くわした。囚人グループは、私の生命を導く非常に重要な意義をもっていた。出所

するとすぐ、［北京の家庭教会の指導者］袁相忱の主宰する家庭教会に参加した。

二〇一〇年に洗礼を受け、国際人権団体のヒューマンライツウォッチから大賞を受けた。生活がとても苦し

かったので、賞金には助けられた。受洗と同時にこのような賞を受けたことは、私を励ますための神からの贈

り物だと思った。

中国人は、キリスト教を西洋のものだと決めつけるが、実際は中東、つまりアジア発祥だ。西欧を経由して

中国に伝わっただけのことだ。キリスト教も私たち中国の文化なのだ。教会は中国の希望だ。中国に対する神

の祝福だ。中国の福音化と民主化に、キリスト教徒は多くの役割を果たすべきだ。民主化は、中国の政治制度

上の欠陥を解決する。福音化は文化の欠陥を解決する。民主化がなければ信仰の自由もない。逆に福音化がな

ければ、私たちの民主主義は非常に脆弱な砂上の楼閣になる。どれほどよい制度でも、人間が動かすものだ。

悔い改めず罪を認めない人間が動かせば、制度は私利私欲によってゆがめられ、民主化もゆがみ、中国は同じ

誤りの道をまた歩いてしまうだろう。百年前にアジアで初めて中国に民主国家を築いた孫文はキリスト教徒

だったが、当時の大半の中国人がキリスト教を知らなかったため、理想を実現できなかった」

みずからの入信の経緯と、民主化運動と信仰の関わりについて、楊さんはこのように説明した。A教会のメン

バーの入信の経緯を比較すると、天安門事件が分岐点となっていることがわかる。事件以前に信仰をもったメンバーは、共産党による無神論教育とキリスト教信仰の矛盾をどう解決するかが、大きな課題となった。しかし事件以後にキリスト教に触れたメンバーは、事件で同世代の死を目の当たりにし、社会主義のイデオロギーに対する強い失望を経験しており、無神論との葛藤は小さかった。楊さんのように政治犯として服役した獄中で信仰の奇跡を経験し、洗礼を受けたメンバーもいる。

（2）元医師　鄭さん

一九六〇年代に北京で生まれた鄭さんは、北京の大学で医学部を卒業後、病院に勤務していた一九八〇年代にキリスト教にふれ、九四年に自身の家庭教会を設立した。鄭さんは信仰とマルクス主義の葛藤について、率直に語っている。

「一九八九年に、偶然通りかかったプロテスタント教会に入った。説教の内容に抵抗はなく、すぐに聖書と賛美歌を買った。特に『神は愛に満ちており、憎しみを消し去る』というところに説得された。搾取のない平等な社会をつくるという共産主義の理想は、現在もすばらしいと思う。しかし共産主義の闘争哲学、つまり敵を徹底して憎む思想は恐ろしい。憎しみと粛清の思想では、美しい社会を築くことはできない。共産主義は私たちに犠牲を求めるが、イエスキリストは自らを犠牲とし、私たちに代わって十字架にかかった。自分は職場で軽いうつ病にかかったが、イエスを信じてからは苦痛が無くなり、喜びに満たされた。自分が何を追及すべきなのかもわかった。それでも、（キリスト教の信仰と引きかえに）共産主義の信仰を失うのは非常につらく、失恋に似ていて、どうやってこれから生きていけばよいのか途方に暮れたこともある」

（3）会社員　江さん

少数民族の江さんは学生時代に天安門事件を経験した。一九八九年の学生運動の失敗を雪辱するため、九一年に楊さんとともに政党結成に参加したところ、逮捕された。民主化運動の経験や、政治と信仰の結びつきについて、王さんのインタビューに率直に答えている。[12] 出所後は会社員として働いている。

「天安門事件の夜、人が殺されたと聞いて現場に行った。私の近くで女子学生が撃たれていた。私は彼女の頭を抱え、ほかの二人が足を持ったが、動脈から出血していて助からなかった。私たちが抱えるなか、彼女は死んでしまった。天安門広場に戻ると、人が多くて入れなかった。犠牲者はどんどん増えて十万人が死んだと言う人もいた。一人でも十万人でも同じことだ。一人も死んではいけなかった。

事件までの私は温和だったが、事件後は頑固になった。自転車で北京中の大学を回って、学生運動の仲間を訪ね歩いた。捕まったり行方不明になったり亡命した学生も多かったが、少しずつ仲間が集まった。楊先生と出会ったのもその頃。結局、追悼のチラシを撒く前に組織は一網打尽となった。［服役後に］家庭をもって仕事をして給料を稼いだが、民主化を求める気持ちは消えなかった。いつも心の中で、事件で死んだ人、流浪の身となった人、監獄にいる人、負傷した人、自分が逮捕されたことを思っていた。二〇〇四年に家庭教会に説教を聴きに行った。洗礼を受けると感動があり、聖霊について理解が進んだ。神は、危ういところにいた私にいつも哀れみの手をさしのべて救ってくれたことを悟った。信仰を持って人生の態度に大きな変化があった。キリスト教徒としての信仰が、私の立憲民主主義の基礎となった。なぜ西欧で民主主義が誕生し、キリスト教信仰のない国には誕生しなかったのか？　民主主義制度の核心は契約の精神だ。国民と国家は憲法で契約を結び、投票で選んだ代表に国家の権力を任せる。表面的には契約関係だが、その背後に神の愛に基づく寛容の精神がある。神を信じて初めて、他者を愛することができる。愛から寛容が生まれ、寛容によって協力関係が生まれ、協力関係から民主が生まれる。愛と寛容がなければ、民主化は単なる制度と文化の移植に終わってしまう。神を知らず、神の愛を知らない人は、民主の制度を作ることはできても、民主主義の精神を生むことはできない」

民主化運動や陳情者のグループを通じて布教を行ったA教会は、信仰と政治を結びつけようという意識が強い。上述のように、民主主義を制度と精神に分けて考え、民主主義の「精神」はキリスト教の信仰によってのみ可能であるとの考えを、メンバーは共有していた。礼拝終了後の交流の時間や、ほかの家庭教会との交流でも、中国政治の民主化とキリスト教の布教の両方が必要であることを、楊さんを中心としたメンバーが語っていた。

三―三　維権運動の代価と苦難神学

現在の中国社会で維権の運動に関わることは、法的制裁だけではなく永続的な社会的制裁も伴う。A教会の信者は、政治運動や非公認教会と関わることで、医師や教員、官僚といった体制内の安定したポストと経済力を失っていた。信者らは、教会での対話やインターネットを使った交流を通じて、社会運動の代価をどのように捉えるべきかを話し合っていた。

「出所して三年たっても、身分証もない、仕事もない、収入もない。〝かれら〟は意図的に私を社会の周縁に身を置く〝三無〟の人間にした。生活は苦しく、本当に困ると交番に行って警官に食事をおごってもらった。二十年前に大学教師をしていた頃は、自分がこんな風になるとは思わなかった」

民主化運動と維権のために支払った巨大な代価についてこのように語る楊さんは、二〇一二年十月、信者にメールを送り、政治的迫害と信仰の関わりについて説いている。当時は共産党大会の開催直前で、楊さんは自宅に軟禁されていた。

「世俗の考え方を絶対に重視してはいけない。もし世俗の考えが聖書の教えとぶつかったなら、世俗の考えを放棄しよう。そこに惜しむべき価値はない。世俗の価値を惜しむならば、私たちは神の嘆息と呪詛の下にいる。そちらの方がずっと恐ろしい」

二〇一三年一月のある日曜礼拝では鄭医師が、家庭教会に対する地方政府の迫害に抗議して三年間服役したときの経験を語った。

「服役中の信仰が一番厚かった。毎日虐待されて、心は恨みでいっぱいだったが、自分を虐待する人のために祈った。(彼らは)これほど多くの悪事を働いて、地獄に落ちるしかない。だから神様が彼らを悔い改めさせるように祈った。そうやって苦痛に向かい合うと、心が安らかになった。恨みが愛と憐憫に変わった」

司会した張さんはこの日の礼拝のテーマを「神は監獄を祝福に変える」と記録している。A教会の礼拝では、社会運動や信仰による迫害も、世俗の栄華を失うことも、神が与えた苦難であり、すなわち祝福であるという考え方が繰り返し説かれた。迫害に信仰上の意義を与えるこの考え方は、信仰を通じて世俗的な成功を得ることを重んじる「成功神学」と対照し、中国の家庭教会では「苦難神学」と呼ばれ、北京のほか、当局による取締りが厳しい浙江省や河南省でもみられている。

三-四　維権教会による社会運動

A教会による社会運動は、維権の運動の従事者に対する支援と、教会ネットワークの構築の二面から成っていた。維権運動の従事者への支援の中心は、中国各地から集まる陳情者の支援だった。陳情者は中国語で「訪民」と呼ばれ、冤罪や土地の強制収用、医療過誤など様々な問題の解決を求め、地方から北京に出て省庁やメディアに陳情を繰り返す人々を指す。陳情による問題解決の確率はわずか数千から数万件に一件にすぎず、陳情者の大半は北京に定住して数年から数十年にわたり陳情を続ける。A教会のメンバー李さんは、陳情者との関わりについて以下のように語った。

「迫害され苦難のなかにある人々に福音を伝えることに自分は使命を感じている。小さい頃、国家信訪局[13]の近所に住んでいて地方から訪民がたくさん来るのを知っていたし、自分自身も陳情をしたことがあるから、どれほど大変かをよく知っている。だから中国政府と社会によって深く傷ついた〝訪民〟にキリストの愛を伝えることにした」

写真 6-2　ケープタウン決意表明会（筆者撮影）

李さんは楊さんら他のメンバーとともに、二〇一〇年から毎年のクリスマスに、陳情者が集まる北京南部を訪問し、冬着を寄付したり炊き出しを行ったりした。鄭さんは、陳情を妨害するために地方政府が陳情者を様々な手段で迫害していることをあげ、「訪民こそ助け合う組織が必要な人たちだ。家庭教会があれば団結して、暴力を振るわれるのを防ぐこともできる」と説明した[14]。目標は、家庭教会を陳情者が支え合うプラットフォームとすることという。実際に、支援を受けた陳情者の一部は入信し、二〇一六年現在、A教会の信者の多数を陳情者が占めるに至っている。

このほかA教会は、中国各地の家庭教会を結ぶネットワークの形成も試みていた。二〇一二年からは楊さんが呼びかけ、「ケープタウン決意表明研究会」という各地の教会リーダーによる会議を北京で重ねた。

「ケープタウン決意表明」は、二〇一〇年に南アフリカで開かれたプロテスタント福音派の世界大会で採択された。多元化する現代社会との向き合い方や、キリスト教徒の社会的責任を強調しており、社会運動に積極的なA教会の傾向と合致していた。研究会は、世界の教会と連動し、同時に中国の家庭教会の横のつながりをつくり出す試みだった。

世代を超えたネットワークとしては、共産党政権の宗教政策に抗議して長期投獄された家庭教会の第一世代のリーダーとA教会は連携していた。洗礼や長老の按手をリーダーに依頼したほか、教会の内部刊行物で王明道や袁相忱ら第一世代の経験を紹介し、信教の自由を守る維権の経験を、世代を超えて継承することもめざしていた。またA教会は、北米を中心に海外の教会やキリスト教徒とも盛んな交流がある。なかでも当局による家庭教会の取り締まりについて、メンバーは在米華人キリスト教徒のＮＧＯと定期的に連絡をとり、ＮＧＯのニュースサイトで情報発信している。このニュースサイトの情報に基づき、ＡＰ通信やＢＢＣなど欧米の主要メディアが教会迫害を取り上げることも多く、維権の運動の重要な一角をなしている。

四　「公民社会」への展望

本章でとりあげたA教会のほかにも、北京には人権派弁護士による教会、学校運営などの社会活動を行う教会など、複数の維権教会が存在するが、家庭教会全体からみると少数にとどまる。ただ、維権や民主化運動の当事者が集まる維権教会は、独自メディアの発行や、地域横断的な信者ネットワークを築くことで、教会ごとに孤立し迫害には忍耐のみを強調してきた多数派の家庭教会に影響を与えている。

維権の運動や市民（公民）社会の建設においても、維権教会は一定の役割を果たしている。現在の中国では、民主化運動はもとより維権に参加しても、為政者によって徹底的に社会的資源を剥奪される。これに対し維権教会で盛んな「苦難神学」は、個人の受けた迫害を再定義し、喪失経験を肯定的な経験に転換する機能をもつ。また維権教会は「民主の文化」という論点も提起した。中国で民主主義や市民社会の建設を訴える際に問題とされるのは、その基盤となる「民主」や「公共」に対する考え方が曖昧な点である。これに対し維権教会は、民主主義には制度のみならず文化が必要であり、文化の核心は愛と寛容、原罪といったキリスト教の思想であると主張した。これは、中国で続く「市民社会の価値とは何か」という議論に対する重要な問題提起であった。

政治的に敏感とされ、社会の周縁に置かれてきた中国の宗教共同体にとって、主流社会への参加をいかに拡大するかは、長期的な重要課題である。維権教会による社会運動への参加は、その一つの経路を示すと同時に、公民社会建設に向けた試行錯誤でもある。公民社会をめぐる動向とともに、今後も注目する必要がある。

付記：本章の記述は、文部科学省科学研究費補助金（基盤研究B、研究代表者：鈴木賢、研究課題／領域番号一五H〇三二八五「中国における差別問題の『発見』と法的対応」）による研究成果の一部である。

注

（1）王艾明（一九六三年江蘇省生まれ）は公認団体「中国基督教協会」神学教育委員会副主任を歴任し、プロテスタント公認教会を代表する神学者である。

（2）愛国宗教団体は、仏教、イスラーム、道教が各一団体と、キリスト教が四団体、計七団体ある。

（3）「宗教活動場所管理条例」（一九九四年公布）第二条、「宗教事務条例」（二〇〇四年発布）第一五条による。

（4）黄は都市部の家庭教会について「大半は五〇人以下で、二〇―三〇人程度に保つことが不文律となっている教会もある」と述べ、教会側が政治的な配慮から人数を自制していることや、住宅条件の悪さから、規模拡大が抑えられていると指摘している（黄 二〇〇七：三二八）。

（5）二〇一五年に、日本国内で匿名を条件に中国の宗教研究者に行ったインタビューで、北京大による調査結果として示された。

（6）二〇一三年八月に浙江省温州で複数の家庭教会を対象に行った聞き取り調査や、宗教社会学研究者に対するインタビューによる。

（7）公認教会の家庭教会化は、河南省や浙江省など教会が集中する地域で多く報告されている。筆者の調査では河北省や黒竜江省でも確認された。

（8）北京の電気工だった魏京生らが一九七八年、共産党一党独裁を批判する壁新聞や自費出版の雑誌を北京で発表し、民主化を求めた。魏京生の逮捕で終結した。

（9）一九八九年四月、胡耀邦・元中国共産党総書記の死去により、北京の天安門広場で始まった追悼活動が、汚職撲滅や民主化を求める学生運動に発展した。同年六月四日、中国軍の鎮圧で運動は終結し、学生の要求は実現しなかった。複数の学生・市民が死亡し、リーダーは投獄されたほか、一部の運動参加者は日本や欧米に亡命した。

（10）中国では現在、非公認教会が外国人の訪問や調査を受け入れることにより、教会や信者が不利益を被る可能性が高い。本章では公開情報を除き、教会や信者は仮名とした。

（11）都市の家庭教会は個人宅やオフィスを賃貸して活動することが多く、当局は家主に圧力をかけて賃貸契約を打ち切らせ、教会を閉鎖させる取締り手法を一般的に行ってきた。二〇一六年九月に改正案が公表された中国政府の「宗教事務条例」では、未登記の宗教団体と賃貸契約を結ぶことを禁じる条項が新たに加えられた。家庭教会の取締りを念頭においた条項と考えられる。

（12）二〇一二年刊行のA教会の内部刊行物より。

（13）北京南駅近くにある中国政府の機関で、地方からの陳情の受付窓口。

（14）北京で二〇一六年三月に実施したインタビューによる。

参考文献

〈中国語文献〉

段琦、二〇〇九、「二〇〇八年中国基督教現状及研究」、『宗教藍皮書中國宗教報告（二〇〇九）』社會科學文獻出版社。

黄剣波、二〇〇七、「城市化进程中的中国基督教」、『拆毀了中间隔断的墙』（余国良编著）、宗教文化出版社。

蘆雲峰、張春泥、二〇一六、「当代中国基督教现状管窥　基于CGSS和CFPS调查数据」、世界宗教文化第九七期。

于建嵘、二〇一〇、「中国基督教家庭教会合法化研究」『战略与管理』三・四期（http://www.chinaelections.org/article/11/179031.html　二〇一六年九月一六日閲覧）。

王艾明、二〇一二、『王道』新教出版社。

王作安、二〇〇八、「我国宗教状况的新变化」、金泽、邱永辉编『宗教藍皮書中国宗教報告（二〇〇八）』、社会科学文献出版社。

卓新平、二〇〇八、「当代中国宗教研究、问题与思路」、金泽、邱永辉编『宗教藍皮書中国宗教報告（二〇〇八）』、社会科学文献出版社。

中国社会科学院世界宗教研究所课题组、二〇一〇、「中国基督教入户问卷调查报告」、金泽、邱永辉編、『宗教藍皮書中国宗教報告（二〇一〇）』、社会科学文献出版社。

〈英語文献〉
Stark, Rodney and Wang, Xinhua, 2015, *A Star in the East*, Templeton Press.
Vala, Carsten, 2009, "Pathways to the Pulpit: Leadership training in Patriotic and Unregistered Chinese Protestant Churches", in Ashiwa/Wank, eds., *Making Religion Making the State*, Stanford University Press.
Wielander, Gerda, 2009, "Bridging the Gap? An investigation of Beijing intellectual house church activities and their implications for China's democratization", *Journal of Contemporary China*, vol. 18(62): 849-864.

〈日本語文献〉

呉茂松、二〇一二、「現代中国における維権運動と国家」菱田雅晴編『中国共産党のサバイバル戦略』三和書籍。

田島英一、二〇一三、「中国「家庭教会」の登記問題と自律的社会の復興」、厳網林・田島英一編著『アジアの持続可能な発展に向けて』慶應義塾大学出版会。

村上志保、二〇一三、「キリスト教と現代中国」、川口幸大編『現代中国の宗教』昭和堂。

渡辺祐子、二〇一四、「私の見た中国キリスト教会」、明治学院大学教養教育センター付属研究所年報、二〇一四：一五―一九頁。

第七章　朝鮮族キリスト教の実態について

――中国延辺朝鮮族自治州の事例

徐　琼

一　はじめに

二〇一〇年の人口調査によると、中国にはおよそ百八十三万人の朝鮮族が生活し、その規模は中国の少数民族のなかで十四番目にあたる。そのうち約八十万人が延辺朝鮮族自治州に居住しており、一九八〇年代より朝鮮族キリスト教信者は増えつづけている。しかし、その実態についての研究は不十分と言わざるをえない。

二〇一二年八月に筆者は約一週間をかけて、延辺自治州延吉市のキリスト教会を訪れ、延辺キリスト協会の秘書長、会長、自治体の幹部らなどにインタビューを行った。本稿はそれに基づいて延辺朝鮮族のキリスト教の実態について整理したものである。

二　キリスト教研究に関する中国語文献

朝鮮族のキリスト教信者は、一九八〇年代以降に実施された改革開放政策以降、増えてきた。中国における宗教の評価や研究は従来簡単になしえないものだった（Yang. C. K. 2010: 71）が、一九九〇年代より宗教に関する研究成果が少しずつ蓄積されつつある。書籍には、趙敦華の『キリスト教哲学千五百年』、劉暁楓の『道と言――中華文化とキリスト教文化の出会い』、卓新平の『現代西洋新教神学』、呂大吉の『宗教学綱要』、陳麟書、陳霞の『宗教学原理』などがある。趙はキリスト教義に基づいてギリシア哲学霊魂説の解説を試み、精神実態観の発見のみならず人々の心理や生理現象をも研究対象に含めた。劉は、多くのキリスト教研究者が西洋の観点から中国のキリスト教の事情を理解しようとするために中国人の信仰の本音が把握できていないこと、さらに現地の受け入れ側の文化的文脈が重要であることを指摘した。卓は西洋の神学思想をより広い社会、文化、歴史から読み取るべきだと指摘した。呂は宗教に関する宗教観念、宗教体験、宗教行為、宗教体制の四要素説を提起し、宗教は社会文化の形式でもあると指摘した。陳らは宗教と倫理道徳の関係において、宗教倫理構造は、人と神の関係における神本位、人と人の関係における人本位、人と自然関係における生態本位によって成立していると指摘し、三者の異なる次元は人類意識のレベルによって変わってくると述べた。

論文としては、李向平「精神的アヘンから社会資本へ――改革開放三十年来の中国宗教の変遷」、楊風岡「現代中国の宗教復興および宗教の欠如」、高師寧「実証研究によるキリスト教および現代中国社会」、梁麗萍「社会転換期における宗教への期待――キリスト教を対象にして」、唐戈「キリスト教の中国少数民族における伝播」、陶飛亜ほか「都市近郊における教会信者の経済状況に関する調査」、宮哲兵「随州市キリスト教の現状――宗教人類学のフィールドワークによる考察」、羅偉虹「上海女性キリスト教信者の分析」、華樺「大学生のキリスト教信仰状況調査——上海の一部大学生の事例」などがある。これらの文献は現段階におけるキリスト教の機能を論じたり、フィールドワークによるキリスト教の伝播および布教の原因を分析したり、特定の人々を調査対象者にしたり、教会組織を分析したりするものである。

しかし、宗教学分野において影響力を持続的に発揮しているのはいぜんとして翻訳書である。例えば、『オックスフォードキリスト教史（The Oxford History of Christian Worship）』（McManners, J. 1995）、『プロテスタンティズムの倫理と資本主義の精神』（Max Weber 1987）、『中国とキリスト教——中国と西洋文化の比較（China and the Christian Impact）』（Gernet, J. 1991）、『中国宗教とキリスト教の対話』（Ching, J. Hans Kung 1990）、『現代キリスト教思想』（Livingston 1990）、『キリスト教の本質』（Feuerbach 1984）、『聖なる天蓋——神聖世界の社会学』（Berger, P. L. 1991）、『近代世界とプロテスタンティズム』（Troeltsch, E. 1998）、『宗教社会学論選』（Max Weber 1994）、『宗教生活の原初形態』（Durkheim 1999）、『宗教人類学序論』（Bowie, F. 2004）、『中国社会の中の宗教——宗教の現代社会機能およびその歴史的な要因に関する研究』（Yang, C. K. 2007）などが中国語に訳されている。

研究誌としては、『世界宗教研究』、『宗教』、『現代宗教研究』などがあり、キリスト教研究の成果を発表している。また、『キリスト教文化評論』、『キリスト教文化フォーラム』などの研究誌もあるが、実証的研究よりも理論的な研究が多い。政策的な視点からの研究はフィールドワークによるものも多いが、学術性よりも政策や管理の目的指向が目立つ。

以上、中国におけるキリスト教研究の全体像を垣間見てきた。しかし、朝鮮族のキリスト教に関する研究は管見の限り非常に少ない。以下、調査に基づき延辺朝鮮族自治州のキリスト教実態について解明していきたい。

三　延吉キリスト教会の現状と運営

三-一　延吉キリスト教会概況

中国全体からみて、最も大きな規模を誇る朝鮮族のキリスト教会は三つある。瀋陽西塔教会、延吉教会、および龍井教会である。瀋陽西塔教会は東北地域の遼寧省にあり、延吉教会と龍井教会はそれぞれ吉林省延辺朝鮮族自治州の延吉市、龍井市にある。本文で主に取り上げるのは延吉教会および延辺自治州全体のキリスト教における教勢拡大の実態である。

二〇一三年現在、延吉市には四万人を超えるキリスト教徒がいるが、そのうち当局が公認する教会に所属しているのは二万八千人ほどで、延吉教会に通う信者は四千人前後である。ちなみに、現地にはまだ非公認の小規模な家庭教会に通う信者が相当数いるが、彼らは計算に入っていない。また、統計として数値化する際、正統派からは異端視されているキリスト教会もキリスト教としてカウントされているのが現状である。

三-二　延辺州キリスト教の復興

延辺地域のキリスト教の教会再建と教勢拡大のスピードは速い。この地域において一九六〇、七〇年代、すべての教会が取り締まりを受け、表面上教会はなくなった。しかし、実際は教会の信者が小グループに分かれ、地下に潜み、個人宅で家庭教会として活動を継続したのである。

一九八一年に中国の改革の波に乗って、延吉に数箇所の教会が復活した。延吉教会もそのなかの一つである。当時、延吉教会のみならず、他のカトリック地下教会やプロテスタント家庭教会の責任者も積極的に活動し始め、一九八一年以降キリスト教の復活が爆発的な速さで進んだ。

教勢の復活にあたって、まずは地下教会や家庭教会のリーダーが立ち上がり承認を訴え、その後地下教会や家庭教会の全体像が浮かび上がってきたのである。九〇年代まで教勢は急速に拡大し、多くの教会が許可を得、爆発的な進展をみせた。しかし、その機運を逃した場合、それ以降許可を得ることはほとんどできなくなった。

一九九〇年代まで教勢拡大が急速に進展したのは、以下の要因が考えられるのではないかと思われる。まず、改革開放により、政治的統制が緩和され、信仰の自由を訴えることが容易になった。次に、外国との交流が深まり、宗教団体の資金もかなり流入するようになった。また、改革により貧富の差が広がり、一部の人が突如として富を築く一方、生活難に陥る人々もおり、心の安らぎを求めるようになった。さらに、社会問題も増加し、人々は個人の力では問題解決が到底できないと思い、宗教に頼るようになった。もちろん、なかには人生の生き甲斐を求める人もいるわけで、以上のような要因がキリスト教の教勢拡大を促したと思われる。

このような急速な教勢拡大期を経て、信者数は一気に増えた。しかし、許可を得た集会所は少なく、それだけに信者のニーズに応えることができないので、以前にも増して家庭教会が大量に生まれたのである。元々家庭教会はキリスト教の伝統的な教会の形であるため抵抗なく受け入れられ、家族、友人、近所の人々が集まり、規模が徐々に大きくなっていった。これらの家庭教会は公認されることを求めているものの、簡単には許可が下りない。

民族や宗教は中国において従来デリケートな問題である。民族、宗教の管理部門として、中央に国家民族宗教事務委員会があり、各省レベル、さらに地方自治体、延辺朝鮮族自治州にも、民族宗教事務委員会が設置されている。研究者の間では、宗教に関する意識が大きく変わり、呂の「宗教は社会文化形式論」（呂 二〇〇七：二四八―二五三）から、李の宗教は「精神的アヘンから社会資本へ」（李 二〇〇八：二二九―二三二）というように宗教の再評価へと変化しているが、宗教実践の現場においては、政府はいぜんとして辺境地域での民族、宗教問題に対し神経を尖らせている。延辺州の民族宗教事務委員会は、地域の安定を促進するために、民族宗教事業の穏やかな発展を目指している。しかし延辺州にはキリスト教信者が多く、州の幹部はリスクを負っているようである。すなわち、幹部らは信者が増えることによって中央から評価され昇進することはありえず、地域の安定を図ることで評価されるという微妙な立場に置かれている。

そのために従来、地方行政では宗教調査を通じて情報収集する意欲がなかった。宗教を管理する幹部らは宗教に関する知識が乏しいだけでなく、キリスト教の教職者による研究も極めて少ない。正式な神学教育を受けている牧師、伝道師の数も少なく、神学研究に携わる者はさらに少ない。今日中国における宗教研究は主に大学や研究機構で行われている。

しかし、呂や李の書籍のように中国社会における宗教の役割についての新たな評価が生まれつつある。社会学者のホセ・カサノヴァは宗教の市民社会形成への役割を強調したが、それは中国においても今後言えることかもしれない。宗教は一般市民社会へ浸透し、公共議題の討論を促し、結果として現代社会におけるルール全体について公開された場で意見を述べることを可能にした(Jose 1994: 222)。

三―三　延吉教会の運営

延吉教会の運営は教会自らが行い、教会関係者の給料などもすべて教会が賄い、政府の援助は受けていない。たとえ当局の保護を受け、中国基督教協会の幹部であっても、経済的には政府との関係をもたない。上海など都会のキリスト教会は昔からの教会堂の財産があった。その賃貸収入で一部の経費を賄うことができるが、延吉教会はそのような財産をもたず、教会で運営資金を賄っている。

延吉教会では、牧師や教会の事務職員まで含めて三十人ほどに給料を支払う。信者が多いので、現時点では少しは余裕があるようである。延吉教会は毎年一部の金額を捻出して、中国の貧困地域の援助も行っており、二〇一二年には全国十大慈善団体の一つに選ばれている。

四　キリスト教の公認体制と延吉の経験

四-一　中国の公認教会体制

中国のキリスト教への政府の公認体制は以下のとおりである。「中国基督教協会」、「中国基督教三自愛国運動委員会」、略称としてキリスト教「両会」が個別の教会を管理する。「三自」の意味としては、「自治、自養、自伝」ということで、中国の教会は自国のキリスト教徒による管理を行い、すなわち自己管理に基づき、福音伝播を進め、海外教団の派遣や管理を受けてはならない。海外教団は協会の許可を得ずには中国での伝道、教団および神学院の設立をすることはできない。中国では中国基督教協会に入れば法律の保護を受けられるが、その他の教会や団体は違法団体とみなされる。中国の多くの教会は中国基督教協会の傘下に入り、三自委員会は中国基督教協会の役員管理をし、中国基督教協会は具体的に教会の内部管理をする、という体制をとっている。

ちなみに、三自教会はまず政治との分離をめざし、信仰に基づいて立てられるべきであるというのが共通の理念になっている。三自教会の間ではこの認識一致を図るべく、異なる教派は互いに共通点を見つけ出し、協力し合うべきとされる。三自教会のみならず、家庭教会も同様である。

四-二　延吉の経験──「教会堂による各集会所の統括管理」方法

一九八一年以降、延吉の一部教会が公認を得た。それまでは家庭教会の形式をとらざるをえなかったが、公認によって集会場所を住居の一室から会堂に移し、礼拝をするようになった。

延吉教会は教会復活により、教会堂周辺の家庭教会の人々を呼び寄せてきた。つまり、周辺の家庭教会の信者は夜延吉教会堂に来て礼拝することとなった。家庭教会の多くの伝道者は専門的な神学教育を受けておらず、公認の教会で学ぶ機会を求めており、延吉教会がその役割を果たすようになった。

こうして延吉教会堂は家庭教会との間に良好な関係を築き上げた。「三自教会」および、キリスト教「両会」も家庭教会の責任者と良好な関係を保つことにより、家庭教会に可能な範囲で援助を行う。延吉教会堂にはこのように周辺の家庭教会を統括する管理方式をとっている。家庭教会は非公認であり、政府の管轄範囲には入っていないため、何かのトラブルが発生した場合は厳しい取り締まりを受ける。しかし、現実には公認を得るのも難しく、未許可状態を続ける以外に道はなかった。そこで、延吉教会堂のように、自らを家庭教会の集会所として統括する形をとることで、家庭教会は公認されなくとも取締りの対象にはされなくなり、従来の礼拝を続けられるようになる。このような方法は延吉で数年前から実行され、巧みな管理形式であると言える。

家庭教会が公認を望むのは、信仰を続けるためである。もちろん正式な教会堂が建てられればそれに越したことはないのだが、資金力が求められる。延吉のような地方都市では、家庭教会にそのような実力はまだない。このため、家庭教会も管轄体系に入ることを願っている。信仰における異議がなければ、「両会」から援助を受けられるし、違法団体として弾圧される可能性もなくなるわけである。一方で管理部門からみれば家庭教会の状況把握が可能になり、どこで、どれぐらいの規模の信者が活動しているかが一目瞭然である。

なぜ家庭教会の公認を得るのが難しいかということだが、延辺州には許可権がなく、吉林省政府が審査して批准するからである。それは政策面にもふれるし、他地域とのバランスもあるので難しい。延吉教会のように「教会堂で集会所を統括する」という管理方法は、吉林省の他地域にはまだない。[1]

延吉教会が家庭教会を代表して、吉林省の教会と連携して省政府に働きかけるようなことはない。延吉教会と吉林省の他教会とはそれぞれ独立しており、所属、地域、さらに運営方針が異なるため、連携が難しい。

五　延吉のカルト問題

カルトは中国において大きな問題を孕んでいる。カルトは中国語で邪教もしくは膜拝団体とも言われ、宗教関係者や研究者、政府関係者の間で法輪功事件以降急速に関心を集めることになった。本稿では、調査対象者が用いるカルトの言葉をそのまま使用しており、筆者が特定教団を評価しているものではないことを断っておきたい。

カルト問題では二〇一二年末、マヤ暦に関連し大騒ぎになったことも記憶に新しい。現段階でカルトとキリスト教をいかなる方法で区別するかについて、法律上の規定は明確ではなく、韓国のキリスト教教会による分類をそのまま引用している。延吉にあるカルト団体は万民教会、天帝教会、新天地教会、救援会、エホバ青年会[2]など数が多い。エホバ青年会は北京や上海の大学でも広がり、かなりの勢力やネットワークをもっていると言われている。[3]

韓国のカルトが中国に進出する際、まず言葉の通じる延辺朝鮮族自治州に進出し、そこから内陸地に移動するというルートをとることが多い。カルト集団が中国に進出する際、お金と人脈を使って延吉の教会に入り込み、生活難に陥っている信者をターゲットにし、完全にコントロールするという手法をとっている。

残念ながら、地方自治体の宗教管理部門の官僚からみれば、宗教とカルトは区別がつかない。政府は宗教団体が勝手に届出を出すことを許しておらず、政府認可の教会に入ることが前提となっているが、カルトも家庭教会も正式な組織ではないし、政府に届出を出していないため、管理の真空状態にある。宗教管理において、管理者の判断基準となるのは二〇〇五年につくられた「宗教管理条例」のみであり、条例には、「信仰する公民の宗教活動の集まりは、一般的に登記済みの宗教活動場所内で行うべきであり、宗教活動場所の設立は、人民政府の許可を得なければならない」と定められている。したがって、キリスト教の活動は公認された会堂以外の場所で勝手に行ってはいけないことになる。しかし、信者の増加と許可された会堂の割合はまったく対応しておらず、家庭教会、カルトなどの集会所が増える一方であると推測される。

信仰の問題はプライベートな問題であり、行政が強制的に取り締まるという事案ではもはやない。また、カルトか否かという判断も特定教派の見解によってのみ行うことには問題がある。宗教的教義の複雑さなどが絡んで、カルトの問題はよりいっそう難題となっている。しかるに、管理部門は一括して宗教と片づけてしまうことがある。カルトも宣教する際にはキリスト教の名で活動している。また、カルトは自治体の管理が及ばないため統制もできず、教勢拡大が速いのも事実で、二〇一二年八月胡牧師のインタビュー[4]によるとその数は登録しているキリスト教信者とほぼ同じ数となっている。

延吉市には公認教会が三十六箇所あるが、このほかに非公認で数十人以上の規模になる家庭教会が三十箇所あり、それらはすでに二十年以上経っている。それ以外に、三十人以下の家庭教会の明確な数はわからないのが現状である。

中国全体としても、宗教統計を行うのが難しいことは言うまでもない。中国のキリスト教信者の人口は、全人口の三割説もあれば、八千万人規模という説もあるが、筆者が様々な文献を読み比べたところ一割説が妥当ではないかと考える。いずれにしても、統計をとる場合の基準を定めるのが困難である。公認教会なら統計化しやすいが、しかし現状としては、家庭教会に通う人々が公認教会の人数を少なくとも倍以上は上回っている。家庭教会は非公認のため、はっきりした数字があがらないことと、カルトも家庭教会の形をとっているため、キリスト教としてカウントされる可能性がある。

延吉の状況も同様で、インタビューによると韓国で似非宗教としての扱いを受けているものの、大半を延吉において観察することができ、しかも、それらは家庭教会として潜伏している。大きな社会問題を起こさない限り、政府からの取り締まりも厳しくない。

キリスト者においてはカルト(5)の判断は教義で判断するようであるが、管理部門の担当者はキリスト教に関してあまり知識をもっておらず、キリスト教とカルトを識別することが難しい。公認・非公認という基準もまた適用しがたい。現在許可を得ている宗教団体も非公認段階を経て、徐々に公認されてきたからである。公認を得ていない家庭教会のなかにどれだけのカルトが潜んでいるかは今回の調査では解明できなかった。

確かにキリスト教には異なる教派が多く存在している。しかし、それらを一まとめにして管理するのも無理がある。それらの異なる教派を同じ場所に統括すると、かえって矛盾が生じ、内部紛争を引き起こす恐れがあるためである。むしろ教派の特徴を生かし、分割管理すると多くの矛盾を避けることができるかもしれない。キリスト教の教義は同じであっても、細部の具体的な見解には違いがあるのも当然であろう。

現在政府としてはすべてを「三自教会」にまとめようとしている。確かに「三自教会」の傘下に入れれば管理は簡単になるが、現実とはほど遠い。そして「三自教会」に入っても矛盾が多発すれば、社会問題に発展する可能性も否定できない。

以上述べてきたように、延辺州におけるキリスト教の復興とは、従来の家庭教会の復興に加えて、韓国本国から宣教される教派、異端視される教派取り混ぜての復興ということである。

六　神学者の育成

六-一　中国の神学者育成概況

中国の神学院は一九八〇年代初頭時点では、南京金陵協和神学院が唯一であったが、現在その数は約三十にまで伸びている。牧師をめざす者の多くは、信者になって数年または十数年で推薦により神学院の試験を受け、合格すれば神学院で三年または四年間の神学教育を受けて牧師となる。

現在中国の神学院は牧師の育成に尽力しているが、信者の倍増には追いついていない状態である。日常的な伝道だけでも牧師が足りないので、研究に携わることはさらに難しいのが現状である。中国で最も有名な南京金陵協和神学院は博士課程も設けているが、外国語に堪能な者は数えるほどで、研究における質の確保の厳しさがうかがえる。神学の研究が進めば、正統的な教義の明確化や普及も進み、カルトの増加防止にもなるかもしれない。

六-二　延辺キリスト教の育成プログラム

延吉教会の事情からみると、信者数に対して、牧師が極めて不足し、家庭教会の宣教師などはほとんどが神学教育を受けたことがない。彼らは独学で聖書の勉強をしたり、セミナーに参加したりして正式な資格なしに伝道している。

二〇一〇年基督教協会は育成プログラムを立ち上げた。二五六の教会がある延辺州では、朝鮮族の神学育成クラスを試験的に立ち上げ、州宗教委員会より吉林省政府に報告書を提出し許可を得た後、正式に朝鮮族の神学育成クラスを設立した。それによって朝鮮族の伝道者のレベルアップを図った。このような手続きの煩雑さから、中国の教会が公認下で神学育成を行うことは難しく、これまでは伝道者の神学育成はすべて韓国主導で行われ、韓国の教団が教勢拡大しやすくなっていた。

延辺州の二百余りの教会に対し牧師はわずか三十人しかいないのが現状で、まだしばらく供給は追いつかない。そのような状況により、家庭教会は自ら牧師を立てなければならない状況に置かれている。これはたくさんの問題をはらみ、「両会」は危機感をもち急速に伝道者を育成する必要に迫られた。そこで基督教協会は、関係部門と協調した末、上のような進展が見られた。その当時の民族宗教委員会の幹部らは宗教信者の民意を取り入れたものの、官僚位の昇進にはかなりのリスクを背負ったはずである。そして神学育成は二期生を出し、二〇一二年で三期生を迎えることができた。スタートは遅いものの、伝道者養成教育は着々と進められている。

さらに言えば、伝道者の育成はキリスト教および家庭教会とカルトとの戦いでもある。この戦いは実に厳しい。カルトは海外からの経済的な援助を受けることができる。しかし基督教協会は経済的な基盤もなければ、伝道者に給料を支払うこともできず、伝道者を指定することすらできない。しかし、育成プログラムを通して「三自教会」と家庭教会との師弟関係をつくり上げ、結束力を強化することができた。この育成プログラムで大勢の中間勢力を基督教協会が獲得し、海外のカルトの侵入に防御的な役割を果たしている。つまり結果的には意図せざる方向から政府に協力する形になった。また、このような育成プログラムを通して、伝道者が実力によって淘汰されるという自由競争が起こることも利点と考えられる。

延吉教会は周辺地域のチャリティ活動も積極的に行っている。宗教文化が土着化するためには、ホスト国の宗教文化と接合を図りながらも、宗教伝統の原型を保ち、ホスト国社会の特定の社会層が欲している文化的刺激を与え続けることが重要なのである（櫻井 二〇〇七：七）。延吉教会はまず周辺地域の住民の理解を得なければならず、周辺地域の住民によりよい影響を果たすべきだと認識している。それにより社会の安定に貢献できるはずである。宗教研究の意義もまさに宗教と社会の連動を通して、市民社会の内側から、宗教が社会資源として活用できる経路を探ることにある（李・陳 二〇一〇：三八）。延辺教会は老人ホーム、医院、診療所、幼稚園などの施設を経営している。これからより多くの社会的な機能を果たして行くだろう。

七　おわりに

中国政府は今後、宗教に対してより大きな方向転換の必要に迫られる可能性があり、全社会が宗教に対して排除する一方ではなく、容認を含む認識を高めるべきであろう。確かに、中国社会の宗教認識は徐々にではあるが確実に進歩はしている。例えば、教職者の社会保険、医療保険が二〇一二年から延辺朝鮮族自治州で開始されたのもよい例である。今まで政府は宗教を政治に対立するものとして扱ってきたケースが多かったが、宗教に関する研究の進歩や実態の解明により、福祉や慈善事業など宗教を社会資本としてよりよい方向に転換することを期待したい。自治体の宗教管理者は宗教に対する理解を深め、宗教政策を正しく理解することが大事であろう。これから宗教の積極的な機能が社会構築においてさらなる役割を果たすことを期待したい。

謝辞：本章は北海道大学の「ポストグローバル・東アジア　ワークショップ（二〇一三年三月二一―二三日）」における発表原稿「延辺朝鮮族のキリスト教」を加筆・修正したものである。発表の機会を与えてくださった櫻井義秀先生、貴重なコメントをくださった諸先生方、インタビューおよび資料調査にご協力いただいた方々にここで深く感謝申し上げたい。

また本章の調査は上海市教育委員会の重点プロジェクト〔課題番号：405ZK11KC07／12ZS177〕の助成を受けたもので、感謝の意を表したい。

注

（1）政策面にふれるということは、吉林省宗教管理部門のみの判断ではなく、中央の宗教管理条例に基づいて処理しなければならないし、他地域の家庭教会も同じことを求めてくる場合、コントロールができなくなる恐れがある。
（2）これらは韓国系異端的キリスト教といわれており、名称は韓国のものである。
（3）二〇一二年八月二二日延吉教会胡牧師のインタビューによるものである。胡牧師は延辺朝鮮族自治州基督教協会の秘書長を務めている。
（4）カルトは異端的キリスト教で、不法結成のため、管理対象から外されている。
（5）本章で言うカルトとは、中国語で「邪教」とよぶものを指す。一般的に反社会的行為を行う新興宗教団体を指すが、ここでは主に信者に対し絶対的服従やマインドコントロールをする団体を指す。

参考文献

〈中国語文献〉


Yang. C. K. 2010. *Preface to Religion in Chinese Society*. 範麗珠、James D. Whitehead and Evelyn Eaton Whitehead. 2010.『宗教社会学――宗教与中国』時事出版社、七一頁。

陳麟書、陳霞、二〇〇三、『宗教学原理』宗教文化出版社。

高師寧、二〇〇六、「従実証研究看基督教与当代中国社会」『浙江学刊』（四）：五六―六二頁。

宮哲兵、二〇〇一、「随州市基督教的現状――宗教人類学田野考察」『世界宗教研究』（一）：一二五―一四〇頁。

華樺、二〇〇八、「大学生基督教状況調査――以上海部分高校大学生為事例」『青年研究』（一）：二七―三四頁。

李向平、二〇〇八、「「精神鴉片」到「社会資本」――改革開放三〇年中国宗教的基本変遷」『中国宗教』（一一）：二九―三二頁。

李向平・陳建明、二〇一〇、「宗教問題与社会変遷的双重探索」『世界宗教文化』（一）：三二―四一頁。

梁麗萍、二〇〇六、「社会転型与宗教皈依――以基督教為対象的考察」『世界宗教研究』（二）：七二―八一頁。

劉暁楓、一九九四、『道与言――華夏文化与基督文化相遇』上海三聯書店。

羅偉虹、二〇〇一、「対上海女性基督教信者的分析」『浙江学刊』(三)：一二五―一二八頁。

呂大吉、二〇〇七、「宗教是一種社会文化形式」『社会科学戦線』(六)：二四八―二五三頁。

呂大吉、二〇〇三、『宗教学綱要』高等教育出版社。

陶飛亜、汪恩楽、二〇一〇、「城郷結合部教会信徒的経済状況調査」『世界宗教文化』(二)：八一―八六頁。

唐戈、二〇一〇、「基督教在中国少数民族中的伝播」『世界宗教研究』(五)：一〇七―一一七頁。

楊風岡、二〇一二、「当代中国的宗教復興与宗教短缺」『文化縦横』(一)：二六―三一頁。

趙敦華、一九九四、『基督教哲学　一五〇〇年』、人民出版社。

卓新平、一九九八、『当代西方新教哲学』上海三聯書店。


〈日本語文献〉

櫻井義秀、二〇〇七、「韓国と日本――宗教文化交流諸相」『中外日報』一―一三頁。

〈英語文献〉
Jose Casanova, 1994, *Public Religions in the Modern World*, Chicago: University of Chicago Press, 222.

第八章　台湾の政教関係にとっての台湾語教会という存在
——長老教会と台湾独立派の友好関係

藤野陽平

一　はじめに——台湾のキリスト教と族群

まず、写真8-1をご覧いただきたい。二つの建物が軒を連ねているのがおわかりいただけるだろう。この二つの建物が隣接する景観を、戦後台湾社会におけるキリスト教と政治の関係性について考えるきっかけとしたい。台北市内ルーズベルト通りから数本路地に入ったあたりに位置するこれらの建物であるが、二軒ともキリスト教の施設である。右側の建物は台湾基督長老教会の本部にあたる総会であり、左側は中華基督教長老会台北信友堂というキリスト教会である。いずれもプロテスタント、その名のとおり長老派系の教派であり、ウエストミンスター信仰告白に代表される一般的な長老派の教義を共有している。両者の間で異なる点があるとすれば、前者は台湾語と呼ばれる言語を使い、後者は国語と呼ばれる北京語を使用することである。そして、この使用言語から前者は台語教会（以下、台湾語教会）、後者は国語教会と呼ばれ、両者の間にはなんとも埋めがたい溝が存在している。

こうした対立構造の理解に必要な台湾のコンテクストとして、エスニック・グループの訳語として用いられる「族群」と、それに対応した言語の問題があげられる。台湾では外省人、福佬人、客家人、原住民からなる四大族

写真 8-1　台湾市内の２軒のキリスト教施設

群と呼ばれる四つのエスニック・グループが存在する。本章ではこのうち、外省人と福佬人の間の対立を軸に考察する。前者は第二次世界大戦後、国民党とともに中国大陸から台湾に移住した人々であり、「国語」と呼ばれる北京語を使用し、国民党を支持し、中国との統一を望む人が多い。なお、外省人ではない四大族群の福佬人、客家人、原住民を合わせて本省人と呼称する。後者は日本統治期以前に泉州や彰州といった福建南部から移住した漢人の子孫たちであり、「台語」(以下、台湾語)と呼ばれる福佬語という言語を母語とし、民進党を支持し、台湾の中国からの独立を希望する人が多い。

この構造を反映するのが、プロテスタント教会内の国語教会と台語教会の間の緊張関係である。両者の差異は文字どおり使用言語が北京語であるか、台湾語であるかということなのであるが、それは単に言語の差だけではなく上記の外省人と福佬系とのコンフリクトを反映してしまう。なお、国語教会は戦後、大陸中国が共産化されるにつれ、宣教が困難となり国民党と台湾に渡った教団が多数を占める。そのために台湾での宣教開始は、一九四〇年代後半から五〇年代が大多数となる。外省人が信徒の多数を占め、後述するように政治に関与しないというスタンスをもって、台湾語教会の政治性と対置できる。

台湾語教会は日本統治期以前から現地人に向けて宣教していた教団があたる。日本統治期には日本からの教団が来台したが、聖教会(ホーリネス)を除く教団は台湾人ではなく日本人を対象とした宣教を行ったために、終戦後、台湾から撤退した。そこで現地人に宣教をしていた教派が残り、台湾語教会になる。これは長老教会、真耶穌教会、聖教会があたるが、真耶穌教会と聖教会は言語にこだわらず、国語も使用するために、事実上台湾語教会と言えば台湾基督長老教会のことだと言って差し支えない。

このように現代台湾のキリスト教事情を理解するためには教義や思想の理解だけではなく、台湾社会のコンテクストの理解が必要不可欠である。そこで本章では台湾におけるプロテスタント教界が置かれているコンテクストのうえに現状を位置づけることで、現代東アジアにおける政治と宗教の関係性を理解する一助としたい。

本章で主たる対象となるのは台湾基督長老教会（以下、長老教会）である。本教派は一八六五年に南部でイギリス長老教会が、一八七一年に北部でカナダ長老教会が宣教を始め、台湾で最も古い歴史をもつプロテスタントの教派である。キリスト教宣教だけではなく、西洋式の医療や教育、出版等を初めて台湾に持ち込んだのも長老教会であり、台湾の近代化に大きな影響を与えてきた。戦前から台湾人に対して宣教を行い、戦後、本省人、特に福佬系の多い教派となる。台湾語を主要な言語として使用することから、台湾としてのアイデンティティを重視する人々が集まっている。二〇〇九年の時点で信者数二三〇、一一二、教会数一、二〇六、礼拝参加者数一〇六、一七五を誇る台湾最大のプロテスタント教会である。[1]なお、台湾ではプロテスタントを「基督教」、カトリックを「天主教」と呼び、別の宗教として認識されている。そこで、本章ではこの文脈に則ってプロテスタントの状況を主に視野に入れて考察することとする。

二　日本人教会が去ったら、国語教会が来た——戦後の混乱期のキリスト教

太平洋戦争の終結に伴う大日本帝国の崩壊により、それまで二等国民とされてきた台湾人は「祖国」に復帰する

写真 8-2　台北市内にある元日本基督教会台北教会

「光復」を喜び、国民党の来台を歓迎していたのだが、来台した国民党軍や官吏たちの間では賄賂、汚職が蔓延しており、台湾住民の大きな期待は大きな失望へと変わり、こうした状況を「犬が去ったら豚が来た」と揶揄したという話は広く知られている。では、この時代のキリスト教界はどういった状況だったのだろうか。当時を偲ばせるのにいい事例となる教会が台北市内にある。当初、日本基督教会台北教会（後に幸町教会と改称）と呼ばれていた教会が市内の中心地、中山南路一段、立法院と台湾大学病院の間に位置している（写真8-2）。古跡指定を受けるレンガ造りの歴史を感じさせる建築物で、観光名所にもなっている。この教会なのだが、「済南基督長老教会」と「台北国語礼拝堂」という二つの教会の看板が掲げられている。前者は長老教会なので台湾語教会であるが、後者は国語礼拝堂という名前のとおり国語教会である。どういうわけか日本人が残した一つの礼拝堂の中に戦後二つの教派が同居することになっている。同じ建物を共有しているので、友好的なのかというと、決してそのようなことはなく、両者の間には実に微妙な緊張関係が維持されている。どうしてこのようなことになってしまったのだろうか。

そもそもこの教会は台湾人の豪商、李春生の資本によって一九一六年に在台日本人のための幸町教会として設立された。実際、信徒の大多数は日本人であったが、当時の日本人教会としては珍しく、日本語の堪能な台湾人も参加していた。そこから発展してこの教会から台湾人に伝道するための太平町教会も設立された（高井 二〇〇七）。帝国の崩壊によって日本人が去ることとなり、幸町教会では台湾人信徒らにその運営が引き継がれた。しかし、その後、外省人の流入に伴い大陸から多くの外省人キリスト教徒も来台し、本教会を使用するようになる。この顛末を済南教会の長老許石枝は自伝のなかで回顧している（許石枝口述 二〇〇四：一〇四―一一五）。それによれば第二次世界大戦後外省人の伝道師翁節敦が来台した際に当初は台北ＹＭＣＡの集会所で礼拝をしたいと当時ＹＭＣＡの管理をしていた鐘啓安牧師に申し出たところ、不憫に思った鐘牧師は場所を貸すのだが、一方で翁牧師はＹＭＣＡの使用権を自分たちに譲り渡すようにと台北市政府に要求していた。これを知り怒った鐘牧師は翁牧師のグループを追い出した。この次に翁牧師がやってきたのが、ＹＭＣＡからも近い済南教会であった。済南教会の人々はＹＭＣＡの一件を知らなかったために、翁牧師の申し出を受け入れる。ただし、その際に借用書を書かせ、済南教会が必要となったら無条件に返却することが約束された。また、当座、住居として日曜学校の為の建物の二階に翁牧師が住むことも認められた。

このようにして、現在に至る二つの教会が一つの建物に入ることになり、今に至る。その後、翁牧師が済南教会の牧師に「教友たちが借用書を見たいと言っています。私が保管しているものは他所に置いてあるので、済南教会のを貸して下さい」と願い、これを受け入れ済南教会は借用書を貸し出してしまう。そして、そのまま借用書は返却されることなく、翁牧師は台北市政府の日産（日本が台湾に遺した資産）処理委員会に永久使用権を申請する。日産処理委員会は両者を呼び出し、和解を提案したために、二つの教会が共存することが確定した。その後も翁牧師は二階を住居としていた日曜学校の建物を占拠し、無断で幼稚園を設立したり、他人に住居として貸し不動産収入を得たりしていたが、民主化後に済南教会が日曜学校の建物を二百万元で買い戻し、二〇〇二年二月二四日に日曜学校回収礼拝が行われた。建物は荒れ放題となっており、清掃を行った際に中からトラック二十台分ほどのゴミが出たという（台湾基督長老教会済南教会 二〇〇七：三九―五三）。

三　台湾の民主化運動と台湾語教会

前節でみたような戦後台湾社会における外省人の流入による混乱は、台湾語教会全体にどのような影響があったのだろうか。まず戦後の混乱を最も象徴する、一九四七年に発生した二二八事件から見ていきたい。この事件では国民党政府による虐殺により、有力な説で約二万八千人の本省人が犠牲となり、特に医師や弁護士、教師といった知識人層が標的とされた。さらにこの事件ののち一九八七年まで約四十年という世界史上類をみない長さの戒厳令が出された。こうした経緯から、台湾で「省籍矛盾」と呼ばれる本省人と外省人間の断絶が決定的になる。

この二二八事件では、岡山教会伝道師蕭朝金、淡水中学校長陳能通、台湾大学の林茂生、花蓮の医師張七郎など多くの長老教会関係者が犠牲になり、プロテスタント教会内部にも国語教会と台湾語教会の対立が生じた。しかし、当時の台湾社会と同様でプロテスタント教界も外省人の流入で混乱するものの、厳しい戒厳令下に置かれていたうえに、政治に関与しなければ一定の自由が与えられていたために、二二八事件以降すぐに長老教会が台湾独立の運動を始めたというわけではない。

長老教会が積極的に独立運動や民主化運動に関与するようになるのは一九七〇年代に入ってからである。これには一九七一年十月二十五日に国連第二十六回総会で採決された中国代表権問題を扱うアルバニア決議が影響している。この決議によって国連の代表権が中華民国から中華人民共和国に変更され、中華民国は国連を脱退した。これは、もしも中華人民共和国が台湾に侵攻を始めた場合には、国連、ひいてはアメリカの後ろ盾が得られないということを意味しており、台湾社会は大きく動揺した。

この影響で長老教会は台湾の将来は台湾のすべての住民によって決定され、台湾で総選挙が行われねばならないという趣旨の「国是声明」（我々の国家の運命についての声明）を一九七一年一二月一七日に発表する。当時は戒厳令下にあり、こうした台湾の権利を訴えるような言動は非常に危険なものであった。その後も台湾語聖書の没収に抗議し一九七五年に「我們的呼籲」（我々の呼びかけ）と題し、「富の不平等分配」に関して、しいたげられた大衆のために発言、国民党政府に台湾のあるべき未来像を明らかにするよう求める宣言を発表し、一九七七年には「人権宣言」として、台湾の将来はその土地の千七百万の人々によって決定されなければならないという宣言を発表した（鄭 一九八一：一〇六―一一〇）。いずれも台湾の民主化運動の先駆けとなる台湾史における重要な出来事である。

その後の民主化運動と長老教会の関係を簡単に振り返っておきたい。一九七七年には桃園県の県知事選挙における不正が判明したことをきっかけに一万人以上の市民が警察署を取り囲んだ中壢事件では、長老教会信者の邱奕彬が逮捕された。

一九七九年には美麗島雑誌社が設立され、このメンバーを中心に高雄で世界人権デーでの大規模なデモを企画したが、当局の取締りを受けた美麗島事件（別名高雄事件）が発生する(2)。この際に逃亡中の施明徳をかくまった「犯人逃走幇助と隠匿」の容疑で一九八〇年には当時長老教会の総会議長であった高俊明牧師ら長老教会関係者が逮捕された。同年二月二八日、林義雄家族虐殺事件が発生する。この事件は美麗島事件で逮捕された林義雄の自宅で、母親と双子の娘が何者かによって殺されるというもので、当時林の自宅は警察の監視下にあったにもかかわらず、犯人に結びつく証拠は何も残らず、事件は解決していない（戴 一九八八：一八〇―一八一、伊藤 一九九三：一八五、高他 一九八二：一八一―一九二等）。その後、その自宅を手放したいと望むが、事件現場でもあり政治犯の自宅でもあるため、買い手がつかなかった。そこで、林はキリスト教徒ではないのだが長老教会が購入し教会としたのが現在の義光教会である。本教会では毎年二月二十八日にこの事件の記念活動が行われている。

このように七〇年代以降民主化運動に加担してきたために、国民党政府から強い圧力をかけられてきた長老教会であるが、こうした圧力も一九八八年に蔣経国が急死し、本省人で長老教会の信徒でもある李登輝が総統に就任したことによりひとまず落ち着きをみせる。

四　近年の動向(1)――ひまわり学生運動

四-一　総統選挙までの動き

前節まで、戦後の外省人の流入による台湾語教会(長老教会)内の混乱の状況を扱ってきたが、民主化以降の台湾ではどういった動きをみせているのだろうか。基本的に長老教会は台湾のアイデンティティを重視する緑陣営と同調し、台湾の独立を目指し、民主主義を重要視する中道左派的な方針を取っている。

以下、筆者のフィールドワーク特に二〇一四年から二〇一六年まで、ひまわり(太陽花)学生運動(以下、ひまわり運動)から総統選挙までの動きから考察する。政治や福祉といった社会性の強い活動に関しては、長老教会のなかでは「教会と社会委員会」がその中心的な活動を担っているが、本教派は反核、親マイノリティ・社会的弱者、民主主義重視といった価値観をもっていて、例えば東日本大震災以降、三月に行われるようになった原子力発電所に反対する大規模なデモに毎年参加するなどしている(写真8-3)。

二〇一四年三月十八日午前九時に発生したひまわり運動に対しても長老教会は積極的に関与した。この日、国民党の馬英九政権が進める中台サービス貿易協定(中文で「海峡両岸服務貿易協議」。「服貿」と略すこともある)に反対する学生らが立法院の議場になだれ込んだ。これは中台間のサービスと貿易の自由化を進めることを目的とする協定であるが、台湾経済に多大な影響を与える協定を政府が十分に議論を尽くしたといえないまま、一方的に採決に入ろうとしたことを阻止しようとして起きたものである。(3)

まず、三月十八日当日、十時三十分には長老教会の助理が「反黒箱服貿民主陣線記者会」に参加した。夜には二名の牧師、一名の伝道師や数名の長老教会関係者が議場周辺の座り込みに参加したのち、議場に入った。翌一九日八時の議場の外の記者会見に長老教会の社教部長の牧師が参加した。二十一日、四名の牧師らが議場に入り、学生を激励し、二十二日午後五時には総会議長、総幹事などの牧師や長老が議場に入り、学生らを慰問し、台湾基督長老教会として学生運動を支持する声明を出した。

写真 8-3　反原発を訴える長老教会の宣伝車

二十四日午前十時には長老教会として総会議長許栄豊、副議長羅仁貴、副書記舒度大達、総幹事林芳仲、公義行動教会牧師鄭国忠、前国防部長蔡明憲等らの名義で「譴責国家暴力、追求平和公義」と題した記者会見を行い「残忍な暴力行為は民主体制国家ではあってはならない。台湾基督長老教会は立ち上がり、けがをした学生を顧み、馬英九、江宣華等の暴力政権の責任を追及する。今回の運動は政権が学生運動の提出した、中台サービス貿易協定を撤回し、民主主義をまもれという要求にこたえていないことが原因である」という趣旨の声明を発表した[4]。

こうした緊迫した場にあっても、現場ではキリスト教会として日曜日ごとに礼拝が行われた。確認できた日曜日の礼拝は、三月二十三日には青島東路(九時から鄭君平牧師)、中山南路(十時から鄭国忠牧師)の拠点で、三十日には中山南路の立法院の正門にて(十時から)、四月六日には青島東路にて(九時から)で、三週間にわたって行われた。また、三月二十一日には中山南路と青島東路に断食祈祷区も設置している。このほかにも後述する公義行動教会のように現地で個別に礼拝を行うグループもあったし、立法院に隣り合う済南教会では教会がデモの参加者に解放され毎晩祈祷会が行われることもあったという。

長老教会の神学生や一般の信徒もそろいの緑色の衣装を身に着けて様々な行動を行った。十九日には各地の長老教会関係者も集まり始め、神学院の学生が大学専門学校青年のグループや総会のメンバーと合流し、二十日には一般の信徒も各地から駆けつけた。また二十三日には済南教会と台南神学院の学生らを中心に太陽花聖歌隊が結成され、四月九日まで各拠点での公演を行い、二十七日には太魯閣中会の合唱団が場内に入り学生を鼓舞した。四月二日には双連教会の西羅亜合唱団が議場に入り歌を歌い、マッサージのサービスを行った。

教会や信徒以外の長老教会の関係では三月二十四日にマカイ記念病院の急診部が警察に殴打されるなどした学生を診療した（教会公報　三二三九号）。

四-二　その後の動き――ひまわり青年福音団

このように、台湾語教会の中心的存在である長老教会はひまわり運動に関与したのであるが、学生たちが立法院を開放した後、どういった行動をとったのだろうか。これにはひまわり青年福音団（写真8-4）という小さなグループを紹介したい。二〇一四年十二月二十一日に設立したこの団体は、ひまわり運動に関わったキリスト教徒の若者を中心とした集まりで、毎週日曜日午後五時から（毎月第四週は社会議題週）[5]集会を行っている。参加者は長老教会の信徒が多いが、それ以外の教派も受け入れるため、エキュメニカルで教派から独立している。ただし、説教を担当しているのは陳思豪（古亭基督長老教会）、鄭國忠（公義行動教会）といった長老教会の牧師であり、価値観の大部分は長老教会と共有している。また、自らを「我々は神の愛は民族や階層、性的志向、性別、年齢をわけ隔てしないと信じる（中略）。また、常に該当の小さくされた人々や戦う人々と共にいる」（四月十三日のフェイスブック）と定義するように、女性、若者、原住民や性的マイノリティといった台湾で社会的に弱い立場に置かれている人たちとの協働をうたう。そのため、ホームレス伝道を行う台北恩友中心との関係性にも力を入れている。また、性的マイノリティの参加者も少なくない。

このグループの特徴として長老教会と関係をもちつつ、独立している点をあげることができる。このことによって二つの意義が生じる。一つは台湾のアイデンティティを重視する緑陣営が進める政策と、長老教会の教義上相容れない問題もクリアーできるということである。緑陣営と長老教会は大部分の価値観や政策を共有しているが、長老教会の教義上必ずしもすべてを共有できるというものでもない。

写真 8-4　ひまわり青年福音団の礼拝

これには例えば性的マイノリティの問題がある。長老教会は教団として異性間の一夫一婦制を堅持するとしている[6]。しかし、実際の牧師、信徒たちの大多数は民進党や緑陣営を政治的に支持しており、同性婚、多様な家族のあり方に賛成している人も少なくない。教団が分裂しかねないほどの重大な問題へと発展しているのである。こうした実にセンシティブな問題に対して、教団としての長老教会から独立することで、長老教会的なキリスト教教義と民進党的な政治的価値観の両者を矛盾なく取り入れることができる。

第二の意義として長老教会以外の教派の信者をも取り込む可能性が拡大するということである。すでに述べているように長老教会以外の大多数のプロテスタントの教派は国語教会である。政治的に立場の異なる国語教会の信者にとって台湾語教会の門戸をたたくということは容易なことではない。しかし、このグループは長老教会から独立しているために、そうした精神的な障壁を取り去ることができる。また、後述するように多くの国語教会は、ひまわり運動をはじめとする政治的な活動への参与を禁止するという政治的スタンスをとっている。このことが現在の台湾の若者に広がっている政治への強い関心から反発を招いており、実際にそれまでに国語教会に通っていたが、政治への参加を禁じられたことを契機として国語教会をやめ、このグループに参加するようになったという人もいる。

長老教会のアイデンティティとも結びつき、特徴の一つとなっている台湾語を使用せず、北京語を使用している点も特徴的である。近年の台湾では都市部の多くの若者にとって台湾語は不得意な言語であり、本省人であっても台湾語が話せないという人も増えている。長老教会のなかには特に都市部を中心に若者を対象とした北京語の礼拝を行っている教会も増えている。このグループも台湾語にこだわらず、北京語を使用している。このことによって外省人の若者にとっても敷居が低くなっている。そもそも近年の動向を鑑みると若い世代を中心に台湾語／国語＝緑／藍という構造が崩れ始めており、北京語による台湾アイデンティティを訴えるという新しい動向も広くみられるようになってきている。本章は戦後の台湾語教会の動向を主たる対象としているが、言語による教団の類型だけでは適切に台湾のプロテスタント界を見分けることはできなくなる可能性も出てきている。

四-三　台湾公義行動教会

ひまわり運動や太陽花青年福音団のような活動に長老教会は様々な協力をしているが、それに加えて個別の教会でも協力する動きがみられている。特に際立っているのが台湾公義行動教会という教会である。二〇一〇年二月二八日に設立された比較的新しい教会であるが、その「公義」「行動」という名前と設立日が二二八事件の記念日二月二八日であることにも表れるように、積極的に社会運動に参与する教会である。

この教会は台北駅の南側にある二二八記念公園内で、毎週日曜日の午後二時二十八分から礼拝を行っている。二時三十分ではなく、二時二十八分からという点にもそのこだわりが徹底されている。この公園は観光地にもなっているが、一見して教会のような建物は見当たらない。実際に教会に相当する建物はなく、公園の広場の中に椅子と電子ピアノを並べ、礼拝している（写真8-5）。公園内ではリスに餌をあげる人、太極拳の練習に励む人たちのグループ、台北を訪れた観光客といった教会とも政治活動とも関係のない人々と空間を共有している。

このように公義行動教会は建物や会員がいない。これは午後に礼拝を行うために、参加者らは午前中に自らの母教会での礼拝に参加した後に、午後集っているためである。これは一見するとこの教会の弱点のように映るかもしれないが、むしろ建物がないことは場所に縛られることがなくなるという利点も大きい。実際に本教会は必要に応じて礼拝の場所を変えることがある。例えば、服役中だった陳水扁前総統がうつ病のためとして二〇一二年十月から移され事実上軟禁されていた栄民総病院で、十月七日からその対応に反対し総統の開放を求める趣旨の礼拝を病院のロビーで行ったり、原子力発電所に反対するデモにも教会として参加したりしている。こうした本教会の特徴があるため、ひまわり運動の際に、本教会の鄭國忠牧師は議場に入り、また現場にて日曜日の礼拝を実施するに至った。その名のとおり行動する教会としてはこのスタイルの方が都合がよいのであろう。

写真 8-5　台湾公義行動教会の礼拝

本教会がひまわり運動にどのように関わったかということであるが、二〇一四年三月二十三日の週報には「「反サービス貿易」の行動のため、執政者の心を感化させ、参加者の志を確固たるものにし、台湾の人民が本当の公平、正義、福を得られるように祈りましょう」とある。同日二時二十八分には立法院大門にて「反黒箱服貿　為台湾祈祷」を鄭國忠牧師が司会、長老教会総幹事の林芳仲が説教した。

翌週の三月三十日午前十一時からは「為台湾祈祷」として立法院大門（中山南路）にて司会を林偉聯牧師、説教を鄭國忠牧師が行った。

さらに四月六日午後二時二十八分から前週と同様の「為台湾祈祷」という礼拝を立法院大門（中山南路一号）で行った。

五　近年の動向（2）――二〇一六総統選挙

これまでみてきたように、台湾の独立を視野に入れた民主化運動に長老教会は積極的に関与しつづけてきた。当然、民進党をはじめとする緑陣営の政治的リーダーとも良好な関係性を持ちつづけている。例えば李登輝はこれまで長老教会のイベントにもしばしば参加しているが、それは彼がキリスト教徒であるために理解できる。しかし、キリスト教徒ではない陳水扁も、総統在任中の二〇〇一年から二〇〇八年に上述の高俊明牧師を総統の顧問にあたる総統府資政に迎えるなど、互いに共感的な関係をもっている。特に李登輝から陳水扁に総統が引き継がれたことを、旧約聖書に描かれたように奴隷状態にあったエジプトからユダヤの民を導き出したモーセと、その後継者でユダヤの民を約束の地に導いたヨシュアになぞらえ、李登輝が外省人の独裁状態から脱却させ、「約束の地」である台湾の独立を陳水扁が成し遂げるのだというような言い方は広くみられた。

こうした関係性は蔡英文とも続けられている。二〇一六年十月十六日に行われた総統選挙と立法委員選挙の際にどういった状況であったのかを例として考えてみたい。まず選挙結果を振り返っておくと民進党蔡英文総統候補・陳建仁副総統候補(7)が得票数六、八九四、七四四、得票率は約五十六パーセント、二位の国民党朱立倫総統候補・王如玄副総統候補に三百万票以上の差をつけて当選した（朱、王組は得票数三、八一三、三六五、得票率約三十一パーセントだった）。また同日行われた立法議員選挙でも民進党が百十三議席中六十八議席で当選し、勝利をおさめた。(8)

選挙に先立つ二〇一五年は台湾にキリスト教が伝えられてから一五〇年にあたり、十月二十四—二十五日に「台南教会日」というイベントが行われ、一六、五〇〇人ほどが参加した。長老教会の機関紙『教会公報』（三三二二期）によれば、このときの礼拝に蔡英文や頼清徳台南市長も参加し、長老教会が一五〇年にわたり台湾社会に貢献し、すべての人民がさらに台湾の土地を愛するようになることを望むと挨拶したという。

このイベントでは礼拝のほかにも、スポーツ大会、台湾産にこだわった商品を販売する売店、布偶劇のような伝統芸能、特に歌仔劇にマルチメディアを融合させたマカイ牧師の台湾宣教の劇等、各種のイベントが行われていたが、女性、若者、原住民といったいわゆるマジョリティではない人々を重視する活動が広くみられた。これは民進党の政策とも合致するところである。そして、二十五日午前に行われ八つの民族が参加した原住民感謝礼拝では、豊年祭の方式で長老教会宣教一五〇年を祝ったが、このなかで林芳仲総会総幹事は「台湾よ。なんと幸せなのだろう。神がお救いになられた国家であるなんて！」と題した説教を行い「私たちはキリストを信じ、台湾を民主、自由、独立国家であることを求める一つの群れである」と述べ、会衆は大きな拍手を送った。

投票日まで一カ月を切った二〇一五年十二月に刊行された『教会公報』の三三三一期には「這一堂選舉福音課」という特集が組まれ、「選挙戦は台湾の社会と教会にとって無視することのできない注目の話題」であるとして、長老教会の信徒で立候補している人のインタビューを紹介している。

その冒頭では総会総幹事林芳仲の言葉として「長老教会は百年来台湾の政治に深く関わってきたが、それはすべて信仰の立場に立ったうえで台湾に強い思いを寄せてのことである」、総会助理総幹事鄭英児の言葉として「教会は教会、政党は政党である。教会は信仰の高みに立って各政党を監督するのだ。これまで長老教会は台湾社会に強い関心を寄せてきた。政治はその一環に過ぎず、各政党に自分たちがそこから利益を得るためではなく、人々の福

表 8-1　『台湾教会公報』3331 号の特集「這一堂選舉福音課」に掲載された候補者

候補者名	政　党	記事のタイトル
蔡丁貴	自由台湾党	為台灣獨立的自由發聲
葉大華	緑党社会民主党連盟	力爭 18 歲投票參政權
伊藍・明基努安	信心希望連盟	落實原民權與國際接軌
高潞・以用・巴魕剌	時代力量	祈禱尋求神為部落發聲
趙天麟	民主進歩党	秉持信仰願作台灣光鹽
王定宇	民主進歩党	願作忠僕守護新豐美地
陳尚志	緑党社会民主党連盟	背起十架追求公平正義

利のために犠牲と苦しみを引き受けるように提案するのである」というものを紹介している。

そのうえで本特集では七名の候補者について紹介されている(表8-1)。ここでは民進党以外の政党からの候補者もいるが、いずれも総統選挙では蔡英文氏に協力的な政党である。

こうした長老教会と民進党の良好な関係性をふまえたうえで、二〇一五年五月十二日に長老教会が二〇一六年の選挙に対して発表した「二〇一六年総統および立法委員選挙支持準則」という声明をご覧いただきたい。ここでは以下のような候補者を支持すると公表している。

一　正義を行い、憐みの心を持ち、謙虚な候補者。
二　汚職選挙、裏金、暴力に反対する候補者。
三　国家の主権を固持し、中国との統一を放棄し台湾を維持し、台湾の新しい憲法のために尽力する候補者。
四　民主主義法治国家の精神を尊重する候補者。公開透明な政策決定をし、不透明な決定方法を拒絶する。
五　公平と正義を実行する候補者。例えば経済的正義、住居の正義、土地の正義。
六　原子力エネルギーを放棄し、再生可能エネルギーを発展させると主張する候補者。

直接的に具体的な政党や候補者の名前は出していないものの、この内容は台湾社会では国民党を批判し、民進党の蔡英文氏を支持するとしか読むことができないものである。

それでは実際の選挙前後に長老教会で行われたイベントのうちいくつかを紹介したい。ただし、長老教会が正式に蔡英文氏や民進党の名前を出して支援するということはしていないために、教会としての活動の数は多くない。筆者が参与観察を行うことができたのは、まず選挙の前週三月十日午後一時からと三時三十分からの二回、長老教会の新店教会にて行われた「暴民」と題されたドキュメンタリー映画の試写会である。

当日は一回の上映に数十名が参加していた。いくつかのメディアも取材に訪れ、この映画の登場人物でもある台湾緑党の曽柏瑜も会場で挨拶を行った。上演の後の質疑応答では熱のこもった議論が行われ、予定の時間を大きく延長する盛り上がりを見せていた。

選挙の翌日一月十七日の午後には長老教会の台北北門基督長老教会にて十二時三十分から十七時まで「独立与圧政　大選後台湾与中国関係展望演講会」という講演会が台北公義行動教会の主催、台湾基督長老教会総会と長老教会の台北中会社教部の後援で行われた。なお、主催者である公義行動教会はこの日の礼拝は行っていない。

三名の中国人の教授や牧師が講演を行い、関係者らからのコメントも寄せられた。この講演会にも数十人の参加とメディアの取材が入っていた。民進党蔡英文陣営の勝利が確定した興奮の冷めやらぬ翌日である。講演者も聴衆も熱っぽさを隠さない雰囲気に包まれていた。

ここでは当日の「為台湾祈祷」と題された閉会の祈りがなされた。スピーチではないため、原稿などがないその場で考えられるものであるため、ところどころ意味のつながりがわかりにくい部分も多いのだが、その場の雰囲気をよく伝えることができるため、紹介したい。

私たちの神様、主よ。ありがとうございます。私たちに台湾、フォルモサ(9)!という美しい場所を与えてくださいました。この島には二三〇〇万の人々が住んでいます。皆互いに支え合い、愛し合いながらこの場所に暮らすことを喜んでいます。台湾というこの国家をみますと本当にこのような高い山、青い海、波揺れる海洋、たくさんの名産品があり、この高い山の中にはたくさんの動物たちがいて、大洋の中には魚が泳いでいます。（後略）

この土地は美しくこの国家も美しい。台湾は事実上独立した国家であり、今日、中国から来た学者や専門家の皆さんが中国の未来の民主と前途について、また台湾の土地について関心をもってくださることに感謝します。また、中国と台湾が異なることを認めてくださったことにも感謝します。中国は共産党が統治していますが、台湾ではこの三十年来すでに民主、自由を身に着けています。この民主や自由という観点に基づいてここでは多くの若者が教育を受けています。（後略）

昨日の選挙をみるとたくさんの若者が外に出て選挙の応援をしていました。彼らは台湾の希望です。こうした若者たちは彼ら自身の手足を使って、今回の選挙で総統と立法議員を選びました。全国の若者や同胞たちが共に自らの手と投票とを使って、台湾というこの国家を正しい状態に戻しました。中国と台湾との間の位置づけを確認できたことを感謝します。

この数十年来、敵対状態にあった二つの国家があり、台湾は呑み込まれる危険にあります。特に新しい台湾の総統になる蔡英文女史のために祈ります。彼女にこの国家を前進させるためにふさわしい能力と与えてください。彼女が言った「謙遜に、謙遜を重ね、さらに謙遜する」という言葉の意味がまもられ、この台湾という国家をリードしていくことができ、国際社会にまい進できるようにしてください。台湾は世界の孤児と言われ、国連に加盟もできないでいますが、私たちは希望に満ちています。私たちは未来にたくさんの空間があることを知っています。中国との間にあるのは和解するという空間です。世界の他の国々とも友好的な関係を構築できます。その日には国連の一員となって、世界の孤児から脱却できるようにしてください。（後略）

昨日の選挙から台湾をみることができ、アフリカなどの小さい国家とも関係を築き、すでに台湾は世界の孤児ではなくなりました。感謝します。中国も変わることができるようにしてください。その日には民主化させてください。これが台湾の希望であり、中国の大部分の人の希望でもあるでしょう。同胞たちが自分たちで選挙を行い自分たちの国家を改革できますように。

今日はたくさんの議論ができたことを感謝します。台湾が独立した自由な国家で、国際社会に開かれることができますように。台湾の民衆はそれぞれ勇敢に立ち上がり台湾の国民となりました。（後略）

しかし、主よ、お守りください。私たち台湾というこの国家が目前にある政治の空白状態をまもってください。目前の空白状態に神の恵み、福を賜り、台湾と共にありますように。台湾の民衆が、神は台湾という国家と共にあることを心から理解することができますように。福音を伝え、台湾とこの土地を守ってください。ありがとうございます。本日の午後、中国から来た学者や専門家の皆さんが新しい知識、さらに新しい思考方法を教えてくださることを心から求めます。台湾と中国がともに、民主、自由を達成することができますように。神の恵みがありますように。イエスの恵みが中国、台湾、世界中にありますように。神様から与えられる救いがすべての人の上にあることで、永遠に平安、幸福になることができます。この祈りをイエスキリストの名によって捧げます。アーメン。

キリスト教の祈りのスタイルを取ってはいるものの、その内容はさながら緑陣営の政治のスピーチと酷似していることがおわかりいただけるであろう。私はここで台湾語教会がキリスト教の仮面の下、実は政治活動を行っていると告発したいのではない。むしろ、彼らにとって両者が分かちがたく結びついており、神の国の実現が台湾という国家の成立と読み替えられ、それが自然なものとして広く受け入れられていること自体を問題としたい。李登輝をモーセ、陳水扁をヨシュアと見立て、台湾の独立を目指す台湾語教会は、蔡英文新総統を誰となし、どこへ向かおうとするのだろうか。

六　おわりに——比較対象としての国語教会

以上、長老教会を中心に戦後の台湾語教会の動向を紹介することで、台湾の戦後社会におけるエスニック・グループ間の緊張関係とキリスト教の関係性について概観してきた。台湾語を重視する長老教会は本章でみてきたように一九七〇年代以降、活発に政治活動や社会運動を行い、台湾の戦後の民主化運動において一定の位置を占めてきた。ここで当然気になるのは緊張関係にある国語教会はどういった政治的な動きをみせているかということであろう。この点について簡単に紹介することで本章の結論に代えることとしたい。

この問いに関して述べるならば、国語教会は台湾語教会ほど目立った形での政治活動をしていないということになる。戦後、外省人とともに流入し、実際に信徒には外省人が多い国語教会は当然の帰結として国民党と友好的な関係を構築してきた。それならば選挙の際に教派をあげて国民党を支持したり、民進党政権期に政府を批判するデモ活動に参加する教派があったりしてもよさそうなものであるが、そういった動きはごく少数である(10)。むしろ国語教会の教派に広く共通してみられるのは、信徒に政治活動を禁じるという傾向である。

ここで紹介したいのはひまわり運動のリーダー的存在、林飛帆の二〇一三年十一月二十四日のツイッターへの投稿である。(11) 彼はキリスト教徒としても知られるが、母は「召会」という中国で成立した独立系の国語教会の信徒であるという。その召会も政治活動への関与を禁じている。そのことをふまえて以下の引用をご覧いただきたい。

僕の母は長いこと「召会」という教会に通っている。門のところに「神愛世人」と掲げているあの教派だ。僕も小さい頃その教会に通っていたのだけど、政治について議論してはいけないと強く教えているから、我慢できなくって、その教派から離れたんだ。

それで今晩、夕食を家族ととったのだけど……

母：「ねえ、あなたたちはあの同性婚を認めるというあの修正法を支持しているの？」
僕：「もちろんだよ！」
母：「どうしてあなたたちは支持しているの？」
僕：「みんなが性別を問わず誰と恋愛をするかは自由だからだよ」
母：「それでいいのかしら？」
僕：「じゃあ、母さんはどうして反対するんだい？」
母：「聖書に同性愛は罪だって書いてあるからよ」
僕：「母さん、聖書のどの福音書の何章何節に同性愛に反対する記述があるんだい？」
母：「…（沈黙）」
僕：「どうしてそんなこと質問するんだい？　母さんの教会ではこのことを教えている人がいるの？」

写真 8-6　宣教冊子（右は長老教会，左はある国語教会のもの）

母：「いるわよ。彼らはこの修正法に反対する署名を集めているわ」
僕：「母さんの教会は政治について議論しないんじゃないの？」
母：「これは政治じゃないわ」
僕：「母さん！ 修正法が政治じゃないのかい？ 結婚の権利は政治じゃないのかい？」
母：「…」
僕：「僕が長老教会に行ってみるように言っても行かないよね。長老教会の人たちはみんな誠実だよ。自分を押しつけたりしないし、政治を議論してはいけないなんて言わない。それに長老教会のなかで意見が分かれても教会公報の紙面で公開での議論をしているんだ」
結論。母さん、その教会に行くのやめてくれよ。

このように長老教会の林飛帆と国語教会に通う母との間で、キリスト教徒としての政治性について話があったことが述べられている。本章で取り上げた例と関連して述べるならば、戦後済南教会と教会堂を共有している国語礼拝堂側は戦後の混乱や教会を共有するに至った経緯について管見では特に何も発信していない。直接、訪問し質問してみても牧師が代替わりしており、要領を得ない回答しか得られなかった。ひまわり運動では信徒にデモなどへの参加を禁止した教派があったと聞いている。このことに不満を感じた複数の外省人の若者がひまわり青年学生団に参加している。

しかし、林飛帆のツイッターにもみられたように、そこで言われる政治活動をしないというのは、どうみても政治活動をさせないという政治活動である。写真8-6は二冊の宣教用の冊子であるが、右は長老教会のもの、左はとある国語教会が配布していたものである。白黒の印刷ではわかりにくいであろうが、長老教会は緑を基調、国語教会は赤を基調にしている。これは両者のシンボルカラーである。また、前者は「台湾」のため、後者は「国家」のためと同じようなものでありつつも、台湾の文脈ではまったく異なるもののために祈ることを求めている冊子である。

後者の内容を確かめてみると、祈るべき対象である国家としては総統、副総統、市長、裁判官、警察署長、村長、立法院、司法院、高等法院、法務部、調査局、陸海空の三軍等があげられている。これは戦後外省人が独占してきたポストばかりである。穿った見方をすれば、国家の中枢にいる私たち外省人のために祈ってくださいと読めなくもない。明らかに台湾語教会の祈る対象とは異なっているのである。

本章では国語教会の状況についてあまり触れることができなかったが、戦後台湾において少数者でありながら政治、行政、経済、メディア、教育、軍隊等の権力を独占してきた外省人と、多数派でありながら抑圧されてきた本省人というびつな社会構成の影がキリスト教界にも及んでいる。キリスト教徒であろうとなかろうと台湾のアイデンティティを重視する人々と「連帯」する台湾語教会と、政治をしないという政治性をもつ国語教会間にある微妙な緊張感を理解することが、台湾社会におけるキリスト教のあり方を理解することにつながっていく。

付記：本稿の調査は公益財団法人ＪＦＥ二一世紀財団のアジア歴史研究助成の支援を受けたプロジェクト「膨張する中国による東アジア新秩序下の中台関係に関する人類学的研究」（代表：三尾裕子）の一環として行われたものである。

注

（1）　http://www.ccea.org.tw/church/adlink/statics/church_2009.pdf
（2）　このとき逮捕されたメンバーには施明徳、呂秀蓮、陳菊らがおり、陳水扁、謝長廷、蘇貞昌ら若手の弁護士が弁護にあたった。いずれも後に民進党の指導者となる。
（3）　ひまわり運動の全体的な動きに関しては呉(二〇一五)に詳しくまとめられている。また、当時の様子を簡単にまとめた動画を長老教会系のメディア台湾教会公報が作成している(https://www.youtube.com/watch?v=X8peZN1vXD8)。あわせて参照いただきたい。
（4）　本声明の日本語訳は以下のとおり。翻訳は台北の台湾基督教会国際日語教会による。

「国家による暴力を糾弾し、平和と公義を求めよ！」

今回の「三一八学生デモ運動」(台中両国サービス貿易協定の反発)について、台湾の行政院院長江宜樺と総統馬英九は、否定的な立場を取ることで学生たちを苛立たせるという挑発行動を続けました。しかし、学生たちは行政院の敷地内を占拠するという行動によって、デモ抗議を拡大する姿勢を示しました。学生たちに占拠されっぱなしの立法院と行政院は面子を失い、怒り狂って夜明け前に行政院の敷地内を占拠する学生と群集をすべて強制的に退去、解散させるよう警察に命じました。警察側は最強の鎮圧部隊を集結し、残虐な武力行使で、丸腰の学生と群集を攻撃しました。

一、学生たちは平和な形で、行政院の前に配置されるバリケードと警察を突破し、行政院の敷地内を占拠した後、大きな破壊を一切せず、座り込みの形で「愛と非暴力」の行動原則を示しました。

二、警察側はかつてない残虐な武力行使で学生を撤去したり、暴動鎮圧用盾と警棒で頭部を攻撃したりして、群衆を現場から引っ張り出しました。これはもう警察の公権力の行使の限界を行き過ぎています。

三、台湾総統馬英九と行政院院長江宜樺は、今回の事件について完全な責任を取るべきです。彼らは民衆の声に誠意をもって耳を傾けず、まるで中国の独裁統治の真似をするかのように、残虐な手段で行政院の前に集結している民衆を攻撃し、立法院の周りを囲むデモ運動に参加する学生と民衆を脅迫しました。この行為は、民主政治体制に違反する人権無視の行為であり、既に民意を離れているのは明らかです。

私たちは、馬英九と江宜樺二人の国家暴力の行使を糾弾し、台湾は「愛と非暴力」の原則で、公義と平和が実現できるように祈っています。

馬政府は民主政治の体制を壊し、国家暴力を行使することについて人民に謝罪し、不透明な台中両国サービス貿易協定を撤回し、民主政治の体制を守るべきです。

「平和を実現する人々は、幸いである、その人たちは神の子と呼ばれる。義のために迫害される人々は、幸いである。天の国はその人たちのものである。」

マタイによる福音書五：九九―一〇

二〇一四年三月二四日　台湾基督長老教會
総会議長　許榮豐
総幹事　林芳仲

（5）例えば二〇一五年四月二十六日には「從三一八到亜投行、我們到底争什麼？」をテーマに討論した。

（6）例えば二〇一四年四月二十二日から開かれた長老教会の第五九届総会通常年会でも、同性婚や多様な家族のあり方について総会はどのように対応すべきかについて激論が交わされ、賛成反対の双方から意見が出されたが、異性間の一夫一婦制を堅持すると発表した。「反對同婚爭議牧函　臨時動議公決通過」(http://www.tcnn.org.tw/news-detail.php?nid=6856)

（7）陳建仁はカトリックの信徒として知られている。

（8）本章では二〇一六年の宣教を例とするが、それ以前の選挙の際にも同様の動きがみられる。例えば四年前二〇一二年の前回選挙を振り返ってみれば、二〇一一年十二月八日に『對台灣新時局的建言――台灣基督長老教會發表《對國是的聲明與建議》四〇週年之反省』という声明が出され、「對二〇一二年總統及立委選舉的期待與建言」として「台灣人民深化民主、認同鄉土、建立名實相符、主權獨立、民主自由的新國家」を訴えた。先立つ二〇一一年七月には台湾青年国是会議が開催され

「二〇一一台湾基督長老教会青年国是声明」を発表、十月台湾国是懇談会が全国を巡回、十二月「台湾新時局的建言」を発表、十二月九日「為台湾国祈祷会」、クリスマスから十二月三十一日まで台湾国祈祷演唱会が行われた。年を越して二〇一二年一月五日には各教会に今回の選挙に関心をもつようにとアピールをし、翌六日汚職反対、投票後は落ち着いて結果を受け入れるようにとの声明を出し、八日に台南市で「台南市疼惜台湾促進会」を発足させ「台湾共識与未来」座談会を開催、「小英を台湾で最初の女性の総統に」と訴えた。投票前日の一月十三日には各教会で公正和平選挙祈祷会を実施した（藤野ニューズレター、『台湾教会公報』（二〇一二年一月九日―一月一五日付、三一二四期））。

（9）フォルモサとは大航海時代の頃、台湾を「発見」したポルトガル人が台湾の美しさを「イラ・フォルモサ！」と感嘆の声をあげたとされることに由来する言葉である。「美麗島」とも訳され、台湾の素晴らしさを訴える文脈でしばしば使用され、台湾独立運動の際にも好まれる表現である。

（10）二〇一五年九月に信心希望連盟というキリスト教主義の政党が組織され、今回の選挙に十名が立候補したが、全員が落選し大きな動きにはなっていない。

（11）https://www.facebook.com/permalink.php?story_fbid=1020121701569413&id=1501674746&fref=nf　二〇一六年三月二十三日確認。

参考文献

〈中国語文献〉

查時傑、一九九六、「四十年来的台湾基督教会（四十年来の台湾基督教会）」林治平主編『基督教与台湾（キリスト教と台湾）』宇宙光。

林本炫、一九九〇、『台湾的政教衝突（台湾の政教衝突）』稲郷。

台湾基督長老教会済南教会、二〇〇七、『我親愛講這故事―台湾基督長老教会済南教会建教一一〇週年暨建堂九〇週年紀念（台湾基督長老教会済南教会設立一一〇年、献堂九〇周年紀念誌）』。

〈日本語文献〉

伊藤潔、一九九三、『台湾』中公新書。

許石枝口述、張明徳編、『神の愛といばらの人生』。

呉介民著、平井新訳、二〇一五、「「太陽花運動」への道——台湾市民社会の中国要因に対する抵抗」『日本台湾学会報』一七。

高俊明ほか、一九八二、『台湾基督長老教会説教集』教文館。

杉本良男編、二〇〇二、『福音と文明化の人類学的研究』国立民族学博物館、調査報告三一。

戴國煇、一九八八、『台湾』岩波新書。

高井ヘラー由紀、二〇〇七、『日本統治期台湾における日本人主流派教会による台湾人伝道——一九三〇年代の日本基督教会および日本組合基督教会を中心に』『キリスト教史学』六一。

鄭児玉、一九八一、「台湾のキリスト教」呉利明、鄭児玉、閔庚培、土肥昭夫著『アジア・キリスト教史（一）中国、台湾、韓国、日本』教文館。

日本基督教団台湾関係委員会編、一九八二、『台湾基督長老教会の歴史と苦難』日本基督教団台湾関係委員会。

日本基督教団台湾関係委員会編、一九八四、『共に悩み共に喜ぶ——日本基督教団と台湾基督長老教会の協約締結のために』日本基督教団。

藤野陽平、二〇一二、「岐路に立つ台湾語教会——二〇一二年の選挙を受けて」『日本台湾学会ニューズレター』二二。

藤野陽平、二〇一三、『台湾における民衆キリスト教の人類学——社会的文脈と癒しの実践』風響社。

藤野陽平、二〇一五、「旧植民地にて日本語で礼拝する——台湾基督長老教会国際日語教会の事例から」鈴木正崇編『森羅万象のささやき民俗宗教研究の諸相』風響社。

藤野陽平、二〇一六「現代台湾の民主化運動と台湾語教会——ひまわり学生運動から総統選挙まで」渡邊直樹責任編集『宗教と現代がわかる本二〇一六』平凡社。

〈ウェブサイト〉
財團法人台北市中華基督教長老會台北信友堂　http://www.hfpchurch.org.tw/
台灣基督長老教會總會　http://www.pct.org.tw/

第九章　香港におけるキリスト教と社会福祉
——その過去、現在、未来

伍　嘉　誠

一　はじめに

本章では香港の社会福祉制度におけるキリスト教の役割について考察する。十九世紀半ばから現在までの約百五十年の歴史のなかで、香港はイギリスによる植民統治を受け、その後「特別行政区」として中華人民共和国に返還されるといった激しい社会変動を経験した。こうした政治・経済・社会変遷のなかで、市民の生活を支えてきた社会福祉制度の大きな特徴としては、民間団体、特にキリスト教団体が重要な役割を果したということがあげられる。植民地時代初期の社会救済から、香港全体の福祉サービスの半分以上を提供する現在に至るまで、キリスト教は香港の社会福祉を支える重要な柱として働いている。

香港の宗教社会学においては、宗教団体の歴史、政教関係などを取り上げた先行研究が若干存在する（例えばLeung and Chan 2003, Kwong 2000）。しかし、香港の福祉発達史のなかに宗教団体を位置づけた研究はほとんどない。特に、宗教慈善活動の発展を政府の福祉理念・政策と並べて考察する研究は不足している（伍 二〇一五）。したがって、本章の目的は宗教団体、特にキリスト教による社会活動（医療・教育・福祉を含む）について考察し、宗教の視点から香港の社会福祉研究を補足することである。

本章の構成は次のようになる。まず、植民地時代から返還後の現在までの福祉制度について論じ、各時期において宗教団体の社会福祉的役割を考察する。また、現在の福祉制度に対して影響を与えている少子高齢化の議論も取り上げる。次いで、代表的な宗教慈善団体を取り上げる。最後にキリスト教と伝統宗教による社会福祉の規模について資源の視点から比較する。

二　香港社会の変遷と社会福祉

香港の福祉制度における大きな特徴としては、宗教団体、特にキリスト教が重要な役割を果たしていることがあげられる。植民地早期から社会救済を始め、現在においては福祉サービス全体の五割以上を提供することから考えると、宗教団体は香港の福祉制度にとって不可欠であるといっても過言ではない。なぜ香港の社会変遷のなか、宗教団体と社会福祉が深く関わってきたのか。香港の福祉理念・制度の発展を六つの時期に分けて説明したい。

二―一　初期イギリス植民時代（一八四二―一九四一）

十九世紀半ばまで、香港は中国南部の小さな漁村だった。アヘン戦争での敗戦によって、中国清政府は一八四二年にイギリスと「南京条約」を締結し香港島を割譲した。一八六〇年のアロー戦争での勝利によって、イギリスは「北京条約」でさらに九龍半島を獲得した。その後、一八九八年には中国と「新界租借条約」を結ぶことで新界を租借し、その期間は九十九年であった。イギリス植民統治下に置かれた香港島、九龍半島、新界の三つの地域はい

わゆる「英属香港」(British Hong Kong)となったのである。(1)

イギリスによる統治初期において、貧困や病に苦しむ人々の救済は早急に対応すべき社会問題であった。当時、中国南部から避難や出稼ぎのために来た移民が多く、このような人たちは家族と離れ、新しい社会では誰にも頼れない環境に置かれていたのである。移民たちの生活問題が深刻化する一方、植民地政府は問題の解決に対しては消極的であった。それは当時の植民地政府が資源不足であり、なおかつ香港社会の発展に対して長期的ビジョンをもっていなかったことが原因である。政府の代わりに、キリスト教団と華人慈善組織は社会救済を積極的に行った。

カトリックとプロテスタント教会は植民地時代初期から様々な社会救済・福祉を提供し始めた。まずカトリック教会の例としては、聖パウロ修道院(St. Paul's Convent Church)が一八四八年にシャルトル聖パウロ修道女会を創立し、それが香港の歴史のなかで最初の孤児院と老人ホームであった。つづいて、一八五四年に聖パウロ学校、一八九八年に聖パウロ病院が設立された。その後、カノッサ修道女会(Canossian Daughters of Charity)が香港で活動を始め、一般市民に対して教育や医療サービスの提供を行った。その後、一八六〇年にイタリアン修道院学校(その後、嘉諾撒聖心書院)と培貞中文学校、一九二八年に聖フランシスコの病院が開設された。メリノール宣教会(Maryknoll Fathers)は一九二〇年に香港で布教活動を始め、セントルイス工芸学校を運営し、一年後にはメリノール女子修道院(Maryknoll Sisters)も香港において教育と宣教活動を開始した。一九三七年になると、プレシャスブラッド・シスターズ(The Precious Blood Sisters)がプレシャスブラッド病院を設立した。

プロテスタント教会による社会福祉活動は植民地時代初期の香港でもよくみられた。一九〇一年に、中華キリスト教青年会(YMCA)が香港で設立され、一般の華人に教育の機会を与えるために一九〇八年に漢文學校(その後、中華キリスト教青年会中学校)を開設した。キリスト教女子青年会(一九二〇年)、救世軍(一九三〇年)、キリスト教児童基金(一九三八年)などの他のキリスト系組織もつづいて香港で活動を始め、社会救済と福祉を行った。

各キリスト教団による福祉サービスを調整するために、「教会ソーシャル・サービス協会」(Social Service Centre of the Churches)が一九三六年に設立され、家族等に対する社会福祉や物資の支援の強化を行った(Webb 1977: 134-5)。一九四七年に、このキリスト教を主とした協会は、ほかの世俗的な組織や宗教福祉組織と協調し、「香港ソーシャル・サービス協会」(Hong Kong Social Services Council)に発展した。現在、この協会は四四四の福祉組織メンバーをもっており、香港全体の九割の福祉サービスを提供している。そのなかでキリスト教系は大きな存在であり、約百組織ある(Hong Kong Social Services Council 2016)。

キリスト教団のほかにも、植民地政府は団防局、東華三院、保良局などの地元の華人団体を利用し、社会福祉を提供させていた。こうした団体は政府に親しい関係をもち、地元の人によく知られていた華人商人によって成立され、一般香港市民と政府の橋渡しの役割も果たしていた。このように、キリスト教会や地元華人団体を通じて、植民地政府は市民に対して負うべき社会福祉の負担を減らし、一般市民の管理をも有効に行っていた(Chan 2011: 66)。

二―二　第二次世界大戦と日本統治時代(一九三七―一九四五)

一九三七年に日中戦争が勃発し、翌年には広州が陥落した。多くの人が戦火から逃げるために、香港に避難した。キリスト教会を含む福祉組織が「香港緊急難民委員会」を成立し、避難施設、衣服、食べ物を提供した。一九三九年に、この委員会は植民地政府と協力し、「難民救済及び福祉連合会」を成立し、中国大陸から来た避難者に対して社会救済を行った。一九四一年に香港が日本軍に陥落し、日治時代が始まり、連合会の活動はすべて禁止された。華人団体である東華三院と保良局は、資金と医療品が不足していたにもかかわらず、できる限りの慈善活動を続けた。日本軍政府は多くの宗教団体の施設を没収したが、キリスト教が香港の主な宗教であると判断し、社会の混乱を防ぐために、教会による一部の社会救済・宗教活動を許可した(Kurata 2009)。キリスト教会は様々な制限の下に、学校・孤児院・老人ホームを運営し、教育や社会福祉へ貢献しつづけていった。

二-三　戦後の人口急増の香港社会（一九四五―一九六〇）

戦後の香港社会は混乱し、多くの人が生活費を稼ぐことさえ困難で、救済が必要とされた緊急状況にあった。また、戦後の香港は人口爆発社会でもあった。中国各地で次々と激しい内戦が起こり、大量の人が香港へ避難した。内戦が共産党の勝利によって終わり、一九四九年に中華人民共和国が成立した。国民党関係者および共産政権の恐怖から逃げようとした人たちは、近くの台湾や香港へ避難した。移民が続々とやってきて、香港の人口は一九四五年から一九五〇年までの五年間にかけて、六十万人から二百三十万人に急増した。さらに、一九五〇、六〇年代に毛沢東が主導した大躍進政策による大規模な飢饉、また一九六六年から一九七六年まで起こった文化大革命によって、中国の経済・文化・市民生活は徹底的に破壊された。こうした大陸部で発生した持続的な社会・政治不安は、香港への移民ブームが八〇年代まで続く原因となった（図9-1）。また、移民のなかには結婚適齢期の青少年・壮年の人が多く、家族をつくることによって人口がさらに増加した。終戦直後の社会秩序の回復と福祉需要への対応は当時植民地政府にとって最も重要な課題であった。

当時の香港政府は一九四七年に「社会福祉局」を設立し、食糧、衣服、学校などの公共サービスを提供した（Hong Kong Government 1952: 111）。ところが当時の政府は、資源不足や人口爆発の原因で、より全体的・長期的な福祉制度を展開することが不可能と判断した（Hong Kong Government 1973）。また、政府は福祉より経済発展を優先し、公共福祉を行おうとするモチベーションと長期的なビジョンをもっていなかった。社会福祉を軽視する立場をもった当時の政府については、次のように指摘されている。

福祉の提供が不足している原因は、（政府が）民衆に対する道徳的コミットメントの欠如、政策の制定過程に

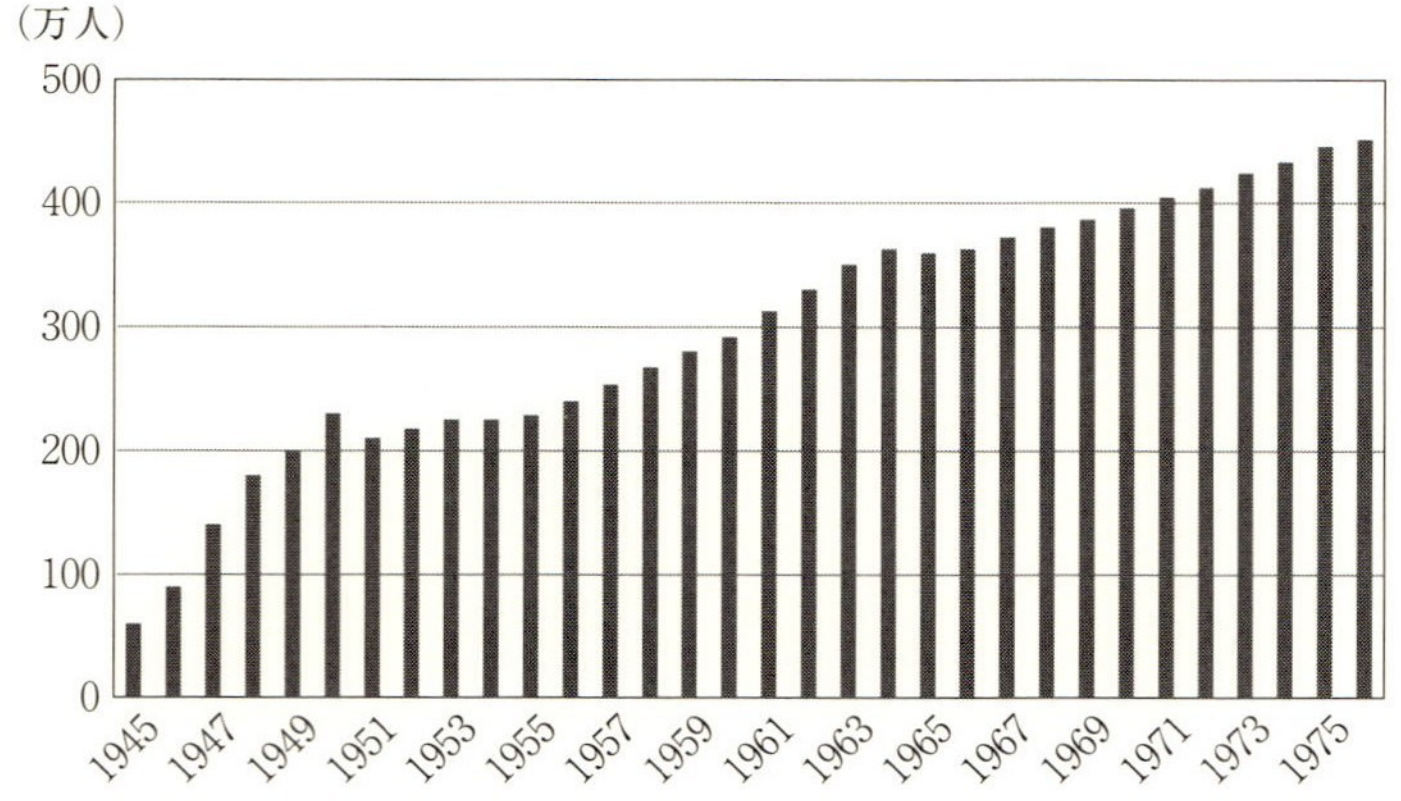

図 9-1　香港の人口推移(1945〜1976 年)　　出典：Ying(2002)

おける商工業に従事する資本家の強力な支配力、政府の財政・制度的能力の欠陥といったことにある。こうした状況において、植民地政府は市民に福祉サービスを提供する決意も能力もない(Lee *et al.* 2013: 69, 筆者訳)。

また、社会福祉が発展しないもう一つの理由は、手厚い福祉制度が中国大陸からの難民をいっそう引き寄せる要因となる可能性が高く、人口圧力が強まっている香港の社会福祉にとってさらなる負担となると政府が考えたからである(Jones 1990)。以上の原因で、政府による社会救済・福祉は非常に限られており、戦後の人口爆発による食糧、住宅、衛生、医療、教育、労働などの問題に対応することができなかった。

政府の社会福祉への消極的態度を見た民間団体は、自らの力で貧困者の救済を行おうとした。そのなかで、キリスト教団を主とした多くの国際組織は人員や物資を香港に調達し、難民の基本生活を保障するための緊急救済を展開した。一九五二年、各キリスト教組織の力を統合するため、「香港キリスト教福祉および救済評議会」が設立された。そのなかにはアメリカ・バプテスト宣教団、アメリカ・フレンズ奉仕団、メソジスト教会世界宣教局海外災害支援部、聖公会、ルーテル・ワールド・サービスなどの組織が含まれている。さらに、人口爆発による教育・福祉サービスの莫大な需要に対応するため、政府は学校や病院などの施設の開設・運営について宗教団体（主にキリスト教団）に協力を求めた。政府は福祉施設の建設・運営に関わる費用を補助し、実際の施設の管理やサービスの提供を宗教団体に任せていた（Kwong 2000: 50）。このように、政府と宗教団体の間にある種の協力関係が形成され始めた。また、一九五八年時点で民間福祉団体の包括的組織である「香港ソーシャル・サービス協会」の七十団体会員のうち、二十三組織がキリスト教に属していたことから考えると、キリスト教はすでに当時の社会福祉において重要な柱になっていたと考えられる（Ying 2002: 61）。

この時期に、政府は福祉負担を減らすために、宗教団体の力を求めたのみならず、華人社会で重要視された親孝行の伝統もできる限り利用しようとした。政府は道徳復興運動、青年道徳運動などの伝統・道徳教育を通じて、福祉の責任が個人・家庭にあるということを強調した。国が解決すべき社会問題は、結局個人と家族の問題に帰結されるようになった（Lee *et al.* 2013）。社会福祉の不足を満たすため、政府が行わないことは民間団体が行うしかなかった。こうしたことから、一九五〇、六〇年代は民間慈善団体の発展の「ゴールデン・ディケイド」とも言われている（Webb 1977: 133）。

公共福祉サービスが人口の持続的成長によってますます期待されたなか、植民地政府はついに一九六五年に、初めての福祉白書「香港社会福祉の目標および政策」を発表した。しかしこの白書は、政府従来の保守的立場をもう一度述べるものにすぎなかった。すなわち、一般の人は自らの能力で、または家庭内のサポートを求め、福祉に関する問題は個々に解決すべきだということを再び強調した。白書には次のように書かれている。

> 華人の伝統では、貧困、過失、病気、自然災害などの場合に必要とされる社会福祉処置が、個人のことであり、理想的には、家族で解決すべきである。可能なすべてを行い、この家庭責任の精神を支援・強化するのが、香港の社会および経済を考えるうえで望ましいことである（Hong Kong Government 1965: 6, 筆者訳）。

また、白書では政府の経済優先政策が明らかにされた。経済発展が最優先とされ、この目的を支える分だけの福祉政策を行うべきだとされている。

香港社会の現状は、(政策の)優先順序を決定しなければいけない。この背景において、政府は社会の経済的ウェルビーイングに直接に貢献できるような政策を促進・発展しなければならない(Hong Kong Government 1965: 6, 筆者訳)。

慈善団体の役割は地元・海外の資金を引きつけ、社会福祉サービスを提供するということだと白書で述べられている。そのため、政府はただ自らの福祉負担を減軽するために慈善団体を利用したのではないかと批判されている(Chow 1984: 50)。要するに、この時期の福祉政策は、政府の消極的立場、個人・家族の責任の強調、民間慈善団体への依存の三つの特徴にまとめられる。

二-四　経済発展による格差と社会不安――スターフェリー暴動と六七暴動

一九六〇年代の工業化によって、香港の経済が持続的に成長し、多くの人の収入と生活が改善された。本来、香港へ一時的に避難に来て、戦争が終わってから中国大陸に戻ろうと思っていた多くの移民たちは、中国の社会的不安と香港の経済発展がもたらすメリットを考えたうえで、香港に定住することにした。一方、急速な現代化・経済発展によって、香港は資本主義・能力主義社会へと転換し、個人の能力や社会的地位の上昇・生活における物質的な充実・現世利益の追求などの「個人」が強調される社会となっている。こうした個人主義への変化は、隣人やコミュニティに基づいた伝統的・インフォーマル紐帯を弱体化した。また、社会全体が豊かになりつつあるなか、一部の人々は社会の繁栄の恩恵を受けることができなかった。経済的不平等による格差社会が生じ始めたが、政府は保守のまま福祉支出を控え、経済発展により富裕層を富ませれば貧困層の経済状況が改善する、いわゆる「トリクルダウン理論」を信じていた。社会問題の解決は個人と家族の責任だと、政府と主流社会は強調しつづけた。

六〇年代後期は香港の社会福祉発展の分水嶺である。一九六六年に、植民地政府がスターフェリーという香港島と九龍を結ぶ交通機関の料金を二十五パーセント上げ、一般市民の生計に大きな影響を与えた。その結果、「九龍暴動」という一連の社会変乱が起き、平和的なデモが二日間も続いた街頭暴動になり、デモ参加者の一人が死亡、四人が負傷、二一五人が警察に逮捕されるという結果になった。一年後、香港の共産党擁護者は毛沢東が中国大陸で発起した文化大革命の呼びかけに応じ反英運動を行い、運動が大規模な社会暴動にまで激化した。この一九六七年に起きた暴動は、「六七暴動」とされている。結局、警察・抗議運動参加者・一般市民を含め五十二人が死亡し、数百人が負傷した。

九龍暴動と六七暴動の発生後、政府は社会問題の根本的原因を検討した。「九龍暴動報告書」で、暴動の主因は貧困と失業問題であり、さらに社会への帰属意識の弱さと生活上の不安感が暴動を激化させたと認めた。報告書では、政府が社会の構造的欠陥を修正するための厳格な対策をとるべきであり、一般市民の生活水準を向上させ、福祉・娯楽施設を整備し、青少年に社会参加の機会を与え帰属意識を強化すべきだと述べられている(Hong Kong Government 1967, quoted in Leung and Chan 2003)。一連の暴動は植民地政府の福祉政策を見直す契機だったと考えられる。

二-五　福祉制度の本格的な展開(一九七〇―一九九〇)

一九七三年、政府は二回目の福祉白書「香港の社会福祉：展望」とその補足資料「香港の社会福祉発展の五年計画：一九七三―一九七八」を発表した。資料のなかで注目されたのは、政府が民間団体(ＮＧＯ・ＮＰＯ・それに宗教関係組織ＦＢＯ）が香港の公共福祉サービスに大きく貢献してきたことを認め、そして、こうした慈善団体に対する財政的支援を増加すると約束したことである。

社会保障・福祉の改善も進んでいる。一九七一年から、六年間の義務教育の提供が開始された。一九七三年には、貧困・病・障害などの原因で生活できない人のための公共援助（その後、総合社会保障援助とよばれる制度に発展した）と高齢者補助、また経済的に豊かでない人でも家を持てるように十年の公共住宅計画が実施された。格段に安い医療サービスを提供する公共医療制度も制定された。当時のマクレホース総督（Crawford Murray MacLehos）は教育、医療、住宅供給およびソーシャル・サービスは香港の社会保障の「四つの柱」であると明示している（高二〇〇五）。

一九七九年、政府はさらに「一九八〇年代への社会福祉」という白書を発表した（Hong Kong Government 1979）。そこでは、社会福祉サービスの水準と多様性を確保する最終責任は、政府にあるとされている。この目標を達成するために、政府には以下の三つの役割があるとされた。①社会福祉サービスの発展を管理・協調し、サービスの実際の運営を監督する。②適切な社会保障制度を導入する。③社会福祉サービスを提供する団体に十分な財政的支援を与える。白書の論調は社会福祉の必要性と政府の責任を明らかにし、宗教慈善団体の発展をさらに推進したと考えられる。

一九八〇年に入り、社会福祉を改善するための特別委員会は「社会福祉サービスの提供と補助金制度に関する報告書」を政府に提出した。報告書では、社会福祉を行う慈善団体の人件費・行政費を政府がすべて負担するという提案がなされ、その後政府に採用された（Hong Kong Council of Social Service 1980）。政府の支援を得ることは、民間非営利組織が官僚制度の一部になるのではないかという批判もあったが、政府と慈善団体の協力関係を強化することによって、社会福祉の有効で効率的な提供を保証できるというメリットもあると考えられる（Lam and Perry 2000）。そまた、一九八一年になると、政府は聖公会、カトリック教会、プロテスタント教会のリーダーと協定を結んだ。その内容は、キリスト教団が新しい教会を建てるとき、施設内で福祉サービスを提供できれば、その建築申請が通りやすいというものである。こうした「教会・福祉施設」は、日常はソーシャル・サービスを運営するが、週末や営業時間以外に福祉の提供を妨害しない限りは、礼拝・集会などの宗教活動を行う場所になる。この協定によって政府とキリスト教との協力関係はさらに強化され、現在でも多くの福祉施設が教会によって提供されている。

このように、本来、社会救済・福祉に積極的に参加している宗教団体は正式な補助金制度の下に、政府とある種の「契約協力関係」になってきた。実際に、補助金制度の導入は宗教慈善団体の財政的源泉を確保し、特に八〇年代に入って運営難に直面したキリスト教慈善組織にとって極めて重要な制度であった。戦後の混乱期と人口爆発期に入った香港は、社会福祉の不足で、欧米諸国から多くの国際キリスト教団が支援しに来た。しかし、七〇年代の経済成長期に入ってから、こうした国際キリスト教団体は安定した香港から、緊急の救済が必要なほかの東アジア地域に活動の場所を移していった。そのため、香港のキリスト教組織は海外の母団体からもらえる資金がだんだんと減っていき、財政的に厳しい状況に陥った。補助金制度の導入はちょうどキリスト教慈善団体の財政難を解決したと考えられる(Chan 2002: 361)。

一九八〇年代後半に入ると、鄧小平が提唱した改革開放政策によって、中国大陸は外資が入りやすい環境になってきた。人件費などのコストが相対的に低いことに加え、多くの工場が大陸に移動し、香港は脱・工業化が進んでいた。製造業からサービス経済(金融、観光、貿易など)へと転換するなか、非熟練労働者と学歴の高い人の収入の差が大きくなってきた。政府は深刻化する経済不平等を緩和するために、経済発展による財政剰余を利用し、教育、ソーシャル・サービス、住宅や医療に関わる福祉支出を増加した。こうした社会福祉サービスの多くは、現在までもカトリック教会のカリタス、プロテスタント教会の香港クリスチャン・サービス、聖公会の聖公会福祉委員会などのキリスト教系慈善団体によって提供されている。

二-六　返還後の社会福祉政策とその挑戦と機会（一九九七―）

一九八四年に、中国とイギリスは「中英連合声明」を発表し、一九九七年七月一日をもって香港が中国に返還されることを決定した。現在、香港は正式には「中華人民共和国香港特別行政区」と呼ばれ、「一国二制度」の方針の下に、外交と防衛を除いた経済・社会・法律などの分野で高度な自治権をもち、そして資本主義制度と生活様式について五十年間は変わらないことが認められている。現在香港の社会福祉を支えているものは、社会保障、義務教育、公共医療制度、ソーシャル・サービスの四つに大きく分けられる（図9-2）。宗教団体が、いぜんとして義務教育、公共医療制度、ソーシャル・サービスの三つの分野において政府の主な協力者として積極的に貢献している。宗教団体による社会福祉が継続できる理由の一つは、次のように返還後でも宗教福祉団体を含む民間福祉団体への公的補助が維持されることが、香港の憲法に相当する基本法の第一四四条で決められているからである。

香港特別行政区政府は従前の教育、医療衛生、文化、芸術、娯楽、体育、社会福祉、社会工作などに対する資金援助政策を維持する。特別行政区が成立する以前から香港で援助機関に勤務していた人員は従前の制度に基づき継続雇用される。

また、香港政府が宗教福祉団体を含む民間慈善団体に対して、肯定的な態度と実質的な支援を続けていることが返還後の「施政報告」からみられる(2)。一九九七年から二〇一五年の「施政報告」では、政府が民間慈善団体との協力関係および補助をさらに強化するとしている。また、初代行政長官の董建華は、特に政府と民間団体との協力関係を熱心に促進していた。例えば、彼は二〇〇〇年度の施政報告でこのように述べた。

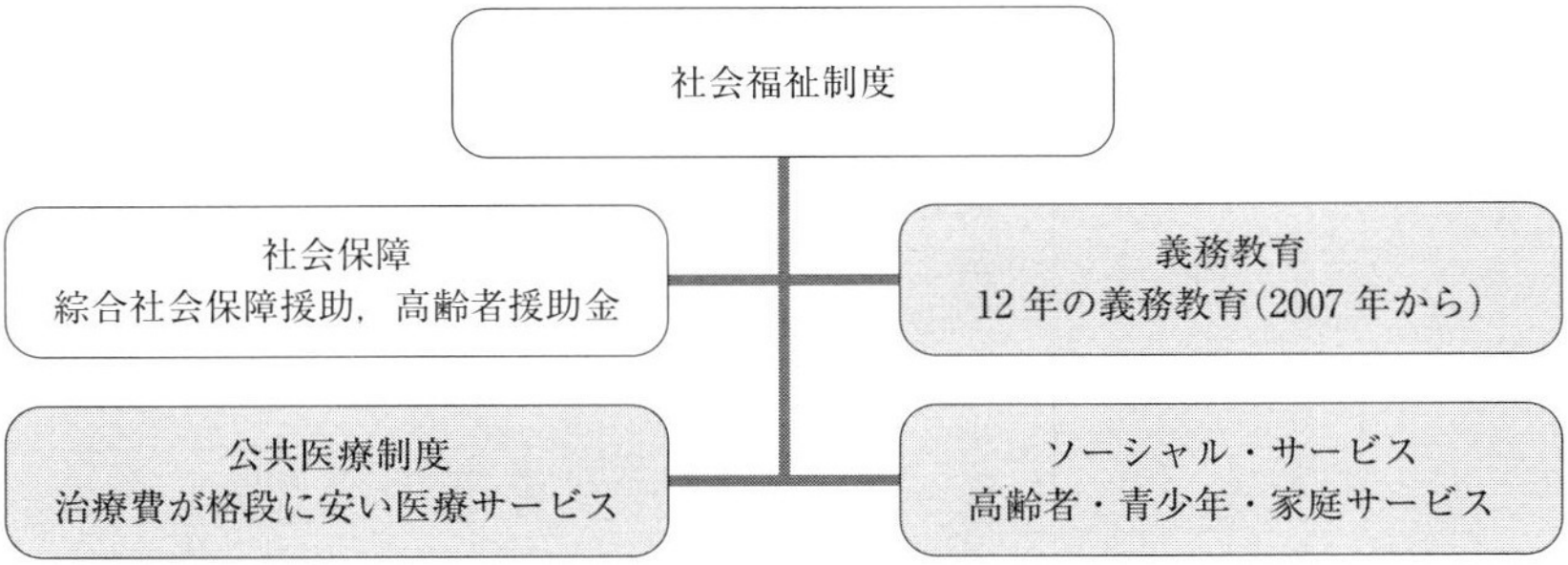

図 9-2　香港の福祉制度の四大柱(灰色は宗教慈善団体が活躍している分野)

> 非営利・慈善サービスは、市場と政府以外のもので、よく第三セクターと言われている（中略）香港の民間慈善組織は様々なサービスを提供してきたが、サービスの質・量をさらに向上させる潜在能力を持っている（中略）私たち（政府）はこのような組織との協力関係を一層強化し、よりよき香港の未来のために努めよう。

また、曾蔭権二代目行政長官もしばしば政府と福祉団体との協力の重要性を強調していた。非営利組織の福祉施設の開設から社会事業への参加まで、積極的に支援を行う態度を示した。三代目行政長官の梁振英が就任した後に、二〇一四年度から二〇一五年度までの総福祉補助金額をみると、約二パーセントの増加がみられた。特に、宗教系福祉組織への補助金額は四二・七パーセントから四二・八パーセントに微増し、キリスト教組織はその内の約九〇パーセントを獲得した（Social Welfare Department 2015）。これをみると、政府はいぜんとして民間組織、特にキリスト教に社会福祉の提供を依存していることがわかる。

二十一世紀に入り新しい社会・政治環境によって、社会福祉の発展は新たな問題に直面している。まず、宗教団体の社会福祉は少子高齢化によってさらに発展できるチャンスにある。香港の高齢化率は一九八七年から二〇一三年までの三十一年で七パーセントから一四パーセントに上昇し、いわゆる高齢化社会になった。六十五歳以上の人口は、現在は約百万人だが、二〇四一年には二百六十万人になると推計されている。高齢者扶養に関しては、労働人口（十五―六十四歳）が減少することによって、一九八一年には生産人口十人で一人の高齢者を支えていたのが、二〇一一年にはこの比率が五：一、さらに二〇四一年には二：一にもなると予想されている（Third Quarter Economic Report 2013）。また、香港の居住形態をみると、二〇〇一年から二〇一一年にかけて、子どもと同居の高齢者の割合が五六・八パーセントから五一・一パーセントに減少し、その一方で高齢者の一人暮らしおよび高齢者夫婦が二九・七パーセントから三六・三パーセントに増大している（Census and Statistics Department 2011. 2012）。香港の老人介護は、儒教の伝統に基づいて同居する家族が担ってきたが、少子化の進行、世帯規模の縮小と同居率の低下による介護の担い手の減少のため、家族同居による老親介護の伝統は急速に変化しつつあるように思われる。このような背景により、従来福祉を多く担ってきたキリスト教会による高齢者サポートはさらに期待されていると言えるだろう。

以上、植民地時代から現在まで香港の社会福祉の理念・政策の変化から、宗教団体、特にキリスト教はどのようにして教育、医療、ソーシャル・サービスの分野で政府の重要な「福祉協力者」として働いてきたかについて考察した。宗教団体が福祉活動において活躍している主因としては、植民地政府の保守的福祉方針、個人能力と家庭責任の強調、民間慈善団体への依頼の三つがあげられる。要するに、香港の社会福祉の発展において、キリスト教団は最初、政府がしたくない、あるいはできない社会救済を行うことを中心としたが、一九七〇、八〇年代の福祉制度の改正と補助制度の確立によって、「協力者」の形で政府にさらに依頼・補助され、様々な福祉サービスを実施できるようになってきたのである。二十一世紀になると、少子高齢化進む香港社会においては、宗教団体による社会福祉が期待される一方、「脱植民地化」がキリスト教に対する負の影響も今後重要な課題であろう。

宗教団体が政府の福祉協力者となった背景については以上で説明した。ここからは伝統宗教とキリスト教の二つに分けて、社会福祉を行う代表的な宗教団体について紹介したい。

三　社会福祉を行う宗教団体

三-一　伝統宗教

(1) 香港仏教連合会

香港への仏教の伝来は四世紀と推定される。最初の仏教寺院は新界の屯門と元朗で、四二八年に禅宗の僧侶に建てられたという記録がある。その後、禅宗と浄土宗が主要な宗派として発展したが、二十世紀になる前には正式な仏教組織はなかった。一九二〇年から、太虚太師の布教によって多くの人が仏教に帰依し、仏教組織も成立され始めた。戦後の一九四五年に、地元の僧侶は日本の僧侶・津木二秀から四階建ての建物を接収し、そこで香港仏教連合会を成立した。戦争孤児の保護や教育が非常に大きな問題だと認識した仏教連合会は、中華仏教義学を開設し子どもに教育を提供した。七〇年代から、連合会のサービスは医療、高齢者ケア、青年サービスなどに広がった。現在、仏教連合会は香港全体の寺院と仏堂を包括する最大の仏教組織である。出家者と在家信者を合わせると一万人いる。仏教の信者は、一九八八年には香港の人口の約六パーセントだったのが、一九九五年には人口の約十二パーセントに増えたという統計もある(Cheng and Wong 1997: 310)。また、政府の統計によると、現在仏教を信仰する人は百万人(人口の約一四パーセント)もいる大きな存在である(Hong Kong Factsheet 2015)。

現在、仏教連合会は病院、学校、青少年・高齢者・育児施設など幅広くサービスを提供している。例えば、病床数が二八五ある香港仏教病院が一カ所、中学校が十三カ所、小学校が八カ所、幼稚園が七カ所ある。仏教連合会ではなく、一般信者である慈善家によって開設された福祉施設は、中学校が二十五カ所、小学校が二十一カ所、幼稚園が十一カ所ある。二〇一〇年には、仏教連合会は三カ所の漢方院や日間育児施設の運営を開始した。近年、政府の補助金を得て、高齢者施設のサービスを拡大し、二七六人の収容力をもつ老人ケア施設、三カ所の高齢者の健康増進・教養の向上・レクレーションのための老人センターも運営している。

（2）香港道教連合会

香港の道教には三つの源流があるとされている（黎 二〇一一：三五九—三五七）。一つめは珠江デルタと広州から来た「道堂」と呼ばれる民間道教教団であり、一九六〇年代に香港道教連合会に統合され慈善活動を行っている。二つめは道教の正一派に属している道士で、個人の形で道堂を運営する場合が多い。三つめは村落にある祠堂や村廟で、ほとんどは新界の村人に共有されるが、政府の管理下に置かれるものもある。九〇年代には、こうした道教の廟や道堂が三百カ所以上存在した。約百カ所は一九六一年に成立された香港道教連合会に所属している。現在、道教の信者は数万人いるとされている（Irons and Melton 2008: 125）。また、道教の伝統が強い民間信仰も含めると、信者は百万人もいる（人口の約十四パーセント）（Hong Kong Factsheet 2015）。道教連合会の社会貢献は教育を中心としており、中学校と小学校をそれぞれ五カ所、幼稚園を六カ所運営している（道教連合会ホームページ）。

（3）嗇色園と円玄学院

仏教と道教のほかに、「三教」という伝統信仰も香港で流行している。三教とは、仏教・道教・儒教の教えと習俗で構成された信仰である。三つの宗教伝統をもつが、三教団体は多くの場合に道教に分類され、道教連合会にも所属している。社会福祉を行う最も知られている三教組織は嗇色園と円玄学院である。

一九一五年に、広東省から香港へ移民した道士は、黄大仙という道教の神を持ってきた。最初は香港島の小さな廟で供養されたが、道士が神託を受け、一九二一年には黄大仙廟を九龍に移動し、嗇色園という管理組織を創立した。私的な施設であったこの黄大仙廟は、一九五六年に一般に開放された。一九六五年から、嗇色園は民間慈善団体として政府に登録し、様々な社会福祉を行ってきた。現在、中・小学校を八つ、幼稚園・育児施設を六つ開設し、生徒数が一万人と職員が八百人いる。また、高齢者に向けて老人ホームを五カ所と老人センターを十二カ所運営している（嗇色園ホームページ）。

円玄学院は一九五〇年に新界に創立された仏教・道教・儒教に奉納する大きな宗教施設である。一九五六年に、民間慈善団体として登録し、三教の信仰を普及しながら、社会福祉活動も行っている。現在、四つの中・小学校と五つの幼稚園を運営している。また、老人ホーム、老人センターを二つずつ保有し、デイケアセンターを通じて、高齢者サービスを提供している（円玄学院ホームページ）。

三-二　キリスト教

（1）カトリック教会

カトリック教会は一八四一年から香港の宣教活動を始め、一九四六年に香港教区が成立した。二〇一三年のデータからみると、信者数は約三十八万人であり、聖職者は約八百五十人いる。信者数は香港の人口の約五パーセントしか占めていないが、カトリック教会は香港の社会福祉において重要な役割をしている。現在、カトリック教系の福祉施設は、学校が二五二カ所あり、病院が六つ、幼稚園・育児施設が十六カ所、老人ホームが十四カ所、老人センターが十六カ所、青少年施設が二十二カ所存在する。また、カトリック香港教区の下に、カリタスという福祉組織が設置されている。一九五三年に成立されたカリタス香港は、戦争で生活が疲弊し苦しんでいる人たちを支援することを目的としていた（Caritas Hong Kong 2014）。その後、社会変遷のなかで生じた新しい需要に応じて、社会救済を主としたカリタスはソーシャル・サービス、教育、医療、コミュニティの発展支援など多様な社会福祉サービスを提供し始めた。現在、カリタスが運営している福祉施設は三百カ所あり、五千五百人の正規職員を雇い、一万人以上のボランティアによって支えられており、カリタスは香港で最も大規模な宗教慈善団体でもある。また、カトリック香港教区は一九七七年に「カトリック教正義平和委員会」という組織を成立し、様々な社会・政治問題について政府に提案し、座談会、ワークショップ、デモ、声明などの方法で社会福祉の改善を提唱している。

（2）プロテスタント教会

プロテスタント教会の香港での布教活動は植民地時代の開始とともに進んでいた。一八四二年から、欧米の宣教師が香港に到来し宣教と社会救済を行った。そして一九四〇年代中国の共産政権の成立によって、多くの宣教師は大陸から追い出され、香港で活動するようになってきた。戦後、社会救済・福祉への貢献が多くの市民に認められ、プロテスタント教会は急速に成長していった。一九七〇年代になると、中国からの難民が減少し、香港は社会救済が必要とされる時代から安定した経済発展期に入った。社会救済を受ける人が減少した関係で、プロテスタント信者数の増加のペースも緩んできた。香港教会更新運動の二〇〇九年の調査によると、洗礼を受けた信者は約四十八万人で、人口の七パーセントを占めている。現在、プロテスタント教は五十以上の宗派、千四百の会衆（信徒集団）、三十の神学院・聖書学校、約二百五十のキリスト教組織を有している（Irons and Melton 2008: 39-41）。バプテスト、聖公会、メソジスト、ルター、長老派、ペンテコステなどの主流教派は香港で支部を設置している。地元の教派としては、中華キリスト教会などもある。こうしたプロテスタント教会は専門部門を成立し社会福祉を行うことが多い。例えば、聖公会の聖公会福祉委員会、ルター教会のルター・ソーシャル・サービス、メソジスト教会のヤン・メモリアル・ソーシャル・サービスがよく知られている。

宗派別の福祉組織以外、宗派を超えた福祉組織もある。その代表例としては、クリスチャン・サービスがあげられる。戦後、プロテスタント教会の力を統合するために、一九五二年に「キリスト教福祉・救済協会」という包括的福祉組織が設立された。一九六七年に、この協会は「香港チャーチ・サービス」という組織と合併し「香港クリスチャン・サービス」となり、一九七六年からプロテスタント包括的組織である「香港クリスチャン委員会」の社会福祉部門となった(香港クリスチャン・サービス 2005-2014)。福祉補助金を申請しやすくするため、一九八六年に「有限責任会社」として政府に登録した。現在、高齢者、青少年、家庭に向けてのサービスを提供するユニットは九十個あり、一万七千のスタッフを雇っている。

香港のプロテスタント教による福祉サービス・施設の全体として、六百三十以上の学校(幼稚園・小・中)、三つの専門学校、五つの病院、二百以上のサービス・センターなどがあり、教育・医療・社会福祉に大きな役割を果たしていると考えられる。

四　比較のまとめ

以上から、香港の福祉制度において宗教団体が重要な役割を果たしていることが明らかである。ここでさらに注目したいのは、各宗教による社会福祉の規模の差である。表9-1はキリスト教、仏教、道教、および三教による教育、医療、ソーシャル・サービスの福祉施設数をまとめたものである。カリタスとクリスチャン・サービスによる福祉施設は合計一二四四カ所であり、伝統宗教組織の仏教連合会・道教連合会・嗇色園・円玄学院による施設数の合計の約十倍に相当する。この巨大な差から、キリスト教が圧倒的に福祉サービスを提供していることがわかる。

詳しくみると、二〇一二年度、九百七十の小・中学校のうち、五一八校はキリスト教系で(約五十三パーセント)、仏教系と道教系はわずか二十七校(約三パーセント)と九校(約一パーセント)である(Primary/Secondary School Pro-

表 9-1　キリスト教と伝統宗教による福祉サービスの規模

	キリスト教	仏　教	道　教	三　教
福祉提供者の代表例	カリタスクリスチャン・サービス	仏教連合会	道教連合会	嗇色園 円玄学院
教育（小中学校・幼稚園）	897	28	16	24
医療（病院・クリニック）	24	4	0	1
ソーシャル・サービス（家庭・青少年・高齢者等）	323	6	0	22
合　計	1,244	38	16	47

出典：各宗教団体のホームページおよびKwong（2000）により筆者作成。

file 2012-2013）。また、香港社会において「伝統名校」（伝統と名声もある学校）と評される小・中学校、高校は、ほとんどキリスト教会によって設立されたものである（例えば聖スティーブン・カレッジ、メリノール宣教会学校など）。このことからもキリスト教が現在まで教育の提供において非常に重要な役割を果たしていることがわかる。また、表9-2、9-3は香港社会福祉署による高齢者福祉施設に関する二〇一四年のデータを整理したものであり、多くの施設は宗教団体によって運営されていることがわかる。約五十パーセントの収容施設（老人ホーム等）と約六十パーセントのコミュニティケア施設（老人センター等）が宗教福祉組織の施設である。また、キリスト教は約三十三パーセントの収容施設と五十四パーセントのコミュニティケア施設を運営するのに対し、仏教・道教・三教は合わせてもわずか約十五パーセントと七パーセントである。

また、キリスト教と伝統宗教による社会活動の違いは、施設数のみならず、政府から受けた福祉補助金額にも反映されている。表9-4は二〇一四年度と二〇一五年度政府に登録した民間福祉団体の数と分配される補助金を示している。一七〇団体のうち、八十カ所は宗教系福祉組織で、九十カ所は一般団体である。宗教系組織への補助金額は全体の四十パーセント以上を占めている。そのうえ、団体数と補助金額を宗教別に分けてみると、キリスト教と伝統宗教の差がさらに明らかになる。まず、八十宗教組織のうち、キリスト教関係の団体は六十七組織あり、仏教系は八カ所、道教系（三教を含む）は五カ所である。また、宗教団体が獲得した総補助金額のうち、約九十パーセントがキリスト教系組織に分配された。仏教系と道教系組織

表 9-2　宗教団体・NGO/NPO による地域福祉施設(2014 年)

	キリスト教		仏　教		道　教		三　教		イスラム		その他の NGO/NPO		合　計	
	数	%	数	%	数	%	数	%	数	%	数	%	数	%
政府補助ベッド	5,345	29.2	1660	9.1	230	1.3	1215	6.6	0	0	9,846	53.8	18,296	100
非政府補助ベッド	2,359	44.0	478	8.9	0	0	217	4	52	1.0	2,254	42.1	5,360	100
計	7,704	33.0	2,138	9.0	230	1.0	1,432	6.1	52	0.2	12,100	51.1	23,656	100

出典：香港福祉局より筆者作成(http://www.swd.gov.hk/en/index/site_pubsvc/page_elderly)

表 9-3　宗教団体・NGO/NPO による地域福祉施設(2014 年)

	キリスト教		仏　教		道　教		三　教		その他の NGO/NPO		合　計	
	数	%	数	%	数	%	数	%	数	%	数	%
高齢者コミュニティセンター	23	56.1	0	0	0	0	2	4.9	16	39.0	41	100
高齢者センター	62	52.5	3	2.5	0	0	9	7.6	44	37.2	118	100
ソーシャルセンター	26	51.0	2	3.9	3	5.9	0	0	20	39.0	51	100
サポートチーム	23	56.1	0	0	0	0	2	4.9	16	39.0	41	100
デイケアセンターユニット	28	41.8	2	3.0	0	0	2	3.0	35	52.2	67	100
ホーム・コミュニティセンターケアサービスチーム	13	54.2	0	0	0	0	0	0	11	45.8	24	100
計	175	51.2	7	2	3	0.9	15	4.4	144	42.1	342	100

出典：香港福祉局より筆者作成(http://www.swd.gov.hk/en/index/site_pubsvc/page_elderly)

表 9-4　民間慈善団体に分配した補助金（2014 年度と 2015 年度）

類型		数	2014 年度		2015 年度	
			総補助金額	平均補助金額（組織ごとに）	総補助金額	平均補助金額（組織ごとに）
宗教団体のみ	①キリスト教	67	4,528,887,495（89.87%）	67,595,335	4,618,813,729（89.86%）	68,937,518
	②仏教	8	289,980,825（5.75%）	36,247,603	293,477,689（5.71%）	36,684,711
	③道教	5	220,592,074（4.38%）	44,118,414	227,497,578（4.43%）	45,499,515
	宗教慈善団体小計（①＋②＋③）	80	5,039,460,394（100%）		5,139,788,996（100%）	
慈善団体全体	宗教慈善団体（①＋②＋③）	80	5,039,460,394（42.7%）		5,139,788,996（42.8%）	
	一般慈善団体④	90	6,749,853,666（57.3%）		6,864,255,011（57.2%）	
	合計（①＋②＋③＋④）	170	11,789,314,060（100%）		12,004,044,007（100%）	

出典：香港社会福祉署（2015）により筆者分析・作成

はそれぞれ約五パーセントだけである。また、キリスト教系福祉団体は組織ごとに、平均約七千万香港ドルを獲得したのに対し、仏教と道教系組織は平均三千六百万香港ドルと四千四百万香港ドルしか獲得できなかった。

以上の比較からなぜキリスト教と伝統宗教の間で社会福祉の発展においてこのような大きな差が生じたのかという疑問が浮かび上がる。ここでは、組織の構造、目標、財政といった資源に注目し、宗教団体がなぜ福祉発展の過程に大きな差が出てきたのかを説明する。

まずは組織の構造である。キリスト教は福祉の専門部門、あるいは各教派の力を統合する包括的組織を有するため、社会福祉をよく行うことができている（表9-5）。例えば、香港のキリスト教会が一九三六年に最初の福祉組織「キリスト教社会福祉センター」を成立した。そして、一九五〇、六〇年代になると、カリタス、キリスト教福祉・救済協会、香港クリスチャン・サービス、香港聖公会福祉委員会、香港礼賢会ソーシャル・サービス部など、各宗派のベースとした福祉組織が徐々に成立した。それに対して、伝統宗教の福祉部門は六〇年代後半以降に設立されたことが多い。例えば、三教団体の嗇色園は一九五七年に政府に民間慈善団体として登録したが、その社会福祉を管理する五つの福祉部門は一九八五年に成立したのである。また、仏教連合会と道教連合会は一九四五年と一九六七年に成立した包括的組織だが、福祉を行うための組織というより、廟・寺の管理のための組織に近い。個別の寺院や道堂を協調して一緒に福祉活動をしようという動きはあまりなかった。それは、各寺院の独立性が高く、寺院間の連携がほとんどないという伝統にも関係するだろう。要するに、キリスト教は伝統宗教に比べると、社会福祉のノウハウを把握しており、伝統的に宣教と社会福祉の機能を区別して、後者を執り行う専門部門・包括的組織を発展させる形をとってきた。このことは、キリスト教が伝統宗教より社会福祉を得意とする一つの要因だと考えられる。

表 9-5　香港の宗教慈善組織と設立年(代表例)

	政府に登録した宗教慈善組織と設立年
キリスト教系	キリスト教会社会福祉センター(1936 年) カリタス香港(1953) キリスト教福祉・救済協会(1952) 香港クリスチャン・サービス(1967) 香港聖公会福祉委員会(1966) 香港礼賢会ソーシャル・サービス部(1964)
仏教系	香港仏教連合会(1945)
道教系	香港道教連合会(1967)
三教系	嗇色園・福祉部(1985) 円玄学院・福祉部(1969)

第二に、キリスト教は社会福祉を促進するという目標が他の伝統宗教より明確である。それは、香港のキリスト教会や神学者が、宣教と社会福祉との関係性をめぐって長く議論してきた結果である。当時、この議論に関して三つの説がよく聞かれた。一つめは結果論を強調し、神様の教えが多くの人に広がれば、社会では隣人愛が形成される。こうした理想的な世界では、人々が自然にお互いに愛し、支え合うから、社会福祉制度の必要がないと提唱している。そのため、教会は社会福祉より、宣教に力を入れるべきだとしている。二つめの説は、社会福祉が宣教の手段であるという立場をあげており、主にキリスト教原理主義・福音派に擁護されている。つまり、社会福祉は価値があると認められるが、宣教の目的を前提にすべきだとしている。三つめの説は社会福祉が宣教の「パートナー」と理解する。貧困者の支援・正義の追求などの社会責任を負うことは、福音を広げることと同じく教会の「インテグラル・ミッション」の一部であると提唱する。

この三つの説のどれが最も適切なのかは宗派によって判断が違うかもしれないが、香港の主流教会の多くは社会福祉が「宣教の一部」（第三説）、あるいは、少なくとも「宣教の手段」（第二説）として理解し、価値があるものだと認めている。そのため、香港の多くの教会は、神様の教えに従って社会救済・福祉を行うということを、自らの組織目標としている。また、近年、世界各地のプロテスタント教リーダーが集まり神学的議論を行い、ケープタウン公約という協定を発表したことによって、教会の社会福祉傾向がさらに強化されたと考えられる。公約では、「個人」・「社会」・「創造物」は三つとも神様の計画の一部であり、神様が創造した人々の使命でもあることを明確にした。したがって、社会福祉を通じて社会を改善するというのも、神様が下さった任務を遂げることとして理解できる。その意味で、信者の福祉だけではなく、社会全体の人々の福祉も改善しなければならない。

一方、伝統的な中国宗教は社会福祉の提供に対して保守的な傾向がある。仏教や道教の教えでは、布施や慈悲などの社会福祉・貢献に似た概念はあるのだが、寺院や廟が扱う対象が所属しているメンバーに限るという伝統が強い。一九五〇、六〇年代に入り、政府が多くの社会福祉サービスを民間団体に任せるときに、仏教・道教団体は熱心でない、または抵抗的な態度をもっていた。寺院・廟は神様のアドバイスをもらうために訪れる人には門戸を開いて歓迎するが、積極的に世俗社会に参加し、社会のために何かをしようという考え方には興味がなかった。また、布教は社会福祉活動ではなく、文化・宗教活動を通じたものであった。近年、伝統宗教は社会参加の重要性を理解し、組織の現代化を行うようになったようにみえるが、社会福祉に対し保守的立場をとっていた影響で、今になってもキリスト教に比べると、社会福祉の規模・多様性がはるかに小さいと考えられる。

三つめの要因は、キリスト教会が伝統宗教組織より財政的資源を多くもっていることである。香港のキリスト教会は主に欧米から来た宣教組織によってつくられ、植民時期初期から一九七〇年代までに、海外の母団体からの資金で社会救済・福祉を行っていた。この時期に、教会は大量の福祉組織・部門を設立し、キリスト教の福祉発展の基礎が築かれたと考えられる。つづいて、教団が発展するなか、信者からの寄付金、または不動産や基金などに投

郵便はがき

料金受取人払郵便

札幌中央局
承認

2910

差出有効期間
H30年7月31日
まで

0 6 0 - 8 7 8 8

札幌市北区北九条西八丁目
北海道大学構内

北海道大学出版会 行

ご氏名 (ふりがな)		年齢 歳	男・女
ご住所	〒		
ご職業	①会社員 ②公務員 ③教職員 ④農林漁業 ⑤自営業 ⑥自由業 ⑦学生 ⑧主婦 ⑨無職 ⑩学校・団体・図書館施設 ⑪その他（ ）		
お買上書店名	市・町 書店		
ご購読 新聞・雑誌名			

書　名

本書についてのご感想・ご意見

今後の企画についてのご意見

ご購入の動機

1書店でみて　　2新刊案内をみて　　3友人知人の紹介

4書評を読んで　　5新聞広告をみて　　6DMをみて

7ホームページをみて　　8その他（　　　　　　）

値段・装幀について

A　値　段（安　い　　普　通　　高　い）

B　装　幀（良　い　　普　通　　良くない）

資することによって、安定した資産を蓄積した教会もあった。八〇年代になると、海外からの資金が減ってきたが、政府による福祉補助金制度の確立によってキリスト教福祉組織の経営難が解決された。しかも、こうしたキリスト教組織は、そもそも社会福祉経験・施設を多くもっているため、補助を申請する際に他の宗教団体より優位な立場にあったのではないかと思われる。この点を詳しく説明ために、前述にも引用した民間慈善組織の補助金に関するデータをもう一度みてみよう。

表9-6は、二〇一五年度に補助金制度に登録した一七〇組織のうち、補助金額の高い方から八十組織に入った宗教系組織を示したものである。キリスト教系は二十五組織あるのに対し、仏教は四組織、三教は二組織、道教は一組織という大きなギャップがみられる。キリスト教組織は伝統宗教組織より数が多いのみならず、政府からもらった補助金額もはるかに多い。最も補助金の高いキリスト教組織はカリタスで、二〇一五年度に八億香港ドル以上も支給されたのに対し、最大の仏教・三教・道教団体である香海正覚蓮社、嗇色園、道教連合会の補助金を合わせても約三億ドルだけである。このように、補助金を多くもらっているキリスト教会は当然に、伝統宗教より多様多種な福祉サービスを展開することができると考えられる。

ここでは組織の構造、目標、財政的資源の三つに分けてキリスト教と伝統宗教の福祉発展について説明したが、実際にこの三つの要因は完全に独立した存在でもない。組織は社会参加への志向が強ければ、福祉の機能を細分化・専門化する可能性も高い。または、福祉専門部門を成立することによって、多様なサービスを提供できる組織力を政府に示し、補助金を申請する際にも利点がある。要するに、キリスト教はこの三つの資源を有効に利用し、そのシナジー効果がキリスト教系組織の社会福祉発展に大きな働きをしていると考えられる。ここで扱わなかったもう一つの要因は、イギリスはキリスト教国家であり、その植民地である香港においても教会の地位が高いことである。植民地政府は欧米から来た宣教団体をよく信頼し、教育・社会福祉の提供を任せていた。キリスト教が優遇されたという歴史が、香港の福祉発達史に深く長期的な影響を与えたため、現在になってもキリスト教は社会福祉

表 9-6　宗教系慈善団体の補助金額（80 位以内）（2015 年度）

順位	補助金額（香港ドル）	宗教系組織	基盤宗教
2	846,259,311	明愛	キリスト教
4	592,138,769	聖公会福祉委員会	キリスト教
5	367,258,785	救世軍	キリスト教
10	295,213,081	香港クリスチャン・サービス	キリスト教
15	234,202,070	ルター教会社会福祉部	キリスト教
16	233,891,176	クリスチャン・ファミリー・サービス	キリスト教
18	216,056,136	キリスト教女子青年会	キリスト教
22	188,980,607	キリスト教香港ルター教会，社会福祉部	キリスト教
23	180,375,217	ヤン・メモリアル・ソーシャル・サービス	キリスト教
25	176,995,520	ヘブン・オブ・ホップ・クリスチャン・サービス	キリスト教
26	173,345,732	セントジェームス・セツルメント	キリスト教
27	161,025,364	香海正覚蓮社	仏　教
28	158,866,632	キリスト教男子青年会	キリスト教
30	151,417,485	懐智クリスチャン・サービス	キリスト教
31	146,644,611	嗇色園	三　教
37	73,948,993	バプテスト・愛群ソーシャル・サービス	キリスト教
38	68,794,524	中華キリスト教礼賢会	キリスト教
46	49,550,810	聖公会セントクリストファーズ児童院	キリスト教
47	49,113,134	志蓮淨苑	仏　教
49	45,923,572	香港仏教連合会	仏　教
51	41,990,425	メソジスト愛華村社会福祉部	キリスト教
57	34,739,007	円玄学院	三　教
64	31,911,756	青松道教連合会	道　教
69	26,023,981	メソジスト・センター	キリスト教
70	25,748,276	香港ペンテコステ教会	キリスト教
73	20,082,362	善牧会	キリスト教
74	19,816,772	香港菩提学会	仏　教
75	19,755,972	ワールド・エヴァンゲリズム・バプテスト教会	キリスト教
76	17,025,625	クリスチャン宣教香港連合会	キリスト教
78	15,560,727	香港・マカオ・ルター教会	キリスト教
79	15,129,547	メソジスト・アズベリー・ソーシャル・サービス	キリスト教
80	15,127,762	香港キリスト同胞教会	キリスト教

出典：香港社会福祉署（2015）により筆者分析・作成

において重要な役割を果たしていると考えられる。

五　おわりに

香港は植民地時代から現在まで、社会福祉において宗教団体が大きな役割を果たしている。そのうち、キリスト教による社会福祉の規模と影響は最も著しい。このような状況は、初期植民地政府が、その保守的方針や資源不足から、社会福祉・救済を香港のキリスト教団に依存していたという歴史的な経緯の産物であった。また、一九六〇年代後期に発生した社会騒乱をきっかけに、政府は福祉方針を徐々に改善し、宗教団体を含む民間慈善団体に財政的支援を提供し、福祉サービスの運営を促進した。その結果、多くの専門福祉組織と強い社会福祉のビジョンをもつキリスト教が、政府から支援を多く与えられ、福祉サービスの規模と多様性をさらに促進させた。そのため、キリスト教の福祉発展は仏教、道教、三教といった伝統宗教団体に比べ、はるかに発達している。

高齢化が進む香港社会では、慈善団体としてのキリスト教組織は社会福祉において今後もしばらくの間は同様の影響力をもちつづけるのではないかと考えられる。その一方、「脱植民地化」の影響で、将来キリスト教とその社会福祉的役割はどのように変わっていくのか、これからも注目すべきである。

最後に、広義の「社会福祉」は、福祉サービスのほかに、政治、自由、人権などの問題も含んでいる。従来、カトリック平和正義委員会や香港クリスチャン委員会などの一部のキリスト教団体は、民主化や政策に関して積極的に意見を述べてきた歴史がある。近年、ますます強まる中国政府からの影響に対する反発として、いわゆる「本土運動」や「民主化運動」が発展しているが、このなかでキリスト教団はどのように位置づけられるのかも広義の香港の「社会福祉」において今後の重要な課題であろう。

付記：本章は筆者の博士論文の一部に基づいて日本語訳・再編したものである。また、一部は伍（二〇一五）に基づいて再編した。

注

（1）中華文明と植民地の歴史をもつため、香港の宗教文化は多彩である。政府の統計からみると、仏教・道教を信じる人が最も多く、それぞれ約百万人の信者がいる。仏教・道教・儒教が混じった三教という民間信仰も盛んである。キリスト教については、カトリック信者とプロテスタント信者が約三十八万と約四十八万であり、合わせて香港人口の十二パーセントほどに相当する。また、インドネシアやパキスタンなどから来た東南アジアの移民や家事労働者が数多くいるため、イスラム教徒も二十七万人存在する（香港便覧 二〇一五）。

（2）「施政報告」とは、香港のトップである行政長官による政策演説であり、毎年その年度の重要な政策理念・方針が発表されるものである。

参考文献

〈英語文献〉

Caritas Hong Kong 2014, *Annual Report 2013-2014*, http://www.caritas.org.hk/chn/webpage/agency_publication/annual_report.asp (last retrieved 2015/10/26)

Census and Statistics Department, 1969, *Hong Kong statistics, 1947-1967*, Hong Kong: Census and Statistics Department.

Census and Statistics Department, 2002, *Fertility and Mortality Trends in Hong Kong, 1971-2000*, http://www.statistics.gov.hk/pub/B70204FC2002XXXXB0100.pdf (last retrieved 2015/10/26).

Census and Statistics Department, 2011, *Thematic Report: Older Persons*, Hong Kong: Census and Statistics Department, http://www.census2011.gov.hk/pdf/older-persons.pdf (last retrieved 2015/10/26).

Census and Statistics Department, 2012, *Hong Kong Population Projections 2012-2041*, Hong Kong: Census and Statistics Department, http://www.statistics.gov.hk/pub/B1120015052012XXXXB0100.pdf (last retrieved 2015/10/26).

Chan, C. K., 2011, *Social Security Policy in Hong Kong: from British Colony to China's Special Administrative Region*, Lexington Books.

Chan, S. H., 2002., 'The Development of Christian Social Services in Hong Kong,' In Chan Shun Hing (ed.), *A Carnival of Gods Studies of Religions in Hong Kong*, Hong Kong: Oxford, 351–68.

Cheng, M. M. and S. L. Wong, 1997, 'Religious and Sentiments,' In Chan Shun Hing (ed.), *A Carnival of Gods Studies of Religions in Hong Kong*, 2002, Hong Kong: Oxford, 33–55.

Chow, N. W. S., 1984, *A Critical Study of Hong Kong Social Welfare Policy*, Hong Kong: Cosmos Press.

Committee on Home-school Cooperation, 2013, *HK Primary School Profile 2012–2013*, http://www.chsc.hk/psp2012/main.php?lang id=1

Committee on Home-school Cooperation, 2013, *HK Secondary School Profile 2012–2013*, http://www.chsc.hk/ssp2012/main.php?lang id=1

HKSAR Government, 2012, *Half-yearly Economic Report*, http://www.hkeconomy.gov.hk/en/pdf/er_12q2.pdf

Hong Kong Catholic Diocesan Archives, http://archives.catholic.org.hk/

Hong Kong Council of Social Service, 1980, *The Question of Partnership: Reactions to "The Report of the Working Party on the Provision of Social Welfare Services and Subvention Administration"*, http://library.hkcss.org.hk/PDFDir/ar/Sow126.pdf?f id=getdetail&tr=AR000786

Hong Kong Government, 1952, *Annual report 1952*, Hong Kong: Government Printer.

Hong Kong Government, 1965, *Aims and policy for social welfare in Hong Kong*, Hong Kong: Government Printer.

Hong Kong Government, 1973, *Social Welfare in Hong Kong: The Way Ahead (White Paper)*, Hong Kong: Government Printer.

Hong Kong Government, 1979, *Social welfare into the 1980s*, Hong Kong: Government Printer.

Hong Kong Government, 1997–2015, *Policy Address*.

Hong Kong Government, 2015, *Hong Kong Factsheet, Religion and Customs*, http://www.gov.hk/en/about/abouthk/factsheets/docs/religion.pdf

Hong Kong SAR Government, *Third Quarter Economic Report 2013*, http://www.hkeconomy.gov.hk/en/pdf/er_13q3.pdf

Hong Kong Social Services Council 2016, *List of Organization*, http://dss.hkcss.org.hk/ngo_list.php

International Monetary Fund, 2014, *World Economic Outlook Database*, http://www.imf.org/external/data.htm

Irons, E. and Melton. J. G., 2008, *Spiritual Pathways: Hong Kong. A Directory of Hong Kong's Religious and Spiritual Communities*, Hong Kong: Hong Kong Institute for Culture, Commerce, and Religion/Santa Barbara, CA: Institute for the Study of American Religion.

Jones, Catherine, 1990, *Promoting Prosperity: The Hong Kong Way of Social Policy*, Chinese University Press: Hong Kong.

Kurata, Akiko, 2009, 'The Catholic Church under Japanese Occupation,' *History of Catholic Religious Orders and Missionary Congregations in Hong Kong*, 1: 274-303.

Kwong, C. W., 2000, *Hong Kong's Religion in Transition: The Restructuring of Religions During Hong Kong's Incorporation into Mainland China (1983-1998)*, Waco, Tex.: Tao Foundations.

Lam, W. F. and J. L. Perry, 2000, 'The Role of the Nonprofit Sector in Hong Kong's Development,' *Voluntas: International Journal of Voluntary and Nonprofit Organizations*, Vol. 11, No. 4: 355-373.

Lee, E. W. Y., J. Chan, E. Chan, P. Cheung and W. F. Lam, 2013, *Policymaking in Hong Kong: Civic Engagement and State-society Relations in a Semi-Democracy*, Routledge.

Leung, B. and S. H. Chan, 2003, *Changing Church and State Relations in Hong Kong, 1950-2000*, Hong Kong: HK University Press.

Social Welfare Department Hong Kong, 2014, *Institutional and Community Services*, http://www.swd.gov.hk/en/index/site_pubsvc/page_elderly/

Social Welfare Department, 2015, *Subvention Allocation for NGOs*, http://www.swd.gov.hk/doc/ngo/LSGSC/2015-16%20Subventions%20Allocation%201.pdf

Webb, P. R., 1977, 'Voluntary Social Welfare Services,' In *Chung Chi College 25th Anniversary Symposium (1951-1976)*, Hong Kong: Chung Chi College, the Chinese University of Hong Kong.

〈日本語文献〉

伍嘉誠、二〇一五、「香港社会における高齢化とキリスト教団体による高齢者福祉——ソーシャル・キャピタルの視点から」『日

中社会学研究』二三号、一〇七—一二二頁。

〈中国語文献〉

香港クリスチャン・サービス（香港基督教服務署）二〇〇五—二〇一四『年報』香港、香港基督教服務署

高添強編著、二〇〇五、『香港今昔』香港、三聯書店

黎志添、二〇一一、「香港道教的歴史變遷及其對香港社會所起的作用和影響」李平曄、王曉朝編『基督宗教在當代中國的社會作用及其影響』香港、論盡神學出版有限公司

Ying, F. T., 2002, *Yuan ni de guo jiang lin: zhan hou xiang gang ji du jiao xin cün de ge an yan jiu* (Thy Kingdom come: Case Studies of Christianity New Village in Post-war Hong Kong). Hong Kong: Alliance Bible Seminary.

〈ウェブサイト〉

円玄学院ホームページ　http://www.yuenyuensocialservice.org.hk/web/

香港仏教連合会　http://www.hkbuddhist.org/

香港道教連合会　http://www.hktaoist.org.hk/

嗇色園ホームページ　http://www1.siksikyuen.org.hk/

第十章　ポスト社会主義時代のモンゴルにおけるキリスト教

ダーライブヤン・ビャンバジャワ
稲本琢仙　訳

一　はじめに

ポスト社会主義の時代、すなわち一九九〇年以降のモンゴルにおけるキリスト教の普及についての体系的な研究は、同時代の仏教とシャーマニズムの再興についての研究と比べて数が少ない。仏教とシャーマニズムが国家建設とモンゴル人のアイデンティティにおいて歴史上重要な役割をもち、かつ共産党による強制的な世俗化から約七十年後の一九九〇年代に未曽有の復活を遂げたことを考えると、仏教とシャーマニズムに対する学術的な関心と取り組みは当然のことである。仏教やシャーマニズム、そしてモンゴルカザフ人にとってはイスラム教が、信仰復興もしくは伝統的信仰、伝統的価値の復活として受け止められた一方で、キリスト教はモンゴルの文化やアイデンティティにとって異質のものとして受け止められた(1)。そのため、一九九〇年代のモンゴルにおけるキリスト教を表すときには、「外来(foreign)」や「異質(alien)」といった言葉が使われた。しかし、近年では様子が変わってきている。モンゴルでは二十年にわたって大量の宣教団体が流入し、モンゴル人をキリスト教へ改宗させるため国中で活動した。主要な町や都市にある新しいキリスト教会を見れば、その広がりは明らかであろう。モンゴルにおけるキリスト教とその信者に対して、世論は彼らを社会の「普通の部分」として認識する方向に変わってきたように思われる。

二〇一〇年のモンゴル国勢調査によると、キリスト教信者は成人人口（十五歳以上）の約二・一パーセント、およそ四万人から六万人で構成されている。しかしモンゴルキリスト教協会は、成人人口の四—五パーセント、つまりおよそ十万人がキリスト教であると公言している（Purevdorj 2012）。これまでモンゴルにおけるキリスト教徒の社会的背景や宗教参加、社会的価値は体系的な研究に基づいて議論されてこなかった。キリスト教信者や教会に関する既存の研究は、ほとんどが教会のメンバーによって内側の視点から主観的に書かれてきたのである。また、キリスト教信者に対して行われた調査はほとんど存在しない。「どのような人がモンゴルにおいてキリスト教を信仰しているのか？」「なぜキリスト教を信仰しているのか？」「どのようにしてキリスト教を信仰しているのか？」これらの疑問のほとんどは答えが出ていないままである。

本章ではその社会的背景と、モンゴルのキリスト教徒の社会参加や宗教参加について検討するが、それらは二〇一三年の一月から三月にかけてモンゴルの首都であるウランバートルとその他いくつかの県で行われた質問紙による調査に基づいている。加えて本章では教会のメンバーやそのリーダーへのインタビュー、教会での礼拝や行事の観察といった質的調査の結果も利用した。

二　ポスト社会主義時代のモンゴルにおけるスピリチュアルと社会混乱

そのタイミングは完璧だった。何万人もの若者がマルクス主義の失敗による空白を埋めるものを欲したそのときに、聖書が準備され手に入る状態になったのである。その同じ年に、韓国人留学生がモンゴル語を学ぶためにやってきて福音を伝え、教会は増加した。例えば、韓国人の牧師であるファン・ピルナン（Hwan Pilnan）は、一九九四年にモンゴルに来て、福音伝道と教会発展に尽力した。それ以外にも約六百人の宣教師がモンゴルを訪れており、四百人が韓国から、二百人が北アメリカとヨーロッパからやってきた。

キリスト教宣教師によって記されたこの記録は、ソビエト連邦の崩壊後の宣教師の活動からモンゴルがどのようにみられていたかを非常に簡潔に要約している(2)。

一九九〇年頃、モンゴルは世界のなかでも最も若い人口構成をもつ国の一つであり、五十パーセント以上の人が二五歳以下であった(Humphrey 1992)。また一九八九年の政変の直前にモンゴル科学院が実施した全国調査の参加者の二十パーセントが、自分は宗教を信じていると答えた(Tsedendamba 2003: 12)。

しかしながら、一九九四年に同じくモンゴル科学院が実施した社会調査では、参加者の七十一パーセントが宗教を信仰していると答えた(Tsedendamba 2003)。つまり共産党による強制的な世俗化は、仏教徒を科学的な無神論者に変えることができなかったのである。ただ、モンゴルの文化や宗教、社会的価値が数十年間の弾圧と洗脳によってどれほど消し去られたかということを明らかにするのは困難である。また、モンゴルの慣習や伝統、歴史的遺産、遊牧民の生活様式といったものは、「封建制度の残り物」として糾弾、弾圧され、またそれらは「偏狭なナショナリズム」とも表現されたのである。当然のことながら、ポスト社会主義の時代は大きな不安や混乱が存在したが、それと同時に国家的、宗教的、民俗的アイデンティティの復活もみられた(Buyandelgeryn 2007: Campi 2005)。

特に信仰体系については意図的にゆがめられることとなった。多くの人は宗教的信仰や信仰に関わるものを隠し、社会のなかで宗教について学ぶことができなかったのである。そのため、政治体制が変わり信教の自由が一九九〇年代初めに定められたときも、新興宗教やスピリチュアルな語り、スピリチュアルな活動にうまく対応する知識と能力に欠けていた。そして社会は超常的な力をもつと噂される人々の出現に驚かされることになる。モンゴルの初代大統領はそのことがよくわかる例である。ソビエトにおいて地質学と工学の学位を取り、社会主義の時代に共産党の高い地位に巧みに登りつめたにもかかわらず、大統領は透視能力をもつという超能力者を側近として、彼に助言を求めた。筆者は大統領がその超能力者を「航空探査」に参加させていたテレビ番組を見たことをはっきりと覚えている。地質学や写真を使った方法の代わりに、超能力者は飛行機から見た山や平地の鉱物組成を透視能力で示していた。しかし、このような偽の超能力者たちは、社会が成熟していくなかで結局いなくなり、忘れられたのである。

一九九〇年に社会主義が放棄され、モンゴルの人々は政治的、精神的自由を手に入れたが、新しい政治、経済システムへの移行は巨大な経済的、社会的苦難をもたらした。モンゴルのGDPは一九九〇年から一九九三年の間に八・七パーセント縮小し、インフレーションの到来により一九九二年のピーク時にはインフレ率が三二五パーセントに達した。そして一九九五年に貧困率は三十パーセントまで上昇した(UNDP 1997)。一九九四年以降は多少の改善がみられたとはいえ、モンゴルの危機的状況は根強く存在している(表10-1)。経済危機は社会の様々な領域に影響を及ぼしている。[3] 具体的には、犯罪発生率の上昇や、アルコール中毒やホームレス、ストリートチルドレンといった以前は存在しなかった社会的問題が報告されている(UNDP 1997)。

経済危機の影響により、社会組織や社会的信頼は弱体化した。個人間の信頼は希薄になり(Humphrey 2002)、道徳や相互関係の規範までもが弱体化してしまった(Bruun and Odgaard 1996)。ポスト社会主義への移行に対する懐疑が存在するなかで、人々は次第に「局所的」な血縁や友人のネットワークをあてにするようになった。田舎においては、集団農場が解散された後も、相互扶助や牧草地管理において社会主義的な形式が復活した。つまり、社会主義的な「不足の経済」のもと存在した血縁といった非公式のネットワークが、社会主義体制の崩壊後も広がったのである。しかし、資本主義的な「市場の時代」となった社会では、社会主義的なかにも「収益化」や「体制打破」といった特徴が入らざるをえない。

一九九二年に採択されたモンゴルの新しい憲法は、宗教と信仰の自由を保証した。そしてモンゴル仏教の復興は、モンゴル政府や外国の仏教団体、ダライ・ラマ十四世といった著名人による支援のもとで始まった。仏教は一九二〇年代まで政治的、文化的、社会的に強い力をもっていたが、社会主義時代には政府によって抑圧されており、十九

表 10-1　モンゴルにおける幸福や健康の減少を反映する指標（1989-1993 年）

	国内総生産	失業登録者数	精神疾患	犯罪率	人口増加率（%）
1989	100	100	100	n.a.	2.8
1990	95	152	139	100	2.7
1991	84	185	382	148	2.4
1992	78	180	358	171	2.1
1993	70	240	n.a.	266	1.4

注：人口増加率以外の値は，1989 年（犯罪率のみ 1990 年）を 100 としたときの値である。
出典：Griffin 1995, x

世紀の終わり頃には五八三の僧院と寺院群が存在し、二四三の化身ラマがモンゴル地域に暮らしていた。仏教僧はかつて国家財の約二十パーセントを所有しており、一九二〇年代には男性人口の三分の一を占める約十一万人の僧が存在した。モンゴルがソビエト連邦の衛星国になった後に仏教に何が起こったのかということについては、キャロライン・ハンフリーが以下のように記述している（Humphrey 1992: 375）。

赤軍による援助のもと行われた一九二一年のモンゴル社会主義革命は、ソビエト連邦外としては初めての出来事であった。その後数十年のうちに、ソビエト連邦のイデオロギーは本家よりも誠実に、愚直に、そして残酷に取り込まれることとなった。モンゴル政府は一九三〇年代に国中の七百の僧院をことごとく破壊し、数万人もの人々を殺害した。その結果、洗練されたモンゴル独自の文化や哲学、芸術すべてが壊滅状態になった。これはまさに自己破壊と言えるだろう。豊かな宗教文化を保持していた封建的な社会は、近代主義的な発展史観に基づいたヨーロッパの無神論的イデオロギーに突然取って代わられることとなったのである。

一九九〇年代に起こった仏教復興は、建国の過程の一部でもあった。シャーマニズムの復興も同時に起こったが、それは仏教と異なり散発的、個別的に行われるにとどまった。多くの新しい僧院が開かれ、残存していた古い僧院も一九九〇年代から修復が始まった。その結果、一九九〇年からわずか二年のうちに、およそ百の僧院がモンゴルにおいて活動を始めた。インドやチベットの著名な僧はモンゴルの僧院を支援し、

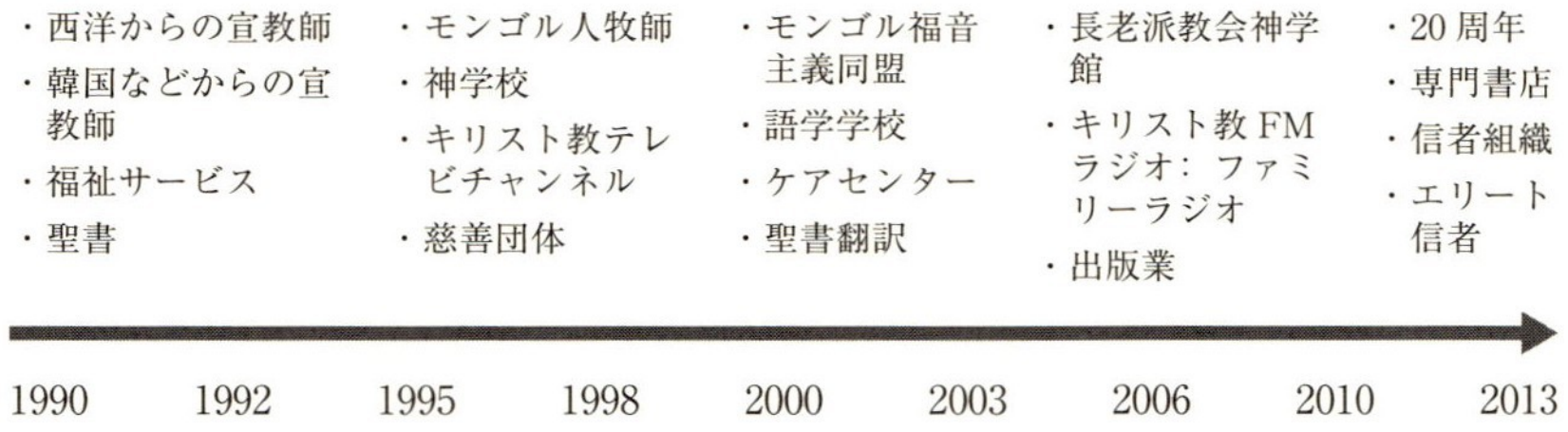

図 10-1　1990 年以降のモンゴルにおけるキリスト教宣教運動の主要な展開

仏教復興に心血を注いだ僧もいた。そして宗教多元主義が確立するなか、政府は国家と宗教に関わる法律で、仏教をモンゴルの文化と伝統を導くものとして公式に承認した。これにより一九九〇年代の初め以降、政府高官は旧正月にモンゴルの主要な僧院の指導者を大統領公邸に招き、彼らへの尊敬の念を表している。そして二〇一〇年には二五四の僧院が存在し、モンゴルの人口の五十三パーセントが仏教徒であると報告されている。

三　モンゴルにおけるキリスト教宣教師の動向

モンゴルは西欧諸国の宣教師にとって新しい宣教地となった。一九九〇年にはモンゴル語で書かれた聖書が出版され、宣教師たちは教会を設立し始めた。最初の宣教師は一九九二年までにおよそ千五百人から二千人もの人々を改宗させたという。その数は次第に増えていき、一九九八年にはおよそ七千人に達した[4]。宣教師の活動の大部分は、貧しくて弱い立場にある家族への支援プロジェクトや、言語や特殊な技能習得のための若者向けの講習、アルコール中毒者やストリートチルドレンといった社会的に疎外されているグループのための社会集団の更生、といった形で実行された。教会の直接的な事業とは別に、信仰を基盤として支援活動を行う慈善活動や支援団体も存在した。そのため、宣教師の活動は貧しく弱い立場にある人々が多く住んでいる首都やその他の都市のエリアに集中していた。そしてそれらの教会や宣教師の組織と共に動いた人々の多くは学生であった。なお、モンゴルにおけるおよそ九十パーセントの大学生が首都ウランバートルにおり、そのなかのおよそ五十パーセントは地方出身である。

一九九〇年代半ばにはテレビでキリスト教の番組が放送され始め、またモンゴル人の牧師を教育するために神学校が設立された。信者や人的資源が成長するなかで、キリスト教会は聖書の訳を改め、モンゴル語で数多くの読み物や宣教教材をつくり出した。そしてモンゴル福音主義同盟が設立され、福音主義教会のネットワークをつくり、それらの活動を調整するようになった。

二〇一三年現在、モンゴル福音主義同盟には三九六の地方の教会や集会と四十七のNGOが加盟しており、神学校は二つ存在している。また主流の福音主義教会だけでなく、他の宗派もモンゴルにおいて信者を増やしている。主要なグループの一つであるモルモン教は一九九三年に宣教活動を始め、二〇一二年には三十の地方支部をもつに至った。彼らもまた、ディザレット慈善団体(Deseret Charities International)を通して人道的な支援活動を行った。もう一つの主要なグループとしては、セブンスデー・アドベンティストが存在する。彼らは一九九〇年代初めに宣教活動を始め、現在はモンゴル全体に二十の教会をもっている。支援活動はアドベンティスト・デベロップメント・リリーフ・エージェンシー(Adventist Development and Relief Agency, ADRA)を通しても行われた。カトリック教会は一九九二年にモンゴルでの布教を開始し、司教に率いられ四つの大聖堂をつくった。信者の数は比較的少数のままで推移しており、集会やケアセンター、学校などを運営している。

四　キリスト教改宗の概念化

ノリスとイングルハートによれば、多くの社会とその社会のなかにある集団の宗教性の重要さは、現在と未来の実存的安心をどのように認識し経験するかということと関連している(Norris and Inglehart 2004)。身体的、社会的、個人的リスクに対する脆弱さの感覚は、宗教性を駆り立てる重要な要因であり、それらのリスクは国家の経済成長のレベルでは単純に説明できず、社会的不平等や格差とも関係している。不健康や不正、貧困のリスクに対する国家の保障が機能せず、加えて個人の保険制度や社会関係資本、社会的なサポート、資金調達手段が失われるとき、実存的不安は高くなる（Norris and Inglehart 2004）。この視点からみると、キリスト教への改宗は、彼らがそれまで信じていた宗教が備えられなかった問題に対する救済策を求めるときに発生することがある。その問題は、身体的、社会的、個人的リスクへの脆弱さに関係しており、犯罪や暴力、薬物依存、病気、貧困、孤独や孤立、心理的ストレスや不幸感といったリスクは、公的制度が保護すべきものである。貧しく、脆弱な人々と違って、裕福な人々はそれらの問題を自ら解決することができるため宗教への要求が比較的少なく、仮にその要求があったとしても、新しい宗教を求めることはあまりない。この意味で、モンゴルという文脈においてキリスト教へ改宗することは、現在の信仰に幻滅した人々が自らの問題に対するよりよい答えを見つけるための試みであるということを意味する。しかしながら、信仰をもっていなかった人がキリスト教徒になることをどのように説明するのかは難しい問題である。かつて社会主義体制であったモンゴルにおいては、多数の無神論者が存在するからだ（Froese 2004）。

なぜ自らの問題や関心に対してスピリチュアルな答えを求める人々が、他の宗教以上にキリスト教を選択するのか。その誘因や過程を説明するうえで、宗教市場理論は有益な見解を提供してくれる。フィンケとスタークは、ある社会におけるすべての宗教活動、つまり現在および将来の礼拝者によるスピリチュアル市場や、組織に提供されている宗教文化を宗教市場として定義した（Finke and Stark 1988: 42）。自由な市場において、宗教集団は、①魅力的な商品やサービスをつくり出し顧客に供給する、②それらの商品を宣伝し販売する、③潜在需要をめぐって他の供給者と競争する、④供給の安定のため需要を保つ、といった行動へ動かされる（Iannaccone 1991: 123）。この論理において、キリスト教宣教師は魅力的で必要な商品やサービスを潜在的「顧客」に対して届けるために様々な手法を用いて人々を改宗させ、結果的に信者を増やすことができた。需要は効果的なマーケティング戦略によってつくり出され、競争は革新的戦略の一因となるのである。

宗教市場は、宗教的多数派や市場構造という面では異なることがある。例えば多くの国において、特定の宗教や宗教集団はそれぞれの国の規制や社会文化的なつながりに支持される傾向がある。モンゴルは宗教多元主義の原則を容認しているにもかかわらず、一九九〇年から仏教を「公認」宗教として支持している。そして仏教ほどではないがシャーマニズムも国に公認されている。宗教市場の視点から考えると、「公認」宗教の確立は、企業に独占を許可することと類似している（Chiswick 2013）。フィンケとスタークによると、宗教独占は〝怠惰な聖職者〟や社会変化への対応の遅さを招くという（Stark and Finke 2000）。この視点から考えると、他の宗教集団、特にキリスト教のグループが急速な社会変化を見越した取り組みをしていた一方で、モンゴルの僧院はその対応が遅かったということが言えるだろう。

しかし、宗教市場が独占、半独占状態にあることによる他の宗教への改宗に対する重要な影響としては、それらが個人の決断や行動を超え、強い文化的影響や社会統制をもつことが考えられる。モンゴルという国の文脈のなかでは、仏教はただの宗教であるだけではない。それは社会規範や日々の行動における多くの側面と関わっている。例えば、旧正月のお祝いは仏教の価値観や儀礼に深く関係している。一方で様々なキリスト教団体、宗派の規範や儀礼は異質なものであり、モンゴルの文化や社会的価値と時に衝突しうる。そのため、供給に焦点を当ててキリスト教への改宗を説明する解釈においては、信者の獲得と維持のために行う魅力的で協調的な活動という説明のほかに、キリスト教団体や教会の活動を妨害、あるいは普及させる強い文化的・社会的な要素による影響が存在するということも考慮に入れるべきである。

五　調　査

五―一　調査概要

筆者はウランバートル大学のスタッフの協力のもと調査を行った。調査票については、櫻井義秀教授が東アジアの宗教文化の比較研究プロジェクトのために作成した調査票を用い、モンゴルの文脈に合わせる形でいくつかの質問と回答の選択肢を修正した。パイロット調査はウランバートル大学の学生を加えて行い、その結果をもとに言い回しや回答の選択肢をさらに修正した。

次にウランバートルに存在するキリスト教の教会のリストを作成し、異なる社会背景をもつ人が選ばれるようにそれらを立地に基づいて都心部と郊外地区にグループ分けした。都心部と比べて、郊外地域や「ゲル地区」には収入が低い家庭が多く、社会的基盤も希薄である。私たちはウランバートルの様々な地区に存在する二十の教会の牧師に接触し、教会のメンバーに対する調査協力を依頼した。さらに調査にあたっては、調査対象の属性が偏らないようにしてもらった。加えて二つの県の五つの教会に接触し調査に含めることができた。この結果教会のリーダーを通して全体で四四一の調査票を配布し、三八八の有効票を回収した。

五―二　先行研究

調査結果の考察に入る前にいくつかの先行研究を分析する。まず台湾の中央研究院が行った大規模な調査プロジェクトの一部として、二〇〇五年から定期的にモンゴルで行われているアジア・バロメータ調査（以下ＡＢＳ）を参照する。モンゴルで二〇〇五年と二〇〇九年に行われたＡＢＳでは、調査対象者に信仰について尋ねている。キリスト教徒の数が非常に少ないため、ここでは二つの調査データを合わせて参照する。

まず教育や職業、住宅立地、年齢、性別のような社会的背景と収入レベルの差異が、モンゴルにおける宗教の違いにどのように影響しているのかを分析する。年齢と性別についてはいくつかの相違点がみられた。キリスト教信者（平均年齢三十五歳）は仏教徒（平均年齢四十一歳）やムスリム（平均年齢四十二歳）といった他のグループより平均年齢が比較的若い。性別に関しては、キリスト教徒の六十六パーセントが女性であるのに対して、仏教徒は五十九パーセント、ムスリムは三十パーセントが女性であった。洗礼については、調査に参加したキリスト教徒の八十八パーセントが洗礼を受けたと回答した。教会活動への参加という点では、回答者の六十三パーセントが週に二回以上参加し、二十九パーセントは週に一回参加すると答えた。全回答者のおよそ六十パーセントが、少なくとも月に一回は家庭訪問や教会での集会、サークルといったアウトリーチ活動に参加していると答えた。二十八パーセントは非常に積極的で週に二回以上アウトリーチ活動に参加している。

寄付について尋ねた質問では、興味深い結果がみられた。ほぼすべての回答者が教会に関わる理由で寄付を行うと同時に、九十パーセントの人々が教会に関係しない理由でも寄付を行っていた。この結果は、教会への寄付は彼らにとって普遍的なものであるということを示している。

五-三　調査結果——需要と供給

調査参加者の六十二パーセントは女性であり、これはＡＢＳの結果と一致している。四十一パーセントが二十五—三十八歳であり、三十四パーセントが二十四歳以下である。年齢と性別のクロス集計によると、三十九歳以上の信者の七十五パーセントが女性である一方で、三十九歳未満の信者の五十七パーセントが女性であった。これは、若者グループのなかでの男性と女性の数が比較的同数であることを意味している。職業別分類によって比較すると、男性信者と女性信者の数は、学生、無職、非常勤勤務者、雇用者のグループにおいてはほぼ同数であるが、常勤勤務者と年金受給者のグループでは女性信者が七十五パーセント以上になっている。これは、男性信者の方がより若く、なおかつ無職(学生含む)の人が多い傾向があるということを意味している。

調査参加者の大多数は、一カ月の世帯収入と主観的な社会的地位について、十段階の中の五や真ん中より高い六から八と答えた。ここで注意すべき点は、教会のリーダーに事前にサンプリングの指示をしたとしても、彼らがどうやって調査参加者を選択するかについて私たちは直接的にコントロールできないということである。しかしながらその結果は、キリスト教信者の社会的背景が比較的多様であるということを示している。多くの教会やキリスト教団体が、現在でも郊外や低収入の地区における潜在的改宗者をターゲットにしているにもかかわらず、教会に行く人の属性は一九九〇年代と異なっている。調査のなかでは、調査参加者の教会内での友人グループの人たちの職業について尋ねている。図10-2を見ると、教会に行く人の社会階層や職業的背景は多様であり、それらの社会的ネットワークは有益な社会サポート資源を有していると言えるだろう。

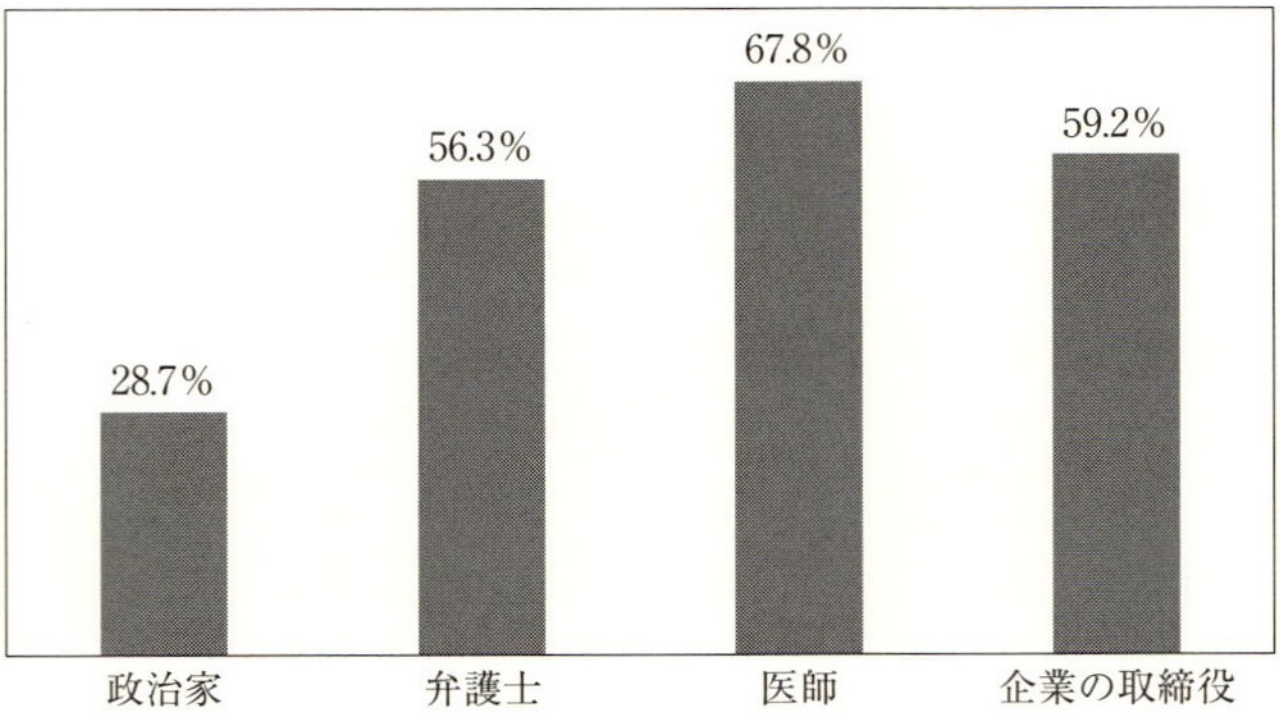

図 10-2　「教会内の友人に以下の職業に就いている人はいますか？」に対する回答

筆者はウランバートルの郊外に位置するダリ・クフ(Dari-Ekh)のプロテスタント教会で行われている日曜礼拝を

図 10-3　筆者が訪れた教会
a)ウランバートル宣教教会(UB Mission Church), b)ワールドハーベストチャーチ(World Harvest Church), c)セレンゲライト&ソルトチャーチ(Selenge Light and Salt Church)。

調査した。以前の大学の同僚(講師)二人がその教会のメンバーで、筆者を牧師に紹介してくれたのである。参加している教会のメンバーの社会的背景や属性は多様であった。牧師によると、教会には三百六十人のメンバーがおり、二百五十人が成人であるという。教会メンバーの自宅の住宅立地も多様であった。「私たちのメンバーは貧しい家庭だけではなく、中間層の家庭や、経営者、知識人もいます。我々が直面する課題は皆同じなんです」と牧師は言った。教会のメンバーは地理的な近さや、高齢者、医者、若者といった共通性に基づいて確立された「セルグループ」に組織化されている。この教会は一九九〇年代の終わりに韓国と日本の宣教師によって設立された。現在は、モンゴル人の牧師と教会メンバーの寄付によって運営されている。教会はモンゴル福音主義協会に属しており、国際的なつながりをもっている。調査時、代表の牧師は学士を得る勉強のために渡米して不在であった。活動のなかで、女性のメンバーは内モンゴルとチベットへの宣教の旅についてのプレゼンテーションをつくっており、さらに北朝鮮へ行く可能性について話していた。

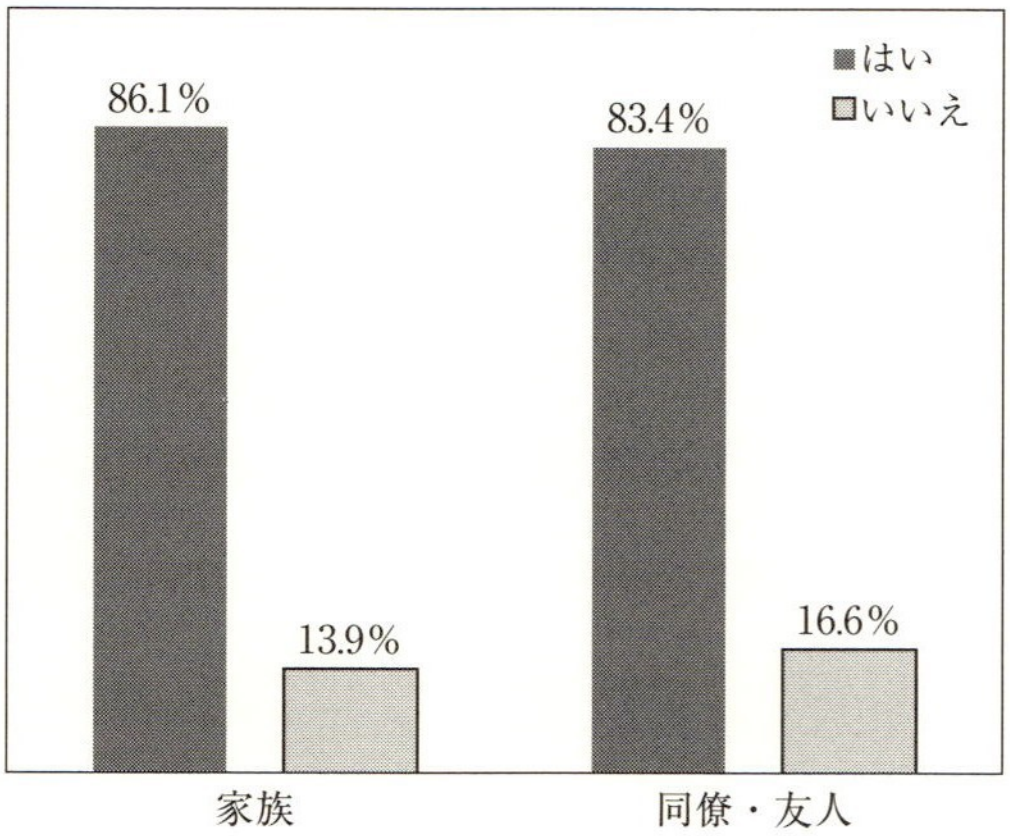

図 10-4「あなたがキリスト教徒になったことで家族もしくは同僚・友人と対立したり，疎外感を感じることはありましたか？」に対する回答

信者たちは官民様々なレベルで働いており、その多くは、教会に入信したことに対するプライバシーを守りたがる。例えば、議会の議員であるオ・バーサンフー（O. Baasankhuu）といったランクの高い政治家もキリスト教を信仰しており、キリスト教の広がりは民間だけにとどまらない。調査によると、十二―十五パーセントの調査参加者は、キリスト教に改宗したことが原因で個人間の争いや家族、友人からの孤立を経験している（図10-4）。このようにキリスト教信者になった場合、否定的な社会認知を受けるリスクも多少存在する。特にその人の職業的地位が高い場合はなおさらである。我々が以前議論したように、これらは仏教や日常のナショナリズムとおおいに絡み合う支配的な規範や集合的アイデンティティが主要な原因である。主流のキリスト教宗派と、その他の「カルト」もしくはカルト的なグループとの違いは、普通の人々にとっては明らかではないことがある。それゆえに、それらの「伝統的でない」もしくは「外国の」宗教に関する出来事は社会において区別されずに受け止められてしまう。

キリスト教信者の社会的背景の多様さは、それぞれの世代の時代背景とも関係している。神学者や牧師によると、モンゴルで最初にキリスト教に改宗したグループは主に若者と学生で構成されていたという。若者や学生がキリスト教に興味をもった背景としては、いくつかの要因が考えられる。第一に、高等教育に民間部門の参加が可能になった一九九二年以降、大学の学生数が増加したことがあげられる。二〇〇二年にモンゴルの主要な大学の学生に対して行われた調査によると、二一・八パーセントの学生は郊外地区に住み、一〇・四パーセントはアパートを借り、一五・九パーセントは学生寮に住み、そして残りはウランバートルの自宅から通っている（Gundsambuu 2002）。ウランバートルの学生数の多さと、ウランバートル出身ではない学生の数の増加は、キリスト教の宣教運動にとって「巨大な市場」を構成した。

第二に、多くの若者にとって、キリスト教は外国の文化を象徴するものであり、なおかつ西洋やその他の国の文化とつながる機会であった。特に、一九九〇年代の初めは、社会主義時代にはふれることができなかった国や文化について知ることに人々は必死であった。キリスト教の宣教師たちは無料で言語などの授業を行い、若者や学生を惹きつける社交集会やイベントを企画した。そのときにキリスト教に改宗した学生や若者は、今日の教会のリーダーや熱心なメンバーの中心的存在となっているようである。

以下に示したのは、二〇〇〇年代の初めにキリスト教に改宗したセレンゲ県の牧師に対して筆者が行ったインタビューの一部である。

私は二十七歳です。私の弟と母も、私と同じくキリスト再臨派です。父はまだキリスト教に入信していません。祖父はアマルバヤスガラント寺の僧でしたので、仏教に関する話をよく聞く家庭で育ちました。私の町の近くには、みんなが幸運を祈りに行く「母なる樹」と呼ばれる神聖な場所がありました。キリスト教の宣教師もしばしばこの町を訪れていて、私は彼らの多くのブックレットを読みました。私が中学三年のときに、友達から一緒にキリスト教の集会に行こうと誘われました。教会の集会に参加したときに最も良かったのが、教会のメンバーの人たちが親切で礼儀正しかったことです。それは近所の人といった、それまでの生活のなかでの関係性とは大きく異なるものでした。そのとき人々の多くは、教会に熱心に行く人は貧しい人か乞食であり、教会は貧しく家がない人に食べ物と避難所を提供する場所であると思っていました。もし私が社会的弱者で教会に熱心に行っていたら、人々は私のことも同じように言っていたでしょう。でも私はそうではなく、学校で優等生でした。私がキリスト教徒になったとき、多くの友達が私に続いてキリスト教徒になりました。

国際的な移民はキリスト教信者の多様性をもたらす重要な要因となっている。国外での学業や労働のために、一九九〇年以降モンゴルでは国外への移民が増加した。特に、韓国は労働先として人気であった。およそ三十万人、つまりモンゴル人口の十パーセントが一九九〇年代以降韓国で働いた経験をもっている。そして三万人のモンゴル国籍の人が現在も韓国で暮らしている[5]。確かな統計データではないが、社会的支援を受けるために教会を訪れ、キリスト教に改宗するということは、モンゴルの季節労働者の間ではよくあるという報告も存在する。韓国においても、何人かのモンゴル人牧師が主導して集会が行われている。

調査参加者の五十パーセントが、キリスト教信者になる前は仏教を信じていたと回答している。そして四十六パーセントがキリスト教徒になる以前は無宗教であったと述べている。彼らをキリスト教に導く動機は何であろうか？ 他の信仰を拒絶させるほどの特別なものがキリスト教にあるのだろうか？ 調査のなかで、なぜイエスを信じるのかという質問に対し、根拠のある妥当な説明は得られなかった。調査参加者は以下のように回答している。生きる意味をつかみ取るため（五十三パーセント）、死後の世界を信じているから（四十七パーセント）、心の平和を見つけるため（三十パーセント）。これらが、彼らがイエスを信じる主な理由である。他の宗教の信者からも同様の回答を得ることができたが、宗教的な教えとともにキリスト教が提供する社会的、倫理的、物質的な資本への前向きな理解を特にキリスト教徒はもっていることを調査は示している。

その一方で、仏教僧院は急速に変化する社会の需要に応えるための改革を行わなかったため、モンゴルにおいて強い世論の批判にさらされてきた。仏教の宗教的サービスは、社会参加の意義が感じられない商業的なものになっている。僧院は非常に怠惰で消極的であり、アルコール中毒や貧困、不平等、家庭内暴力、心理的ストレス、社会的孤立、不健康な生活様式といった深刻な社会問題に対して注意を向けようとしなかった。対照的に、モンゴルの多くのキリスト教の教会が行う社会的援助活動や改宗活動のメインターゲットは、仏教が注意を向けなかったそれらの社会問題であった。結果として調査参加者のおよそ六十パーセントは、家族問題や不健康といった問題はキリスト教徒になった後に様々なステップで解決されたと回答している。これは、問題解決に必要な社会的、心理的、物質的支援をキリスト教会が行っていることを意味しているだろう。

解決した問題についての具体的な回答をみてみると、「心の平和を得た」という回答が最も多かった。ほかによくみられた回答は以下のとおりである。

・「自分自身の行動や家族や友達との関係を変えることができた」
・「人生における問題を解決するための正しい方法を探す能力を得た」
・「悪い習慣や悪癖にふけることから抜け出した」
・「病気やケガにうち克った」
・「自分自身を肯定的に見始め、学業や仕事で成功した」
・「お金や生活の状況が良くなった」

調査参加者は、問題を克服できたといった前向きな感覚の理由として、教会内の議論や社会関係のことを述べており、教会内でのお互いのコミュニケーションの取り方が教会外の世界と異なっていると感じているようである。教会では、異なる社会的背景をもつ人々がコミュニケーションを取り、互いに助け合う環境をつくり出す。そしてそれは社会的地位が低い人にとって非常に価値があり、魅力的なものである。教会では聖書の勉強会やコミュニティ支援のために、「セルグループ(cell groups)」もしくは「ニュークリアスグループ(nucleus groups)」と呼ばれる小さなグループが組織されている。そしてこれらのグループは信者間の社会的結合をつくり出し維持するためにも利

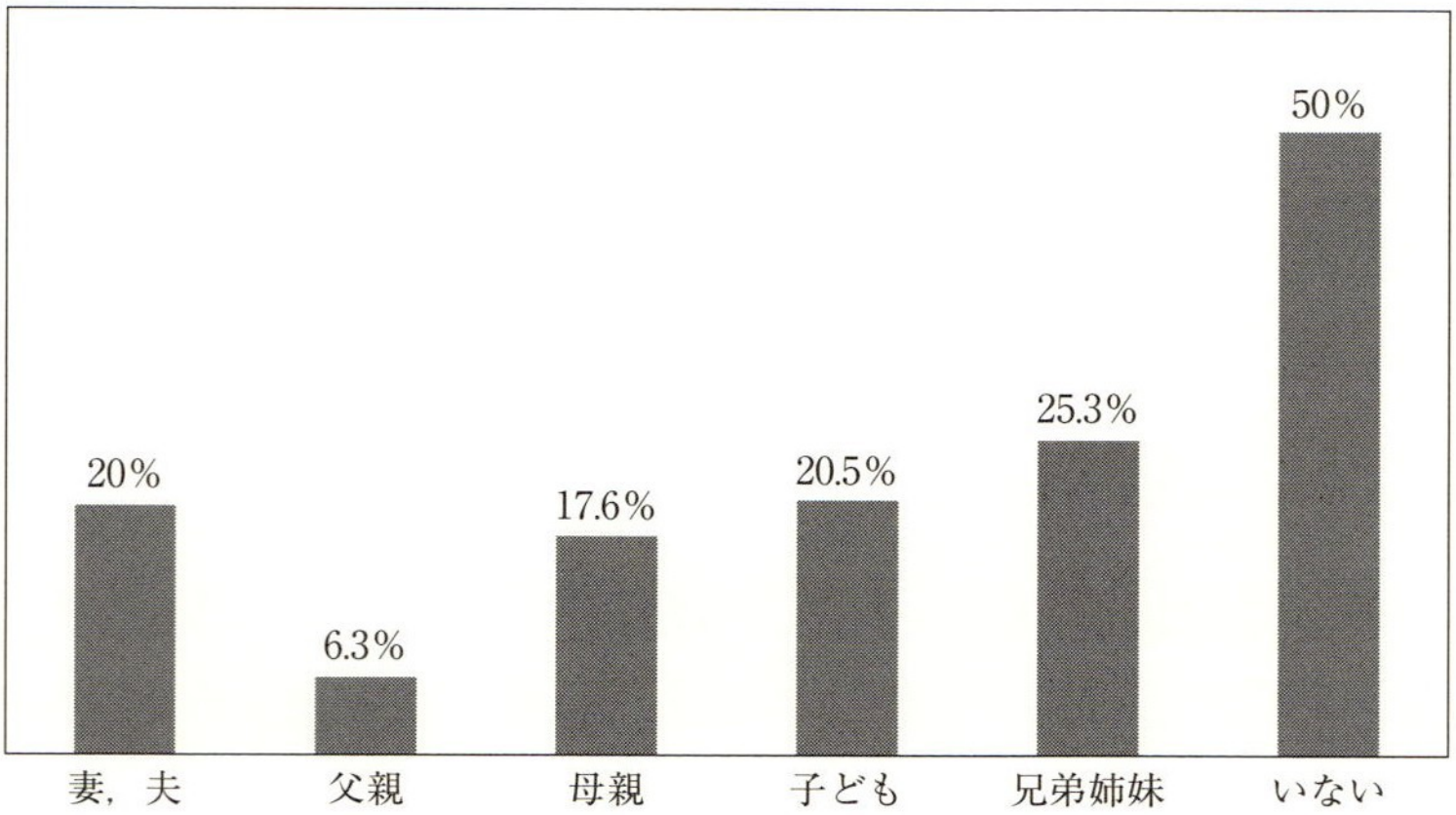

図 10-5　「家族の中にキリスト教徒はいますか？」に対する回答

用されており、社会的に脆弱な家族にとってこれらの社会的ネットワークは不可欠な社会的支援である。

教会は、モンゴルにおいて深刻化している家庭内暴力や悪癖、悪い育児、離婚といった家庭問題を解決するという点で、家庭の幸福にとって非常に重要な存在である。教会での研修や議論の時間に加えて、幅広い種類の本やオンラインの資料は、様々な宗派に所属しているグループによって出版されている。いくつかの専門書店は、ウランバートルでキリスト教関連の本を販売しており、ウランバートルのFMラジオ局である「ファミリーラジオ」は様々な番組を放送している。一般的にチベット語で書かれている仏教の本や読み物と違って、モンゴル語で書かれたそれらの宣教資料は簡単に利用でき、若者や男性、若いカップル、前科者といった特定のグループを対象とするのに適している。

前述したように、モンゴルにおいてキリスト教徒でいることには幾分かのリスクと犠牲が伴う。友人を失うことは最もよくみられる回答で、友人と疎遠になったと感じると答えた人もいれば、一方で学校や職場でのあからさまなハラスメントやいじめを受けたと答えた人もいた。具体的には、「ばか」、「外国の宗教の信者」、「気味が悪い」といった言葉を浴びせられたという。回答のなかでみられた興味深い点は、悪い習慣や不道徳な行為を容認する主流の社会規範をキリスト教信者は共有できないとして、友人が自分たちを疎外もしくは苦しめると考えている点である。特に家族がキリスト教以外の宗教の信者であった場合、家族との争いはキリスト教への改宗もしくは教会に行くことが原因であることが多い。

教会のリーダーに対するインタビュー調査によると、教会のメンバーの多くは家族も同じ信仰をもっているという。教会のなかには、およそ五十―六十パーセントの人が、家族が同じ信仰をもっていると回答したところもあった。興味深いことに、図10-5に示したように父親は他の続柄に比べてキリスト教徒になることをためらう傾向がある。これは、三十九歳以上のキリスト教信者のうちの七十五―八十パーセントが女性であるという結果と通じるものがある。

六　考察と結果

六-一　改宗の背景

需要と供給のダイナミクスは、一九九〇年以降のモンゴルにおけるキリスト教の広がりを理解する鍵である。しかし一方で、モンゴルにおいて仏教や他の伝統的信仰と結びつく支配的な社会的・文化的規範が根づいており、キリスト教の発展はこれらによって制約されている点を指摘することも重要であろう。宗教市場理論から考えると、相互関係にある以下の二つの変化は、モンゴルにおけるキリスト教への改宗にとって重大な社会的背景になった。

(1)　都市化と人口動態

モンゴルにおける都市化の始まりは遅かったが、その進行は非常に激しかった。一九九〇年に五十六万人超だったウランバートルの人口は、二〇一二年までに百二十万人にまで増加した。ウランバートルにおける近年の人口増加は、ほとんどが地方からの人口移動によるものである。町の郊外地域は地方からの移住者によって発展した。これらの地区は「ゲル地区」と呼ばれており、貧困率が高いとともに、清浄な水や公衆衛生、生活用品といった基本的なサービスへのアクセス困難という問題も抱えている。キリスト教の宣教活動は、それらのゲル地区やゲル地区に類似した貧しいエリアに集中して行われた。加えて、首都にいる地方出身の学生の多くも改宗する可能性がある重要なアクターであった。一方で中小都市と地方のコミュニティにおいては、個人と家族が「異教」に参加することは困難であった。モンゴルの地方の中小都市には様々な宗派のキリスト教会が存在するが、それらの都市の人口は、平均一万―二万五千人である。社会分化が起こったとはいえ、集団の強固な結束力と非公式的な支配は小さいコミュニティに存在しており、キリスト教にとっては困難な環境であった。これに対し首都は、多様性と匿名性をもつ現代社会と社会分化を象徴しており、キリスト教にとっては入りやすい環境であったと言える。

（2）社会関係資本の供給

キリスト教会は、社会的地位に関係なく社会的、精神的、物質的サポートを提供する環境として非常に効果的であった。教会は僧院やシャーマンが提供しえなかった社会的サポートのためのネットワークや「想像上のコミュニティ」をつくり出していたのである。仏教などの独占宗教が社会的、スピリチュアル的ニーズを満たそうと変化するペースは遅く、そのことがモンゴルの人々の幻滅と失望を招いていた。そのため、キリスト教会が行う手軽で人々の興味を誘う宣教活動は、キリスト教への理解や支援に貢献したと考えられる。

六―二　キリスト教コミュニティ

調査結果とフィールドワークの記録をまとめたが、モンゴルにおけるキリスト教コミュニティは本章で述べた以上に多様で活動的であることは明らかである。様々な宗派、教派に属する幅広いキリスト教会が存在しており、あるグループが他のグループを認めないといったことも比較的よくあることであった。それに加え、多くの小規模な宗派や、カルト的な集団も存在しており、モンゴルではそれらはすべてキリスト教の一部として認識されている。

キリスト教会における資金集めと運営の方法は大きく変化しており、多くの教会はアメリカや韓国といった外国の教会からの財政支援に頼っているか、スポンサーに帰属している。一方で地元の信者から資金を得ている教会もあり、収入源が多様化している。一九九〇年代には、多くの教会は外国人の宣教師に所有され運営されていたが、教会のリーダーシップの成熟と教会に行く人たちの成長の結果、外国人宣教師の多くはモンゴル人の信者や牧師に替わっていった。

キリスト教コミュニティ全体をみると、二つの重要な傾向が存在する。一つめは、少なくとも主流の福音主義キリスト教会のコミュニティには、キリスト教コミュニティ内のつながりと世代間の持続を可能にする、新しい形の連合組織や大学のような団体、具体的にはモンゴル福音主義同盟(Mongolian Evangelic Alliance)やキリスト教青年連盟(Christian Youth Federation)、モンゴルユニオン神学大学(Mongolia Union Theological College)といったものが存在するということである。その役割はモンゴル社会においてキリスト教徒が社会的に認められるために非常に重要であり、改宗への強いモチベーションになりうる。二つめは、キリスト教徒の模範性とキリスト教徒の官僚に対する社会認知度が上がっていることである。教会のサービスからわかるように、教会のメンバー内の善良な経営者や専門家といった参照され公にされる模範的な人物は、新しいメンバーを集め、また既存のメンバーを維持するために重要な存在であると思われる。彼らはキリスト教改宗者の最初の世代の代表であり、大部分が一九九〇年代に学生であった。その一方で、それはキリスト教そのものについての社会の認識が高まったことを示している。例えば、メディアやソーシャルメディア界隈は、キリスト教徒である官僚を非難することがほとんどない。例外的な出来事としては、二〇一五年に統一教会の活動に官僚が関与していたことに関する問題が明らかになったときには批判の嵐にさらされた。

モンゴルにおけるキリスト教は、どのような路線を進んでいくのだろうか？　韓国におけるキリスト教のように急速に広がるのだろうか？　もしくは社会全体やそれぞれのコミュニティが独占的な神道的価値観や仏教的慣習に支配されている日本などのように、キリスト教はゆっくりと徐々に理解されていくのだろうか？　モンゴルにおけるキリスト教コミュニティの今後の成長は、都市化や国際的流動性、キリスト教会の供給能力から大きな影響を受けると思われる。しかしそれ以上に、今後の方向性は、キリスト教がモンゴルにおける主流の社会的価値や文化的規範に対してどのように対応し、受け取られているのか次第である。キリスト教がモンゴルの歴史と連携していくためにキリスト教コミュニティが努力しているが、それ以上に現在のモンゴル社会とのつながりをつくり出すことがより重要であろう。

注

（1）　モンゴル仏教徒協会は一九九〇年の三月に設立された。そして一九九〇年の十月にモンゴル聖書協会とモンゴルムスリム協会が設立された(Tsedendamba 2003)。

（2）　詳細は世界福音主義同盟の国際大使であるブライアン・スティラー(Brian C. Stiller)による以下を参照。http://dispatchesfrombrian.com/2015/10/19/mongolia-from-ancient-power-to-a-youthful-witness/(二〇一六年九月五日閲覧)

（3）　一九九〇―一九九二年において、教育分野にかけられる予算は六十九パーセント減少した。またＧＤＰにおける健康管理に関する支出は、一九九〇年で五・五パーセントであったものが一九九五年には二・九パーセントになった(Solongo 2012)。

（4）　以下を参照。RL. Mongolia, *As a People Movement to Christ Emerges, What Lessons Can We Learn?* Mission Frontiers, 1998, July-August.　http://www.missionfrontiers.org/issue/article/mongolia(二〇一六年九月五日閲覧)

（5）　在モンゴル韓国大使のインタビュー内容から。 http://www.analiz.mn/postview/3166（二〇一六年六月五日閲覧）

参考文献

Bruun, Ole, and O. Odgaard, 1996, "A Society and Economy in Transition," In Mongolia in Transition: *Old Patterns, New Challenges*, ed. by O. Bruun and O. Odgaard, Richmond: Curzon Press, 23–41.

Buyandelgeryn Mandukhai, 2007, "Dealing with uncertainty: Shamans, marginal capitalism, and the remaking of history in post-socialist Mongolia," *American Ethnologist*, 34: 127–147.

Campi, Alicia, 2005, *Globalization impact on Mongolian identity issues*, August 2005, Accessed on April 4, 2012. http://usmongoliagroup.com/article_globalization.htm

Chiswick, Carmel U, 2013, Competition vs. Monopoly in the Religious Marketplace: Judaism in the United States and Israel IZA DP No. 7188.

Finke, Roger and Rodney Stark, 1988, "Religious Economies and Sacred Canopies: Religious Mobilization in American Cities," *American Sociological Review*, 53: 41–49.

Froese Paul, 2004, "Forced Secularization in Soviet Russia: Why an Atheistic Monopoly Failed," *Journal for the Scientific Study of Religion*, 43: 35–50.

Griffin, Keith, 1995, *Poverty and the Transition to a Market Economy in Mongolia*, London: Palgrave Macmillan.

Gundsambuu, Khayankhyarvaa, 2002, *Social Stratification in Contemporary Mongolian Society*, Ulaanbaatar: Zotol Club of Professional Sociologists.

Humphrey, Caroline, 1992, "The Moral Authority of the Past in Post-Socialist Mongolia," *Religion, State and Society*, 20: 375–389.

Humphrey, Caroline, 2002, *The Unmaking of Soviet Life: Everyday Economies After Socialism*, Cornell University Press.

Iannaccone, L. R., 1991, "The consequences of religious market structure," *Rationality and Society*, 3(2): 156–177.

Norris, Pippa, and Ronald Inglehart, 2004, *Sacred and Secular: Religion and Politics Worldwide*, Cambridge, UK: Cambridge University Press.

Purevdorj, Jamsran, 2012, "Developing Christianity in Mongolia During the Last Two Decades," In *Mongolians after Socialism: Politics, Economy, Religion*, ed. by Bruce M. Knauft and Richard Taupier, Ulaanbaatar: Admon Press.

Sneath, David, 1993, "Social relations, networks and social organisation in Post-Socialist Rural Mongolia," *Nomadic Peoples*, 33: 193-207.

Sneath, David, 2002, "Reciprocity and Notions of Corruption in Contemporary Mongolia," *Mongolian Studies*, 25: 85-99.

Solongo, Ts, 2012, "The demographic situation and changes in it," In *Mongolia at the Market: Dedicated to the 60th Anniversary of the School of Economic Studies*, ed. by Luvsandorj, Puntsagdash, Chuluundorj Khashchuluun, and Namsrai Batnasan, LIT Verlag Münster.

Stark, Rodney and Roger Finke, 2000, *Acts of Faith: Explaining the Human Side of Religion*, Berkeley, CA: University of California Press.

Tsedendamba, 2003, *Religious situation in Mongolia*, Ulaanbaatar.

Undarya Tumursukh, 2001, "Fighting Over the Reinterpretation of the Mongolian Woman in Mongolia's Post-Socialist Identity Construction Discourse", East Asia 19.

UNDP, 2007, *Human Development Report Mongolia 1997*.

第十一章　現代タイにおけるカトリック・キリスト教会の実態と社会活動

――ラーチャブリー教区を事例として

ティラポン・クルプラントン、シリヌット・クーチャルーンパイブーン、
ジュタティップ・スチャリクル

一　はじめに

一―一　タイのキリスト教

タイにおけるキリスト教の研究は、歴史的経緯や人類学的視点による論文（Panni 1993, Sonsiri 1998, Suchittra 1999, Terakun 2000, Putipong 2009, Root and Ponpirom 2010）が中心であり、特に、北部山岳民族と少数民族のキリスト教を主題とした研究（Samerchai 2001, Tippawan 2003, Ngonapat 2003）が際立っている。ほかには、キリスト教の社会福祉的側面に関する研究も存在している（Varakorn, 1999）。

一方、日本人研究者によるタイ・キリスト教に関する研究の多くは、歴史学や人類学的視点に基づいた論文が多く、山岳民族（主にラフ族）(1)が信仰するキリスト教についての議論が中心である（石井 二〇〇二、片岡 二〇〇六）。また、タイ北部におけるプロテスタントの神学を中心に論じる研究も存在している（藤原 二〇一一）。しかし、キリスト教

の組織内でどのような活動が行われているのかということはあまり知られておらず、社会学的視点に基づいた研究は少ない。

タイにおけるキリスト教の定着を歴史からみていこう。植民地時代の十六世紀のなかば、キリスト教の宣教師がタイ国内で初めて布教活動を行い、一八二八年にはドイツ人宣教師がプロテスタントとして初めてタイ国(当時の呼称はシャム)に入り、在タイ中国人への布教許可を得て活動を開始した。その後一八三〇年に入り、フランス人宣教師によるカトリック教会の活動が活性化していく(石井 二〇〇二)。キリスト教は少しずつタイ社会に浸透し、主に中国系移民を通じて現地タイ人への布教活動が拡大していく(中国系移民を対象とした布教拡大については次節で述べる)。

布教初期、仏教の教えを国家の支柱として掲げてきたタイ王室の高官たちにとって、仏教とは大きく異なるキリスト教の世界観は容易には認めがたいものであった。しかしながら、高官たちは西洋の近代技術を非常に高く評価して、全面的に習得しようと試みており、近代技術の背景にあるキリスト教の教えについても尊重し、布教活動をむやみに退けようとはしなかった(2)。一方で、宣教師の多くは知識人であり医学的な知識や技術をもつ者も多く、布教活動の補助的手段として医療面での社会福祉活動を行いつつ布教を進めていった。

では現在、近代化に邁進した時代からおよそ三百年以上を経て近代国家として成長したタイにおいて、キリスト教は人々にどのような影響を与えているのであろうか。タイは、近代化を経てなお仏教国でありつづけてきた。社会の歴史が仏教と深い縁で結びついているタイにおいて、キリスト教による布教活動と社会活動はどのような役割を担っているのか。これらの点を考察することで、現代タイにおけるキリスト教の実態把握を試みる。

一-二　調査方法

二〇一五年、タイ・カトリック教会が出版している資料を参考とし、タイ国内におけるキリスト教会が行う行事への参与観察と、司祭、タイ人信者への半構造化インタビューを行った。主な調査地はラーチャブリー教区を中心とし、筆者の親戚から紹介された司祭や親戚のカトリック教徒の協力を得て調査を行った。さらに、本プロジェクトで実施したキリスト教会調査のデータを参考にした。バンコクとラーチャブリー県のカトリック教徒の対象者は男女二九五人で、男性一一四人、女性一五一人（無回答三〇人）であった。対象者の多くが高学歴であり、最終学歴が大卒三九・〇パーセント、大学院進学者が一七・〇パーセントであった。

二　タイのカトリック

一九六〇年から十年ごとにタイ統計局が行っている国勢調査によると、仏教徒はタイ国内人口の九十五パーセントを占めており、対してカトリックとプロテスタントを合わせたキリスト教徒の合計数はわずか一・一パーセントである。しかし、宗派別にみた信徒数の統計はなく、国勢調査のデータについても、一回目（一九六〇年）から六回目（二〇一〇年）の調査データをみると、一・一パーセントのままでまったく変化がみられず、過去五十年間におけるキリスト教徒数の増減の推移を正確に把握しているとは言いがたい。しかし、今回の調査で筆者が入手したタイ・カトリック教会による詳細なデータによると、たとえば、表11-1の二〇一一年から二〇一五年までの推移をみてみると、カトリック・キリスト教信者数は毎年少しずつ増え、二〇一五年には〇・五七一パーセント（三七九、三四七人）となっている。このように、タイではカトリック教徒の人口は増加傾向にあるが、それほど急激に増えているわけではない。ではなぜ、キリスト教がタイに根づき始めて数十年以上経つにもかかわらず、信徒の数はそれほど増えていないのであろうか。

考えられる理由は二つある。以下のA司祭（六十二歳）、B司祭（六十二歳）、C司祭（四十六歳）のインタビューを参考にしていただきたい。

「現在から三百五十年以上前、キリスト教への入信者は主に中国系移民であり、元々仏教を深く信仰していた現地タイ人にはなじまなかった。キリスト教に信仰を寄せたのは中国系移民たちだった。［筆者注：当時の階級社会のなかでタイ人の下で労働者（奴隷的存在）として生きるよりも、タイ社会のなかでも勢力をもっていたキリスト教宣教団の傘下で自由に商売をして生きた方が、中国系移民にとっては生き延びる確率が高かったためである。］また、当時のタイ社会の人々は、異教徒であるキリスト教徒を偏見の目で見ることも少なくなかった。一方、数十年ほど前からキリスト教の司祭たちは様々なやり方を通して布教活動を行ってきたが、信徒の数はあまり増えていない。仏教徒であるという理由のほかに、在家者が厳格な規則や儀礼を守る習慣のないタイ人の国民性がその原因だと思う。だから、布教の拡大に躍起になるよりも、とりあえずは今の信徒の数を維持することと、信徒の子どもとして新しく生まれてくる次世代に信仰が受け継がれることを祈り、見守ることが大切だと思う。また、わずかではあるが、信徒の配偶者が改宗することもある。それから、信者の増加傾向のもう一つの原因は、北部山岳民族と少数民族への布教活動の成果ではないかと考えている。」（A司祭）

「カトリック教徒の人口が増えにくい理由は、簡潔にまとめると、タイ人にとってカトリックは異教だという過去の印象がいまだに強く残っているからである。また、タイ人は、仏教で定められた在家信徒の規則を守ることに対して厳格さを求められてこなかったこともあり、カトリック教徒のように、例えば、毎週の教会行事への参加や規則を厳密に守りながら生活するといった、ストイックな信仰生活をあまり好まない。だから、とりあえず今の信徒とその家族を見守ることを大切にしており、それと同時に、宗教活動を新しい信徒に少しずつ促していく。例えば、二年前から私はラーチャブリー県郡内でカトリックに興味をもっていたタイ人に呼

表 11-1　2011～2015 年タイにおけるカトリック信徒の数

教区の名称	各教区内の県数	各教区内における総人口	信徒数					2015 年の割合(%)
			2011 年	2012 年	2013 年	2014 年	2015 年	
1. バンコク大司教区	11	13,513,698	114,854	115,945	117,017	118,442	118,654	0.179
2. ラーチャブリー教区	4	2,369,796	15,460	15,674	15,726	15,719	15,733	0.024
3. チャンタブリー教区	8	4,832,177	36,850	41,010	42,952	43,228	44,070	0.066
4. チェンマイ教区	8	5,685,305	57,627	61,847	63,273	63,273	71,694	0.108
5. ナコーンサワン教区	13	8,328,045	16,463	16,463	16,463	16,463	16,463	0.025
6. スラートターニー教区	15	9,717,595	6,991	7,065	7,298	7,780	7,780	0.012
7. ターレー・ノーンセーン大司教区	4	3,166,679	54,006	54,394	54,510	54,510	54,521	0.082
8. ウボンラーチャターニー教区	7	8,010,073	26,151	26,301	26,423	25,905	25,424	0.038
9. ナコーンラーチャシーマー教区	3	5,336,814	5,879	6,170	6,205	6,205	6,897	0.010
10. ウドーンターニー教区	6	5,439,552	18,594	18,594	18,111	18,111	18,111	0.027
合　計	79	66,399,734	352,875	363,463	367,978	369,636	379,347	0.571

出典：Catholic Calendar 2012～2016

びかけて、自由参加の勉強会を開催してきたが、その成果として、今ではその勉強会のメンバーのなかでカトリックに改宗した者（大人）が二十―三十人もいる。この勉強会は勧誘ではない。（中略）出稼ぎ中のベトナム人も教会の行儀へと参加していた。

最近、少しではあるが、配偶者のなかで改宗するものが現れた。タイ中央部で改宗した新信者はあまりいないが、北部で一万人ぐらいの増加がみられ、特に山岳民族に多い。」（B司祭）

「他宗教の人を改宗させるより、カトリック教徒の家庭で生まれた子どもにその習慣や教義を教える方がより重要である。しかし、わが子に習慣や教義を教えたとしても、本人が自らの信仰を見つけるまでには時間をかけなければいけない。そのため、カトリック信徒は少しずつしか増えないだろう。」（C司祭）

つまり、三百五十年以上前からキリスト教への入信者は偏見の目で見られることが多く、カトリックの幹部たちが四―五十年前に行った様々な布教活動も、タイの風土や習慣等と合わないなどの理由からそれほど功を奏していない。このような過去の経緯から、カトリック教会がタイで布教活動を行うスタンスとしては、布教の拡大よりも今いる信徒を大切にし、信徒の配偶者や生まれてくる子どもを信徒として育てることに重点を置いていると考えられる。

とはいえ、タイ国内の統計には、上記のような新たな改宗者や近年入信者が増えている北部山岳民族（特にカレン族、ラフ族）、少数民族、外国人出稼ぎ労働者（ベトナム人など）、国籍をもたない信徒の数が反映されておらず、布教活動の成果には未知数の部分がある。

ちなみに、A司祭とC司祭によれば、カトリック信徒の両親をもつ子どもは、家族、主に両親によって、カトリック教会の所属員として登録される。教会は子どもに対して儀礼やイベントなどへの参加を呼びかけ、子どもが成長するまで活動への参加を促す。子どもが進学等の理由から所属する教会を離れたとしても、進学先の地域にある教会の信徒が代わりにその子どもの指導に関わる。カトリック信徒の配偶者が非カトリックの場合、教会は講話やイベントへの参加を促す。なぜかというと、配偶者が非カトリックの場合、信仰の違いから夫婦間に問題が起こる可能性があるからである。そのような事態の予防の意味も含めて、配偶者に対してカトリックに対する興味を促すことは重要であると考えられる。二〇一二年のアンケート調査によると、新信徒がカトリックの洗礼を受けることになった理由について、人のつながりを媒介にした理由に限定してみていくと、「友人や知人、職場の人等の勧め」という回答が八・八パーセントなのに対して、「親や配偶者、親戚の勧め」という回答が二八・八パーセントを占めており、最も多かった。

また、配偶者の改宗は、あくまで教会の理想であり強制ではない。ただ、カトリック教会は、次世代への信仰の継承を理想目標としており、価値観の多様化が進む現代社会のなかで若年層の信徒を確保することが非常に重要なため、このような勧誘を行っている。

しかしながら、C司祭の務める教会では、昔と比べると信徒数に明らかな減少傾向がみられる。以下は、C司祭の語る現状である。四、五十年前と比べ教会の風景はだいぶ変化した。以前は、毎週日曜日の礼拝はカトリック教徒であふれており、収容人数の限度が三百から四百人ほどの教会は、毎回満席になるほどであった。しかし近年の参加者は減少し、一日二回（朝六時半から七時半までと、朝九時から十時まで）の礼拝の参加者は、合計で約三百人ほどである。その参加者の多くは、次世代を担う若者世代よりも、圧倒的に親の世代の方が多い（筆者の観察によると、C司祭が務める教会への礼拝参加者は、中高齢者が約七割、若年層が約三割であった）。また、若者たちのなかには教会行事の参加中にスマートフォンに熱中し、司祭の講話に関心をもっていない者もいると、C司祭は語った。

カトリック教会は、様々な方法で信徒を獲得するために努力しているが、昔に比べると最近の若者たちの教会への関心は薄れてきている。インターネットや様々なメディア媒体による情報環境が子どもたちに与えている影響は計り知れない。視点を変えれば、世界中の情報に触れることは、子ども達が世界の複雑さに触れ多様な価値観を育むある種の通過儀礼ともいえる。ネット環境が、宗教教育に代わって信仰心や自己規範を育むきっかけとなる可能性もある。このような現代の情報環境は、カトリックだけではなく仏教にとっても、布教活動を考えるうえで今後の課題となってくると考えられる。

三　カトリックの組織構成と管区

タイ国内におけるカトリック教会は十教区に区分されており、基本的には教区ごとに区内の教会を管理、統括している(図11-1)。そのうち大司教区が二地区(バンコク地区とターレー・ノーンセン地区)あるが、これは、ローマ・カトリックの教会法に基づいて設置を義務づけられた地区であり、他の教区の上位機関としてすべての教区を管理する権限をもっている。バンコク大司教区の管理下にある五教区は、ラーチャブリー教区、チャンタブリー教区、チェンマイ教区、ナコーンサワン教区、スラートターニー教区である。ターレー・ノーンセン大司教区の管理下にある三教区は、タイ東北部のウボンラーチャターニー教区、ナコーンラーチャシーマー教区、ウドーンターニー教区である。そしてそれぞれの区教は区内にある学校や教会などのキリスト教関連施設を管理している。

それぞれの教区における施設の具体的な役割は以下のとおりである。今回調査したラーチャブリー教区を事例とすれば、ラーチャブリー教区は、一九六五年十二月十八日にタイ・カトリック中央協議会(Catholic Bishop's Conference of Thailand: CBCT)の方針に基づいて設置された。管内エリアは、ラーチャブリー県、カンチャナブリー県、ペッチャブリー県、サムットソンクラーム県の四つである。現在(二〇一五年)は、カトリック信者が一万五七三三人、大司教一人、司祭七六人、修道士と修道女あわせて一二三人が所属している。ラーチャブリー教区の附属施設は、教

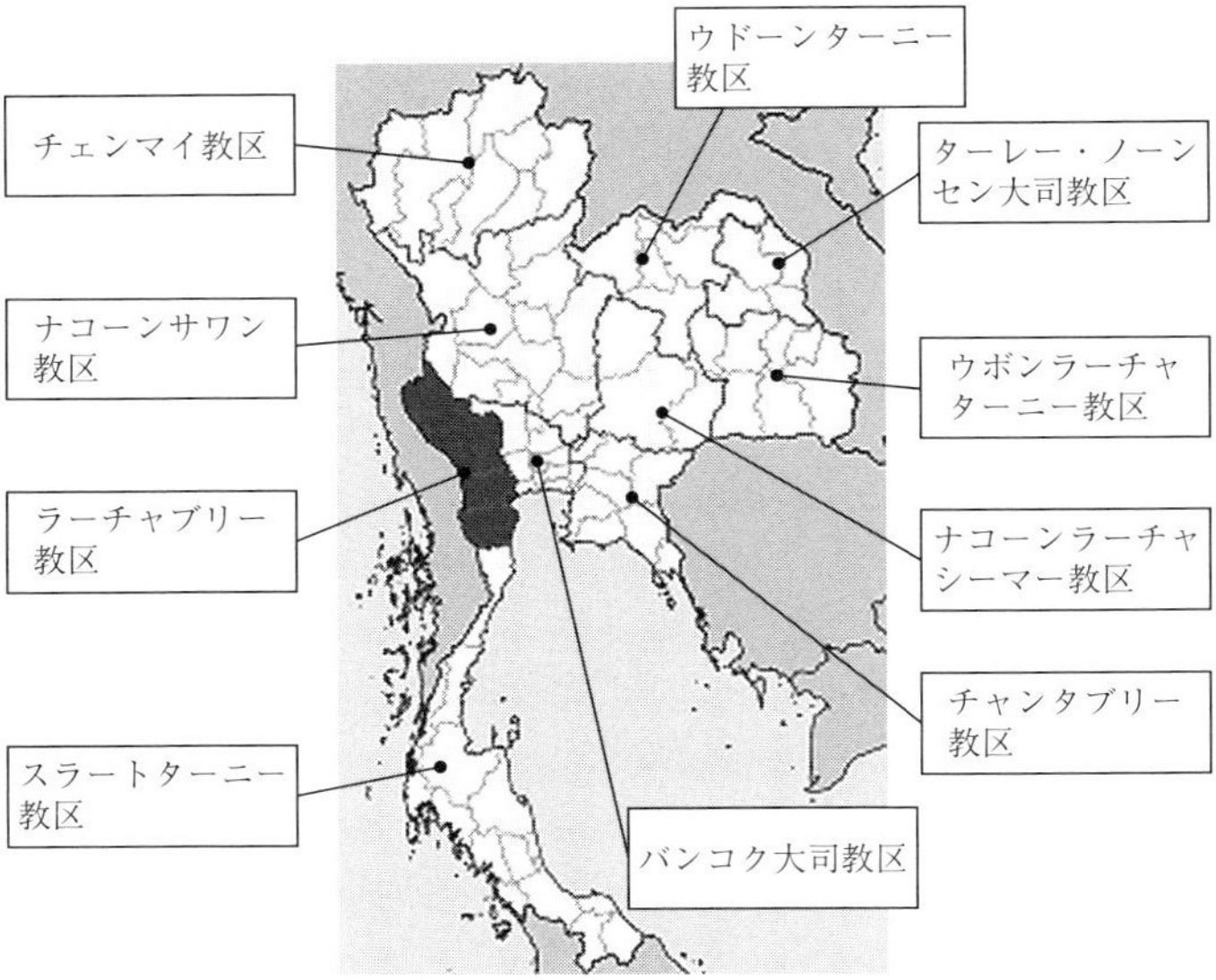

図 11-1　タイ王国におけるカトリック教会の 10 の教区

出典：図の写真は「ラーチャブリー教区」(https://upload.wikimedia.org/wikipedia/commons/0/00/Thailand_Diocese_Ratchaburi.png，2016 年 3 月 17 日閲覧)

会三二カ所、学校二一カ所、男性修道士養成学校二カ所、女性修道士養成学校三カ所、カトリック病院一カ所である。その他の関連団体施設は一五カ所あり、代表的なものとして、社会開発センター、宗議会、子ども福祉センターなどがある。

各教区の布教活動や施設運営などの方針はタイ・カトリック中央協議会の方針に従う。バンコクに設立されているCBCTは、各教区の長十人で構成されている理事局のような存在であり、タイ・カトリック教会の最高機関として、布教活動、人材、予算等に関する方針を策定、決定しており、ローマ教皇からの直接的な指令を受けることができる機関でもある。

また、CBCTは、タイ国において四つの事業を管理している。①カトリック教徒の保護に関する事業、②カトリックの宣教と教育に関する事業、③チャリティ活動に関する事業、④マスコミに関する事業である。CBCT委員は、それぞれの適材適所を検討して、四つの事業教区長を分担する。

四　司祭と修道士の養成

二〇一五年のデータに基づくと、カトリックの教会はタイ国内で五〇六カ所あり、大司教・司祭（神父）・修道士（ブラザー）、修道女（シスター）は総数二四三五人である（表11-2）。そのうち司教と司祭になった者は約三十四パーセントを占める。

司祭と修道士は、教会の宗教活動以外にもそれぞれの得意分野での活動も各自で行っている。例えば、教育、マスコミ、情報技術、社会福祉に関する活動などである。彼らの日常生活は、タイ僧侶のように、朝経・托鉢・一日二食・仏教行事・晩経などのような日課をこなすわけではない。司祭は、生涯を通して独身である義務を負っているが、それ以外は一般人の生活と変わらず、一日三度の食事をし、それぞれの担当する仕事（会計や事務などの組織内業務）やキリスト教の行事（毎週日曜に行われるミサなど）を行う。彼らの住まいは、教会や所属学校内の敷地にある。また、定年後もそのような施設や信徒専用の老人ホームで過ごすことになる。

タイ人が司祭になるための修養期間は、一人一人の能力や性格によって異なっており、一般的には十年以上かかる。カトリック系の学校へ通う子どものなかでも特に修道士を目指したい子どもは中学生から寮生活を通してキリスト教についての基礎知識や習慣を学ぶ。中学校から高校までは一般の教育機関と変わらない教育を受け、土、日曜日に教会の仕事や行事を手伝う。大学で修道士養成コースに入り、卒業までの間に試験や面接を受け、司教（指導員）にその人柄や適性などを見極められる。大学卒業後は国内外で活動し、宗教活動の現場で実際の経験を積み、外国語を身につけキリスト教国での生活を経験することで、海外の教会でも布教活動ができるように育成される。このような経験を通して、知識と忍耐力を養い、修道士にふさわしいかどうかの適性を見極められる。そのうえで

表 11-2　2015年タイにおけるキリスト司祭・修道士等の数

教区の名称	教区内の県数	教会の数	司教・司祭	司祭(他教区からの派遣)	修道士(ブラザー)	修道女(シスター)
1. バンコク大司教区	11	70	149	103	55	450
2. ラーチャブリー教区	4	32	59	18	10	113
3. チャンタブリー教区	8	40	90	17	13	168
4. チェンマイ教区	8	50	32	69	11	163
5. ナコーンサワン教区	13	32	22	28	5	76
6. スラートターニー教区	15	38	16	28	7	117
7. ターレー・ノーンセン大司教区	4	77	76	2	2	129
8. ウボンラーチャターニー教区	7	60	36	10	3	131
9. ナコーンラーチャシーマー教区	3	34	22	10	3	32
10. ウドーンターニー教区	6	73	28	30	2	100
合　　計	79	506	530	315	111	1,479

出典：Catholic Calendar 2016

司教会議によって最終的に適性を認められた者が、修道士(ブラザー)または修道女(シスター)となることを許される。また、司祭会に推薦された修道士の一部は、神品機密(Holy Orders)の儀礼を通して司祭となる。司祭は修道士よりも地位は高く、男性のみに与えられる資格である。

成績優秀な司祭や修道士は、心理学や歴史学、神話学、医学、人文学など、布教活動に応用できる専門分野で博士号を取得する。タイでは国内のみならず海外の大学で博士号を取る司祭・修道士も少なくない。一方、キリスト教の厳格な修行に向かない者やあまり適性がないと判断された者は資格取得を諦め、その後、教会や学校などで事務等の職に就くか、あるいはほかに仕事をもちながら信徒として教会に通う生活を送る。

表11-2に見られるように、カトリックの司祭・修道士として選ばれた人数はごくわずかであり、このエリートたちが教会の指導者として活躍することになる。また、難解な試験や厳しい修養を乗り越えて司祭・修道士になった者は、改宗のリスクも少なく、カトリック信仰に生涯をささげる可能性が高いと考えられる。そのせいか、タイの司祭・修道士には、タイの仏教僧侶に多くみられるスキャンダル(金銭を目的とした偽装出家者等)はあまり聞かない。その背景としては、タイ仏教の出家

制度は、伝統的慣習によって支えられている側面が強く、出家資格や僧侶になるための厳しい審査はなく、成人男性（心身ともに男性であること、ある特定の病気を持っていない等の一定の条件をクリアしている男性）は、たいてい誰でも僧侶になれることが考えられる。司祭・修道士のように、一生涯を聖職者として生きるよう使命感を負託されたタイ僧侶は少なく、タイ僧侶の場合、最短一日でも出家をしたとみなされる。また十数年も修行を続けた僧侶がいきなり還俗することも少なくない。一方、司祭・修道士がその職から退く例はほとんどない。

五　キリスト教の学校

タイの名門私立学校と言えば、カトリック系の名前があがる。現在、カトリック関連学校（表11-3）は三四五カ所あり、生徒数は全国で二二、三四五人おり、幼稚園（日本の幼稚園と同概念）から大学院までと、幅広い年齢層を対象に教育機関を提供している。学力も国立の教育機関の偏差値や就職率と大差はなく、学問、外国語教育のレベルも高く充実している。ラーチャブリー教区のカトリック系の学校は二十四カ所、カトリックの学生数は全国の教区のなかで約七・〇四パーセントを占めている。

カトリック関連校は、収入の一部を布教活動のための活動資金として使用しており、学校経営は教会の活動のために非常に重要な役割を果たしている。また、関連校で学んだ学生・ＯＢは、キリスト教に改宗する信者も多く、改宗までいかなくとも布教活動や社会福祉に関する活動を支援する人も少なくない。筆者の調査によると、学校で行われる社会福祉活動のための寄付金の一部は、ＯＢたちから募っている。例えばある四十代男性は、改宗はしていないが、「ＯＢとして、恩を受けた先生方に社会福祉活動などのための寄付を通してできる限り力になりたい」と話した。また、五十代の女性は、仏教徒の信者にもかかわらず「卒業生ですから。また、寄付行為を通してタン

表 11-3　2014 年タイ王国におけるカトリック関連学校の数

教区名	教育機関	教育機関の数	カトリックの生徒数			カトリックの教師・講師数		
			男	女	計	男	女	計
1. バンコク	学校	129	3,414	4,632	8,046	312	1,255	1,567
	専門学校	9	274	23	297	98	25	123
	短期大学	3	233	139	372	28	13	41
	大学	2	297	305	602	96	72	168
	計	143	4,218	5,099	9,317	534	1,365	1,899
2. ラーチャブリー	学校	21	701	717	1,418	88	316	404
	専門学校	3	131	24	155	39	15	54
	計	24	832	741	1,573	127	331	458
3. チャンタブリー	学校	40	1,329	1,333	2,662	163	580	743
	専門学校	3	11	6	17	7	9	16
	計	43	1,340	1,339	2,679	170	598	759
4. チェンマイ	学校	21	543	908	1,451	57	152	209
	計	21	543	908	1,451	57	152	209
5. ナコーンサワン	学校	19	446	498	944	57	173	230
	計	19	446	498	944	57	173	230
6. スラートターニー	学校	23	371	406	777	66	198	264
	専門学校	1	4	4	8	4	2	6
	計	24	375	410	785	70	200	270
7. ターレー・ノーンセン	学校	12	646	738	1,384	55	155	210
	専門学校	1	79	0	79	5	1	6
	計	13	725	738	1,463	60	156	216
8. ウボンラーチャターニー	学校	17	951	939	1,890	53	222	275
	計	17	951	939	1,890	53	222	275
9. ナコーンラーチャシーマー	学校	16	282	337	619	59	174	233
	専門学校	2	9	1	10	4	3	7
	計	18	291	338	629	63	177	240
10. ウドーンターニー	学校	23	775	839	1,614	56	231	287
	計	23	775	839	1,614	56	231	287
合　計		345	10,496	11,849	22,345	1,247	3,596	4,843

出典：Catholic Calendar 2015

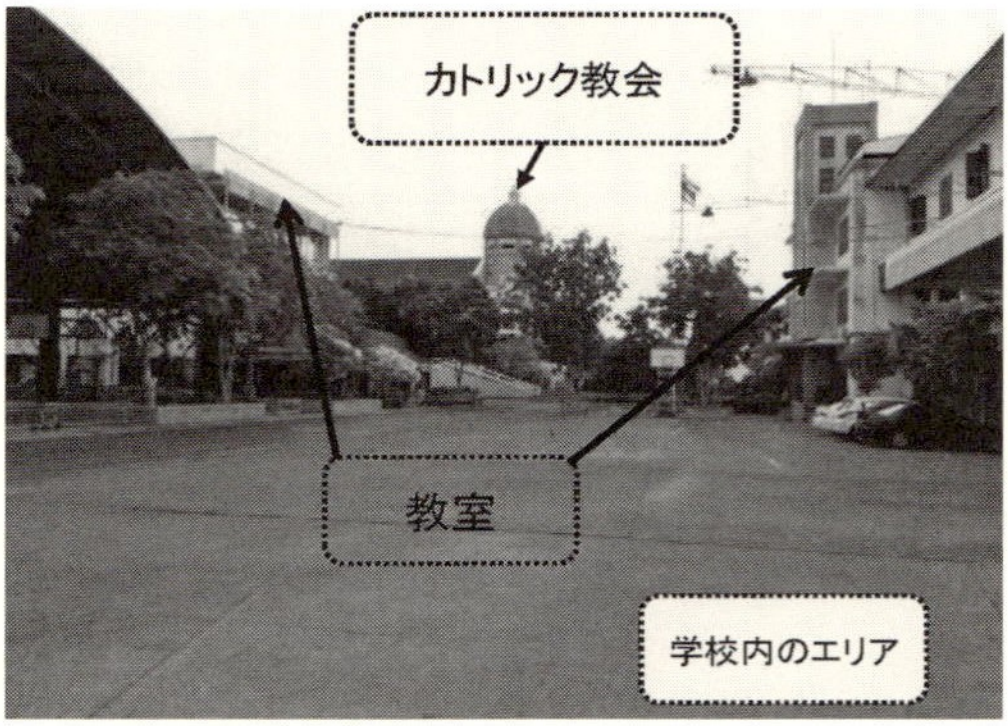

写真 11-1　あるカトリック教会とその関連学校の様子（筆者撮影）

写真 11-2　中国系タイ人の正月（旧暦）に行われたカトリック教会での行事（筆者撮影）

ブン（仏教用語の「布施」を意味する言葉）と同じような功徳を得たいと考えています」と話している。仏教的価値観のなかで生きているタイ人は、一般的に、僧侶や貧窮者、あるいは社会に対して金銭や物品を寄付することは、自らの徳を積むことにつながるという考え方をもっている。また、恩のある教師や年上の人に対して敬意をもつことはタイ人にとって大切な社会通念であるため、自身の社会的立場を守る意味でも、彼らからの要請を断ることはない。

カトリック系の私立学校は、タイ社会のなかでポジティブなイメージで受け入れられている。カトリック系の学校へ子どもを通わせている家族は、社会的なイメージとして上層の実業家や上流家庭とみなされ、入学希望者も非常に多い（筆者らが実施した二〇一二年のアンケートによると、カトリック教徒の洗礼を受けた信徒が洗礼時に自身が入ったと思った階層〈主観的階層帰属意識〉について、「中の中」「中上層」と回答した者が約八割を占めた）。このような進学時の選択は、将来的に上層の人物とコネクションを築く機会や、卒業後も就職やビジネスの面でお互いに助け合えるような関係づくりの面で有利になることを見込んでのことである。もちろん、中間層・下層の家庭にもそのようなメリットを意識して子どもをカトリック系の名門学校に入れる者も少なくない。例えば、A司祭は、中間層のあるカトリックの家族から名門学校への紹介状を書くよう依頼されたこともあったと話している。彼は、子どもの将来を慮り手助けをしたが、あくまできっかけづくりであり、その後の人間関係の構築や学問への向上心は本人次第であると語っていた。

このように、カトリック教会は入学者が増えることで、宗教活動の一環である支援活動の拡大や人的ネットワークの形成といった多くのメリットを、ＯＢたちとその家族から得ることができる。例えば、カトリック教会が出版する書籍のスポンサーの多くは、カトリック関連校のＯＢのいる企業である。

また、カトリック系の学校は富裕層の子どもだけが通える学校というイメージもあり、貧困層の子どもは入学できないと批判しているタイ人もいる。しかし、「我々の学校は政府からの補助金を約六〇パーセントしかもらっていないため、残りの運営資金は自力で調達しなければいけない（C司祭）」という。補助金が少ない理由としては、一般のカトリック系の学校は、その運営による収益や寄付活動によって自己資金が見込めると判断されるためである。

六　カトリックの社会活動と運営資金

B司祭によれば、カトリックはタイ国内の宗教団体のなかで社会福祉に関する活動が最も多く、障害者、エイズ患者、老人、子ども、貧しい人、難民等に対して、様々な事業を行っている。彼らのカトリックは、そのような活動のための運営資金（予算）を確実に確保している。資金源は、国内の各教区からの補助金と外国からの支援金（国際連合など）のことである。

次に、タイのカトリックの社会福祉活動の内容を具体的に述べていく。

六-一　ラーチャブリー教区社会開発センターの社会活動

ラーチャブリー教区社会開発センターの情報誌などの資料や司祭へのインタビューによると、ラーチャブリー教区における主な社会活動は、以下の八つに分類できる(表11-4)。タイの辺境や片田舎で暮らす貧窮者などを主な対象として、以下のような社会活動を行い、対象者の信じている宗教は問わない。

このような活動は、一九七九年に設立されたラーチャブリー教区の機関の一つである、ダルナー・ラーチャブリー学校内にある社会開発センターによって三七年間続けられている。活動メンバーは、教区内の司祭・修道士・修道女が約四十五人、ボランティアスタッフが数十人である。このなかでも、実際のカトリック教徒の参加者はどれくらいなのか人数を調べた。二〇一二年のアンケート調査によると、ボランティアとして社会福祉活動に参加したカトリック教徒は年に一—二回の参加者が約四割、年に三回以上参加している者が二割弱であり、主な活動内容は病人やお年寄りの介護、貧窮者の支援活動であった。また、最も参加者の多かった活動は聖堂での礼拝などの宗教活動で、年に三回以上参加している信徒が約五割もいた。以上のことから、熱心に宗教活動に取り組む信徒ほど、ボランティア活動への参加回数も多い。ちなみに、最も参加者の少ない活動は、政党・選挙運動の手伝いや市民運動であり、まったく参加したことのない者がアンケート対象者の七割をも占めていた。

また、上記の活動にはカトリック関係者のみならず、地域の生活環境の改善に力を貸したいという現地の一般住民やタイ僧侶が協力するケースもみられる。例えば、キッズキャンプの活動、森林保護活動(buat-bpaa：「森の出家」と呼ばれており、黄色の僧衣を樹木に巻きつけて保護する活動)などである。

ラーチャブリー教区の社会開発センターの活動は、タイ国籍の人だけではなく、国籍のない少数民族やミャンマー国籍労働者も対象としている。その理由は、貧困者、無国籍の少数民族、高齢者、女性、子どもなど、社会的

表 11-4　ラーチャブリー教区における主な社会活動の内容について

社会活動の分類	具体的な活動内容
1. 教育に関する活動	・教区内の貧困家庭の子どものための奨学金(参加者約 60 人) ・ホアクルム村の少年少女を対象とした人身売買から身を守るためのゼミナール(参加者約 120 人) ・キッズキャンプ(同地区内の奨学生同士の交流活動) ・ターグラ村にある貧困児童のための養護施設への慈善活動(参加者約 40〜50 人) ・青少年を対象とした望まない妊娠や大麻吸引の防止活動(参加者約 70〜80 人)
2. 医療や福祉に関する活動	・ワンコー村，ホアパーク村，ポーンヘン村，ホイクルム村への医療活動(参加者約 100 人)
3. 伝統文化の保存運動	・ノーンパーン村の伝統行事(キンカオホー祭りや舞踊)の支援
4. 啓蒙活動，ワークショップおよび情報提供	・農業組合に関する知識交換のためのゼミナール(参加者約 30〜40 人) ・保護センター(少年院)の青年のための職業訓練 ・農業に関する勉強会(参加者約 20〜30 人) ・高齢者のクラブ(高齢者の健康維持に関する活動，ボランティア活動)(参加者約 70〜80 人) ・女性クラブ(女性同士のボランティア活動)(参加者約 40〜50 人)
5. 生活貧窮者や身体障害者の扶助を目的とした事業	・貧窮者，障害者，高齢者，患者などへの米や乾燥食品の提供。(ペッチャブリー県バンゴロイ郡ポンルク村) ・カンチャナブリー県ケーンクラチャン国立公園内のカレン族への米や乾燥食品の提供(参加者約 70 人) ・教区内の障害児へのミルクの提供
6. 災害時のボランティア活動	・ラーチャブリー県内の防災トレーニング。事例：ガウカレン村，ダーンナイ村，ターマドア村など(参加者約 30 人)
7. 温暖化の防止活動，緑化活動	・カンチャナブリー県シイサワッド郡メーガブン村においてタイ仏教団体との協力で行われる森林保護活動。(参加者約 30 人)
8. 人権擁護活動	・カンチャナブリー県ケーンクラチャン国立公園のバンロイ村の山岳民族(カレン族)，難民などのための人権擁護活動 ・カンチャナブリー県やラーチャブリー県の国境付近に住む国籍を持たないカレン族を対象とした教育活動キャンプ(参加者約 100 人) ・ミャンマー国籍労働者に対する教育支援活動(参加者約 50〜60 人)

出典：ラーチャブリー教区社会開発センターの情報誌などの資料や司祭へのインタビューによる。

写真 11-3　四旬節用の貯金箱（筆者撮影）

写真 11-4　カトリック教会で信徒から寄付金を受け取る様子（筆者撮影）

弱者として援助を必要とする人たちの精神的、経済的自立を手助けすることがカトリックの方針の一つだからである。

六―二　社会活動の運営資金

カトリックの社会活動の運営資金と具体的事例については、以下のとおりである。ラーチャブリー教区社会開発センターの運営資金は、主に四カ所から調達される。

①四旬節[3]の期間に集められた寄付金：四旬節という慈善事業を行う時期に教会の活動によって集められた寄付金を指す。

②通年の教会行事で集められた寄付金：関連施設が行う寄付活動によって集められた寄付金を指す。

③各教区の補助金（ラーチャブリー教区内から獲得した事業予算）

④その他の予算（国連など）

四旬節の期間内はキリスト教会から信者へ手作りの貯金箱（写真11-3）が配布され、信者は毎日家でその貯金箱に祈りを捧げる。信者たちは、四旬節の終わりに自分が集めた貯金を司祭へ渡す。また、四旬節の期間以外は、ミサなどの毎週日曜に行われる教会の行事の際に参加する信徒から寄付金を募り（写真11-4）、集まった寄付金は、教会内の活動や教区の社会開発センターなどの支援金、また自然災害など非常事態の支援活動に使用される。非常事態の支援としては、例えば、二〇〇四年タイのプーケットの津波被害や二〇一一年のタイ大洪水に支援金が送られた。

四旬節の寄付金は、十五パーセントが次回の四旬節の貯金、四十パーセントがカトリック中央協議会、二十五パーセントがラーチャブリー教区内での社会活動、十パーセントが社会活動のための講習会とその関連資料や道具のための費用、残りの十パーセントが非常時の社会福祉活動資金として配分される。また、四旬節の期間以外に集まった寄付金は、七十五パーセントが貧困家庭の子どものための奨学金、十五パーセントが奨学生の支援活動、十パーセントが貧困児童のための養護施設へ配分される(表11-5)。

つまり、教区に配分された補助金と、四旬節の期間以外の寄付金すべてと四旬節の寄付金の一部(四旬節用の貯金とCBCTを除く社会活動資金計四十五パーセント)は、ラーチャブリー教区社会開発センターの運営のために使われる。

表11-5　2012～2015年のラーチャブリー教区内での寄付金

(単位：バーツ)

年	四旬節の寄付金	四旬節の期間以外の寄付金	合計
2012年	279,772.50	266,399.75	546,172.25
2013年	330,222.50	349,863.00	680,085.50
2014年	356,383.25	336,870.75	693,254.00
2015年	334,814.00	432,896.50	767,710.50

出典：2012～2015年ラーチャブリーの社会開発教区センターの情報誌による。

七　考　察

第一に、仏教国タイ国において、異教徒であり規律を厳しく守るカトリックは、規律に厳しくないタイ社会のなかで常に葛藤を抱えながらも、長い年月をかけて布教活動を行い、ようやく全国的に組織を拡大し、今日では信者数は四十万人弱ほどにまで増えた。そして、今後の布教活動の課題は、インターネットの登場により価値観が多様化する社会のなかで、いかにして新たな信者を確保し次世代へと信仰を継承するかということである。

タイのカトリックは、社会福祉活動を通して、タイ人のみならず山岳民族、少数民族や外国人出稼ぎ労働者などに対しても布教活動を続けている。また、ローマ・カトリック教会は世界中のカトリック教徒を増加させるために時代や環境に合わせて規則を改変している。例えば、一九六五年には、カトリック教徒と結婚を考えていた非キリスト教の配偶者に対して改宗せずに結婚することを認めるよう規則の一部を改変していると、B司祭は語る。このような背景もあり、タイのカトリック教会は、社会福祉活動の対象範囲を拡大したり、規則の緩和等を通して、タイ国内における布教活動を根気よく続けている。

第二に、タイ国内のカトリックによる布教活動資金の特徴として、①信徒の布施以外の安定した収入源が考えられる。カトリック関連の運営施設は全国で三百五十カ所以上あり、学校、病院、不動産に関する事業などである。②各教会で集められた寄付金や関連施設からの収入は、いったんCBCTが回収した後、毎年度、各教区に分配される。分配金は、地域ごとの様々な実情に応じて、公正にその額が決定される。

一方、国内外のタイ仏教寺院の運営資金の多くは、タイ仏教信者の布施が主なものであり、布施によって集められた資金は、寺院設立・修復や宗教活動などに活用される（ティラポン 二〇一二）。しかし、タイ上座仏教は、戒律に基づいた規則により一般企業のような施設経営等が制限されており、財源の確保はカトリック教会のようにはいかない。一部のタイ寺院のエリア内には、日本の文科省に相当する機関が寺院内の土地を借りて学校を設立している。二百年ほど前からタイ寺院は敷地内に寺子屋のような学校を作り教育を施していたという伝統があったが、その伝統を継承するかたちで、現代ではタイ政府が一部の寺院を教育施設として活用しているのである。これに対して、寺院側は仏教的道徳を教える僧侶等の教師的人材や支援金、文房具等を提供することで、学校の運営に協力している。

タイのカトリック教会と仏教寺院の運営手段を比較すると、布教活動に伴い学校や病院等を運営するカトリック教会は、仏教寺院と比べて圧倒的に豊富な活動資金を有しており、経済活動がやや過剰であるという印象も受けるだろう。しかし一方で、この章で述べてきたように、カトリック教会は日々社会活動を活発に行い修道士は質素な生活環境のなかで日々修養に励んでいる。このような活動資金の社会還元努力と修道士のストイックな求道精神が、経済活動はあくまで手段であることを示唆している。

第三に、カトリック教会はCBCTをトップとした組織構成で、タイ仏教のサンガ(タイ高僧の委員会)と同様に役割分担が明確である。ただ、カトリックの各教会を管理する権限はCBCTに集中しており、各教区・各教会はCBCTによる方針・人材・予算に従う。また、タイ・カトリックのような小規模な組織は、タイ仏教のサンガ組織と比べると施設や人材などを効率的に管理しやすい(司祭と修道士たちの人口規模はタイ僧侶の約十二分の一である)。そのため、大都市への人口集中によって過疎化が進んでいる地方では、僧侶不在の仏教寺院[4]が時折問題となる一方、地方のカトリック教会では修道士の不在という問題はみられない。このように、タイ・カトリック教会は、長年の布教活動の成果として、安定した運営資金や強固な組織構造という後ろ盾を築いており、タイ国内での布教活動を緩やかなペースで行い、タイ社会にカトリックを根づかせるべく日々努力している。

以上のように、現代タイ社会におけるタイ・カトリック教徒たちは、時代の趨勢に柔軟に対応しながら、布教の方針や手段をアレンジしつつ布教活動を続けている。従来のタイにおけるキリスト教組織を対象とした社会調査は、教会から活動の実態と論文記事の内容が食い違っている旨の指摘がなされるなどして、研究者への警戒が強まり調査自体が非常に困難な時期もあった。今回も、一部の教会には調査を断られたが、筆者の叔父の友人である司祭とカトリック教徒の義妹の協力を得られたため、インタビューとカトリック教会への参与観察を行うことができた。

また、重要な部分や触れられないところもいくつかあり、調査や資料収集も限定された条件下で行われており、事実のすべてについて記述しているわけではないということを最後に述べておく。

注

（1）　ラフ族は、山岳民族のなかでも特にキリスト教徒が多いといわれている（片岡　二〇〇六）。

（2）　一八三〇年代の、外国語や西洋近代天文学の習得に熱意を注いだモンクット国王（ラーマ四世）と、タイの文化と言語について深い見識を習得したフランス人カトリック宣教師パルゴアとの親交関係が、タイにおけるカトリックの布教に少なからず影響を与えていると考えられる（石井　二〇〇二）。

（3）　四旬節とは、イエス・キリストの復活祭の前に行われる悔悛の期間である。約四十日間であり、二月下旬から四月上旬のいずれかの日曜日を初日とする。四旬節では伝統的に食事の節制と祝宴の自粛（断食）、祈り、慈善という三つの節制が行われる。四旬節の期間には各教会が貧窮者の救済を目的とした寄付用の貯金箱を信徒に配る。募金は社会活動の支援金として使われる。

（4）　タイ仏教局によると、二〇一二年時点でタイ国内にある仏教寺院四三、八一〇カ所のうち、六、〇九七カ所が「僧侶不在の寺院」とされている。

参考文献

〈日本語文献〉

石井米雄、二〇〇二、「第三章　タイ（シャム）におけるキリスト教」『東南アジアのキリスト教』めこん、八七—一〇〇頁。

片岡樹、二〇〇六、『タイ山地　一神教徒の民族誌——キリスト教徒ラフの国家・民族・文化』風響社。

藤原佐和子、二〇一一、「タイ北部におけるプロテスタント神学の諸相——一八六〇年代末期から一九七〇年代におけるアメリカ長老派宣教師の影響」『基督教研究』七三巻一号、同志社大学、六五—八五頁。

ティラポン・クルプラントン、二〇一二、「日本のタイ上座仏教」三木英・櫻井義秀編『日本に生きる移民たちの宗教生活——ニューカマーのもたらす宗教多元化』ミネルヴァ書房、一六七—一九一頁。

〈タイ語文献〉

Pannii Ponchaiyaka, 1993, *Bot baat khong mit-chan-na-rii ro-man ka-tor-lik nai ii-saan pii pho. so. 2542-2496,* Master Thesis in

Mahasarakham University.（一九八一―一九五三年における東北タイにおける宣教師の役割）

Songsiri Puttongchgai. 1998. *Krabuan kan glaai pen krit-tian: Suk-sa kor-ra-nii phu plian satsanaa krit-ta-jak pep-tit nai krung-thep-ma-ha-na-khon*, Master Thesis in Thammasart University.（キリスト教への入信過程：バンコクにおけるバプテスト教会の信者を事例に）

Suchittra Puranapanya. 1999. *Kwaam sam-pan kong chum chon put lae krit ni-gai roh-man kaa-tor-lik tam bon ban han Am-per see kiu Jang-wat na-khon-raat-cha-sii-maa pho. so. 2456-2538*, Master Thesis in Mahasarakham University.（一九一三―一九九五年における仏教コミュニティとカトリックコミュニティの関係：バーンハン村シーキュー郡ナコンラチャシーマー県を事例に）

Varakorn Satitkan. 1999. *Ja-ri-ya-saat krit kap kan duu-lae phu-puay et nai pra-thet tai*, Master Thesis in Mahidol University.（キリスト教における倫理学とタイエイズ患者の介護）

Terakun Satiranart. 2000. *The role of the teachers in cultivating ethical valuels for the students at the catholic school in Bangkok*, Master Thesis in Ramkamhaeng university.

Samerchai Punsuwan. 2001. *Laao sohng kap krit-saat-sa-naa, Raai ngaan gaan wijai, Sa-taa-ban tai ka-dee seuk-saa*, Master Thesis in Thammasart University.（ラーオソーン族とキリスト教）

Rungnapa Prahmwong. 2001. *Kan tam-rong chat-ti-pan khong chumchon chaao chin kaa-tor-lik phan pi-thi sop: kor-ra-nii seuk-sa chum chon kaa-tor-lik baan baang nok kae wok, tam-bon baang nok kaewok, am-per baang kon tee, jang-wat sa-mut song-kraam*, Master Thesis in Silpakorn university.（葬式における中華系カトリックコミュニティの存続：バーンバークノッククヴェクカトリックコミュニティ　バークノッククヴェク町　バークノッククヴェク郡マハーサーラカーム県を事例に）

Ngonapat Permmit. 2003. *Kan plian ma nap-thu saat-sa-naa krit kong chao lii sor: kor-ra-nii seuk-saa ban bpaa teung jang-wat chiang-raai*, Master Thesis in Chulalongkorn University.（リソー民族のキリスト教改宗：チェンライ県バーンパートウン村を事例に）

Tippawan kamma 2003. *Kan dam-rong yu khong kwaam cheua reuang pii khong ga-riang krit*, Master Thesis in Chaingmai University.（キリスト教カレン族の幽霊信仰の存続）

Puttipong Puttansri 2009. *Kan poie-pae krit-satsana nai samai pra-sang-ka-raat Rene Perros pho. So. 2542-2490*, Master Thesis

in Chulalongkorn University.（「Rene Perros時代一九〇九―一九四七年におけるキリスト教の布教活動」）
Root Haruansong and Ponpirom Chiengkul, 2010, *The Assimilation of Catholic Church in Thailand A.D. 1965–1982*, Journal of social sciences and humanities, 36–2: 87–101, Kasetsart University.
Sangkamonton Ratchaburi, 2012–2015, *Jot maai kaao sun-pattana sang-ka-mon-ton ratchaburi*.（ラーチャブリー教区社会開発センター情報誌）
Seumuanchon Catholic Prathet thai, 2012–2016, *Catholic Calendar*, Rongphim Assumption, Krungthep.（カトリックカレンダー）

第Ⅲ部　中国の宗教復興

第十二章　中国にみる多神教世界の社会的ダイナミズムと可能性
——価値意識における両義性と流動性に着目して

中村則弘

一　はじめに

欧米の古典的な社会学研究を見直し、また「文明の衝突」[1]が語られ得るような現実状況に接してゆくなかで、社会科学の研究に関わる価値前提、概念構築のあり方に違和感をもたずにはいられないでいる。さらに言えば、「宗教」ということについても同様である。概念の構成そのものがあまりに西欧的なのではないだろうか。中国、東アジアの歴史的現実からみると、その問い直しが不可欠になっているように思えてならない。

こうした違和感や疑問は、I・イリイチなどの問いかけに結びついていると確信している。この問いかけに対しては、アジア、とりわけ東アジアの世界観からの大きな展開が求められざるをえないはずなのだが、それがなされないまま現在に至っている。しかしながら最近になって、東アジアの歴史と西欧の社会科学に通暁した研究者から、示唆に富んだ論考が示されている。宇野重昭は『北東アジア学への道』において、「新たな方法論の模索」における「アジアを超えるアジア学」としての枠組みから鋭い切り込みを行っている[2]。また、ハルミ・ベフは社会科学の研究における暗黙の西洋的な価値前提について、人類学・社会学の領域の主要研究を素材として分析し、我々が留意すべき課題を実に的確に提示している。(3) 日本とアメリカの碩学はともに、同じような研究目標を見据えていたのである。

ここでは、東アジアの世界観に関わる初歩的な研究展開として、多神教世界の価値意識と動態的な社会のあり方に踏み込みたいと思っている。その分析の柱となるのは、両義性と流動性である。分析の対象は、東アジア多神教世界の中心とも言える中国、漢族についてとする。なお、こうした枠組みを設定したことについては、社会学や社会科学がギリシア・ローマの思想とキリスト教という歴史的背景と不可分に結びついていることに対し、中国、アジアの価値意識からそれを問い直したいからである。

二　価値前提と世界観をめぐって

中国はもとより、日本、韓国、台湾、タイ、ネパール、カンボジアなどでこれまで調査を行ってきた。これら地域における人々の価値意識を振り返ると、改めて、そこには多神教的世界観が濃厚に存在しつづけている。東アジアに寄せて考えると、とりわけ顕著なのは「無常」という観念である。「万物は生々流転するものであって、とどまることはない」のであり、そこでは必然性とあわせて偶然性が大きな意味をもっている。それは、いささか日本的なものではあるが、「一期一会」という観念にこそ明確に集約されている。もちろんのことながら、「空」や「渾沌」は、西洋的なニヒリズムやカオスにつながるものではなく、恐怖の対象などでもない。それはむしろ、高い意義が与えられている。

また、多様な価値観の併存ということも顕著である。これはいわゆる多元主義とは異なり、根源的な多様性の承認なのである。これは重要な議論なのだが、ここでは立ち入らない。この根源的多様性は、おおむね両義的な世界に集約されている。そして、こうした多様性が承認される世界は、単一化された普遍的秩序に価値前提を置く人々からは、混乱や乱雑として把握されがちである。しかしながら、そうではない。そこには、多様な要素をつなぎ、それらの共存を支える原則とも言うべき「作法」がしっかりと存在している。別の面から言えば、こうした承認は、おおむねではあるが、人間の存在をそもそも「善なるもの」と捉えることに起因している。そのため、この「作法」は実質的な人間の内面規律を重視することに傾斜している。一方では、外から人を拘束する「法」という発想が、どこか馴染めないものとなっている。このことは中国社会で顕著なように、人間信用の重視ということに結びついている。ちなみに、先に述べた「無常」ということも、多様性の承認と親和的な関係にあることは、言うまでもない。

さらに、根源的な多様さを承認するということは、その世界観が排他性を基本的に持ち得ないことを示している。さらに言えば、それは流転し、変化するものと捉えられていたのである。つまり、異なる価値体系が接触したときには、特定の制約条件がない限り、それらは当然のごとく融合、習合し、新たな変化をもたらすものとなる。

このことは、仏教や儒教、道教やヒンドゥー教、さらには神道など、創唱宗教や体系だった自然宗教の世界観を示したものにほかならない。万物の生々流転や万物の根源的多様性を前提とする考え方からは、事物の相互補完と共存、その相互流動と調和が重視されなければならなかったはずである。また、共存と調和という価値前提は、現代社会の諸問題を考えるうえで、重要な意味をもっている。欧米の研究などにおいても、I・イリイチやE・シュマッハーなど、これまでの価値前提を根本から見直す動きが、以前からみられている。課題は多神教アジアに向けてこそ投げかけられているようにすら思える。

考えてみれば、西洋と東洋、西方と東方というような区分は、西洋・西方がつくり出したものである。東アジアを含む東方であるオリエントは、西方であるオクシデントに「黄禍」をもたらすような地であったが、イエスの生誕を祝福したのは、誰あろう東方の賢者であった。西方というのは、異なる世界を設定することで自己を規定するという発想に立っているのであり、異なる世界への恐怖とともに、そこからの承認を望むというアンビバレントな思いが根本にあるとみてよい。この思いをうけつつ、東方から共存と調和の知恵を、積極的かつ生産的に示すべきなのではないだろうか。

最後に、東アジア社会に関わる従来の学術著作において、明らかに上に述べた発想に立ったものがみられたことを強調しておきたい。日本の例で言えば、柳田國男の民俗学の論考である。そこでは、自己主張や主体性、欧米的な論理展開を周到に回避しており、明らかに日本、東アジアの発想に基づく考察・記述をめざしている。あわせて、南方熊楠の論考も重要である。それは、欧米的な論理展開を理解しつつ、分析においては事物の複雑性を根本におくという極めてユニークなものとなっている(4)。とりわけ、「十二支考」などは秀逸であり、示唆に富んだものと思えてならない(5)。さらに、南方の考察は博物的知識に基づいており、その方法については、独断的発想を排除し、事実確認を重んじた中国の考証学と親和的な一面ももっている(6)。

三　地域活動の担い手からみる中国の価値意識

両義性や流動性に関わる価値意識について、ここでは政治と経済に関わる地域活動の担い手から考えてゆきたい。地域という種々の関係性が交錯する「場」ないしは「器」における活動の担い手は、価値意識のあり様についての妥当な考察対象と思えるからである。

考察対象となったのは、山東省莱蕪市、陝西省戸県、江西省宜春市、浙江省温州市、上海特別市、および青海省、新疆ウイグル自治区、チベット自治区における地域活動の担い手であり、期間は一九八九年から二〇一一年までのものであった。これらの調査結果を中国社会の歴史的現実として示しておきたいのだが、これまでの研究成果のなかで折にふれて示しているため、ここでは割愛する(7)。

そして、地域活動の担い手のなかでも、特に漢族を分析対象とすることとしたい。価値意識の両義性と流動性について極めて妥当な対象であり、かつ研究蓄積の面でもまとまっているからである。ここで改めて強調しておきたいのは、中国を含め東アジア多神教世界では、価値意識は統一され体系的なものとして示しえないことである。多神教のもつ意味合いを考えると、当然と言えば当然だろう。ただそれは無秩序なものでは決してない。一定の特徴、一定の原則とでも言うべきものを備え、整序されたものとなっている。

その価値意識の特徴としては、次の二つをあげることができる。まず、層的な構成をとっていることであり、次に異なる世界観が相互に融合、習合していることである。この層は、おおむね三つの内容から成り立っており、世界観との関連では儒教、仏教、道教の三つをあげることができる。つづいて原則だが、漢族を中心とした多神教中国では、底層の部分が確固とした基盤を形成している一方、より上の二つの層については、そのいずれかを欠落させたり弱体化させたりしていることが一般的であった。あわせて、おおむね社会の上層になるに従い、価値意識の構成においても上層の部分が重視されがちになっていた(8)。

価値意識の具体的な構成は、図12-1に示したとおりとなる。上層は儒教・仏教・道教の哲学的・思想的な内容や実践である。儒教については儒教一般だが、仏教は哲理を求める宗派的なものが、道教についても宗派的なものが対象となる。

これらについて、融合関係はみられるものの、自らの理論のなかに取り入れてしまい、あくまで自らの宗派の教義として語られることとなる。例えば、新仏教の展開が、その宇宙論に対応する形で朱子学を生み、また道教において全真教や正一教の教義を形成させたことは知られているとおりである(9)。

中層には民間信仰の世界がある。これは世俗的、現実的、物質的な救済と深く関わっている。このことでは何より、道教的な内容がそのかなりの部分を占め、重要な意味合いをもっている。ただし、それは観世音菩薩をあげる

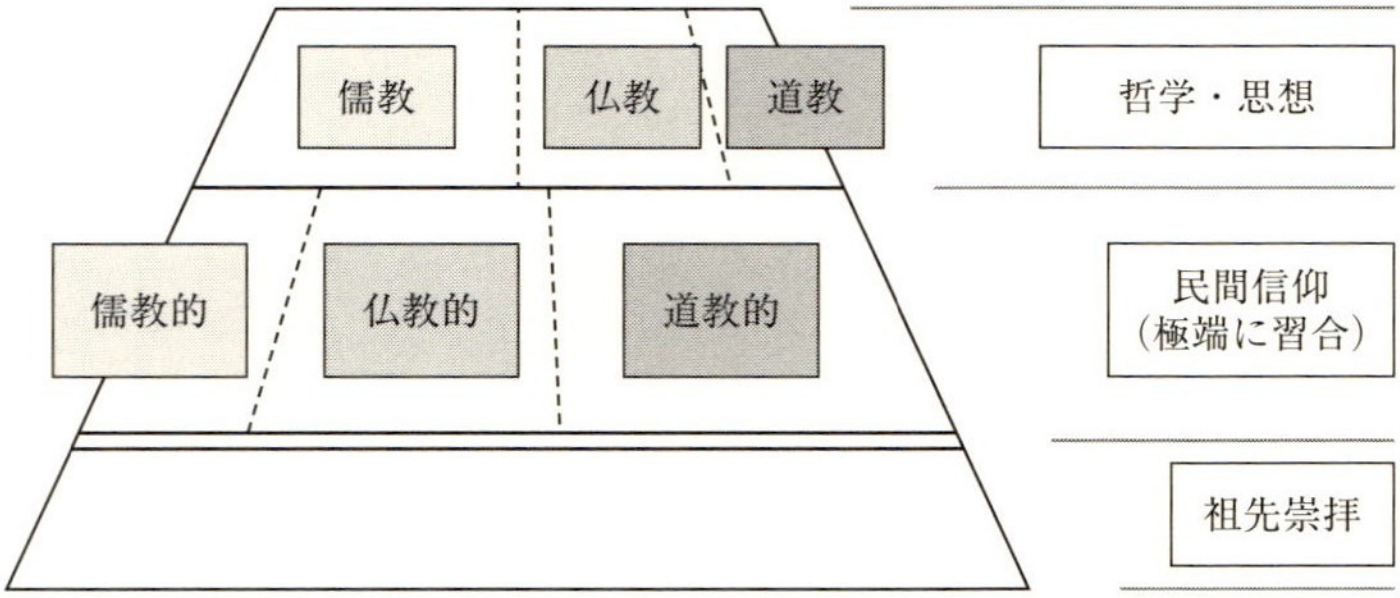

図 12-1　価値意識の構成

までもなく、仏教的な世界とも不可分なまでに融合している。中国仏教においては、菩薩信仰の広がりが重要な展開であったと言われているが、この菩薩は、仏・如来の世界と衆生としての人々をつなぐ、いわば架け橋の役割を果たす中間的な存在である。こうした存在が、中間的部分でもある中層に位置してくるであろうことは、想像に難くない。また、菩薩が化身することも重要である。そこでは、道教的世界を巻き込んだ「煩悩」を、幅広く吸収することが可能となっている。他方、道教的な世界にとっても、人々の生の苦しみに対応する存在としての菩薩は、何のためらいもなく自分たちの世界の中に、習合しつつ組み入れることが可能なのである。

さらにここには、儒教的世界も限定的ではあるが一定の位置を占めている。[10]それは政治や中国的な何らかの「公」に関連する局面で表出しがちである。このことは、儒教の自己限定と関連した、ある意味での限界と密接に関連する。それは「死」という現実に対応しきれないことである。孔子が「子不語怪力乱神（先生は、怪異と力わざと不倫と神秘とは口にされなかった）（論語述而第七、金谷治訳注、岩波文庫：九八頁）」と回避したときから、この限界はつきまとっている。特定の見方とは言え、そもそも、祖先祭祀と密接に関わった哲学・思想であったにもかかわらずである。[11]「死」の現実への対処については、中国における葬送のあり方ないしは死の儀礼を検討すればつとに明らかなのだが、孔子が回避した「怪力乱心」を語り、怪異や神秘に通じる世界観を取り入れざるをえないこととなる。[12]それは、まず何より道教的世界である。漢化した仏教についても大きく変わるものではない。ここにおいて、儒教的な世界は、このレベルではとりわけ道教的な世界と融合する形で、民間信仰の若干だが一角を占めることとなっている。

最後に、下層というより底層というべき部分である。ここには、祖先崇拝が位置している。上層と中層が、人々の行動のなかでそのいずれかを欠落させたり、希薄化させたりすることがあったが、この部分については確固としたものであり、欠落させたりすることはありえなかった。そうみると、底層と理解することが妥当といえる。

祖先崇拝と密接な関連をもつ可能性が高いのは、儒教的世界である。ただしそれが、道教との融合を抜きには実践しえないことは、先に示したとおりである。現実における道教的世界については、祖先祭祀を極めて重要な暗黙の前提の一つとして受け入れている。さらに、仏教的世界についても、中国仏教の展開における清明節への対応、盂蘭盆教などの定立をみるまでもなく、それ自身を変質させている。言うならば、祖先崇拝については、語る必要や実践の意味を特段に自覚する必要もない「暗黙」の事柄となっている。

自覚的な部分である上層と中層については、多様な世界観の並存と融合が顕著であった。このことは、写真12-1、図12-2に示した「曼荼羅」の世界を考えると、容易に理解できる。なお、この図は胎蔵界曼荼羅だが、曼荼羅には多くの種類があり、これは一例として取り上げたにすぎない。

曼荼羅の中の一つ一つの仏は、それぞれの世界を示しているのであり、それが一定の秩序をもって相互に関連しつつ、棲み分けている。そして、それらの全体が大世界を構成することとなる。さらに言えば、多くの種類の曼荼羅が存在するように、諸仏の構成が示す大世界も、状況によって転換、変化する。その生起には、偶然性と因果性が交錯することとなっている(13)。

ただし、曼荼羅を示すということは、あくまで禁じ手のような一面があることを把握しておく必要がある。チベットにおける仏教と現地諸信仰の融合の産物という側面も強く、民間信仰のレベルと強い親和性を示しがちとならざるをえないからである。万物が移り行く世界を、さらに言えば「空」である世界を、特定の構成図として固着化し、明示することは、本来の思想基盤そのものに危機を及ぼしかねないものでもある。そう考えると、曼荼羅を重視する宗派が、あくまで「密教」とされた扱いの一端も、別の側面からよく理解できる。

そして、ここで示した価値意識の構成に対し、それまでとは異なる、「西洋の衝撃」を受けて形成されたもう一つのものがある。それは毛沢東主義・中国共産党思想である。これは中国社会が歴史的につくり上げてきた多様性を排除し、単一の価値体系をつくり上げようとする特異なものであった。また、政治運動として定着を図ろうとしたことも同様である。

毛沢東主義については、政府路線の転換もあり、その影響力は極めて限定されたものとなっている。ただし毛沢

写真 12-1　胎蔵界曼荼羅

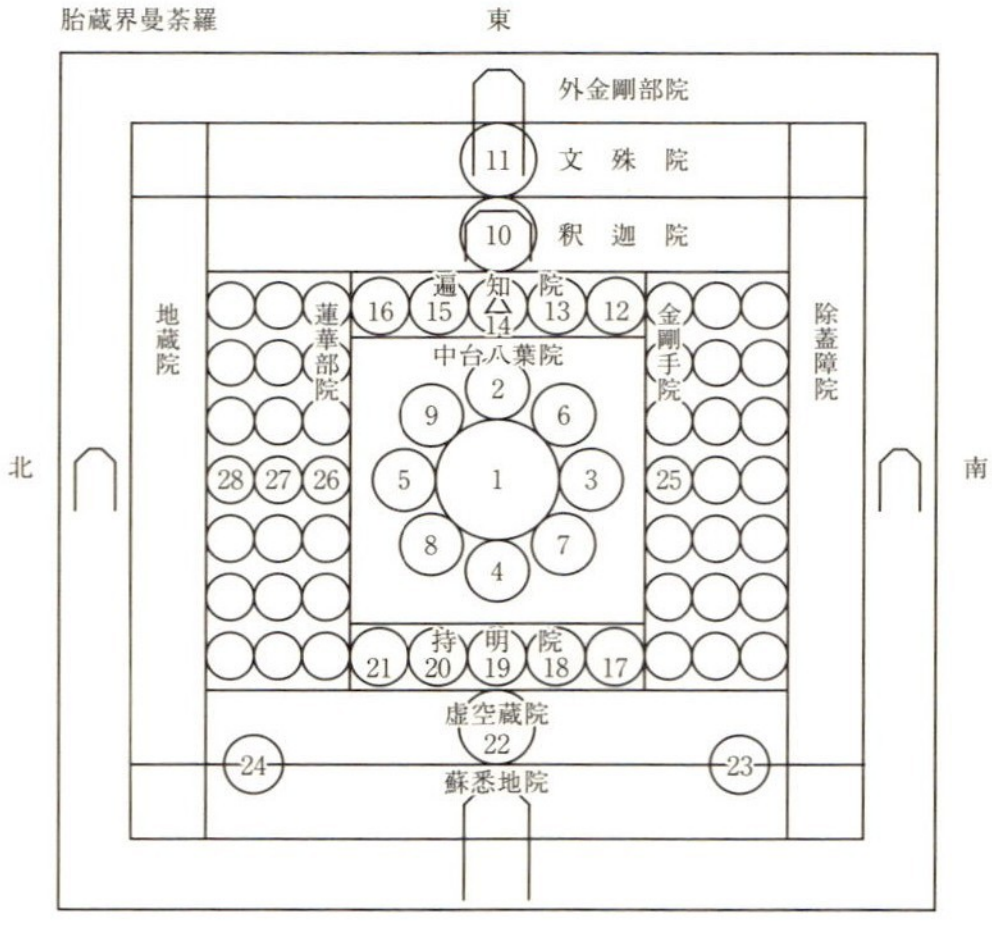

図 12-2　胎蔵界曼荼羅模式図

東は、農民に土地を分配し、ある意味での平等性を実現したということから、言わば人間を超越した能力をもつ「神」のような存在と認識される可能性がある。とすればそれが、社会的な不満の受け皿として、いわば「紅巾の乱」や「黄巾の乱」を取り巻く宗教思想のような意味をもつことは十分にありうる。その一方で、人々の記憶のなかでの彼は、融合、習合する世界のなかでの居場所が与えられるはずである。それは、民間信仰における一つの「神」としてにほかならない(14)。

四　流動する世界について

流転する世界についていては、どう捉えたらよいのであろうか。それは、ニヒルでも、カオスでも、さらには暗黒世界につながるようなものでも決してない。虚無と空、カオスと渾沌の概念の相違を慎重に考えてもらえればと思う。既成の秩序の解体と聞いて、率直なところ、東アジアに生きる我々としては、暗黒であるというような実感はないだろう。むしろ、時代的な巡り合わせのなかで、大いなる機会に遭遇した、ないしはつらい立場に立たされた程度にしかみないだろう。また、新たなものの創造が、破壊と混乱を伴うことは、自明のように捉えているはずである。

ところで、中国・東アジアが重視してきた流動する世界という見方について、重要な理解の枠組みを示したのは、荘子である。とりわけ、渾沌の説である。それは先にもふれたが、絶対的秩序が崩壊した恐怖状態を表すような「カオス」とはまったく内容的に異なる。

まずもって、荘子によるその説をみておこう。肝要な部分は次に示すとおりである。

南海之帝為儵、北海之帝為忽、中央之帝為渾沌。儵與忽時相與遇於渾沌之地、渾沌待之甚善。儵與忽謀報渾沌

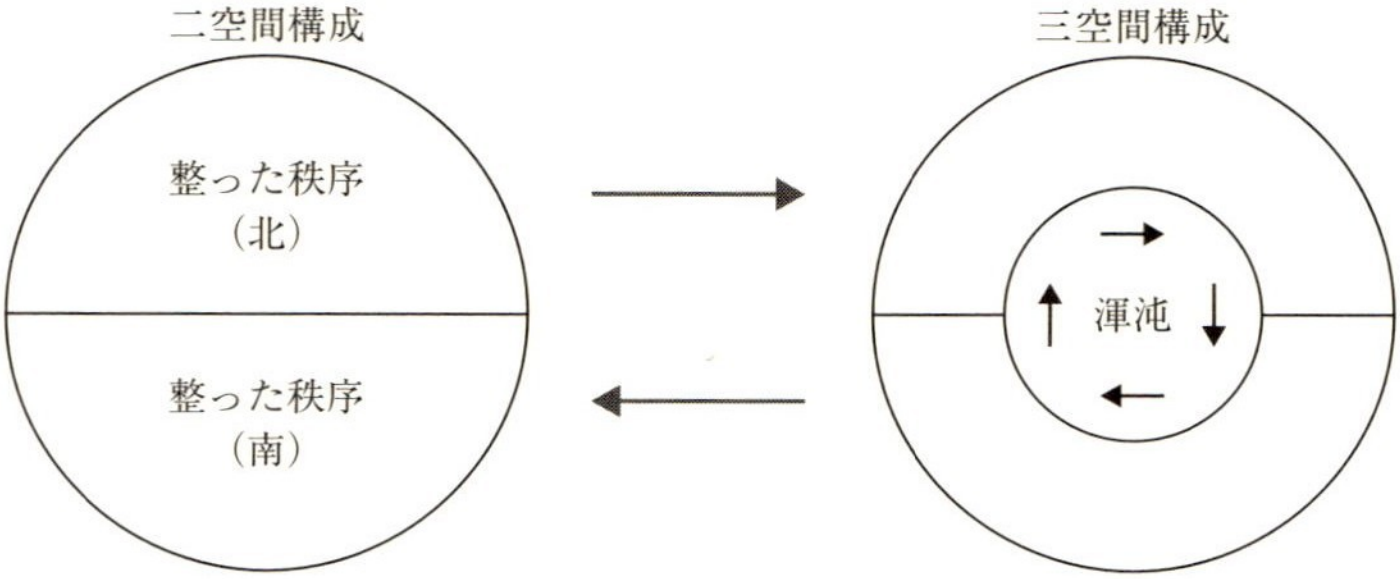

図 12-3　空間構造からみた混沌

出典：山田慶児『混沌の海へ——中国的思考の構造』朝日新聞社，1982 年，p. 297 および p. 301 を修正のうえで作図

之徳、曰：「人皆有七竅以視聴食息、此獨無有、嘗試鑿之。」日鑿一竅、七日而渾沌死［荘子、応帝王編、第七］

南海の帝を儵と為し、北海の帝を忽となし、中央の帝を混沌となす。儵と忽と、時に相い与も渾沌の地に遭う。混沌これを待つこと甚だ善し。儵と忽と、渾沌の徳に報いんことを謀りて曰く、人みな七竅ありて、以て視聴食息す、此れ独り有ることなし。嘗試にこれを鑿たんと。日に一竅を鑿てるに、七日にして渾沌死せり。（金谷治訳注、岩波文庫：二三五頁）

この渾沌の説から着目すべき内容を、読み直しを行いつつ、かいつまんでふれておく。まず、北と南の各々の「帝」に象徴される秩序立った世界がある。その中心に渾沌は生じることとなる。渾沌はいわば境界でもあり、北と南の秩序を受け入れ、相互交流と相互活力をつくり出す場となる。それは素晴らしく、心地よいものだった。しかし、七つの穴を穿《うが》つというように、既成の通俗的秩序に取り込まれたとき、渾沌は死滅したというのである。これを、山田慶児の論考を参考にしつつ図式化すれば、図12-3のとおりとなる。

渾沌はものごとの両義性と流動性がもつ意義を示している。その生成は神話によれば、人間の英雄的試みによるという。ということは、何らかのその試みに向かわせるような自覚や覚醒こそが、重要ということになる。「不憤不啓、不悱不発（憤せざれば啓せず、悱せざれば発せず）（論語、述而第七）」、

が改めて思い起こされる。ある意味、経験的世界での合理性を求めていた孔子においてすら、このことを強調していたのである。

この自覚と覚醒は安定的な、整った秩序のなかに埋もれていた諸要素を、動きのなかに巻き込んでゆく。そこでは摩擦を生みつつも共存する世界がつくり出され、そこから新しい事物が創出されてくるというのである。このことは、異文化の共存と調和を、そこで発揮される創発性を示しているとともに、異なる生き方、異なる文化の相互流動こそが、摩擦を伴いつつ新たな事物の生成につながるとしているのである。

ただし、この動きにはある種の儚《はかな》さも付きまとっている。それは生み出された事物が、新たな整った秩序をつくり上げてしまうからである。また別の面から言えば、自覚と覚醒、英雄的試みも、いわば不断の「日常化」にさらされ、最後には忘れ去られるからである。まさに、「渾沌死せり」に至る道筋をたどるのである。とは言え、渾沌の死は、新たな渾沌の始まりにほかならない。

中国の価値意識の特性を通して渾沌を捉え直せば、それは複雑性に基づくダイナミズムを見事に示したものであったと理解できよう。あわせてそれは、民衆レベルでの異なる価値観・世界が共存しつつ調和し、不断に新たな活力をつくり出すための「知恵」をまとめたものにほかならない。

五　両義性・流動性および渾沌に基づく世界の危機

両義性・流動性と密接に関わる根源的多様性の承認、および混沌の世界は、意図的に復権をめざす必要性があるように思えてならない。これはまさに、現代を取り巻く歴史的現実に対する「渾沌の説」からの対応ともなっている。ここでは、近代において多様性に基づく世界、渾沌的世界の解体が強く求められた、いわば危機的な例を取り上げておきたい。

東アジアにおける危機は、「西洋の衝撃」によって引き起こされたものであり、近代への対応としてなされたものであった。ここではとりあえず、二つの歴史的事例を取り上げておきたい。一つは中国における「文化大革命」であり、いま一つは日本における「廃仏毀釈」である。ここで、日本についても取り上げたのは、その危機が、東アジアにおいて広くみられたことを、特に示しておきたかったからである[15]。

まず、文化大革命(一九六六―一九七五)である。これについては、中国的な社会主義運動、毛沢東の権力闘争などいろいろな角度から語られてきた。ただ、価値意識に関連して捉えると、極めて興味深い。それは、毛沢東主義という単一の価値体系を樹立しようとしたことである。別の面から言えば、先に三層構成として示した、多神教中国の世界を崩壊させることを意図したものとなっていた。一方で、毛沢東主義を支配道徳に引き寄せて考えても、それはこれまでとは、まったく異質なものである。歴史的にみて一般的であった儒教においては、「不語怪力乱神(怪力乱神を語らず)」と言うように、異なる世界との共存を前提としていたからである[16]。

ただし、その運動の推進方式は、極めて渾沌の世界と通じるものがあった。革命への自覚から始まり、運動における不断革命、永続革命を強調してきたことである。とは言え、多様性の抹消をめざしながらも、渾沌の先にある安定的な、整序された状態を実質的に想定していはいない。この運動は、「西洋の衝撃」からつくり出された、あまりに奇妙なものとしか捉えようのないものであった。さらに言えば、多神教世界を自滅に向かわせようとする、あまりに儚いばかりの取り組みにすぎなかった。

次に、廃仏毀釈である。明治政府が推進しようとした廃仏毀釈(一八六八―一八七一)は、神道と仏教の融合を解消し、外来のものであるという理由づけから仏教の排斥を試みたものであった。その背後にあったのは、国民を統合する精神的支柱としての、単一の価値体系としての国家神道の樹立であった。これもまた、両義的かつ流動的な世界観の解体をめざしたものにほかならない。

この政策・運動は数年間で終わりをみるが、国家神道的な単一の価値体系は、日本の軍国主義のなかに強く残存することとなった。仏教との関係は言うに及ばず、神道との間でも不整合な位置を保ってきた。このことは、いまにおいても神社本庁と靖国神社の関係から明らかである(17)。

ともあれ、多神教的世界が諸価値の基礎をなしてきた中国・東アジアでは、両義性や流動性に積極的な意味づけを与えることから、有機的、安定的な文明を長期にわたって維持してきたと考えてよいのではないだろうか。そこにみられたものは、多様な世界観の共存と調和であった。「西欧の衝撃」は、何らかの形で単一の価値体系の樹立を求めさせたのであり、中国・東アジアの文明を支えてきた内面世界を崩壊の危機にさらしたとみなすことができる。

しかしながら、ここで注記しておきたいことは、文化大革命も廃仏毀釈も、さしたる成果をあげることなく終結したことである。文化大革命は実質的に二―三年しか行われえず、廃仏毀釈も同様であった。日本の軍国主義も、陸海軍での組織維持の自己目的化、さらには組織硬化というべき事態を招きつつ、アメリカの圧倒的な力を前になかば自滅した。これらのことは裏から考えれば、東アジアにおける両義的・流動的な価値意識の根深さ、力強さを示している。ただし、こうした価値意識は、いまだに理解不能なものや否定的なもの、さらには非合理的なものと扱われがちなことも事実であり、ともすれば多くの抑制を受けることとなっている。ちなみに、こうした抑制に大きく寄与しているは、ギリシア・ローマ思想とキリスト教精神を暗黙の前提とした社会科学と、そのディシプリンを身につけた研究者なのかもしれない。

六　結びにかえて

多様な価値意識の共存や、渾沌にみられる複雑さのダイナミズムを前提とする社会のあり方は、中国、東アジア多神教世界の重要な特徴の一つであると言えよう。ただし、「西洋の衝撃」との関係で、こうしたあり方が、たびたび危機に瀕したことも忘れてはならない。さらに、グローバリズムやいわゆるモダニティの展開のもとで、価値意識そのものが希薄化している状況があり、これまでの判断基準では理解できない諸問題を生じているということもある。

ここでみたそのあり方からは、一考に値するいくつかの内容が示されたように思える。それは何より、多様性を根源的に承認し、万物の生々流転を前提とすることによって、特定の事柄への執着から逃れ、のびのびと新たに事物をつくり出すことの重要性である(18)。このことは、「複雑さ」や「ファジーさ」と結びついているのであり、ともすれば「ゆるさ」にもつながる。さらに主体性ということへの問いかけとも密接に関連してくる。

両義性・流動性と渾沌の世界に敷衍して考えれば、ここから西欧近代がもたらした発展観・価値観に対する実践的なオルタナティブを示すことができる。それは、次の三つの内容に集約できよう。①主体性を考慮しない、ないしはそれを超えた人間の、各々の持ち味を活かした集まりが重視され、担い手そのものも相互転換、相互流動する。②その集まりは、あらゆる者を抱合し、その接触でもたらされる「発心」から新たな事物を不断につくり出す。③万物は生々流転しているとの認識から、必然性と並んで偶然性に重きを置き、物事への執着から距離を置いた生き方に価値付与される(19)。

さらに付記すれば、こうした実践を行うにあたっては、何らかの自己反省や自己限定ということが重要となる。

言い換えると、それらがあってこそ、異なる価値意識が共存・調和する世界は維持可能であるとも言える。そこは、「自らが主体」であるというような「拘《こだわ》り」とは基本的に無縁な世界である。我々は、主体性ではなく、万物の生成流転ということを根本に据え、自己反省や自己限定と結びついた「志」や「発心」の重要性を念頭に置いた研究に挑まなければならないだろう。ここではあまり踏み込まなかったが、もちろんそれは、西欧近代がもたらした偉大ともいえる研究蓄積と、まさに一対をなすものとしてである。両義補完や相互流動こそ、東アジアが世界観の基盤としていることを忘れてはならない。

これまで記してきた内容は、現代社会が求めている「共存」と「調和」の実現、人間らしい生活の復権、そして新たな社会構築に向けたダイナミズムを考えるうえで、大きな示唆を与えるものとなりうる。異なる価値観の対立や国家利害の衝突を繰り返す近代社会の歴史的現実をみる限り、この思いはしきりである。改めて、いま我々は、西欧がつくり出した近代社会の歴史的意味を生産的かつ批判的に位置づけるとともに、等身大の新たな社会の理念や構想を提起する時代的必要に迫られている。

注

（1）Ｓ・ハンチントンが提起した内容である。現実は現実としてだが、文明の設定の仕方や、あえて衝突に着目する立論の仕方には多々疑問が残る。

（2）宇野重昭『北東アジア社会学への道』国際書院、二〇一二年、四〇―四三頁。宇野は「近代のアイデンティティとは」という問いを軸に、中国と日本のモダニティを竹内好や魯迅の分析をふまえた歴史文脈から検討している。

（3）香港大学で二〇一〇年に行われたワークショップにおける発表、およびワーキングペーパーからのものである。なお、この報告内容は日本の風響社から論文として出版される予定である旨を聞き及んでいる。なお、参考文献に記したハルミ・ベフ（別府春海）の『イデオロギーとしての日本文化論』は現在においても示唆に富んでいる。

（4）南方の自然科学分野の主たる分析対象が「粘菌」であったということも忘れてはならない。これは動物的性質と植物的性質を併せもつ、言わば両義性に満ちた生物である。また、変形体であるということは、流動性と親和的な性質をもつ生物であるとも考えられる。
（5）南方は「十二支考」において、言わば西洋的な因果律理解によるものとは異なる分析手法をあえて試みている。
（6）南方の研究についていては、鶴見和子が適切な分析を加えている。鶴見の一連の論考を参照。
（7）参考文献に記した一連の拙稿を参照されたい。その他、『日中社会学研究』、『二十一世紀東アジア社会学』を中心とした学術誌において、論文として刊行している。
（8）具体的事例は拙著『台頭する私営企業主と変動する中国社会』、および拙編著『脱オリエンタリズムと中国文化——新たな社会の構想を求めて』のなかに記している。
（9）余英時の論考においては、議論の前提として扱われている。
（10）中国における「公」、「公と私」についていては、溝口雄三が中国思想、中国社会を深く理解した論考を提示している。溝口雄三『中国の公と私』を参照されたい。
（11）加地伸行『沈黙の宗教』は、この見方に立つ画期的な著作である。ただし、儒教と祖先崇拝を独立したものとして捉える見解も多い。しかし、フィールドにおける経験からは、加地の指摘は正鵠を得ている。
（12）鶴見和子は南方曼荼羅にある因果律などを図式化した線の接触点を、萃点という「出会いの場」であり、「交差点」とみなしている。ただ、南方の考察からは、これは因果と偶然の交わるところと考えることが妥当である。このことは、中国の老荘思想を介在させないと理解できない。中国社会の理解とも深く関わっていた鶴見が、なぜこのことに論及しえなかったのかが、深く興味のもたれるところである。
（13）かつての中国農村調査において、毛沢東の額や写真に供物をあげて日々拝むということはよくみられた光景であった。「小作人に土地を分配してくれた『神様』なのだ」という。また、タクシーの交通安全のお札や特定地域の廟の主神というような扱いもあった。ただし、廟に神のように祭ることについては、明らかに権力批判の文脈を内包していた。このことに関連しては、羅紅光の「黒龍潭」に関する論考が秀逸である。
（14）中国と日本に限定される内容ではない。最も凄惨な例は、ポルポト政権のもとでの状況であろう。そのほか、アジアにおける類似の例は数多い。

(15) 自己限定の興味深い例とみている。「怪力乱心」の世界を知っており、理解していても、あえて語らないのである。こうした異なる世界の存在を認めつつも、不可欠な自己限定を行ったとしか考えられない。
(16) 歴史的にみた中国における異なる価値観の共存については、中村が『台頭する私営企業主と変動する中国社会』ミネルヴァ書房、二〇〇五年、一五九―一六一頁でまとめている。
(17) 高橋哲哉の靖国神社に関わる論考は、国家神道とその背後にある歴史観の問題性に鋭く切り込んでいる。
(18) この面で、イリイチの論考は示唆に富んでいる。また、ここで示した見方が、欧米社会のこれからを考えるうえでも重要な意味をもつことを暗示している。
(19) 島田の隠者に関する論考は、極めて示唆に富んでいる。島田虔次『隠者の尊重』を参照。

参考文献

〈日本語文献〉

青木保・佐伯啓思、一九九八、『「アジア的価値」とは何か』TBSブリタニカ。

板橋興宗、二〇〇四、『渾沌に息づく――禅の極意』春秋社。

井上俊・船津衛編、二〇〇五、『自己と他者の社会学』有斐閣。

宇野重昭、二〇一一、『北東アジア社会学への道』国際書院。

加地信行、一九九四、『沈黙の宗教――儒教』筑摩書房。

窪徳忠、一九八六、『道教の神々』平河出版社。

駒井洋、二〇〇一、『新生カンボジア』明石書店。

島田虔次、一九九七、『隠者の尊重』筑摩書房。

砂山稔・尾崎正治・菊池章太編、一九九九、『道教の神々と経典（講座道教　第1巻）』雄山閣出版。

高橋哲哉、二〇〇五、『靖国問題』筑摩書房。

立川武蔵、二〇〇六、『マンダラという世界』講談社。

鶴見和子、一九八五、『殺されたもののゆくえ――わたしの民俗学ノート』、はる書房。

鶴見和子、二〇〇一、『南方熊楠・萃点の思想――未来のパラダイム転換に向けて』藤原書店。

鶴見和子・頼富本宏、二〇〇五、『曼荼羅の思想』藤原書店。

中村則弘、二〇〇五、『脱オリエンタリズムと日本における内発的発展』東京経済情報出版。

中村則弘、二〇〇五、『台頭する私営企業主と変動する中国社会』ミネルヴァ書房。

中村則弘編、二〇〇八、『脱オリエンタリズムと中国文化――新たな社会の構想を求めて』明石書店。

福井文雅・山田利明・前田繁樹編、二〇〇〇、『道教と中国思想（講座道教　第4巻）』雄山閣出版。

ベフ・ハルミ、一九八七、『イデオロギーとしての日本文化論』思想の科学社。

溝口雄三、一九九五、『中国の公と私』研文出版。

南方熊楠、一九七九、「十二支考」（『南方熊楠全集』第一巻、一九七九年、平凡社）。

山田慶児、一九八二、『混沌の海へ――中国的思考の構造』朝日新聞社。

山田史生、二〇〇二、『渾沌への視座――哲学としての華厳仏教』春秋社。

羅紅光、一九九九、『黒龍潭――ある中国農村の財と富』行路社。


〈中国語文献〉

戴康生・彭耀、一九九六、『社会主義与中国宗教』江西人民出版社。

戴康生・彭耀主編、二〇〇〇、『宗教社会学』社会科学文献出版社。

董芳苑、一九九六、『探討台灣民間信仰』常民文化出版。

範熒、二〇〇六、『上海民間信仰研究』上海人民出版社。

孫尚揚、二〇〇一、『宗教社会学』北京大学出版社。

王夫子、二〇〇七、『殯葬文化学』湖南人民出版社。

熊月之主編、二〇〇六、『多元文化視野的和諧社会』上海書店出版社。

楊宝祥・章林、二〇一一、『殯葬学概論』中国社会出版社。

姚南強、二〇〇五、『宗教社会学』東華大学出版社。

余英時、一九八七、『中国近世宗教倫理與商人精神』聯經事業出版公司（森紀子訳、一九九一、『中国近世の宗教倫理と商人精神』平凡社）。

張徳勝、一九八九、『儒家倫理與秩序情緒――中国思想的社会学詮釋』巨流図圖書公司。

〈英語文献〉

Beck, U., 1986, *Risikogesellshaft, Auf den Weg in eine andere Modernem*, Suhrkamp Verlag.（東廉・伊藤美登里訳、一九九八、『危険社会―新しい近代への道』法政大学出版会。）

Droit, Roger-Pol, 1997, *Le Cult du Néant: Les Philosophes et le Bouddha*, Éditions du Seuil.（島田裕巳・田桐正彦訳、二〇〇二、『虚無の信仰――西欧はなぜ仏教を怖れたか』トランスビュー。）

Huntington, S. P., 1996, *The Clash of Civilizations and the Remaking of World Order*, Simon & Schuster.（鈴木主税訳、一九九八、『文明の衝突』集英社。）

Ilich, I., 1970, *Cerebration of Awareness: A Call for Industrial Revolution*, Introduction by Erich Fromm, Heyday Books, Berkeley.

Needham, J., 1969, *The Grand Titration: Science and Society in East and West*, George Allen and Unwin Lid.（橋本敬造訳、一九七五、『文明の滴定――科学技術と中国社会』法政大学出版会。）

Schumacher, E. F., 1973, *Small is Beautiful; A Study of Economics as if People Mattered*, Blond & Briggs Lid.（斉藤志郎訳、一九八〇、『人間復興の経済――Small is Beautiful』佑学社。）

Watson, J. L. and Rowski E. S., 1988, *Death Ritual in Late Imperial and Modern China*, University of California Press.（西脇常記・神田和代・長尾佳代子訳、一九九四、『中国の死の儀礼』平凡社。）

第十三章　明暗を分けたチベット仏教の高僧
――中国共産党の宗教政策と権利擁護の主張

川田　進

一　はじめに

二〇〇〇年一月、中国チベット自治区のツルプ寺を脱出したカルマパ十七世（ウゲン・ティンレー・ドルジェ、写真13-1、一九八五―）がインドのダラムサラ（チベット亡命政府の所在地）に到着し、ダライ・ラマ十四世（一九三五―）への謁見を果たした。（1）十四歳の少年僧が、凍傷を負いながらヒマラヤを越えたこの劇的なニュースは世界を驚かせた。カルマパ十七世はチベット仏教カルマ・カギュ派最高位の化身ラマ（転生僧、トゥルク）であり、一九九二年にダライ・ラマ十四世と中国政府が共に認定したことで知られる。中国政府はカルマパを社会主義社会に適応した愛国的宗教指導者に育てる意図をもっていたが、彼は政府の過剰な干渉を嫌い、宗教活動の自由を求めてインドへ亡命し、現在ダラムサラ郊外のギュトー僧院で修行中である。カギュ派はチベット仏教四大宗派（ゲルク派、カギュ派、ニンマ派、サキャ派）の一つであり、ダライ・ラマが属するゲルク派より長い歴史をもつ。化身ラマの制度は十三世紀にカギュ派から始まったものであり、その後他の宗派が採用した。

ダライ・ラマ十四世、カルマパ十七世など、海外へ亡命したゲルク派やカギュ派の高僧の多くが、中国共産党

写真 13-1　カルマパ 17 世（2016 年）
出典：http://the17thkarmapa.blogspot.jp/2016/02/karmapa-2016-switzerland.html（2016 年 8 月 25 日閲覧）

（以下共産党または党と略す）の宗教政策に異議を唱えている。一方、主に中国国内で活動するチベット仏教ニンマ派の高僧は、共産党の抑圧的な宗教政策に対して、抵抗と協力という両面の姿勢（統一戦線活動への対応）を巧みに用いて、国内外で活発な宣教活動を続けている。ダライ・ラマ十四世の亡命から五十数年を経過した今、中国国内のチベット仏教各宗派が置かれている状況は一様ではない。

筆者が現在注目するのは、中国国内に留まり精力的に宗教活動に従事してきた二人の高僧である。一人はニンマ派のケンポ・ソダジ（一九六二—）。ラルン五明仏学院（所在地：四川省甘孜チベット族自治州色達県、以下仏学院と略す）の実質的な運営責任者であり、急増する漢人出家者や在家信徒の指導役である。筆者は二〇一五年に東京で、ケンポ・ソダジの講演を聴き、座談会に参加したことがある。もう一人はカギュ派のケンポ・カルツェ（一九七五—）。コンヤプ寺（所在地：青海省玉樹チベット族自治州嚢謙県）の教学責任者であり、筆者は二〇一三年に彼を訪問し、学問と信仰が直面する問題について聞き取り調査を行った。

ケンポとは学堂長や僧院長を意味するチベット語である。二人のケンポは学問に優れ、東チベットで多くの信徒に愛され、漢語能力が高く、震災支援活動など共産党が提唱する宗教公益政策に協力的であるという共通点をもつ。ところが二〇一六年現在、ケンポ・ソダジは国内外で積極的に弘法《ぐほう》（布教）活動を行う一方、ケンポ・カルツェは二年半の懲役刑を終えた後、政府の監視下にある。本章はプロレタリア文化大革命（以下文革と略す）終結後、具体的には鄧小平から習近平時期の宗教政策の流れを概観した後、彼らの宗教活動に焦点を当て、仏教ブームと権利擁護活動の事例から二人の高僧が明暗を分けた理由を考える[2]。

二　中国共産党の宗教政策――鄧小平から習近平まで

二‐一　党の宗教政策と政府の宗教管理

現代中国の宗教状況を論じる際、「無神論と信教の自由」という難題に悩まされる。「宗教政策をめぐる党と政府の役割が不透明」という指摘もしばしば耳にする。中国は共産党が指導する国家であるため、常に党が政府の上に位置している。つまり、中国政府は党が定めた宗教政策に従い、宗教関連の条例や規定を整備し、公民の宗教管理を行う任務を負っている。

宗教政策を決定する部署は党中央統一戦線工作部である。統一戦線活動とは、共産党が宗教組織や宗教指導者など党外の勢力と交渉を行い、味方につける戦略を指す。党の政策に沿って宗教管理を行う部署は、国家宗教事務局（日本の内閣に相当する国務院直属の組織）である。政府が行う宗教管理は、対象となる宗教組織や宗派により対応が異なる場合があり、その実態をつかむことは容易でない。

共産党の宗教信仰に対する立場は無神論であり、宗教をアヘンにたとえたマルクス主義宗教観は、毛沢東から習近平の時代まで堅持されている。ただし文革終息後、共産党は「中国の特色ある社会主義」を実現する過程で宗教の存在と意義を公式に認めている。つまり共産党自身の手で「マルクス主義宗教観の中国化」が進められているのである。中国政府が公認する宗教は仏教、道教、イスラーム、カトリック、プロテスタントのみに限られており、中国国籍をもつ公民は政府公認の宗教を信仰する自由を有するが、党員には信教の自由が認められていない（実際は信仰をもつ党員が急増中であり政府はその対応に苦慮（川田 二〇一五：四四―四七））。

文革後の宗教状況を観察する際、無神論という看板に惑わされるのではなく、党の最高指導者（中央委員会主席や総書記等）がマルクス主義宗教観をどのように中国化し、宗教政策に取り込んだのかを見定めることが重要である。新指導者は前任者の宗教政策を継承しつつ独自の政策を盛り込むため、各指導者により中国化の指針は一様ではない。以下、鄧小平から習近平時期における宗教政策の流れを中国化の視点から概観する（詳細は川田 二〇一五：第一章を参照）。

二-二　鄧小平時期（一九七七―八九年）の宗教政策――脱文革、宗教復興

文革終息後、一九七七年に鄧小平（一九〇四―九七）が党中央副主席に就任後、実質的な党の指導者となった。鄧小平時期における重要な党の通達は、宗教政策の脱文革宣言という性格を持つ「中共中央一九八二年十九号文件」（中共中央 一九八二）である。主な内容は文革時期の宗教弾圧への反省、政府による宗教管理の再開、寺院や教会の再建促進等である。鄧小平は統一戦線活動の活発化を指示し、ダライ・ラマ十四世の帰還問題も議論の対象とした。そして、愛国宗教組織の活動強化方針を打ち出した結果、統一戦線活動を担う中国仏教協会等五団体が活動を再開し、中国天主教主教団等三団体が新設された。

二-三　江沢民時期（一九八九―二〇〇二年）の宗教政策――「三原則」

一九八九年に発生した第二次天安門事件の混乱を終息させる目的で、鄧小平は上海で統治実績をあげた江沢民（一九二六―）を党中央総書記に抜擢した。江沢民時期の重要な通達は「中共中央一九九一年六号文件」（中共中央・国務院 一九九一）であり、内容は鄧小平の宗教政策を継承発展させたものである。そして、一九九三年に発表した

「宗教政策三原則」（①党の宗教自由化政策を徹底する、②法に基づき宗教管理を強化する、③宗教と社会主義の適応を導く）に江沢民の独自色が表れている（江沢民 一九九三：二五三―二五五）。とりわけ宗教活動場所の登記、集会やデモの制限、カルト対策等、法に基づく宗教管理の強化と宗教活動の規制には、国内のカトリックやチベット仏教が外国の組織と連携することを断ち切り、中国の政策を批判する外圧をかわす意図が込められている。

二-四　胡錦濤時期（二〇〇二―一二年）の宗教政策――「四原則」、「宗教と和諧」政策

二〇〇二年、第十六回党大会にて胡錦濤（一九四二―）の党中央総書記就任が決定した。このとき、江沢民は党大会の報告のなかで、先の「三原則」に「独立自主自営」（外国勢力の影響排除、民主管理委員会による組織運営、財政基盤の保持）の項目を加えた「宗教政策四原則」を発表し影響力を残した（江沢民 二〇〇二：三三二）。胡錦濤はこの「四原則」を宗教政策の柱にすえ、「宗教事務条例」（二〇〇四年）を制定することで「法に基づく宗教管理」（「四原則」）を具体化した。新政策の注目点は、経済優先路線を見直し和諧（調和のとれた）社会を実現するうえで宗教がもつ慈悲や慈愛の精神を活用する方針である。そしてチベット騒乱（二〇〇八年）、ウイグル騒乱（二〇〇九年）の発生後、「宗教と和諧」政策（二〇一〇年）を掲げ、宗教組織に貧困扶助、災害救助、教育支援等への参画を促した（国家宗教事務局宗教研究中心 二〇一〇：二―一二）。これは江沢民の「宗教と社会主義の適応を導く」（「四原則」）を発展させたものであり、江沢民時期の過度な宗教管理を調整する意図を含んだ胡錦濤流「マルクス主義宗教観の中国化」と言える。

二-五　習近平時期（二〇一二年―）の宗教政策――シルクロード宗教交流政策

二〇一二年、第十八回党大会は習近平への指導部交代を承認した。党の政策の一貫性を保つうえで、習近平が鄧

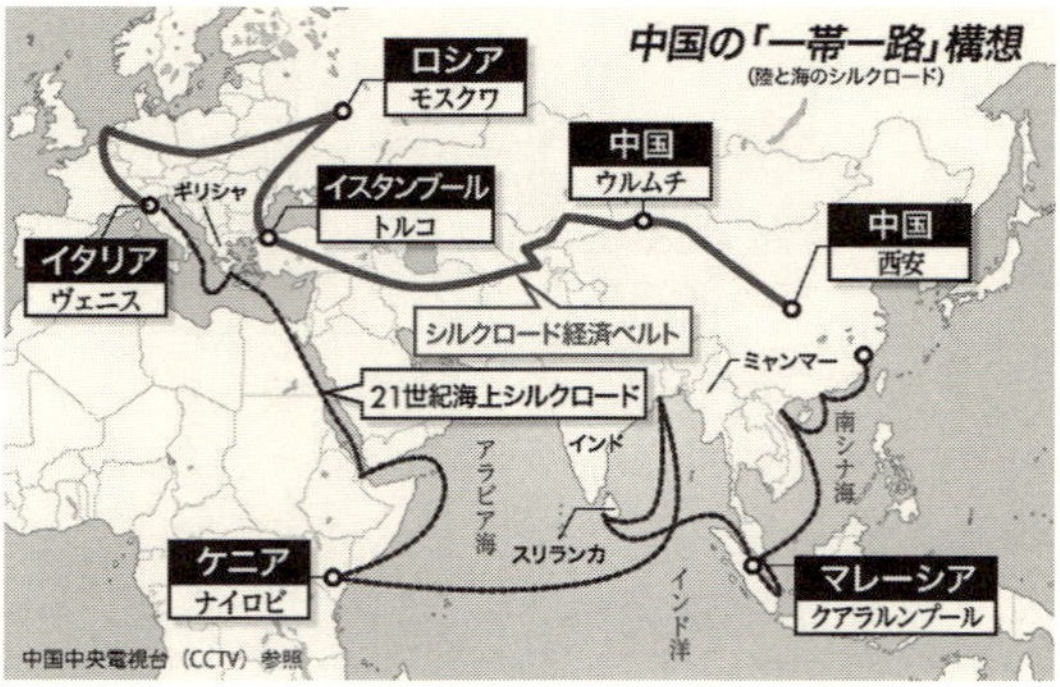

図 13-1　陸と海のシルクロード「一帯一路」構想

出典：「陸と海のシルクロード・中国の「一帯一路」構想とは？」 http://headlines.yahoo.co.jp/hl?a=20150511-00000006-wordleaf-cn（2016 年 3 月 6 日閲覧）

小平の「十九号文件」、江沢民の「四原則」、胡錦濤の「宗教と和諧」政策を継承発展させることは既定方針である。二〇一六年現在、習近平の新たな指針はシルクロード宗教交流政策である。これは習近平が二〇一三年に打ち出したシルクロード経済圏構想（一帯一路）の実現に向けて宗教界に協力を要請する政策である。(3)「一帯」は中央アジアからヨーロッパに通じる「陸のシルクロード」、「一路」は東南アジア、インド、中東、アフリカからヨーロッパに至る「海のシルクロード」を指している（図13-1）。新政策の骨子は、二つのシルクロードに関係する六十数カ国との宗教交流および宗教間対話の推進である。習近平流の「中国化」は、宗教を経済活動や外交の道具に用いるという乱暴な側面を内包しているため、今後の推移をしっかり見届ける必要がある。

三　ケンポ・ソダジの弘法活動と仏教ブーム

三-一　来日講演活動を支えた日本菩提学会

二〇一五年十一月、仏学院の高僧ケンポ・ソダジが初来日した。東京大学（十一日）や早稲田大学（十三日）等で講演を行った後、平和祈願観音法会（十五日）を開催した。筆者は安富歩先生（東京大学東洋文化研究所教授）が主宰した講演「チベット仏教思想」（場所：東大伊藤謝恩ホール）を拝聴した後、来日記念座談会（場所：東大東洋文化研究所）に参加した。

東大講演の聴衆は二百名を数え、会場内は熱気に包まれた（写真13-2）。来場者は日本の研究者や宗教関係者を除けば、九割以上が在日華人であり、信徒たちはラインやフェイスブックで講演情報を知り来場していた。ソダジ師の講話の骨子は、①チベット仏教各宗派の特徴、②外国におけるチベット仏教・チベット文化の受容、③チベット仏教が持つ智恵の力の三点であった。以下に②と③の要旨を掲げる。

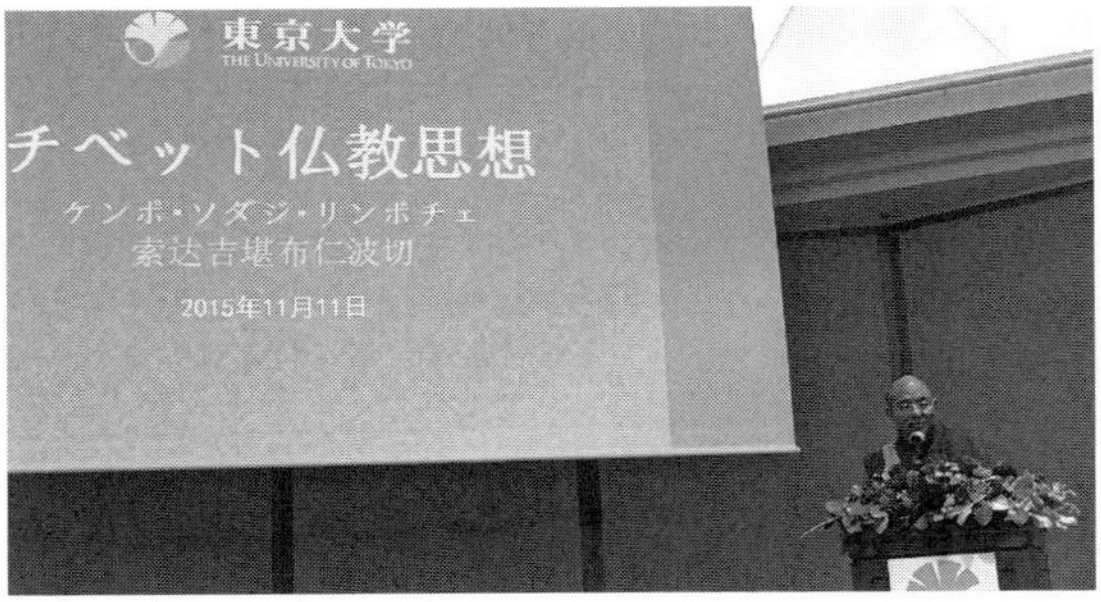

写真 13-2　東大で講演するソダジ師
（2016 年 11 月，川田撮影）

近年、外国人研究者や観光客がチベットの仏教や文化を紹介する現象が拡大している。関心の高まりはおおいに歓迎するが、チベットブームに便乗した表面的なチベット理解が広まることを危惧する。多くの外国人はチベットの風土に根ざした仏の教えに触れることで安心感を得ている。その安心感を支えるのは智恵、慈悲、そして利他の心である。仏教の教義から論理的な思考力を養い、智恵を育む生き方を身につけてほしい。日本の社会が重んじる礼儀と秩序には、仏教の考えが浸透していると思われる。

その後、聴衆との質疑応答の際にも、思いやり・規則・忍耐・努力・冷静に支えられた智恵、すなわち正しく物事を認識し判断する能力の大切さを重ねて説いた。つまり、ソダジ師の講話は専門家を対象に中観や唯識論を論じたものではなく、聴衆が日々の生活に宗教的実践を取り入れることを通して、自分本来の姿を自覚することを促す内容であった。

今回ソダジ師の来日を要請し準備にあたったのは、日本菩提学会（二〇一四年成立）である。菩提学会はケンポ・ソダジに師事する漢人・華人信徒を主体とする組織であり、日本のほかにアメリカ、カナダ、ヨーロッパ、オーストラリア、東南アジア、香港、台湾に支部をもつ。菩提学会の活動状況は国際仏学会のウェブサイト（二〇一三年開設）に紹介されており、ソダジ師を中心とした宗教ネットワーク拡大のスピードは目を見張るものがある(4)。

三―二　仏教エッセイ集がベストセラーに

中国は今、仏教本ブームに沸いている。大型書店にはチベット仏教の高僧が執筆した人生指南書、自己啓発書、仏教入門書が多数並び、いずれも売れ行きは好調である。なかでもソダジ師の複数の仏教エッセイ集はベストセラーとなり話題を呼んでいる。以下に注目度の高い三人の高僧の著作を掲げる。

①ソダジ『苦しみこそが人生』（索達吉堪布　二〇一二a）
②ツティン・ロドゥ『われわれはなぜ幸福でないのか』（慈誠羅珠堪布　二〇一四）
③シェーラ・ゾンボ『寂静への道』（希阿栄博堪布　二〇一二）

①と②の主な読者は競争社会・経済格差・親族の病・人間関係などに苦悩する者、自己肯定感や達成感に乏しい高学歴者、そして仏教が説く智恵を獲得すべく自己啓発に励む者等である。内容はチベット仏教の教えを素材とし、漢人の一般読者に「心の重荷を降ろしなさい」「しっかり自分を肯定しなさい」「他人の幸せも願いなさい」と語りかけたものである。③は仏教に関心をもつ者、仏門を志す者を対象とした入門書であり、四法印（諸行無常、諸法無我、涅槃寂静、一切皆苦）、修行心得（帰依、菩提心、密教、聞思修、放生等）、六度万行（布施、持戒、忍辱、精進、禅定、智慧）から成る。

三人の共通点は仏学院出身の高僧だという点である。仏学院はケンポ・ジグメ・プンツォ（一九三三―二〇〇四）が一九八〇年に開設したチベット仏教を総合的に学ぶための教育機関であり、学僧数は一万を超えると推定される。近年漢人の出家者や在家信徒が増えたため、漢語の流暢な三人の高僧はその対応に追われている。各著作は高僧自身が漢語で執筆したものもあれば、高僧の説法を漢人の弟子が整理したものもある。

趣旨を同じくする著作の刊行は、中国の達照法師（中国天台宗管長）『一歩譲ることはたやすい』（達照　二〇一五）、伝喜法師（寧波市慧日禅寺）『永遠の甘露』（伝喜法師　二〇一四）、台湾の星雲大師（仏光山開祖）『だいじょうぶ』（星雲大師　二〇一五）、ベトナム出身の一行禅師『幸福は全幅の信頼から生まれる』（一行禅師　二〇一五）等、引きも切らない。各著作には読者の疲弊した心を癒やした後、積極的に人生や死と向き合う姿勢を導く役割が託されており、通底するキーワードは幸福、信頼、共感、智恵、そして胡錦濤が唱えた和諧である。

三-三　「宗教と和諧」政策との連携

二〇一六年四月六日、ＮＨＫ総合テレビ「クローズアップ現代＋《プラス》」が中国の仏教ブームを特集した（「経済減速中国で仏教大ブーム!?」）。過度なプレッシャーや競争社会のなかで疲弊した若者（高学歴者を含む）が仏教信仰に走る現象を北京、四川省、青海省で取材した内容である。チベット仏教カギュ派のダンカー（当卡）寺（青海省玉樹県）で出家した音楽関係者も紹介された。番組出演者の興梠一郎氏（神田外語大学）が、「中国政府が仏教を政権維持の安定装置として利用する意図をもつ」と論じたように、仏教ブームは党の宗教政策に沿ってつくられた一面ももっている。

仏教本の出版が雨後の筍の様相を見せ始めたのは、国際仏学会が成立した二〇一一年以降である。相次ぐ刊行は高僧や出版社の自主的な判断とは言いがたく、筆者は共産党の宗教政策が強く後押しした結果であると考える。胡錦濤が「和諧社会の実現」をスローガンに掲げたのは二〇〇四年であり、その三年後に開かれた第十七回党大会

（二〇〇七年）の政治報告のなかで「宗教界の指導者と信者に経済と社会の発展を促すうえでの積極的な役割を発揮させる」と決意を表明した。同様の文言が「中国共産党規約」にも追加された結果、宗教界に対する社会貢献の要請はいっそう鮮明となり、後に国家宗教事務局は「宗教と和諧」政策の実施を宣言したのである。その背景には党や政府幹部の汚職と腐敗、医療や教育の格差、失業者や非正規労働者の増加、環境破壊という社会の負の側面を緩和していくうえで、宗教の力は不可欠という政権判断があったと考えられる。具体的な役割として、貧困扶助、災害救助、身体障害者や高齢者への援助、僻地での教育支援、ボランティア医療等が期待された。

したがって、二〇一一年に突如出現した仏教本ブームは、「宗教と和諧」政策に呼応する形で生まれたと筆者は考える。とりわけケンポ・ソダジは『実践してこそ達成できる』（索達吉堪布 二〇一二b）、『離れず』（晋美彭措 二〇一四）、『何を急いでいるのか』（索達吉堪布 二〇一五）等のヒット作で得られた印税および漢人信徒からの布施を、困窮する仏学院出家者の生活支援、僻地における智悲学校や菩提病院（ともに四川省炉霍県）の建設等の公益慈善事業に投じた。中国政府は高僧が教育や福祉に積極的な関与を行うことを支援する方向にある（嘎・達哇才仁 二〇一〇：一八〇―一八二）。

三-四　シルクロード宗教交流政策との連携

東京大学で筆者がソダジ師と会談した際、「ヨーロッパとアフリカでの活動を終えてから日本へやって来た」「アフリカでは講演活動のほかに、孤児院への支援を行った」という彼の発言を聞いて、なぜアフリカ訪問なのかと少々戸惑った。ソダジ師の宗教活動を紹介する国際仏学会のウェブサイトには、確かに二〇一五年九月中旬から二カ月に及ぶ弘法の旅の様子が掲載されている。ヨーロッパ（イタリア、フランス、オーストリア、オランダ、イギリス）とアフリカ（南アフリカ、レソト、ナンビア）を歴訪後、十一月九日に最後の訪問国である日本に到着という旅程である。

ソダジ師は訪問各国の大学で「智恵と慈悲」(九月二十七日、オランダ)、「仏教からみた幸福とは」(十月二十日、ロンドン)、「菩提心」(十月三十日、南アフリカ)、「信仰と科学技術」(十一月二日、レソト)等、仏教をテーマに社会生活に根ざした内容の講演を精力的にこなした。使用言語はすべて漢語であり、訪問先の漢人信徒が現地の言語に翻訳した。

中国にとってヨーロッパは重要な貿易相手国であり、移民・留学・出張・観光などで多くの華人が居住している。そして、ヨーロッパにはチベット仏教の教義や瞑想、美術などに興味関心を抱く知識人や一般市民が一定数いるこ

写真 13-3　レソトの孤児院を訪問するケンポ・ソダジ(2015 年 11 月)

出典：西拉厳木参(ラルン五明仏学院修行者)の微博(2015 年 11 月 7 日)　http://weibo.com/u/5066957349?refer_flag=1005055014_&is_hot=1#_loginLayer_1472025181681(2016 年 8 月 24 日閲覧)

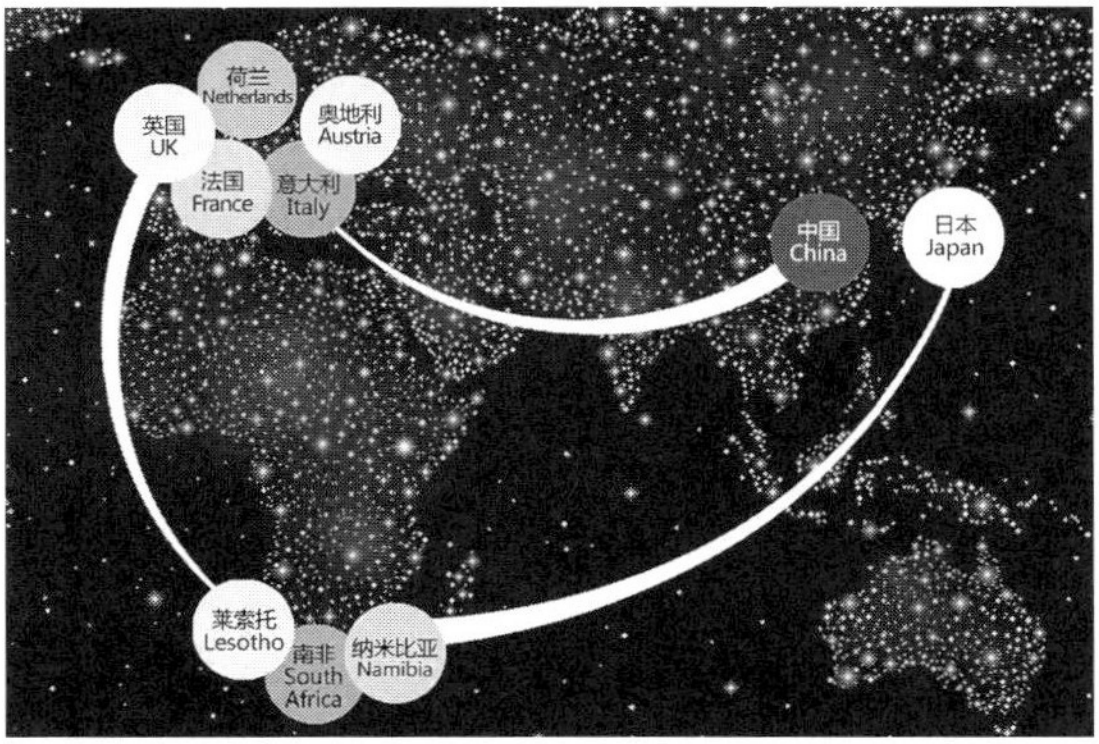

図 13-2　2015 年ソダジ「シルクロード宗教交流」の旅

出典：「二〇一五索達吉堪布非洲弘法」智悲徳育網　http://www.zhibeidy.com/index.php?a=shows&catid=1037&id=33330(2016 年 8 月 24 日閲覧)

とが知られている。一方、中国政府にとってアフリカは資源採掘、貿易、インフラ輸出、国連外交等を行う戦略的な地域であるが、これまでチベット仏教の高僧が布教活動の対象とみなすことはなかった。

そこで先ほどの「アフリカで孤児院への支援」という言葉が「二〇一五年ソダジ弘法の旅」を読み解く鍵となる。筆者は孤児院への支援は胡錦濤の「宗教と和諧」政策への貢献、アフリカ訪問は習近平のシルクロード宗教交流政策への対応と考える。つまり、仏学院のある中国四川省からヨーロッパへの経路は陸のシルクロード(一帯)を指し、ヨーロッパからアフリカを経由し日本に至る経路は海のシルクロード(一路)を指す。「一帯一路」つまり二つのシルクロード上の国々と宗教交流、宗教間対話を行うことを掲げた宗教政策と合致する。ただし、習近平が掲げる「一帯一路」シルクロード経済構想および中国が提唱主導するアジアインフラ投資銀行の開設に対して、世界の主要国から賛否両論がわき起こっているため、宗教交流というソフトな政策は、経済外交から生じた不協和音を和らげる役割も担っている。

三-五　統一戦線活動への対応を利用した宗教活動の展開

以上の事例から、ケンポ・ソダジは時の権力に道具として利用されているようにみえるが、両者の関係は単純ではない。文革終結後、共産党は無神論を掲げつつも一方で宗教の存在を肯定し必要としてきた。共産党は信徒に強い影響力をもつ宗教指導者に積極的に働きかけ、彼らが党への協力姿勢を示せば宗教活動の「自由」を保障する。平たく言えば、これが共産党の統一戦線活動である。ただし、活動の自由には制約があり、あくまでも党や政府の掌の上にある。宗教指導者が権力に対して拳を振り上げると、権力者は容赦なく活動の自由を握りつぶしてしまう。

ケンポ・ソダジは智恵のある高僧である。権力に一方的に利用されるのではなく、自ら権力にすり寄っているのでもない。権力に協力姿勢を示しつつ、権力と交渉し、自らの宗教活動の空間を広げる努力をしているのである。

例えば二〇一二年に中国社会科学院（社会科学研究の最高学術機構）が主催した「宗教慈善と社会発展シンポジウム」に登壇し、チベット仏教が参画する慈善公益事業について報告を行った（卓・鄭 二〇一五：一三四―一五三）。上海慈慧公益基金会（二〇一一年登録）の結成に協力し、貧困児童や高齢者の支援にも尽力した。そして二〇一〇年以降、中国各地の大学で仏教・智恵・幸福・科学等をテーマに講演し、党・政府および知識人を味方につける術を学んだのである。仏学院の運営と教学の責任者であるケンポ・ソダジは、二〇一〇年以降、仏学院を留守にする期間が長くなった。彼の行動の意図を、筆者は次のように考える。

（1）仏学院の存続と維持

江沢民の時期に仏学院は尼僧の放逐、僧坊撤去、ジグメ・プンツォ学院長幽閉等の粛正を受けた（二〇〇〇―〇一年）。当局は規模の巨大化や学院長の強大な宗教的影響力を問題視し監視下に置いたのである。そして二〇〇四年に学院長は「仏学院の存続を切に願う」という遺言を残して遷化《せんげ》（高僧の逝去）した。ケンポ・ソダジを中心とする仏学院の後継者たちは、学院長の遺志を継ぎ、仏学院を存続させるためには、党の統一戦線活動への積極的な対応を通じて権力と良好な関係を保つことが得策であると判断した。時の権力に対する面従腹背の姿勢は、社会主義中国を生き抜くために仏が授けた智恵であった（詳細は川田 二〇一五：第五章を参照）。

（2）ソーシャル・キャピタルとしての仏学院

学院長遷化後、胡錦濤政権は仏学院を粛正対象から切り離し、社会の信頼関係を担うソーシャル・キャピタル（社会関係資本、社会の信頼関係・規範・ネットワークといった社会組織の重要性を説く概念）として役立てる方針に転換した。従来ケンポ・ソダジは、学院長の右腕として仏学院の師僧と学僧、仏学院内の異なる宗派をつなぐ結束型ネットワークの象徴であった。その後、チベット仏教の教えを媒介に、地域を越えてチベット人と漢人・華人を結びつける橋渡し型ネットワーク形成の担い手としての期待が高まった。そこには、胡錦濤政権が宗教的ソーシャル・キャピタルを活用して、地域の安定と民族の団結を旗印とした和諧社会の実現をめざすという思惑が隠されていた。政府が白羽の矢を立てたケンポ・ソダジは、江沢民時期に受けた政治の逆風という苦い経験を教訓にして、胡錦濤の「宗教と和諧」政策を追い風に社会主義社会を駆け抜け、仏学院の存続を確かなものにすべく奮闘しているのである（詳細は川田 二〇一五：第八章を参照）。

四　カルマ・カギュ派の高僧ケンポ・カルツェの挫折

四－一　コンヤプ寺と「二〇一三年ケンポ・カルツェ事件」

二〇一三年八月、筆者は青海省のコンヤプ（公雅）寺を訪問した。コンヤプ寺は青海省とチベット自治区の境界付近に位置し、十五世紀に創建されたチベット仏教カルマ・カギュ派（カギュ派の最大支派）の古刹であり、約三百名の僧を抱えている。二〇〇一年以降ほぼ毎年世界平和祈願大法会を開催し、宗派を超えた宗教活動（リメ運動）の拠点でもある。近年漢人居住地区での弘法活動に熱心であり、嚢謙県内に孤児学校を開設し慈善活動にも力を注いでいる。高僧の話では、過去にコンヤプ寺を調査した外国人研究者はいない。

ケンポ・カルツェ（写真13-4、青海省嚢謙県出身）はカルマ（噶瑪）寺（カルマ・カギュ派の早期本寺、チベット自治区昌都市）で数年間、ケンポ・ソダジがいる仏学院で八年間学問を修めた後、コンヤプ寺の教学責任者となった。彼はチベット東部のナンチェン地域一帯では宗派を超えて信望があり、民衆の精神的支柱と言える存在である。筆者は二〇〇九年青海省玉樹県に向かう長距離バスに乗り合わせた僧からケンポ・カルツェの存在を知った。そして二〇一三年夏、彼の僧院に宿泊し、チベット仏教が直面する諸問題について直接議論する機会を得た。

ところがそれから四カ月後の十二月六日に、公安当局が四川省成都市でケンポ・カルツェを拘束したことを、海外のチベット支援活動組織パユル・コム（Phayul.com）等が伝えた[5]。寺院の関係者と嚢謙県の信徒は直ちに約四千人の署名を集め、高僧の解放を求める請願書を当局に提出した。その後、集団で行われた抗議行動および嚢謙県政府との協議を収録した動画がＶＯＡ（Voice of America）のウェブサイトほかに掲載された（写真13-5）ことにより、事件は海外で大きく報じられた。そして二〇一四年十月、海外の報道が「逃亡僧隠匿および国家機密漏洩の罪で懲役二年

写真 13-4　僧院内で講義を行うケンポ・カルツェ
（2013 年 8 月，筆者撮影）

写真 13-5　ケンポ・カルツェの解放を求めるデモ
出典：China Detains Popular Tibetan Khenpo and 16 Supporters Seeking His Release VOA TIBETAN VIDEO（2014 年 1 月 3 日）　http://www.voatibetanenglish.com/a/china-detains-popular-tibetan-khenpo-and-16-supporters-seeking-his-releasa-/1822872.html（2016 年 8 月 24 日閲覧）

六カ月が確定」「チベット自治区チャムド市内に収監」と伝えたが、裁判の詳細やその後の服役状況に関する情報は公開されなかった(6)。

四-二　宗教政策と権利擁護の主張

ケンポ・カルツェはケンポ・ソダジ同様、災害救援活動、環境保護活動、貧困扶助、学校教育支援等の社会公益活動に尽力した高僧として知られている。ケンポ・ソダジが国内外で自由な弘法活動が許されている一方で、ケンポ・カルツェは公安当局により軟禁状態にある。明暗を分けた要因は統一戦線活動への対応とチベット人に対する権利擁護の主張である。以下に具体的な事例(中原一博報告を参照)をあげて、ケンポ・カルツェ事件が投げかけた意味を考察する。

(1) 宗教政策によるカルマ・カギュ派への警戒

二〇〇八年チベット騒乱の過程で、十月二十七日に昌都県(当時)噶瑪郷の政府庁舎が爆破される事件が発生した。誰がどのような目的で爆破したのかは不明であるが、当局は近くにあるカルマ寺の僧が「関与した」と判断し一部の僧を拘束した。ケンポ・カルツェはコンヤプ寺に助けを求めてきたカルマ寺の僧を隠匿した嫌疑をかけられたのである(中原 二〇一一、二〇一四a)。

カルマ寺はカルマ・カギュ派の早期本寺であり、ケンポ・カルツェが修行した寺でもある。そしてカルマ・カギュ派最高位の化身ラマはインドへ亡命中のカルマパ十七世である。つまり逃亡僧隠匿の嫌疑は、中国政府が行ったカルマ寺弾圧の余波であった。カルマ・カギュ派は亡命中のカルマパ十七世を中心とする海外組織との連携(国家機密漏洩に相当)を中国政府から常に疑われる弱い立場にある。治安当局はケンポ・カルツェの行動を、宗教組織は海外勢力の影響を受けてはならないという「独立自主自営」の原則（江沢民「四原則」）に反すると判断したのである。

（2）中国政府の宗教管理への反発

二〇一三年十月二十一日、ケンポ・カルツェは民衆から法要開催の要請を受け、嚢謙県に隣接するチベット自治区類烏斉県に向かっていた。中国政府の宗教管理では、僧が居住する省や自治区をまたいで宗教活動を行うことを禁止している。そこで彼は山越えの道を歩き、公路上の検問所を迂回して法会会場に到着した。後日、当日の行動を記した手記を発表し、中国政府の過度な宗教管理に疑問を呈すると同時に、宗教活動の自由拡大を堂々と主張した（中原　二〇一四b）。

（3）チベット人の権利擁護を主張

筆者はコンヤプ寺で小学生を対象とした多言語教育（チベット語・英語・漢語）の現場を確認した。教師は寺院が雇用したチベット人である。英語と漢語は彼らが将来中国もしくは外国で暮らす際に必要な言語である。ケンポ・カルツェが最も重視するのは、チベット人の誇りを保ち仏教を学ぶ土台となるチベット語の学習である。現在中国政府は少数民族に対し、民族言語の学習を制限する方針を強めている。コンヤプ寺が進める多言語教育は、チベット人の権利擁護を視野に入れた自主的な活動である。

二〇一〇年四月十四日、青海省玉樹県一帯で大震災が発生した。ケンポ・カルツェは当日、僧を連れて現場に駆けつけ救援活動を開始した（写真13-6）。ケンポ・カルツェが率いたコンヤプ寺救援隊の献身的な活動は多くの被災者の心に希望の灯りをともした。後日、支援者が撮影した救援活動の映像を編集し、記録映画ＤＶＤ『災難中的希望』（災難の中の希望）として公表したが、当局に没収されてしまった（中原　二〇一四c）。筆者がコンヤプ寺の僧坊で作

写真 13-6　玉樹震災で被災者に語りかけるケンポ・カルツェ

出展：唯色「領導玉樹地震救援的高僧尕瑪才旺被捕已経四个多月」(2014年4月14日) http://woeser.middle-way.net/2014/04/blog-post_14.html(2016年5月7日閲覧)

品の一部を鑑賞した際、映画は救援に参加したチベット人の勇敢さと被災者の忍耐力を称え、仏教がもつ包容力を描いた内容であることを確認した。聞き取り調査では、ケンポ・カルツェは映画の内容をめぐって、政府との間に軋轢が生じていることを認めた。

このようにケンポ・カルツェの宗教活動には、学問伝授や修行指導のほかに、チベット人の尊厳・権利・宗教文化を擁護する内容が含まれている。その結果、チベット自治区チャムド市や青海省玉樹チベット族自治州一帯では、「チベット人を守り、社会に働きかける高僧」として民衆から大きな支持を得てきた。しかし残念なことに、彼の民族心に根ざした活動が公安当局に警戒され、今回の身柄拘束事件の遠因になったとみられる。

(4)ケンポ・カルツェ釈放か?

二〇一三年十二月に身柄が拘束され、懲役刑に処されたケンポ・カルツェは、その後どのような状況に置かれているのであろうか。ノルウェーのオスロに拠点を置きチベット支援活動を展開する「西蔵之声」(The Foundation Voice of Tibet)が二〇一六年七月十六日に公表した情報によれば、ケンポ・カルツェは六月四日に四川省成都市近郊の刑務所から釈放されたそうである[7]。そして二日後の七月十八日、ワシントンに拠点を置く「自由亜洲電台」(Radio Free Asia)が、情報提供者はスイス在住の亡命チベット人であり、ケンポ・カルツェはいったん釈放されたが、身柄は当局の監視下にあり、自由な行動およびコンヤプ寺への帰還は許可されていないとのこと[8]。釈放後のケンポ・カルツェの写真も掲載されている。

中国では宗教指導者が関係する刑事事件の情報（起訴・公判・判決・刑の執行・釈放等）が公安や司法当局から公表されることはまれであり、ケンポ・カルツェ事件に関する情報も非公開である。刑期二年半が正しい情報であれば、身柄拘束から約二年半後の六月四日釈放は辻褄が合っている。中国では六月四日は政治的に敏感な意味合いをもつ記念日である。一九八九年第二次天安門事件の際、民主化を求める学生や労働者に対して、六月四日に中国共産党が武力弾圧したことに由来する。中国政府が六月四日に釈放した理由は、適正な刑法運用というメッセージを海外のチベット支援組織や人権擁護団体に届けるため、と読み取ることも可能である。

ただし、二つの報道をもってケンポ・カルツェが刑期満了により釈放されたと断定することは難しい。服役中に著しく健康を害し、社会復帰が困難な状況にあるとも考えられる。チベット仏教の高僧テンジン・デレク（一九五〇—二〇一五、川田 二〇一五：一六）のように、釈放後の宗教指導者が短期間の内に死亡した事例がいくつもあるからだ。

最後に、チベット人の権利擁護の旗を掲げ、共産党の統一戦線活動に妥協しない態度を貫いたケンポ・カルツェとコンヤプ寺で再会できることを筆者は切に願っている。

注

（1）カルマ・カギュ派には、シャマルグループが認定したもう一人のカルマパ十七世（タイェ・ドルジェ）がいるが、少数派の支持にとどまっている。

（2）第四節は川田 二〇一六を加筆・再構成したものである。

（3）国家発展改革委・外交部・商務部「推動共建絲綢之路経済帯和二十一世紀海上絲綢之路的願景与行動」（二〇一五年三月二十八日）、中国網。http://www.china.org.cn/chinese/2015-09/15/content_36591064.htm（二〇一六年八月二十四日閲覧）

二〇一五年九月十八日から二十日にかけて、中国社会科学院世界宗教研究所・国家宗教事務局外事司・中国宗教学会が共催した中国社会科学論壇（フォーラム）にて、「〝一帯一路〟と宗教対外交流」をテーマとするシンポジウムが開かれた。http://

www.cssn.cn/zx/bwyc/201509/t20150918_2373013.shtml（二〇一六年八月二十四日閲覧）

（4）国際仏学会ウェブサイト　http://www.buddhistweb.org/

（5）Two abbots of Nangchen monasteries arrested and released after public intervention　http://www.phayul.com/news/article.aspx?id=34347&article=Two+abbots+of+Nangchen+monasteries+arrested+and+released+after+public+intervention（二〇一五年九月十六日閲覧）

（6）「囊謙県住持尕才被判両年半」ＲＦＡ自由亜洲電台普通話　http://www.rfa.org/mandarin/yataibaodao/shaoshuminzu/dz-10202014120737.html（二〇一五年九月十七日閲覧）

（7）「西蔵囊謙県堪布尕瑪才旺服刑両年半後獲釈」（二〇一六年七月十六日）、西蔵之声。http://www.vot.org/cn/%E8%A5%BF%E8%97%8F%E5%9B%8A%E8%B0%A6%E5%8E%BF%E9%AB%98%E5%83%A7%E5%99%B6%E5%B0%94%E6%AC%A1%E8%BF%91%E6%97%A5%E4%BB%8E%E4%B8%AD%E5%85%B1%E7%9B%91%E7%8B%B1%E4%B8%AD%E8%8E%B7%E9%87%8A/（二〇一六年十二月十八日閲覧）

（8）「公雅寺住持尕才獲釈　蔵人被令参加〝假班禅〟伝法会」（二〇一六年七月十八日）、自由亜洲電台普通話。http://www.rfa.org/mandarin/yataibaodao/shaoshuminzu/dz-07182016122446.html（二〇一六年十二月十八日閲覧）

参考文献

〈日本語文献〉

川田進、二〇一五、『東チベットの宗教空間——中国共産党の宗教政策と社会変容』北海道大学出版会。

川田進、二〇一六、「宗教政策と宗教文化に関するＪＳＰＳ科研費海外調査報告（二〇一二年度—二〇一三年度）」『大阪工業大学紀要』六〇（二）。

中原一博、二〇一一、「ウーセル・ブログ「関心喚起——カルマ僧院の僧侶逮捕、避難の現況」当局の陰謀か？」チベットＮＯＷ@ルンタ・ダラムサラ通信、十一月十四日。http://blog.livedoor.jp/rftibet/archives/2011-11.html?p=2（二〇一五年九月十七日閲覧）

中原一博、二〇一四ａ、「拘束されている高僧が「私の解放のためにことを起こすな」と手紙」、チベットＮＯＷ@ルンタ・ダラムサラ通信、一月四日。

http://blog.livedoor.jp/rftibet/archives/2014-01.html?p=2（二〇一五年九月十七日閲覧）
中原一博、二〇一四b、「ウーセル・ブログ『逮捕されて四十七日になるケンポ・カルマ・ツェワンの逮捕一カ月前の記録』」チベットNOW@ルンタ・ダラムサラ通信、二月六日。
http://blog.livedoor.jp/rftibet/archives/2014-02.html?p=2（二〇一五年九月十七日閲覧）
中原一博、二〇一四c、「ウーセル・ブログ『ジェクンド地震で救援活動を指導した高僧カルマ・ツェワン師が逮捕されて既に四ヶ月余り』」チベットNOW@ルンタ・ダラムサラ通信、四月十六日。
http://blog.livedoor.jp/rftibet/archives/2014-04.html（二〇一五年九月十七日閲覧）

〈中国語文献〉


伝喜法師、二〇一四、『永恒的甘露』中国文史出版社。

慈誠羅珠堪布、二〇一四、『我們為何不幸福』貴州人民出版社。

達照、二〇一五、『退一歩並不難』中国商業出版社。

嘎・達哇才仁、二〇一〇、『当代蔵伝仏教活仏——信徒認同和社会影響』中国蔵学出版社。

国家宗教事務局宗教研究中心、二〇一〇、『中国五大宗教論和諧』宗教文化出版社。

晋美彭措、二〇一四、『不離』（口述：晋美彭措、編訳：索達吉）、華文出版社。

江沢民、一九九三、「高度重視民族工作和宗教工作」中共中央文献研究室総合研究組・国務院宗教事務局政策法規司編『新時期宗教工作文献選編』宗教文化出版社、一九九五年、二四九—二五五頁。

江沢民、二〇〇二、「全面建設小康社会、開創中国特色社会主義事業新局面」『中国共産党第十六次全国代表大会文件匯編』人民出版社、一—五六頁。

索達吉堪布、二〇一二a、『苦才是人生』甘粛人民美術出版社。

索達吉堪布、二〇一二b、『做才是得到』甘粛人民美術出版社。

索達吉堪布、二〇一五、『你在忙什麼』民主与建設出版社。

希阿栄博堪布、二〇一二、『寂静之道』世界図書出版公司北京公司。

星雲大師、二〇一五、『不要緊』現代出版社。

一行禅師、二〇一五、『幸福来自絶対的信頼』河南文芸出版社。
中共中央、一九八二、「関於我国社会主義時期宗教問題的基本観点和基本政策」中共中央文献研究室総合研究組・国務院宗教事務局政策法規司編『新時期宗教工作文献選編』宗教文化出版社、一九九五年、五四―七三頁。
中共中央・国務院、一九九一、「中共中央、国務院関於進一歩做好工作若干問題的通知」中共中央文献研究室総合研究組・国務院宗教事務局政策法規司編『新時期宗教工作文献選編』宗教文化出版社、一九九五年、二一三―二二一頁。
卓新平・鄭筱筠、二〇一五、『宗教慈善与社会発展』中国社会科学出版社。

第十四章　雲南保山回族にとっての国家
――記憶と予期に裏づけられたシンボル的な存在として

首藤明和

一　問題の所在と作業仮説

中国でも宗教と政治のあるべき関係の模索が続いている。民族間の共生の作法は、宗教政策を通じた国家のガバナンスとも深く関連し[1]、同時に、現在的な理念や利害はもちろんのこと、歴史や文化などとも深く結びついている。本章では、雲南省保山市の回族を取り上げ、その共生の作法の分析を通じて、宗教と政治の関係を考察してみたい。分析では以下の「作業仮説」を用いる。すなわち、〈中国〉というコスモロジーを生きるなか、回族は漢族など他の民族との歴史的な相互作用を経て共生の思想と行動を探ってきたが、その結果、国家に対しては「記憶や予期に裏づけられたシンボル的な存在としての地位」(西原 二〇〇三：二五一)を反省的に見出そうとしている。

この作業仮説を採用する理由には、筆者自身のこれまでの研究に対する反省がある(首藤 二〇一二、二〇一三、二〇一五)。例えば、回族の身体が醸し出し、また回族の集団レベルで表象される〈暴力〉への怒り、怖れ、不安。また、その反作用的側面を含みつつも、信仰をもつことへの誇りや安堵、信仰の保持や継承への強い意志。筆者はこれまで、彼らの思想や行動の基底に存在するある種、拭いがたい感覚や情動を感じてきたが、学問的な分析のうえでそうした筆者自身の実感をどのように扱えばよいのか考えあぐねてきた。

また、筆者が数次にわたって実施した回族のフィールド調査では、共同研究者として漢族やモンゴル族、あるいは回族のメンバーと行動を共にした。調査の際、インフォーマントと調査者が形づくる関係は、少なくとも、「回族（インフォーマント）―漢族／モンゴル族／回族（共同研究者）―筆者」というように、絶えず第三者を含む関係であった。それゆえ、状況に応じて、回族―漢族、回族―モンゴル族、回族―回族（異なる宗派の場合あり）の相互行為に通底する感覚や情動などに、第三者の立場から接する機会に恵まれた。筆者にとっては、回族との単なる二者関係にとどまらない様々な社会的現実について示唆を得る格好の機会となった。しかし、こうした知見を生かす学問的な方法もまた、これまで見出せずにいた。

今回、回族と国家の関係を考察するにあたり、これまで十分に論じられなかった回族の感覚や情動についても方法論的な配慮を試みたい。先の作業仮説は、回族の基底部分にある感覚や情動がどのような形で国家レベルにまで達するのか、また同時に、回族が第三者としての国家にいかなる表象を期待しているのかをうまく説明してくれるだろう。

二　唯一神と天子の絶対矛盾的自己同一[2]としての「二元忠貞」
――後の「愛国愛教」へ

回族は中国でイスラーム教を信仰する十の少数民族のうちの一つである。その祖先は、唐や元の時代、アラビアやペルシア、中央アジアなどから移り住んできた。その後、〈中国〉というコスモロジーを生きるなか、故郷と母語を喪失することで、民族としての回族を形作してきた（張　一九九三）。故郷や母語といった「起源」（roots）が民族としての回族を形成したというよりは、むしろ、〈中国〉を移動し、根づき、生きてきた、その歴史的な「経路」

〈routes〉こそが、民族としての回族を形づくってきたのである。

J・クリフォードは、定住よりも移動に、rootsよりもroutesへの着眼を強調し〈Clifford 1997〉、ホミ・K・バーバは、移動のなかの〈場所〉を、新しい主体や社会を生み出すうえで必要な力が汲み出される源泉として捉えた。今日、私たちがいる〈場所〉を、現存の境界線上を生きつづける姿に見出す視点である。すなわち私たちは、移り行く時のなか、空間と時間、差異と同一性、過去と現在、内と外、包摂と排除などが複雑に交錯し絡み合う形象のなかに存在する。当然、主体の位置に関して、人種、ジェンダー、世代、組織、地政学的地域などのカテゴリーを単独に取り上げて認識することはできない。代わりに必要なのは、カテゴリーと親和的なrootsではなく、むしろカテゴリーを越えるroutesへの着眼であり、文化の差異が分節化される際のプロセスや契機への着目である。差異が輻輳したり置換されたりする多様性のなかには「裂け目」が現れる。この「裂け目」こそは、私たちに主体の位置に関する問いかけを許す空間であり、所与の非対称的で階層的、領域的なカテゴリー的秩序とは異なる差異を構築する実践的空間である〈Bhabha 1994=2005: 1–16〉。

ここにこそ、私たちの〈場所〉があるわけだが、こうした位相はポストコロニアリズムに限定されるのではなく、回族の〈場所〉についても多くのことを説明してくれる。バーバがいうように、差異の領域が接する「裂け目」は、私たちに主体の位置に関する問いを許す空間である。しかし注意が必要なのは、この空間は、所与のものとして与えられるのではなく、むしろ、何かを越えること、土着のものから引き離され感覚の攪乱を経験すること、何かを探してさまようことなどを通じて獲得される〈Bhabha 1994=2005: 2〉。〈中国〉というコスモロジーを移動してきたからこそ得られる感覚が、主体の位置に対する問いかけを呼び覚まし、そうした主体の居場所としての〈場所〉を発見していく。

十三世紀、北アジア草原の武装した遊牧民は、チンギス・ハーンの号令の下、西アジアや中央アジアの各地を大侵攻した。多くのイスラーム教徒は、技術者、職人、商人、官吏、奴隷、あるいは新たに軍に編入された兵士として中国まで連行された。七世紀、唐代の自由に溢れた国際移動とは対照的な大移動であった。技術や文化の面で劣っていたモンゴルにとって、金や南宋の前王朝を倒し、元朝を打ち立てる際、連行したイスラーム教徒や、すでに中国に定住していたイスラーム教徒から得た政治、財政、技術、軍事諸方面での援助が、たいへん大きな力となった。元朝成立後、各省州県のモンゴル長官は、回回と呼ばれたイスラーム教徒たちを身辺に配して統治をおこなった。唐代は、長安や、あるいは広州などの海港に、大食《タージ》からのイスラーム教徒が集住したが、元代では全国各地の行政区に配属されたり、各防区に分駐して屯田を行ったりした。「回回は天下に遍し」と言われ、現在において回族が中国全土に遍く分布する素地を形づくった（張 一九九三）。

この元代の移動に端を発して、現在の回族の分布は他の少数民族とは異なり、中国全土での「大分散、小聚居」を特徴としている。雲南の回族も、省一帯に広く分布しつつ、その大多数が漢族やその他の少数民族と小規模な集落に雑居している。こうした回族の生活環境は、歴史上、他民族との共生を迫るものであっただろう。中国全土の回族は、共通する思想や習慣をもつ一方で顕著な多様性も有しているが、そうした多様性とは、回族の歴史的なroutes、すなわち彼らが〈中国〉を生き、自らを問い直し、他者との関係を築いていくなかで、選択した／選択せざるをえなかった自己呈示を反映している。

現在の雲南省保山の回族において、その自己呈示のあり方に大きな影響を与えた人物がいる。中国イスラーム思想の四大経学家（明清四大イスラーム漢文訳著家）のひとり、馬注（一六四〇―一七一二）である。中国イスラーム哲学の基礎を築いた馬注は、一六四〇年、保山に生まれた。十六歳で院試に及第して秀才となり、十八歳には明朝亡命政権である南明の官吏についた。呉三桂の軍が雲南を攻撃し、南明の永暦帝がビルマに逃亡すると、馬注は雲南で教学に就いた。一六六九年、馬注は三十歳のときに北京に向かい十数年滞在した頃から主著『清真指南』の執筆を始めた。その後、山東、江蘇、浙江、安徽、西安などを歴訪して、一六八七年、故郷の保山に戻ったとされる（佐藤二〇〇九：三五―三九）。

主著『清真指南』（一六八一年頃）では、「宋儒の天理性命説や格物究理説を用いてイスラームの一元論的世界を説明」しようとし、「イスラーム思想を中国の精神風土に根づかせるのに重要な貢献をした」（松本 二〇〇二：七六一）とされる。馬注は、イスラームの一神論と儒学との関係を、アラビア語やペルシア語ではなく漢語を用いて注釈するなかで、両者の社会上の作用を同一とみなした。さらに、宗教とは時と場所に応じて旧来の制度、慣習、方法などを自ら革新するものだとして、「権教」（変化の内容）と「因教」（変化の方向）を思索した（秦主編 二〇〇五：一九一―一九三）。

この「権教」と「因教」について、馬注は、イスラーム教と儒学との混淆、折衷、添加といったシンクレティズム的な現地化を探求したのではなく、むしろ一神論のなかで聖俗並存をどう正当化するのか思索した。

高明潔は、一神論的聖俗並存に関連した馬注の解釈について、以下のように説明する。まず時代背景として、明末清初以来、イスラーム教徒が漢語を用いてイスラーム教を翻訳、解釈するようになった時期は、教徒のあいだで科挙に及第して天子（皇帝）に仕え朝廷の官僚となるケースが増えた時期だった[3]。当然、唯一神アッラーに対する崇拝と天子に対する忠実との関係が問題となるが、馬注は『清真指南』において、「天の子（皇帝）、民の父（皇帝）はアッラー（真主）の本来の姿で、［民の］痛痒の由来に関わる」、「天には一時として日がなくてはならず、国には一日として君がなくてはならない。天下といい、国家といい、一つである。君臣といい、父子といい、一つである」、「このため、アッラーはいう、「両親に従い親孝行せよ、たとえ両親はムスリムではなく、真主を信じなくとも、孝行をしなければならない」」と記している。すなわち、馬注は、一神論を堅持しつつ、「二元忠貞」に関わる孝道や「人道五倫」（君臣の義、父子の親、夫婦の別、長幼の序、朋友の信）など儒学のもつ社会的機能を積極的に評価し、イスラームの社会的機能と同一であるとした。後に余振貴（中国イスラーム教協会副協会長）はこの馬注の注釈、すなわちムスリムは「真主」と「君主」双方に忠実であれという「聖俗並存的信仰体系」は、決してイスラームの教えに矛盾するものではないと主張し、これを「二元忠貞」（二元忠実）と定義した。高明潔は、この「二元忠貞」という信仰形態が現在では「愛国愛教」という標語に取って代わられていると解釈する。また、馬注によって注釈されたその歴史的な二重的信仰体系については、現在においても変化がみられないという（高 二〇〇六：二〇九―二一〇）。

この「二元忠貞」という二重的信仰体系は、イスラームという専門的な知と語彙をもって〈中国〉を認識し、漢族などに対するトピックや語り方などの適切な選択を通じて〈中国〉を生きていく、そうした回族の routes であり、そのなかでの主体形成にほかならない。特に保山回族にとっての馬注思想とは、このような自己呈示を可能にし、他者との関係を編み出していくための、重要な「言説の資源（discursive resources）」（語彙、専門知の有無、語り方・書き方、トピックの適切な選択など文化の支配的コードにかかわる資源）（齋藤 二〇〇〇：九―一三）となっている。このことについては後述する。

なお、筆者自身の解釈を付け加えるならば、「二元忠貞」とは、回族が〈中国〉というコスモロジーにあって不可避的に迫られる内的世界（信仰）と外的世界（世俗）の絶対的矛盾を、これまた不可避的に迫られる他者との共生という側面のなかで統一していこうとする、そのための言説にほかならないと考える。「二元忠貞」は「絶対矛盾的自己同一」としての言説であり、保山回族の主体形成や共生の作法に大きな影響を与えている。

三　保山回族の記憶と〈同時的〉[4]な〈場所〉
――内的世界と外的世界の絶対矛盾的自己同一を支える〈場所〉として

保山回族もまた、歴史的に移動のなかにあったが、しかしこの移動は必ずしも永続的な一所不在を帰結するのではなく、むしろ〈場所〉を求める強い動機を形成する。以下に、保山の回族が見出そうとしている〈場所〉について、その現在的な状況をみてみよう。

馬注の墓は馬家庄といって、馬氏の姓名が冠された村にある[5]。保山市郊外のH鎮B行政村のE村から一キロメートルほど離れたところにある（当該地域でE村は「自然村」という言葉を用いて認識されている）。E村在住で中学校教師を務めるD氏は、馬注文化園の建設計画策定や馬注研究会の幹事として奔走する傍ら、馬注の故郷一帯にまつわる地域史についても興味深い史実をいくつか発掘している。そのうちの一つが、この馬家庄と馬氏一族にまつわる歴史伝承の「謎解き」である。以下に紹介しておきたい(6)。

現在、この馬家庄に回族の馬姓は住んでいない。ただし、古くからの伝承として、この村はかつて馬氏一族の荘園だったと言われている。また、かつての計画経済時代において、生産隊施設の傍らには花木が生い茂り渓水を湛える広々とした空き地があり、村の人々からは「馬氏花園」と呼び習わされていたという。一九九七年、ある村民が住居の建て替えを行ったところ、石で作られた扁額が出土し、その上面には「馬家粧田」の四文字が刻まれていた。解放前、馬家庄の住戸と糧田は馬氏一族が所有するものであったのだろう。さらに言えば、当時の住戸は馬氏の佃戸（地主の土地を耕作して地代を納める小作農）であり、田地もまたは馬氏のものであった。すなわち、村は馬氏一族の所有する田地とそれを耕す佃戸の家屋によって形成された「庄房」だったわけである。

歴史上の戦乱や兵災により、最近に至るまで、墓は破壊され廃墟と化していた。にもかかわらずE村の一部村民は、毎年、馬家庄へ馬氏祖先の墓参りを欠かさなかったという。ただし、数多くの墓が居並ぶなかに馬注の墓も含まれていることは、最近になってわかったようである。D氏の数年来の調査によれば、E村の馬氏祖先は大理巍山の人とされる。歴史上、巍山は滇西（雲南西部）のシルクロード沿線の交易で栄えた古鎮であった。元代初期、雲南の治世のために平章政事（行省の長官）として赴任した中央アジア・ボハラ（現ウズベキスタン共和国）出身の賽典赤・贍思丁（馬注は賽典赤・贍思丁の第十五代目子孫とされる）は、各地との連携を強めて交易のさらなる発展を図るために、古道沿線に多くの宿場を設置した。この宿場の経営はその多くがイスラーム教徒によるものだった。D氏は、巍山の馬氏祖先は、この時期に昆明から巍山へ移り住んだと推測する。なぜなら、当時の「夷方」（怒江以西からミャンマー、インド一帯を指す）は、土地が肥沃で物産に富み、財富を求める中原の人々にとっては夢幻の地としてイメージされていたからである。それゆえ、商人たちが滇西の古道沿いへ商機を求めて移動するのは自然なことであった。

明代になると、巍山馬氏の馬文明は大理四牌坊に移り住み、間もなくその二男馬徳齢は「夷方」により近く、かつ重要な宿場町の一つであった永昌城(現在の保山)の城外B鎮へ移住した。この大理からB鎮へ移り住んだ馬氏祖先は、賽典赤・贍思丁の第八代目子孫に数えられる。当時の馬氏は永昌城北で最も裕福な一族であった。彼らはB鎮から西に十数キロにあるE村一帯の土地も購入していった。馬家庄に伝わる伝承では当地は元々荒地であり、馬氏一族が田畑を開き大量の農民を雇用して開拓した結果、肥沃で美しい田園へ様変わりしたという。

保山の平野部における村落形成の歴史をみてみると、大部分の村落は、遠征に参加した軍官たちに対して、戦後、遠征先にて朝廷から姓ごとに封じられた土地がその始まりであり、のちに単姓村を形成する素地となった。また、明清期には大量の移民が南遷したが、その際も単姓の一族ごとに村落が形成された。一方、複数の姓が雑居する村落は、佃戸や雇工が聚居して形成された村落であり、馬家庄もこのタイプの雑姓村である。現在でも村の田地の名称では、「馬家大田」「馬家地」「馬家墳地」「馬家花園」など馬姓にちなんだものが残っている。E村に定着した馬氏一族は、B鎮の馬氏一族の支系であり、農地の拡張とともに南へと移動していった人々の子孫と考えられる。

D氏によれば、E村馬氏は馬注の曽祖父の代にB鎮から移り住んだという。E村という名称は、その音が似ていることから「易首」「易寿」「易疇」と表記の仕方に変遷があったが、元々は「乙丑」であったとD氏は考証する。「乙丑」と記す目的は「時間」を記憶に留めて忘れないようにするためだという。すなわち、E村の馬氏一族が代々語り継いできた伝承によれば、B鎮からE村へ馬氏祖先が移り住んできたのが乙丑の年だった。馬注の曽祖父がE村に定居したのは一五〇五年前後、すなわち明朝中後期の弘治年間(孝宗帝)から正徳年間(武宗帝)の頃と推測される。永昌城北部に位置したB鎮は、渓水湧き出る清流と柳の緑が映える風光明媚な地で「北津煙柳」と謳われ、永昌城外の「外八景」の一つとして名を馳せていた。また、商人が雲集して交易が繁盛し、滇西シルクロードの経済活動において重要な位置を占める宿場町であった。

馬注の『清真指南』に収められた「自序」や「郁速馥伝」（馬注の自伝とされる）は、一時期の馬氏一族の生活について説明している。機織と農業を主としており、他方、商売についてはふれられていない。ここから、馬注が生存した頃の一族の生活は、B鎮の馬氏が商売に従事していたのとは異なり、農業を主としたものだったと推測する向きもある。当時の保山平野部では、田地を大量に購入する「大戸」（裕福な家）は決して珍しくなく、「庄房」の出現は一般的にみられた現象であった。「庄房」の境界を定めて他の「庄房」と区別するとき、多くの佃戸たちは好んで大戸の姓氏を用いた。すなわち、趙氏田地の所在地であれば「趙家庄房」あるいは「趙家庄」と呼んで境界を設定し、馬氏田地の所在地であれば「馬家庄房」あるいは「馬家庄」と呼んで他の「庄房」と区別した。のちにそれらが村の名称にもなったわけである。かつてB鎮の馬氏一族が大量の田地と山地を購入した馬家庄は、山を背にして南に川を臨む、「風水」に恵まれた土地だったとされる。

馬注の父親、馬師孔は、郷試に及第した挙人である。馬注が七歳のとき、兄の渥同とともに于虚白先生の教えを受けた。虚白すなわち張世明は、永暦帝が昆明に明朝亡命政権を建てた際、礼部中書郎の官位に就いた郷紳であった。家庭の方針から馬注は幼少より教育を受ける機会に恵まれたが、しかし決して順風満帆な生活ではなく、むしろ様々な困難を経験した。馬注が七歳のとき父師孔が病で亡くなった。その後は祖父馬雲公が馬注の教育に心血を注ぐが、間もなく祖父も亡くなった。このとき、家計は凋落し、後家となった母の呉氏は機織と農業で生計を立て馬注の教育を支えた。馬注は十六歳で院試を受験、及第して秀才（生員）となり府学に入学したが、十八歳のとき、母も病で亡くなった。永暦帝の南明政権で、馬注は中書郎および錦衣侍御の官位を授かったが、呉三桂の雲南の乱が勃発し、永歴帝はビルマに逃亡して南明政権は倒壊、世は争乱を極めた（蘇 二〇〇九：七三―七五）。

馬注は官途をあきらめて隠遁し、雲南武定で教学に従事したのち、三十歳のとき北京に赴き十数年滞在、この頃から『清真指南』の執筆を開始した。一六八四（康熙二三）年に山東、江蘇、浙江、安徽、西安などを遊学し、ムスリム学者から稿本に対する意見や詩をもらい、一六八八（康熙二七）年に雲南に戻った。その後、一七一一（康熙五〇）年頃に亡くなるまで、馬注は『清真指南』の執筆に心血を注いだとされる（佐藤 二〇〇九：三六）。

現在、D氏をはじめE村に住む馬氏子孫の人々は、馬家庄こそが、馬注が青少年期を過ごし、晩年には『清真指南』を著した地だと考えている。「郁速馥伝」にもそう解釈できる表現が散見されるという。例えば「居龍潜豹隠」という表現だが、これは当時の馬家庄では、樹木の繁茂する大山を背景にして野原が広がり野獣がよく出たことを指していると解釈されている。また、「居龍」とは、この大山の岩下の泉と関係があるとされる。この泉は当地の人々から「龍泔」と呼ばれている。さらに「花香鳥啼」という表現は、村にある花園を描写したものだと解釈されている。そもそもE村の馬氏子孫が毎年、馬家庄の墓参りを欠かさないことは、祖先が埋葬されている地であることに加えて、馬注の偉業とそれを成し遂げた地を今日に至るまで追憶してきたことと関係していると、E村の人々は考えている（蘇 二〇〇九：七三―七五）。

以上のように、保山回族の人々は、馬注に関わる記憶を通じて、移動のなかの〈場所〉を見出してきた。馬家庄やE村という馬注に所縁のある〈場所〉の特徴は、以下のものであろう。①〈中国〉というコスモロジーにあって「二元忠貞」という言説を生み出し、内的世界と外的世界の絶対的矛盾を抱えつつその統一を志向する回族にとって、自己と他者を区別する精神的あるいは反省的意識の拠り所となる〈場所〉である。②保山回族の内的世界における時間軸の往来を通じた空間の発見であり、この〈場所〉に参与する人々の関係は、対面的、親密的、同質的である。すなわち、保山回族にとっては他者を含まない〈場所〉である。③漢族など他の民族にとっては、たとえ均質的な暦上の時間を共有してはいても、馬注にまつわる記憶という点では実質的な時間は共有しておらず、また馬注に所縁のある〈場所〉という意味で空間を共有してはいない。その意味で、回族以外からみれば、〈同時的〉な〈場所〉である。

四　保山回族の記憶と〈共在的〉な〈場所〉
――他者からの暴力に対する感覚や情動を呼び覚ます〈場所〉として

馬家庄など馬注に所縁のある〈場所〉は、保山回族の共同性の回復やその発展につながる時空間だろう。では、馬家庄のような〈場所〉の外部は、どのような時空間なのだろうか。すなわち、村を取り巻く保山や雲南の歴史は、いかに記憶され、どのような〈場所〉として存在するのだろうか。

清代初期、保山では元代、明代初期に次いで、三度目のイスラーム教徒大量移入が生じた。一六四四年、清軍の入関後も、全国各地で反清闘争が続いていた。明の桂王は雲南に退き、イスラーム教徒の部下たちも転戦の末、保山や騰衝に落籍した。その後、道光、咸豊年間になるとイスラーム教徒勢力の伸長が著しく、保山城内の綿糸、綿布、地域の特産物の商いは彼らによって独占された。こうした事態が漢族地主や郷覇（地域のボス）の反感を買い、イスラーム教徒地主との紛糾が頻発した（保山市民族宗教事務局編 二〇〇六：二八七）。

アヘン戦争後になると、雲南の漢族とイスラーム教徒の地主や商人たちの間で、土地や鉱山の所有権、あるいは地域の支配権をめぐって「械闘」が絶えなかった。清政府は「漢強則助回殺漢、回強則助漢殺回」をもって、イスラーム教徒と漢族の関係を相殺し撹乱した。当時の保山には、富裕なイスラーム教徒商人が多数存在した。漢族は対抗して「香把会」を結成した。一八四五（道光二五）年九月二日夜、永昌署理知府の満族・羅天池は、兵を引き連れて保山に到達、「香把会」の会首をそそのかし、「回匪謀叛」の濡れ衣を着せてイスラーム教徒の掃討を命令した。この「永昌惨案」では、二日間で保山のイスラーム教徒八千人が虐殺されたとされる。

一八五六（咸豊六）年、雲南巡撫は各地の「殺回集団」にまたもや密令を下し、鶴慶、麗江、剣川のイスラーム教徒を虐殺し、さらには、鄧川、浪穹、大理のイスラーム教徒攻撃を始めた。馬家庄の隣郷にあたる保山J郷のJ村に生まれた杜文秀は、巍山にてイスラーム教徒や他民族とともに決起し、大理政権を樹立、杜文秀は大元帥に推挙された。大理政権は十六年にわたって、西は騰越、龍陵、東は楚雄、北は麗江、南は雲県までを統治、清軍を六度にわたって粉砕した。しかし、一八六七（同治六）年、昆明の清軍を攻撃するが失敗、一八七二（同治一二）年、攻勢に出た清軍は大理を攻撃、杜文秀は清の和睦に応じるも惨殺された（林主編 二〇〇三）。その後、保山一帯のイスラーム教徒は清の役人によって虐殺、駆逐され、イスラーム教徒人口は激減した（保山市民族宗教事務局編 二〇〇六：二八七）。

筆者は、杜文秀生誕地J村の隣村でフィールド調査を行ったことがある。当村の古老からは、上述の永昌惨案で村のムスリムが虐殺されたこと、難を逃れたのは張姓の男性ただ一人だったこと、彼は保山を脱出してビルマに逃げ、数十年後に六十歳を過ぎて当村に生還したこと、当村に現住する張姓は彼の子孫であること、永昌惨案以前の村民はほとんどがムスリムだったことを聞いた。抗日戦争や国共内戦の際、やはり保山を離れ、省内山間僻地の少数民族の村やビルマのムスリム集落に身を寄せ、一九五二年の土地改革後、再び村に戻ってきた者もいるという。一九五八年時点で回族は七戸約三十人、二〇一二年時点で三十三戸、約百三十人で、回漢の雑居する村であった（首藤 二〇一三）。

松本ますみは馬泊良（一九八八）に拠りながら、清朝末期の大弾圧のなかで生き残ったイスラーム教徒が、国境を越えてビルマに逃亡したり、彝族や苗族など他民族の居住地域に入って身分を隠して潜んだりしたことを紹介している。雲南のイスラーム教徒人口は十分の一に激減した。例えば大理では一万七千戸が千七百戸に減り、人口は六千人以下になったとされる。また馬存兆（二〇〇〇）に拠りながら、叛乱鎮圧後の清朝の公文書ではイスラーム教徒は「賊徊」「徊逆」と記されたこと、最下層の仕事につくことを余儀なくされた人々もいたことなどを紹介している（松本 二〇〇八：九二—九四）。

大弾圧の後も雲南にとどまったイスラーム教徒たちは、生活再建、ムスリム共同体再興、イスラーム復興に着手した。経済の面では、清末に急成長したイスラーム教徒地方財閥の存在が大きい。銀行業務、両替、税金取立て、塩業、薬、金銀や珠宝の取引、錫などの鉱業を通じて、国内外で交易を行い、産業と貿易の振興に貢献した。清朝を通じて発展した馬幇(貨物運送に従事する荷馬の一隊、隊商)のムスリム・ネットワーク、すなわち、東南アジア、チベット、四川、甘粛、内モンゴルを繋ぐ商品と情報のネットワークの存在も、清朝にとって重要であった。また政治の面では、雲南回民叛乱にあって早い時期に清朝に帰順し、杜文秀勢力の制圧に協力したイスラーム教徒軍人で政治家の馬如龍の存在が大きいとされる。馬如龍は雲南西部からのイスラーム教徒難民を保護した。また、清真寺(モスク)経堂教育の再建、経堂学生への奨学金授与やメッカ巡礼者への資金援助、経典や書籍の再刊などに尽力し、イスラーム教徒漢文知識人(郷紳)やイスラーム教徒軍人の復権に貢献したとされる。

一九一二年、中華民国が成立すると、五族共和論に基づく多民族国家が謳われるようになった。イスラーム教徒知識人のなかにも「回」としてのアイデンティティを保持しつつ、世俗的な近代国民国家の一構成員として積極的に国家体制に賛同する動きがみられるようになった。その表れの一つが全国組織の中国回教倶進会の形成であり、雲南では各省に先駆けて雲南分会が結成された。主要メンバーは近代化路線を主張する日本留学組や、馬如龍が支えたかつての郷紳たちであり、国民や民族の創造という新たな局面のなかで、中国のイスラーム共同体の一員としてのアイデンティティ形成がめざされるようになった。また、運輸手段は伝統的な馬幇から沿海部へ大量輸送が可能な鉄道へと移行し、雲南の南中部は東南アジアや香港との交易によって経済が急速に発展した。ここから得られた潤沢な資金がイスラームの復興運動に投下された(松本 二〇〇八：九四―九九)。

解放からしばらくの間、共産党は民族工作において「慎重穏進」の原則を堅持しつつ、回族に関わる事務も自己管理を重視した。例えば一九五三年末に完成した雲南の土地改革では、その工作隊に回族も参加し、回族の信仰と風俗習慣が尊重され、回族地主との闘争では漢族農民は加わらないことを原則とした。清真寺の土地については一部分を阿訇《アホン》(イスラーム諸学を学び、資格を取得した者)が耕作するために残し(自留地)、その他の部分を漢族農民に分配する場合でも、まずは回族民衆の同意を得る必要があった。回族地主のなかでも聖職者に対しては特別な配慮を施し、商工業兼業者にはその生業を保護するなどの処置がなされた。また、杜文秀の反清起義の後、謀反逆賊の産として官府に没収されていた土地は回族のもとに返還された。一九五三年から五六年にかけて行われた互助組や農業生産合作社の組織化でも、運動当初は、回族の伝統的な生業（例えば馬幇などの運輸業や皮革加工、農閑期の出働きによる小商い）も副業として生かすなど、一般的に組や社の内部での民族団結が尊重された。しかし、中央の号令による過大かつ急速な高級合作社化が進められた五五年末頃から、土地・役畜・大農具などの農民所有や、それら生産財の持ち寄り比率に応じた報酬分配などが突き崩されて、農民の生産意欲を削ぐこととなった。全国的に経営の粗放化が進むなかで、各地で発生した自然災害も相まって、五七年後半になると合作社は減産へと向かう。清真寺に認められた自留地も「公」としての集団へ接収され、多くの地域で阿訇の生活基盤が失われた（高主編二〇〇九）。

一九五七年から六〇年にかけて、反右派闘争や「地方民族主義批判」、大躍進などのなかで、雲南回族の多数の聖職者や知識人、幹部などが「右派分子」「反革命分子」「地方民族主義分子」といった「政治帽子」を被せられ、職位が剥奪されたり、人間的尊厳が否定されたりした。清真寺は大食堂や食糧庫に供され、宗教活動は停止し、経堂教育は禁止された。六一年からは、これら大躍進や人民公社化運動の歪みを是正しようとして整風整社運動が行われたが、六六年になると今度は文化大革命の嵐が吹き荒れた。民族問題は階級闘争に回収され、社会主義にあって民族問題そのものが存在しないとされた。民族や民族的特徴などといった言葉自体が禁句となり、民族工作、民族政策、民族自治政策などは踏みにじられ、信仰や習慣が保障されることはなかった。回族の人々は無理やり豚肉を食べさせられたり豚を飼育させられたりした。また、豚肉を食べるかどうかが進歩と落伍の基準に用いられたりした。清真寺には軍宣隊（人民解放軍毛沢東思想宣伝隊）が駐在し、豚肉を食べたり、その骨を井戸に投げ捨てたりした。軍宣隊などによって雲南省四百九十あまりの清真寺は閉鎖され、宗教活動外での占用や破壊が徹底的に行われた。クルアーンなどの聖典は没収され焼却された。全省千三百人あまりの阿訇は「牛鬼蛇神」などとされて批判闘争の槍玉にあげられ、多くの者が心身双方への暴力など残酷な仕打ちを受けたり、冤罪を被りでたらめな档案（個人の身上調書、行状記録）が作成されたりした。阿訇をかばった場合は、それ自体が反革命の現行犯として激しく指弾された。民族関係は悪化し、省内各地で衝突や大規模な流血事件が発生した（高主編 二〇〇九）。

清末から解放後の社会主義時代にかけて、保山や雲南での回族にまつわる記憶は、概略、上述のようなものである。すなわち、清末において回族と漢族は、清朝政府という異民族王朝を第三者にして、激しく利害を争った。また解放後は、階級闘争を掲げる共産党政権を第三者にして、回族は漢族によって民族の信仰や生活習慣を激しく否定された。保山や雲南の記憶では、加害／被害、受益／受苦などの立場の錯綜があり、特に〈暴力〉に対する記憶の濃淡や感情には大きな差異も存在する。しかし、回族も漢族も実質的な時間と空間を共有していることに変わりはない。その意味で保山や雲南は、回族と漢族の双方にとって〈共在的〉な〈場所〉である。しかも回族の立場から言えば、他者からの〈暴力〉に対する恐怖や怒りを絶えず喚起する〈場所〉にほかならない。そして、そうした他者の背後には、第三者としての国家の存在が控えるのである。

五　保山回族の予期と備え

保山回族の〈場所〉には、馬注などに所縁のある〈同時的〉な〈場所〉と、村を取り巻く保山や雲南などより広域な生活圏としての〈共在的〉な〈場所〉がある。前者は回族にとって同質的で親密な対面的関係によってのみ構成される〈場所〉であり、後者は他者との関係によって構成される〈場所〉である。ここでの他者には、信仰を異にする他民族とともに、その背後に潜む国家という第三者を含む。これら二つの〈場所〉は、回族が〈中国〉を生きていくうえでかけがえのない〈場所〉である。それゆえ、これら〈場所〉の間に横たわる矛盾を乗り越えなければならない。ここに、数百年前の明末清初の馬注思想を発掘し発揚する意味がある。

記憶とは予期と表裏一体であり、記憶と予期の両者をつなぐものに〈語り〉がある。語りかける相手はマジョリティの漢族であり、その背後に存在する国家である。特に改革開放後の現在は、〈暴力〉はもちろんのこと、その担い手としての国家も、現前から姿を消している。しかし保山回族からすれば、将来における第三者の現前化を予期し、さらなる災禍を未然に防ぎ、生活や信仰を守らなければならない。馬注の「二元忠貞」を「愛国愛教」へと現代風に注釈を代えて意匠を凝らしつつ、他者へ自己を語り続ける努力がなされるのである。こうした特徴をもつ保山回族の共生の作法について、馬注思想の発揚を通じたまちづくりの実践からみていくことにしよう。

今世紀に入って、ミャンマーへつながる高速鉄道の建設が本格化し、馬注の故郷のE村一帯でも、駅舎建設と駅周辺の都市建設が始まった。現在、E村には二百人近くの回族が住んでおり、先祖代々、毎年ラマダンが終わると、E村に隣接する馬家庄の馬注の墓へ参り、先賢の遺徳を偲んできた。二〇〇九年七月、鉄道敷設に伴い、馬注の墓は山麓から山腹へと移転された。回族はこの墳墓移転に際して、代替地や費用の支援を保山市政府から引き出しただけでなく、馬注思想に対する非ムスリムからの関心も獲得した。同年八月には、政協隆陽区委員会の主催により、「雲南保山隆陽馬注文化検討会」が立ち上げられ、後述のように学術研究を通じた定期的な交流が本格化した。また、新駅舎前の広場には、回族文化の発揚と観光客誘致のために、三百畝（約二十ヘクタール）ほどの敷地に、文化・商業総合施設「馬注文化園」を建設することが決まった。

中学校教師をしながら馬注文化園計画建設委員会や馬注研究会の世話役を務めているD氏はE村の住民である。D氏は次のように語っている。

「現在の国力隆盛や経済繁栄の時期にあって、馬注文化を人々に伝え、民族文化を発揚し、保山文化を生かした観光業など地方経済を振興することは、和諧社会の実現にとって大きな意味がある。各界人士が馬注に寄せている期待は大きい。保山市長は、このたびの再開発にあたって、馬注墳墓の移転先と移転費用をすべて負担してくれた。そればかりか、イスラーム文化に対して多大な関心を寄せてくれている。彼は雲南大学の前学長で文化人市長だから、私たちも大変期待している。雲南省政協副主席で省イスラーム教協会会長は、人々が団結し地方政府と協力して馬注文化を形成していこうと呼びかけている。中国回族研究会会長は、馬注は国際的影響力をもつ人物で中国人の誇りだと述べている。元全人大代表の雲南の大阿訇は、馬注が私たちのもとを去って久しいが、彼の『清真指南』は中国イスラーム教史と我々の心のなかで永遠に不朽だと述べられた。二〇〇九年八月九日正午には、このE村清真寺で朝真殿落成を祝う式典が催された。この式典において、大理州イスラーム教協会副会長は、E村の人々に対して馬注の精神をみなで学ぶことを求めた。すなわち、敬虔、勤勉、イスラームの教えを社会に適応させること、愛国愛教、そしてイスラーム文化精神の発揚と宣伝である。確かに、歴史上、教徒のなかでも争いがあったが、私たちムスリムはアッラーの下に一つである。そして、中華民族の一員として、中国の発展と安定に寄与するものである。」（二〇一一年二月一一日と一二日、筆者によるインタビュー調査から）

二〇〇九年八月に開催された「雲南保山隆陽馬注文化検討会」について、その開催に至るまでの一連の流れをD氏の説明から整理しておこう。まず、同年三月下旬に、馬注文化園計画建設委員会が発足した（その活動内容は、D氏編纂の資料集（馬注文化園籌建組編 二〇一〇）でも詳しく紹介されている）[7]。馬注文化園建設計画の概要は以下のようなものであった。E村にイスラーム風の馬注記念館を建設して、馬注の塑像や復元した故居、馬注にまつわる文物などを展示する。新たにイスラーム風の朝真殿（礼拝室が置かれる）を建設する。イスラーム料理の飲食街や回族産の物産を販売する商店街を建設する。さらには、民族文化風情園を建て、保山の各民族の民俗も展示する。馬注文化園の建設に伴い、馬注の陵墓は移転して修繕する。保山のイスラーム教協会および回族学会の事務所や、イスラーム教徒のためのホテルを建設する。銀行、保険会社、病院なども建設する。馬注文化園の敷地面積は二百―五百畝で、必要な資金は三千万元だが、この資金は上級政府からの補助金や他からの投資、自己資金などで賄う。

計画建設委員はE村に現存する資料とともに各方面から資料を収集して、馬注思想の研究を開始した。『辞海』や学術雑誌『回族研究』に掲載された論文から馬注の生涯について理解を深め、また、村で保存されていた『指南要言』一冊、経典数冊、同治九年木刻版『清真指南』一部、『清真指南訳注』二部、『回族文化論集』一冊を整理し取りまとめた。さらに、村の古清真寺に植えられていた樹齢百年を超える棗と金木犀、それに墓石や卓、椅子などの文物の保存に努めた。

同年三月十六日、E村において現地視察および研究会が開催され、隆陽区の党副書記や宣伝部部長、区政府の副区長など、党、政府の幹部が参加して、馬注文化復興事業に対する見解を発表した。この現地視察と研究会には、保山テレビ局、区政治協商会議、旅行局、民族宗教局、建設局、発展改革局、文化体育局、司法局、史誌局、文化館、イスラーム教協会といった政府各部門の関係者、および地元の街道弁公室や社区居民委員会、村民委員会などの代表者、さらにはE村清真寺の代表者などが参加した。総勢四十一名の幹部や指導者は、馬注文化園計画建設委員の事業趣旨や進捗状況の報告を受け、文化園建設を隆陽区の観光業と経済発展の契機とすることを確認した。研究会の最後に区党副書記は、十万元の補助金を支給すること、この補助金の使途については観光局が企画を立て、民族宗教局および建設局が共同で文化園建設に当たること、研究会を開催し、国内外の最新の研究成果を吸収しながら馬注文化のブランドを創造すること、発展改革局は資金調達を担当し、かつ、省レベルの党および政府に対して「非物質文化遺産保護」の申請を行うことなどを発表した。

三月二十日、馬注文化園計画建設委員は中国回族研究会会長の高発元を訪問した。高会長は、馬注文化は精緻でレベルが高く、その見識は世界に通ずること、それゆえ国内外に広く宣伝していく必要があるが、その行動は慎重に執り行い、資源を無駄使いしてはならないこと、必要に応じて活動の様子を映像に残し、広報に役立てることなどを助言した。加えて、馬注の文化に対する貢献は儒家思想をもってイスラーム経典の解釈を行ったことであり、それゆえ世界中のイスラーム文化と中国文化の懸け橋としての役割を担えること、さらには、民族の団結と調和の理念こそが馬注文化の要であることが強調され、中国回族研究会として馬注文化園建設を積極的に支援するので、引き続き、保山市および隆陽区の党、政府の協力が得られるよう計画建設委員は努力するようにとの要請がなされた。同日、計画建設委員は雲南省茶協会会長の馬順友も訪問し、文化園建設に向けた激励を受けている。

八月八日、E村の清真寺朝真殿の落成式が執り行われた。また、馬注文化陳列館が開館し、馬注の新しい墳墓の除幕式も行われた。雲南省各地からムスリムが参加した。十七日午後には、雲南保山隆陽馬注文化検討会が開催された。中国回族学会、教育部思想政治工作司、雲南回族学会、雲南大学、雲南民族大学、雲南地方志学会など十名近くの専門家や研究者と、地元保山の研究者、隆陽区党、政府幹部など四十名あまりが一堂に会して、馬注思想や、馬注文化による観光業や地域経済の振興について議論が交わされた。会議の後、参加者はE村清真寺、馬注文化陳列館、そして馬注の新墳墓を参観している（検討会の内容は政協隆陽区委員会編『委員心聲』二〇〇九年第四期でも報告されている）。

その後、二〇一〇年六月までに、E村回族住民から七十万元を超える寄付があった。また、雲南省イスラーム教協会からは補助金二十万元の支給が決まった。馬注の思想や文物を通じた回族文化の発揚は、保山の再開発事業や観光業の振興と結びつき、党、政府、経済界などで回族内外の人々を巻き込みながら、地域おこしの大きなうねりを生み出している。

六　保山回族にとっての国家——記憶と予期に裏づけられたシンボル的な存在として

本章では、「国家やその政策は、回族によって「記憶や予期に裏づけられたシンボル的な存在としての地位」を期待されている」ことを作業仮説として掲げ、雲南保山回族の移動、言説、記憶、場所、予期に関する分析を進めてきた。

仮説の正当性を判断する前に、これまでの議論で明らかになったことを確認しておこう。①〈中国〉というコスモロジーのなかの移動と、その歴史的な「経路」（routes）が、中国においてイスラームを信仰する人々の一部を、民族としての回族として形づくってきた。②回族のroutesにおいては、信仰を異にする他の民族や、その背後に存在する国家に対して、どのように自己呈示をするかが重要であった。現在の保山回族は、信仰や生活を守り発展させていくために、明末清初のイスラーム漢文訳著家で保山生まれの馬注が唱えた「二元忠貞」に着目し、彼らの「言説の資源」としている。③「二元忠貞」という言説は、内的世界（信仰）と外的世界（世俗）の絶対的矛盾を抱えつつも、それらを解消せずにその統一を志向する回族の二重信仰的な主体性をよく象徴している。④保山回族の人々は、馬注に関わる記憶を通じて、自己と他者を区別する精神的あるいは反省的意識の拠り所となる〈場所〉を馬家荘やE村などの村に発見した。これらの村は回族にとって同質的で対面的な時空だが、他者が存在しないゆえに、〈同時的〉な〈場所〉である。⑤その一方、馬家荘やE村を取り巻くより広域な生活圏としての雲南や保山といった〈場所〉は、信仰を異にする他民族と、その背後の国家という第三者を含む〈共在的〉な〈場所〉であり、回族にとっては、絶えず〈暴力〉に対する基底的な感覚を呼び覚ます〈場所〉である。⑥保山回族は、過去に存在した〈暴力〉がその担い手とともに再登場する可能性を予期しつつ、新たな災禍を防ぎ生活や信仰を守るため、馬注の「二元忠貞」を「愛国愛教」へと現代風の注釈に代えて意匠を凝らし、発揚に努めている。こうした共生の作法を通じて、E村や馬家荘などのまちおこしを、他民族や政府も巻き込む形で進めている。

本章の議論は、張承志の以下の知見と重なる部分が多い。すなわち、回族とは、中庸であることを標榜する中華文明の人道主義の性質を浮き彫りにする存在であること、この人道主義とは、歴史的に専制権力の状態に左右されながら、場合によっては限りない寛容性を回族に示し、場合によっては反対に容赦のない弾圧を回族に加えてきたという知見である（張　一九九三）。

〈中国〉というコスモロジーを生きるなか、回族は、漢族や、その背後に存在する国家と歴史的な相互作用を経るなかで、共生の思想を探ってきた。現在の保山回族の共生の作法とは、記憶から予期される惨状を見据え、その再来を未然に防ぐために、むしろ内的世界（信仰）と外的世界（世俗）の絶対矛盾を自らに取り込みつつそれを統一していくこと、そうした自己のあり方を率先して他者に示すことにある。したがって、まずはこうした共生の作法を実践することで、他方で、憲法が定める信教の自由の守り神となることを国家に求める。自らを律することをもって、他を牽制するわけである。

もちろん、保山回族による、こうした国家への期待の土台には、信教の自由の法制化とその遵守への要望以上に、〈暴力〉への怒りや怖れの感情が横たわっている。そして、今は姿を消しているかつての第三者が、再び〈暴力〉を伴って現れることがないようにとの祈りの気持ちが込められている。回族にとっての国家とは、間主観的かつ間身体的な基層レベルにおける感覚や情動が、高次に抽象化され、制度化されたものである。この意味で、回族にとっての国家とは、「記憶や予期に裏づけられたシンボル的な存在としての地位」を占めるものと考えられる。

注

（1）保山は雲南省南西部、大理市から南西二百キロメートルに位置する。市は隆陽区、および騰衝、龍陵、施甸、昌寧の四県、さらに七十二の郷・鎮、街道弁事処からなる。面積は一九、六三七平方キロメートル、二〇〇八年現在、人口は二四八・二二万人であった。少数民族は三十七民族に及ぶ。市南部は一部ミャンマー国境と接し、その国境線は一六七・七八キロメートル（二〇〇一年）、人口二四・九八万人で市人口の一〇・〇六パーセントを占める（二〇〇八年）。回族人口は二〇〇一年一・二七万人、二〇〇八年一・三四万人であった（中共保山市委党史地方志工作委員会編 二〇〇九：二九）。

（2）この用語は、西田幾多郎が晩年に示した「絶対矛盾的自己同一」のひそみに倣って用いている。相反する二つの対立物がその対立を解消せずそのまま残した状態で同一化するという意味である。後述のように、馬注の「二元忠貞」にも類似の考えがみられる。もちろん、一神論という揺るがない原則のなかで聖俗並存を論じた馬注と、思想と行動の不可分な調和を東洋的叡智の神髄として論じた西田とでは、その着眼点や論旨において異なる。

（3）明末清初以来、イスラーム教徒が漢語を用いて経典を翻訳、解釈するようになった背景には、いくつかの要因が存在する。例えば、経典は唐代より伝えられ読誦はできたのだが、その教理に精通した宗教指導者や知識人を欠いたこと、当時、カトリック宣教師が中国にやってきて盛んに布教活動を行うと同時に、中国のイスラーム教徒に敵愾心を燃やしたこと、実際、宣教師のもたらした様々な新知識や技術は、中国におけるイスラーム教徒の知識人や技術者としての地位を脅かし貶めたこと、中央アジアのスーフィズム、インドで土着化したイスラーム教およびヒンズー教の混合した信仰が中国にも伝来し、さらには道教や仏教とも習合して独特の土着的なスーフィズムを形成、中国のイスラーム教徒に少なからぬ影響を与えたことなど、これらに対する危機感が背景にあって、経典の漢語での翻訳や注釈が盛んに行われるようになったとされる（許 二〇一三：六）。

（4）本章の〈共在的〉および〈同時的〉という用語は、西原和久のアルフレッド・シュッツ『社会的世界の意味構成』（一九三二＝一九八二）に関する議論から示唆を得たものである。特に、シュッツが提起した、自己と他者が時空を共有する「共在世界」（Umwelt）と、自己と他者が時間のみを共有する「同時世界」（Mitwelt）の概念について、西原は「発生社会学」の独自の見地から論じており（西原 二〇〇三：八三―八四）、おおいに示唆を得た。ちなみに本章の分析では、むしろ〈共在的〉な〈場所〉に、克服すべき他者からの〈暴力〉とそれに対する怒りや不安が存在する。他方、シュッツや西原は、「共在世界」における前言語化的な「間身体的現実」と「共振する仕方でリズムを共有すること」などに、社会の発生や生成における源泉を見出し、かつ価値的にポジティヴな評価を下している（西原　二〇〇三：一四四―一四五）。この「共在世界」と「同時世界」という概念は、グローバル時代に常態化する越境がどのような新しい社会を発生させるかについて、さまざまなアプローチを可能にしてくれるだけに、今後も検討を続けていきたい重要な概念である。

（5）馬注の墓の所在を蒙化（現在の巍山県）X村付近とする伝承もある（王　二〇〇六：一三―一四）。

（6）地方紙「保山日報」の蘇家祥記者は、D氏へのインタビューに基づいて「馬家庄：一個与著名学者有関的村庄」という記事を書いている。政協隆陽区委員会編『委員心聲』二〇〇九年第四期に収録されている。本章で紹介する馬家庄のエピソードは、筆者によるD氏へのインタビュー内容と蘇家祥による記事とを照合させて整理したものである。

（7）計画建設委員会の発足に先立って、二〇〇八年五月には、D氏を中心にして大理州の著名なイスラーム学者、すなわち納広用（雲南省経学院元院長）、馬雲従（大阿訇）、馬雲良（老師）、楊澤雄（大理州イスラーム教会会長）、馬従文（巍山政治協商会議副主席）、張金勇（大理ムスリム専門学校校長）、叶桐教授（大理ムスリム専門学校）の各氏を訪問し、馬注への評価と馬注文化園建設に対する助言を仰いでいる。また、隆陽区で政治協商委員を務めたり、あるいは保山市政府で働いたりしている回族の要人、研究者や専門家などから支援を得て、馬注の墓地や史料、史籍、史実についての発掘調査を進め、その成果を「保山日報」や「雲南電視広播報」などのメディアを通じて広報した。さらに、研究や調査の成果は『河南穆斯林』や『大理回族研究』などの学術雑誌でも発表し、回族同胞からの反響を呼んでいる。加えて、「先賢指南」や「文化の調和と発展」と題した文章をその他の雑誌に投稿している。これらの活動を通じて各界から馬注文化園建設への意見を募り、計画を具体化させていった。

参考文献

〈日本語文献〉

高明潔、二〇〇六、「一神教土着化の合理性」愛知大学国際中国学研究センター編『現代中国学方法論とその文化的視角（方法論・文化篇）』シンポジウム報告書、二〇七―二二三頁（『愛知大学国際問題研究所紀要』（一二八）、二一―四八頁に再録）。

齋藤純一、二〇〇〇、『公共性』岩波書店。

佐藤実、二〇〇九、「イスラームと儒教の距離」堀池信夫ほか編『中国のイスラーム思想と文化』勉誠出版、三一―四四頁。

首藤明和、二〇一二、「回族の宗教実践と『中国』」『社会学雑誌』第二九号、六六―八五頁。

首藤明和、二〇一三、「中国西南部・雲南の回族からみる地方的世界の構造」藤井勝・高井康弘・小林和美編『東アジア「地方的世界」の社会学』晃洋書房、二六二―二八二頁。

首藤明和、二〇一五、「チャイニーズネスを構成する『言説の資源』『地域』『歴史の逆説性』」『日中社会学研究』第二三号、三六―四四頁。

張承志、一九九三、『回教から見た中国』中公新書。

西原和久、二〇〇三、『自己と社会』新泉社。

松本耿郎、二〇〇二、「馬注」大塚和夫・小杉泰・小松久男・東長靖・羽田正・山内昌之編『イスラーム辞典』岩波書店、七六一頁。

松本ますみ、二〇〇八、「〈近代〉の衝撃と雲南ムスリム知識人」松本ますみ編『近現代中国における欧米キリスト教宣教師の対ムスリム布教に関する歴史社会学的研究』（平成一六―一九年度　日本学術振興会科学研究費補助金基盤研究（C）研究成果報告書）、九二―一〇八頁。


〈中国語文献〉

保山市民族宗教事務局編、二〇〇六、『保山市少数民族誌』雲南民族出版社。

高発元主編、二〇〇九、『当代雲南回族簡史』雲南人民出版社。

林超民主編、二〇〇三、『保山』雲南教育出版社。

馬泊良、一九八八、「雲南回族的淵源及会務史略」『雲南回族社会歴史調査4』雲南人民出版社。

馬存兆編、二〇〇〇、『大理市芝華回族史稿』（初編）大理市芝華清真寺民主管理委員会。

馬注文化園籌建組編（丁紅軍主編）、二〇一〇、『籌建馬注文化園　資料簡編（1）』。

秦恵彬主編、二〇〇五、『中国伊斯蘭教基礎知識』宗教文化出版社。

蘇家祥、二〇〇九、「馬家庄：一個与著名学者有関的村庄」政協隆陽区委員会編『委員心聲』二〇〇九年第四期、七三―七五頁。

王建平、二〇〇六、「中国伊斯蘭教資料拾遺」『中国穆斯林』二〇〇六年二月号、一三―一四頁。

許淑傑、二〇一三、『馬注思想研究』人民出版社。

中共保山市委党史地方志工作委員会編、二〇〇九、『保山年鑑二〇〇九』雲南民族出版社。

〈欧米語文献〉

Bhabha, Homi K., 1994, *The Location of Culture*, Routledge.＝二〇〇五、本橋哲也・正木恒夫・外岡尚美・阪元留美訳『文化の場所』法政大学出版局。

Clifford, James, 1997, *Routes: Travel and Translation in the Late Twentieth Century*, Harvard University Press.＝二〇〇二、毛利嘉孝訳『ルーツ』月曜社。

Schütz, Alfred, 1932, *Der sinnhafte Aufbau der sozialen Welt*, Springer.＝一九八二、佐藤嘉一訳『社会的世界の意味構成』木鐸社。

第十五章　愛国的宗教指導者の悲哀
——二〇一三年新疆ウイグル自治区イスラーム調査

川田　進

一　はじめに

二〇一三年十月二十三日から二十九日まで、筆者は中国新疆ウイグル自治区(以下、新疆と略す)にてイスラームを対象とした宗教調査を行った。筆者は一九九一年以降、チベット高原の東部(主に四川省、青海省、甘粛省、雲南省)にて中国共産党(以下、党または共産党と略す)の宗教政策をテーマに調査を続けてきた。今回の調査目的は、新疆における宗教政策と宗教管理の実状を観察し、東チベットのそれと比較するための情報収集である。

筆者の新疆訪問は今回が初めてであり、大阪を発ち北京とウルムチ(烏魯木斉)を経由しカシュガル(喀什)まで、一日で移動が可能であった。主な調査地点はヤルカンド(莎車)県のアルトゥンモスク、インギサル(英吉沙)県のデルワザモスク、カシュガル市のヘイトガーフモスクである。新疆は多民族居住地域であり、ウイグル、カザフ、クルグズ、ウズベク、タタール、タジク各民族がイスラームを信仰している。ウイグル族が新疆総人口の約半分を占め、イラン系のタジク族がシーア派であることを除けば、他の民族はスンナ派である。礼拝の場であり社会活動の場でもあるモスク、そしてイスラーム聖者の墓廟を意味するマザール(信仰の対象)が新疆全域に点在している。

本章ではインギサルにおける「二つの〝五好〟」運動、カシュガルで信徒に殺害された愛国的宗教指導者、北京天安門車両炎上事件、新疆宗教調査をめぐる問題を取り上げる(1)。

二　インギサル県デルワザモスクと「二つの〝五好〟」運動

二-一　金曜集団礼拝

インギサル県はカシュガル地区に属し、ヤルカンド県の北に位置する。人口は約二十八万人(二〇一三年統計)、鉱物資源と野生植物に恵まれ、工芸品としてナイフが有名である。県中心部の解放北路の近くにデルワザモスク(写真15-1)があるが、資料未入手のため創建年等の詳細は不明である。筆者は十月二十五日、金曜午後の集団礼拝に参加した。モスクには約四百人の男性が集い、容貌から回族(漢語系ムスリム)と思われる者も数名含まれていた。

モスク入口にはウイグル人の公安関係者数名が待機し、「見せる警備」「見せる監視」を行っていた。金曜集団礼拝の日は、ムスリムと公安の間でトラブルが発生することがあるからだ。周辺の他のモスクにも公安が配置され、外来者の写真撮影を禁じていた。礼拝終了後、甘粛省から移住してきた五十歳代の回族男性は、「二〇〇九年ウイグル騒乱の直後は、公安が回族に礼拝参加の自粛を求めたこともあったが、現在は問題を感じない」と語った。

二-二　「二つの〝五好〟」運動の展開

写真15-2はデルワザモスク内に掲げられていた「〝五好〟宗教活動場所」の認定証である。左は二〇〇三年八月

にカシュガル地区民族宗教事務局が認定、右は二〇〇二年八月に新疆ウイグル自治区宗教事務局が認定したものである。政府の宗教事務局がいつからこの認定活動を開始したのかは明らかでないが、新疆ウイグル自治区では「宗教事務条例」(二〇〇五年三月施行)制定以前の二〇〇二年にすでに行われていることが確認できた。

「五好」(優れた五要素を有する)とは具体的には「法令遵守、民族団結、場所管理、宗教和諧、環境衛生をしっかり行っている」ことを意味する。「場所管理」とはモスクの民主管理委員会(自治組織)が政府の宗教管理の方針に基づいて、モスクの運営、財務管理、安全管理を行っていることを示す(2)。

写真 15-1　デルワザモスクと監視カメラ
(2013 年 10 月，筆者撮影)

写真 15-2　「"五好"宗教活動場所」認定証
(2013 年 10 月，筆者撮影)

「五好」に関して二〇一六年現在、「二つの〝五好〟」(双五好)という運動が展開されている。一つは「〝五好〟宗教活動場所」の認定、もう一つは「〝五好〟宗教人士」の選出である。後者の「五好」は「経典解釈、民族団結、擁護安定、愛疆公徳、先導的役割」に優れた宗教指導者を選出し表彰する制度である。

「擁護安定」(原語：維護穏定)とは「暴力に反対し法制と秩序を重んじる」(一反両講)という共産党の新疆政策をふまえたものである。「愛疆公徳」(原語：文明風尚)は愛国愛疆、経済発展、公益活動等を重視する態度を養うことである。「先導的役割」(原語：発揮作用）は党の民族宗教政策を支持し、法律を遵守し、「三股勢力」（宗教的過激派、民族分裂主義者、国際テロ組織）に反対する姿勢を積極的に示すことである。以上のことから、新疆における「〝五好〟宗教人士」の顕彰は、党の宗教政策と新疆政策を体現した政治色の濃い制度であると言える。

三　ヘイトガーフモスクの愛国イマーム殺害事件

三-一　ヘイトガーフモスク

カシュガル市は新疆南部の中心都市である。区都ウルムチからの距離は約千五百キロメートル、空路を利用すれば二時間で移動可能だ。平均海抜は一二九〇メートル、人口は約七十万（二〇一五年統計）。カシュガルを代表するヘイトガーフモスク（写真15-3）は旧市街にあり、新疆で最大規模のモスクである。十五世紀に創建し、その後増改築を重ねて現在に至る。このモスクは新疆に暮らすムスリムの精神的支柱であるとともに、漢人や外国人の観光スポットにもなっている。ムスリムでなくても入場料を払えば参観可能である。大門の左右には、イスラームの権威を表すミナレット（尖塔）が立っている。

大門前には広大な広場があり、観光客の撮影目的でラクダや馬が準備されている。モスクの周囲には鍛冶屋、楽器屋、染色屋、銅細工屋、カーペット屋などが並び、都市と農村の生活を支えている。手工業者の保護と育成は、政府の伝統産業維持政策と観光化推進の両面を兼ねている。

三-二　ジュメ・タヒール殺害事件

二〇一四年七月三十日、ヘイトガーフモスクのイマームを務めるジュメ・タヒール（一九四〇―二〇一四）が殺害される事件が発生した。政府系の報道サイト「天山網」は、三十日朝の礼拝終了後に三人の暴徒がジュメ・タヒールを襲撃、公安当局は二人を射殺、一人を拘束と伝えた。(3)

写真 15-3　カシュガルのヘイトガーフモスク
（2013 年 10 月，筆者撮影）

重大事件の発生を受けて、政府は素早い対応をとった。まず劉延東（一九四五―、党中央政治局委員兼国務院副総理）が電話で家族に哀悼の意を伝えた。彼女は党の宗教政策や民族政策を担う中央統一戦線工作部部長（二〇〇二―〇七）の経験者であり、ジュメ・タヒールと面識があったと考えられる。次に、張春賢（一九五三―、自治区党委員会書記）が、ジュメ・タヒールは「愛国愛党愛教」の宗教指導者であり、我々は「宗教テロ勢力と断固として戦う」という声明を発表した。

ジュメ・タヒールはカシュガル出身のイマームである。イマームとは宗教指導者であり、イスラームの諸学問に精通した知識人でもある。その任務は宗教行事のみならず、コミュニティの調整役、政府と地域社会の橋渡し等多方面に及ぶ。「天山網」は、ジュメ・タヒールが「〝五好〟宗教人士」（新疆ウイグル自治区、カシュガル市それぞれから選出）であり、第十一期全国人民代表大会（日本の国会に相当）の代表や中国イスラーム教協会副会長等の要職を歴任したことを強調した。(4)同協会は

写真 15-4　殺害事件を報じる新疆衛星テレビ
出典:「自治区通報喀什市愛国宗教人士被害案情況」天山網(2014 年 7 月 31 日)
http://news.ts.cn/content/2014-07/31/content_10275885.htm(2015 年 9 月 18 日閲覧)

一九五三年に設立された政府公認の宗教団体であり、イスラームの振興を図ると同時に共産党の宗教政策を援助し宣伝する役割も担っている。

事件発生の背景として、宗教指導者であるジュメ・タヒールが党の宗教政策を代弁し、政府の宗教管理に便宜を図ったことが多くのムスリムの反感を買ったと考えられる。新疆のムスリムは彼の宗教実践の力量を評価しつつも、政府寄りの「愛国イマーム」と呼び見下す者もいる。イスラームであれ仏教であれ、多くの「〝五好〟宗教人士」は「愛国」の仮面を外すことを許されない指導者である。彼らの多くは共産党の宗教政策と政府の宗教管理が過度な引き締めの方向に進まないよう努力を続けているが、一般の信徒はその実情を理解していない。ジュメ・タヒールと殺害犯はともに、政治が宗教を統制し、政治が民族の誇りを傷つける歪んだ社会が生み出した犠牲者なのである。

四　天安門車両炎上事件に見る新疆政策への不満

筆者がウルムチ滞在中の十月二十八日正午頃、北京の天安門付近で新疆ナンバーの四輪駆動車が長安街の歩道に突っ込み、約四百メートル暴走後、橋の欄干に衝突炎上するという事件が発生した。その結果、車内の三人と、巻き添えになった観光客二人が死亡した。毛沢東の肖像が掲げられた天安門および広場周辺は、共産党が厳重に管理する聖域であり、この場所で事件が起こったことは内外に大きな衝撃を与えた。

事件から三日後、中国外交部（外務省に相当）の華春瑩報道官（一九七〇―）は十月三十一日の定例会見で、「組織的計画的なテロ事件である」「東トルキスタン独立勢力は中国を分裂させ、新疆にいわゆる「東トルキスタン国」を設立する目的で長期にわたり分裂活動を行い、国際テロ勢力と結託して中国でテロを繰り返してきた」と述べ、国外勢力の陰謀が引き起こしたテロ事件であると発表した。[5]

写真 15-5　天安門金水橋付近で炎上する車輌
出典：「北京天安門金水橋恐怖襲撃始末」加拿大都市網（カナダ・トロント，2013 年 10 月 30 日）
http://www.dushi.ca/tor/news/bencandy.php/fid12/aid117232（2016 年 8 月 24 日閲覧）

同日、公安部門を統括する孟建柱（一九四七―、党中央政法委員会書記、党中央政治局委員）は、東トルキスタン・イスラーム運動（東突厥斯坦伊斯蘭運動、EMIT＝Eastern Turkistan Islamic Movement）の指示が背後にあると指摘し、国際社会と連携してテロ対策を強化すると述べた。[6]

EMITは中国からの分離独立を目指す運動組織であり、二〇〇二年に国連が、二〇〇三年に中国政府がテロ組織と認定した。東トルキスタンは現在の新疆に相当し、西トルキスタンはトルクメニスタン、ウズベキスタン、キルギス、カザフスタン、タジキスタンを指している。中国政府が外部陰謀説をとる目的は、事件は中国政府の失政が原因ではなく、外部組織の策略によるものであることを強調するためであった。そうすることで、中国政府およびウイグル人のメンツを守るという意図がある。

ここで事件を振り返ると、車に乗っていたのはウイグル人夫婦と母親であることから、外部組織が関与したテロと断定するには無理がある。筆者は今回長距離バスでカシュガル方面へ移動の際、公安のチェックポストで乗客の男性のみが下車し、身分証を読み取り機にかざす場面に遭遇した。チェックポスト設置の目的は乗客の通行記録を収集することである。男性のみが対象ということは、治安当局はウイグルの女性がテロ行為に参加する可能性が低いと判断している。このことから、天安門への車両突入はこの家族が現政権へ何らかの強い抗議の意思を示したと考えるのが自然であろう。事件の背後には、共産党の強圧的な宗教政策と民族政策、漢人や政府に有利な経済政策により、ウイグル人等少数民族の尊厳が奪われ、生活が脅かされてきたことへの積年の不満が隠されている。

五　新疆宗教調査をめぐる問題

今回、新疆にて予備調査を行った際の障壁と感じたことを以下にまとめる。

五-一　調査言語の問題

区都のウルムチ市街では、ウイグル人を中心とする少数民族と漢語を用いた日常会話は比較的スムーズであった。一方で、新疆南部に位置するカシュガル市、ヤルカンド県、インギサル県では年齢に関係なく漢語能力が低く、漢語話者への嫌悪感もあることから、漢語を用いた日常会話が成立しづらいと感じた。新疆ではウイグル人と漢人の関係は良好ではなく、漢人にウイグルの宗教と文化を尊重する態度はみられない。筆者はウイグル語を解さないため、調査時は漢語を使わざるをえない。漢語話者が宗教活動という敏感な話題をウイグル人に投げかけても彼らから回答を得ることは難しい。彼らが漢語を話す日本人を漢人と間違えることも避けられない。したがって、調査時にカウンターパート（現地での受入機関）を設定しない筆者が、今後この地域で調査を行う際、言語面で大きな困難に直面することになる。次回の調査では参与観察が中心になるであろう。

五-二　宿泊・交通・身分証の問題

中国では一九八〇年代後半に、中国政府による統一規格の身分証（居民身份証）が発行された。二〇〇四年以降ICチップを埋め込んだ第二世代の身分証に切り替わり、二〇一六年現在、旧身分証は失効している。中国人は宿泊、航空機の利用、列車や長距離バスの切符購入時に身分証（外国人の場合はパスポート）の提示が求められ、切符には氏名および身分証やパスポート番号が印字される（実名制）。このように中国人が中国国内を移動し宿泊する際に、公安当局は身分証番号を通じて個人の行動をコンピュータ管理することが可能である。道路でのナンバープレートの読み取り、先に紹介したチェックポストでの長距離バス乗客の移動履歴も含めると、身分証による特定人物の行動把握が可能になっているといえる。

二〇一六年現在、外国人がホテルに宿泊する際、ホテル側はコンピュータにパスポート情報を登録し、公安局に送信することが義務づけられている。このシステムが整備されていないホテルに外国人が宿泊することは原則禁じられているが、実際の運用は地域により異なる。

筆者は二十数年間東チベットで調査を続けてきたが、東チベットに比べて新疆ウイグル自治区の都市部では、外国人が宿泊できる個人経営の宿が少なく、パスポートのコンピュータ管理の方法が異なると感じた。とりわけ宿泊と長距離バス利用時に残る「足跡」を公安当局が一括管理する方法が強化された場合、チベット自治区のみならず新疆ウイグル自治区においても、外国人による宗教調査の実施に対し大きな障壁となる。

注

（1）本章は川田進「宗教政策と宗教文化に関するJSPS科研費海外調査報告（二〇一二年度〜二〇一三年度）」（『大阪工業大学紀要』六〇（二）、二〇一六年）の第十八、十九、二十一、二十二章を加筆・再構成したものである。

（2）「中共烏魯木斉市委員会烏魯木斉市人民政府関於在全市開展〝五好〟宗教活動場所和〝五好〟宗教人士創建活動的実施意見」新疆網　http://www.xinjiangnet.com.cn/xj/corps/201402/t20140210_3726311.shtml（二〇一五年九月十八日閲覧）

（3）「自治区通報喀什市愛国宗教人士被害案状況」天山網　http://news.ts.cn/content/2014-07/31/content_10275885.htm（二〇一五年九月二十日閲覧）

（4）①「新疆愛国宗教人士居瑪・塔伊爾大毛拉生平」天山網微博・騰訊新聞　http://news.qq.com/a/20140731/081832.htm（二〇一五年九月二十日閲覧）

②「第十一期全国人民代表大会」全国人大網　http://www.npc.gov.cn/delegate/viewDelegate.action?dbid=112644（二〇一五年九月二十日閲覧）

③「中国伊斯蘭教協会」　http://www.chinaislam.net.cn/about/xhld/1/（二〇一五年九月二十日閲覧）

（5）「二〇一三年十月三十一日外交部発言人華春瑩主持例行記者会」中華人民共和国外交部　http://www.fmprc.gov.cn/mfa_chn/fyrbt_602243/jzhsl_602247/t1094717.shtml（二〇一五年九月二十三日閲覧）

（6）「孟建柱：東伊運是天安門暴力恐怖襲撃事件的幕後指使者」観察者　http://www.guancha.cn/politics/2013_11_01_182567.shtml（二〇一五年九月二十六日閲覧）

第十六章　五台山の寺院復興と聖地観光

吉喜潔・櫻井義秀

一　聖地観光という視点

聖地とは特定宗教の創始者が生誕し、教えを説き、亡くなった場所や、宗教伝統上重要な出来事が起こった場所や本拠地を指す。仏教の聖地はルンビニー(ブッダの生誕地)、ブッダガヤ(成道の地)、サールナート(初転法輪の地)、クシーナガラ(入滅の地)である。聖地は宗教的真正性(Authenticity)と伝統(Legendary)に裏打ちされた場所であるが、そこを訪れる巡礼者やツーリストがいなければ聖地として社会的には存在しない。聖地観光という言い方は現代的・世俗的な表現だが、聖地の成立根拠・条件を端的に示していると考えられる。

本論に入る前に宗教とツーリズムにかかる研究の論点を山中弘の整理を元に示しておこう(山中 二〇一二：一一―二六)。第一に、聖地の真正性構築にかかる社会史的・経済的研究がある。歴史的には宗教伝統を護持する教団によって真正性は構築されてきたが、近年では世界遺産への登録が真正性の証明に大きな力をもつようになっており、本章で事例とする五台山は二〇〇九年に世界文化遺産に登録された。世界遺産登録後に巡礼者以上にツーリストが訪問し、観光地として名を馳せるようになった聖地も少なくない。すると聖なる空間の処遇をめぐって教団側・観光業者側・政府側の三者の協力関係や葛藤が生じることになる。実際、世界文化遺産への登録には国際記念物遺跡会議（ＩＣＯＭＯＳ）へのロビイング活動が必須であり、教団・業者・政府関係者は協力し合うだろう。そして、登録が済めば聖地には一般の訪問客が押し寄せ、宗教施設側・観光業者側に莫大な金が流れ込むようになる。中国では、行政側が歴史的遺構や建造物、儀礼・祭礼に対して文化資源の保護という名目で宗教資源の管理に関わる。

第二に、聖なる者を求める巡礼者から、行楽・気晴らしを求めるツーリストに、聖地観光の主役が変わりつつあるという、聖地訪問者の意識・行動形態に関わる研究がある。もっとも、イスラーム教では、メッカへのハッジ（巡礼）は神聖な行為であり、聖地にはムスリム以外の立ち入りが禁じられており、観光化の余地がない。世界遺産であるギリシャ正教の聖地アトス山でも正教徒以外の一般人と女性の入山が制限されている。こうした例外を除けば、巡礼者のみならず観光客にも開かれているのが現代の聖地であり、聖地を訪れる者は、①レクリエーション・気晴らし型、②聖地体験・聖性希求型、③求道・実存型に分けられるという。恐らく、伝統的巡礼であっても娯楽としての側面や、聖なるものを見て触れて御利益を得たいという願い、宗教心・発心に促される多面的な要素があったろう。

本章では以上述べた二つの視点に基づいて、五台山の歴史と聖地観光化の現状を把握する。まずはじめに、中国における聖地観光化に関する研究にふれておく。宗教文化に関わる景観は国務院が指定する中国大陸の重点風景区のなかでも四七・九パーセントを占め、巡礼者とツーリストが「宗教観光」の立役者となり（顔 二〇〇一）、「宗教搭台、経済唱戯（宗教の舞台を建て、経済の歌劇を唱える）」のスローガンが二〇〇六年に政府から提示された。観光局、文化事務局、歴史文物保護局が宗教を通じて在外華人のビジネス客や観光客を招き、金を落としてもらおうという政策である（Fenggang 2006）。実際、華南地域福建省における仏教復興を調査した足羽は、清末から民国期までに形成された国内外の仏教者と華人のネットワークが現在の交流にも生かされていることを指摘しているし（足羽 二〇〇〇）、一九九〇年前後に中国宗教の現状を視察した末木は、外部資本を導入した文化資源の活用による地域活性化のやり方について地域住民、当該地域外の愛好者や研究者、そして観光振興策を推し進める行政や業者の間で思惑や利害関係が複雑に絡み合っていると推測している（末木・曹 一九九六）。

さて、中国にはどのくらい宗教文化的資源があるのか。中国の名山で仏教聖地として名高いのは、五台山（山西省）、普陀山（浙江省）、九華山（安徽省）、峨眉山（四川省）である。五台山では文殊菩薩を祀り、進学の願掛けや清涼地として観光客を集めている。普陀山は東中国海の小さな島にあり、漁民らが観音菩薩に海路の平安を祈ってきた。九華山は地蔵王菩薩、峨眉山は普賢菩薩をそれぞれ祀っている。寺院以外では、山西雲岡石窟、河南龍門石窟、甘粛敦煌石窟、麦積山石窟の中国四大仏教石窟群、陝西の西安大雁塔、山西の応県仏宮寺釈迦塔、雲南の大理千尋塔、北京の北海白塔などが仏教観光の主な資源である。仏教観光資源が相対的に集中している省は江蘇、浙江、安徽、四川といずれも河南である。その理由として、華東地区と中原地区は経済発展し、観光業も発展している。さらに交通の便がよく観光客も多いので、地方行政府が観光開発に力を注いでいるのである。

本章で扱う五台山は山西省に位置し、内陸部にあるため必ずしも経済先進地域ではないが、筆者（吉）の出身地である晋中市に近く調査協力者も得やすいため調査対象地とした。

二　五台山の歴史と寺院の現状

五台山は「華北の屋根」と呼ばれる太行山系に連なり、中国山西省東北の忻州市五台県の東北部に位置している（図16-1）。首府の太原市からは二三〇キロメートルほど離れており、車で半日の行程である。櫻井と吉は二〇一〇年九月二十一―二十二日に調査を行った。

五台山の由来はその山容にある。五つの峰、すなわち東台望海峰、南台錦綉峰、西台桂月峰、北台葉斗峰、中台翠岩峰がそびえ立ち、それぞれの峰は頂部が平らで広い。これら三千メートル級の五つの峰に囲まれた盆地部に

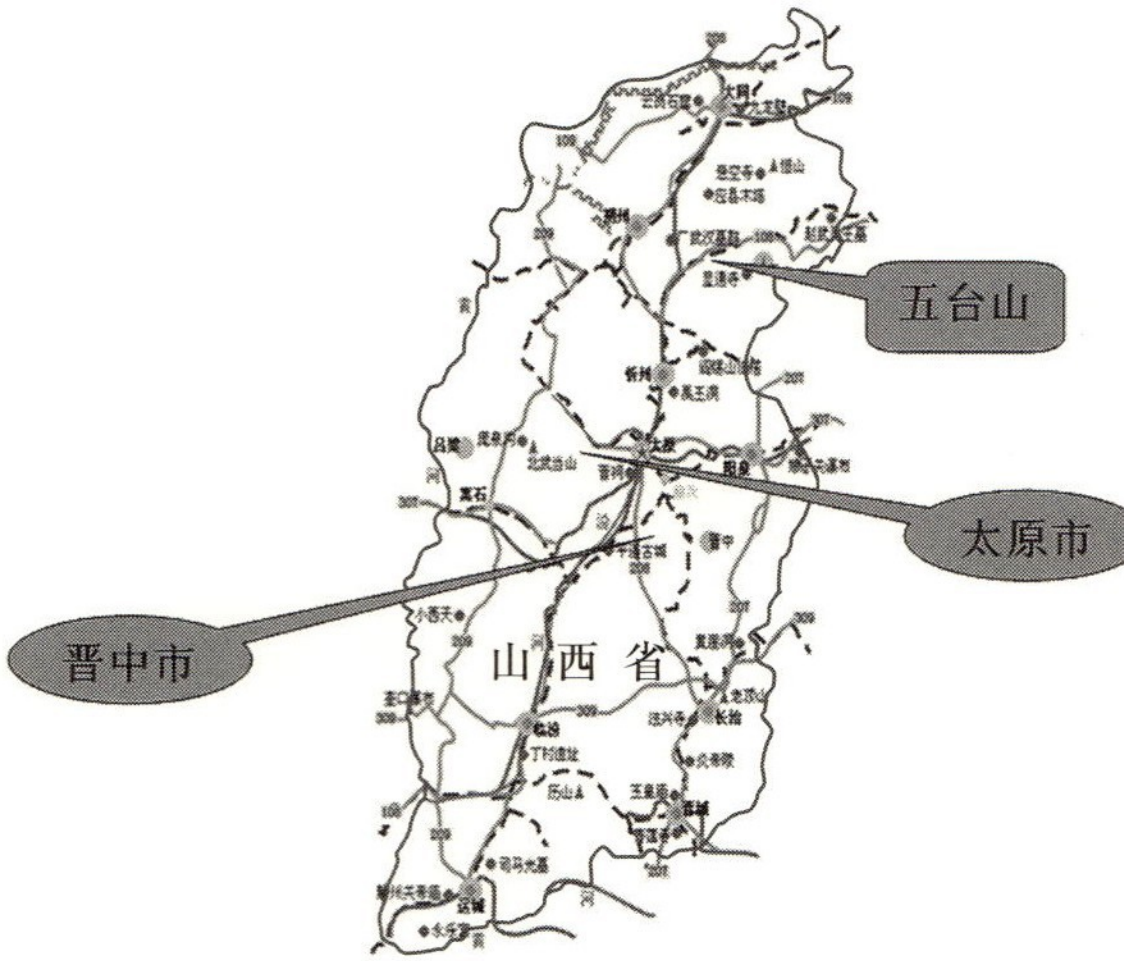

図 16-1　山西省と五台山

一二四カ寺が点在する。まさに釈迦の掌と形容される高原には、釈迦の指に相当する山脈の峠越えをして至る。舗装道だがつづら折りの山道に激しく車酔いしてしまった。五台山の総面積は三千平方キロ近くあり、周辺より十度ほど気温が低く修行地にふさわしい清涼な台地では、高粱《コーリャン》、玉蜀黍《とうもろこし》、棗《なつめ》、芋類、茸が栽培されている。

鎌田茂雄によれば、五台山の成立は後漢か北魏時代まで遡ることが可能である。李唐王朝が太原に兵を起こして天下を取った際、仏教に加護を願い、願の成就後に文殊菩薩の尊崇と寺院の興隆を図ったと考えられる（鎌田 二〇〇一）。最盛期には天台宗の三祖円仁慈覚大師が法典を求めて巡礼したと伝えられ、円仁は「五台山土石」を聖なるものとして日本に持ち帰り、上は天皇から下は公卿までが五台山の文殊菩薩の供養の費用として喜んで大量の金を布施したとされる（山下 一九九一）。

このように隆盛を極めた五台山であるが、中国共産党の宗教政策によって大きな転換点を迎える。全国の仏教寺院は文化大革命時に多大な被害を被った。紅衛兵が率先して寺院の封印や破壊、仏像や経典の焼却などを行い、若い僧は還俗、尼僧には結婚、老僧や老尼僧には収容所となった大寺院で思想改造教育がなされたうえで出身村に返された。五台山もその例に漏れない。そのために宗教統制が緩和された後でも、寺院の中核的な担い手となる僧侶がおらず、一九八〇年に設立された五台山仏教学院で青年僧・尼僧が養成され、表向きは中国仏教協会の指導の下で寺院の修復・復興が図られたのである。ただし、政府は寺院側に自力による復興を求めたので、寺院側は必要な経費を捻出するために、国内の仏教巡礼者の接遇を奨励し、台湾、香港、シンガポール、タイ在住華人による支援を積極的に求めていった。

五台山文化研究所の肖黎民氏に対して、櫻井と吉が二〇一〇年九月二十一日、吉が二〇一一年八月二十五日にインタビューを行い、五台山の仏教復興活動と現況について、大要下記のような内容を聞き取った。なお、基礎的な事項は末木・曹が一九九四年に実施した調査上の知見と重なるところが多いことを断っておく（末木・曹 一九九六：一五一―一五五）。

①基本状況：五台山仏教協会は五台山顕通寺に置かれており、一九五七年に能海法師を会長として成立した。当時四十数寺で、七百余名の僧侶が加わった。普段は生産労働、政治学習、宗教活動の三つに従事していたが、一九六八年より文化大革命のために活動を停止した。僧・尼僧は四散し、残ったのは約四十人であった。しかし、全国における寺院の破壊規模からみると、五台山の被害は少なかった。交通が不便だったことと、地元の人の仏教信仰が篤かったことによる。一九七二年に寺院の活動が復活したが、一九七六年までは僧の数が少なく、文物保護のために少数いるだけだった。一九七七年ごろから本格的に復興し、一九七八年に仏教協会が回復した。当時の会長はラマ僧（モンゴル族）で、請仏法師は副会長だった。

②協会役員の構成：会長の下に、副会長が三名いる。別に事務室主任、秘書、会計がいる。役員は一年に一度選挙で選ばれる。大きな寺の住職はすべて理事となり、小さな寺の住職は一部が理事に選出される。五台山の寺院の住職は、地元か上級の仏教協会の指導下にあり、その寺院の僧侶たちの民主的な協議と推薦により、優秀な人物が選ばれる。任期は三年で、再選も認められる。中国の伝統的寺院では農と禅を重んじ自給自足でやってきたので、現在でも人事、財務、業務を寺院が一括管理した独立採算制にしており、そのために寺院ごとに一定数の民間人を雇い入れている。

③経済状況：各寺の参拝料収入の三十パーセントが山西省仏教協会に納められ、これは日常の事務費用と一部の貧しい寺の援助に当てられる。寺の修繕は寺院ごとの自己負担で、国や仏教協会は援助しないが、信者が多いので問題はない。国宝級の文物保護に関しても国からの援助はない。主な収入源は観光客の布施であり、全収益の五十九パーセントを占める。次いで、寺院付設の宿泊施設と食堂の営業収入、入場料、寄付などである。

④政教関係：山西省仏教協会と五台山各寺院との間には名目的な指導関係があるが、実質的な関係はない。五台山仏教協会と各寺院との間にも直接的な指導関係はなく、寺院は独立して運営される。旧暦の毎月十五日には各寺の住職を集め行政会議、毎月一日には政治学習を行うなどして情報が伝達される。全山の大きな法会には各仏教協会が協力する。

⑤法会：漢伝仏教の顕通寺、塔院寺、普化寺、普寿寺などの大寺では年数回の法会があるが、蔵伝仏教の寺では大規模な法会が少ない。法会には国内外の参拝客が集まり、布施の額も大きい。冬の閑散期でも信者の要求があれば仏事を行う。

⑥観光地化：二〇〇五年の中国の仏教信者は七千五百万人で、二〇一〇年には一億人以上に増えた。このなかに定期的に五台山へ参拝に来る信者がいる。二〇一〇年の五台山の観光客数は三二一万人であり、観光業の総収入は二一億元（約二六〇億円）であった。

この節の最後に僧侶の日常についてふれておきたい。二〇一一年現在、五台山には一二四の寺院があり、このなかの四十七の寺院が宗教活動場所証明書をもっている。僧侶は約千五百人、尼僧は約四百人いる。

吉が二〇一一年に調査した菩薩頂の日課を表16-1に示した。菩薩頂の一日は朝四時の板鐘の音で始まる。僧侶たちは洗面後着衣を正し、列になって本堂に入る。早朝の読経が最初のおつとめである。その後朝食になる。食事も僧侶生活のなかでは厳かな仏事であり、日課中、第二のおつとめとして「過堂」と呼ばれる。まもなく僧侶たちは食堂を出て、しばらく掃除をし休憩を取る。やがて七時半になると、寺院では平静で秩序のある一日の活動が始まる。

念仏堂から合図の木魚の心地よい音が響く。まもなく張りのある念仏の声が伝わってくる。修行者がおつとめを始めたのである。修行者が一心不乱に修行できるように寺院はいろいろと細かい配慮をし、念仏堂にはエアコンもつけられている。念仏堂のほかに、事務所、納屋、客間、仏学研究所、資料室、図書館、服務部など十余の部屋をもち、僧侶と職員、協力工など合計三百人余りを抱える。日常の庶務や僧侶の管理、来客の接待、工事や修繕などの仕事は、年長の僧侶の指導のとおり実施する。寺院では定期的に幹事会を開き、運営や事務の諸問題を処理する。

午前中の生活は人によってゆったりと、あるいは忙しく過ぎる。昼食の二十分前、僧侶は大雄宝殿前に集合し『供養咒』を誦する。このとき、観光客も静かに起立し、雑念を忘れて聞いている。僧侶たちは二度目の「過堂」を終えると、午後も午前と同じサイクルで半日を過ごす。夜間は僧侶たちも昼間の張りつめたテンポをゆるめ、ゆったりとした気持ちで静かな時を過ごす。寺院の周辺を歩いたり、太極拳を練習したり、図書館の明るい電灯の下で静かに読書したりと様々である。毎週水曜と金曜の夜六時には、寺院に住む僧侶と仏学院および学研究所の学生がみな禅堂に集まり、丸二時間の座禅の修行で、息を静め、無念無想の境地に浸る。

表 16-1　僧侶の日課表

4:00	起床
4:30-5:30	早朝の読経
6:00	朝食
午前中	清掃，各自の執務
10:40	食事作法
11:00	昼食
午後	各自の執務
16:40	食事作法
17:00	夕食
18:00-19:00	晩課
21:00	就寝(仏事を行わない場合)

時間と場を統制する規律に身を委ねることで俗世とは異なる宗教的世界に生きるのが五台山の僧侶である。短期的な在家居士の修行者たちも心境は同じだろう。

三　五台山の観光とツーリスト

五台山は青廟（漢族仏教）と黄廟（チベット仏教）が共存するユニークな仏教聖地であり、北魏、唐、宋、元の時代に建立された四七カ所の寺院建築や壁画などを眺めて歩けば相当な日数がかかる（楊 一九八五、崔 一九八九）。しかし、南禅寺や佛光寺、顕通寺、塔院寺と白塔、菩薩頂、広済寺、万佛閣など主要寺院を巡るだけであれば二日もあれば十分である。大半は観光客だが、五体投地で礼拝するチベット仏教の信者もときおり目にする。寺院の外には観光物産・土産物屋が所狭しと店を広げ、客の呼び込みの喧噪が仏教聖地の興を削ぐ。寺院と土産物店から離れた林の中にリゾート風の酒店・飯店・賓館が建ち並び、修行や巡礼目的の人々は寺院付設の宿か土産物店と軒を並べる旅館に宿泊する。

五台山の観光客は国内外から来ているが、国内の客は漢族に比してモンゴル族とチベット族が目立つ。五月から十月までは観光シーズンである。二〇一一年八月二十一日から二十八日にかけて吉が五台山の観光客三十三名に対して面接調査を行った。その際、①省内旅行団体客、②自家用車利用の個人客、③公共交通機関を利用する個人客の三群に分けて十一名ずつ聞き取りを行った。

まず、各群の属性的特徴を示すと、年齢は③が①②より比較的高く、性別に群ごとの違いはなく男女半々である。出身地ではどの群も山西省出身者が半数を占め、①は晋中市・太原市が半数、②、③の順に他省から来ている。職業については、②では会社員が半数を占め、①と③は学生・定年者が目立つ。世帯収入でみると、物品販売業で二十万元以上のものがどの群にもいるが、十万元前後のものが多い。仏教信仰者の割合は③が七十三パーセント、②が六十六パーセント、③が三十六パーセントである。団体旅行客は観光客が中心である。

群ごとに観光費用の内訳をみると次のようになる。

①団体基本料金三六〇元―四五〇元＋食事九五元＋線香と布施四一〇元＋お土産八〇元（合計九四五元―一〇三五元／一泊二日）

②山西省内：入山料二七〇元／台＋宿泊二六〇元＋食事一三〇元＋線香と布施七三〇元＋お土産一五〇元（合計一五四〇元／一泊二日）

山西省外：入山料四五〇元／台＋宿泊二六〇元＋食事一三〇元＋線香と布施五三〇元＋お土産二〇〇元（合計一五七〇元／一泊二日）

③交通費八〇元＋入山料一九〇元＋宿泊一七〇元＋食事一〇〇元＋線香と布施四〇〇元＋お土産一五〇元（合計一〇九〇元／一泊二日）

②の自家用車で来る旅行客が最もお金を使っている。しかし、団体客もその他の個人客も一日あたり千元近く使う。これは山西省の労働者における一カ月の最低賃金収入が約八百元であることを考えると相当な支出である。地元の村落や寺院が潤うことは言うまでもない。

一人平均六つ以上の廟に行くが、五爺廟と殊像寺は必ず入っている。五爺廟は広済龍王を祀り、殊像寺には文殊菩薩が祀られている。境内は線香の煙が立ち込め、祈願する人々の熱気でむせかえるようである。占いに行く人もいる。

旅行客の土産品の第一は「台蘑」と呼ばれる茸であり、風邪をひかない、動脈硬化、腎病、胆石、糖尿病、肝硬変などの慢性病にも効能があると信じられている。第二が山西省の民芸品、仏具などである。旅行者の大半は今回の旅行に大満足と回答し、寺院群の荘厳さや由緒に感銘を受け、ガイドの案内や無駄のない周遊スケジュールをその理由にあげた。他方、信者や修行目的の人たちのうちで数名が観光地となった仏教聖地の喧噪ぶりに違和感を漏らした。

最後に、旅行者ごとの五台山来訪の経緯をみておきたい。五台山訪問の目的はどの群も観光が最も多いが、観光目的であっても仏教聖地を選ぶところに仏教文化への憧憬が感じられる。

「仏教信者であり、観光のために来た。仏様のご利益には、大きく分けて「死後、極楽浄土に行けるように」と、「現世で少しでも幸せになれるように」の二種類がある。結婚した後仕事を辞め、子どもを産みたいと考えて観音様に「求子」する。（②群、三十歳女性自由業）」

「週末に高齢の母を連れて観光に来た。去年車を買ってから、ずっと母を連れて観光に行きたいと考えていた。母が在家居士なので、仏教聖地の五台山を選んだ。自分は特に祈りたいことがないけれど、家族の健康と楽しみだけを祈祷する。（②群、五十歳男性技術者）」

「三年前から仏教を信じている。定年後心の中は空虚になって、精神的な拠り所がなくなった。たまに近隣の知り合いと一緒に太極拳をし、将棋を指すが、帰ったらやはり空虚と感じる。今回五台山に来たのは二回目だ。（③群、六十三歳男性定年者）」

「定年後、自由な時間が多くなっている。昔から写真撮影に興味をもっているので、定年後祖国の山川河水に観光しながら、たくさん写真を撮る。最近の写真の主題は寺院で、五台山を選んだ。今回の旅行が終わったら、来年の夏は西蔵の寺院を撮りに行くつもりである。（③群、六十歳女性定年者）」

もちろん、祈願が目的の人たちも少なくない。

「大学院の入学試験を受験するつもりで、知恵の象徴である文殊菩薩の所在地である五台山にどうしても一度来たいと思った。（①群、二十三歳男性学生）」

「息子が高校一年生になる。重点高校に合格したが、これからの三年間もっと頑張って勉強して、レベルが高い大学に入ってほしい。（②群、四十一歳女性会社員）」

「半年前、妻が交通事故で亡くなった。いつも妻と一緒の時を思い出し、心の痛みが癒えない。地蔵菩薩に線香をあげ、妻の来世での平安を祈る。（②群、三十七歳男性会計士）」

「私たちモンゴル族は仏教を信じていて、一生の間に一度は第一の仏教聖地五台山に来ることを願っている。農業をしているため、年々の「風調雨順」を願った。（②群、三十九歳男性農民）」

精神修養が目的の在家仏教信者や還願（御礼参り）の人たちもいる。

「婦人服販売の経営者だが、仕事の浮き沈みでストレスが絶えない。精神修養のために年二回ずつ五台山に来るようにしてからもう十年になる。普段は週二、三回家で仏教の音楽を聴きながら念仏し、今年は四月と八月に広済寺で修行する。（②群、五十九歳男性社長）」

「三年前五爺廟で焼香したら、今年その希望が叶った。五台山は霊験あらたかな聖地なので、どんなに忙しくてもやはりここに来て、五爺廟への感謝を表したい。（②群、三十八歳男性社長）」

四　おわりに

本章で論じた五大山の聖地観光についてまとめよう。五台山の仏教聖地観光を支えている訪問客は、純粋な信仰を持つ巡礼者とまったくの世俗的な観光客を両端とする軸の中間にいる。精神修養の明確な目的をもつ人、病気平癒や精神的な癒やし、合格祈願や商売繁盛を願う人々、そして、宗教文化に親しむ心を持ち始めた人々は巡礼者の方に近い。このような広義の意味で仏教信者と呼べるような人々が増えてきた背景としては、中国共産党による公認宗教への緩やかな統制と宗教文化を文化資源として保護する政策の下、台頭する中間層が自分たちの心情や精神的価値観を伝統仏教の世界観と儀礼を通して確認する活動領域が認められてきたからにほかならない。そのような社会的空間への旅として聖地観光は機能しているのである。

他方で、清涼地・観光地としての五台山で気晴らしをする人たちがいる。この人たちは「物語られているとおりのもの」を見たい、テレビや写真集などで「よく知られた」寺院を見たいと期待する。歴代の寺院建築や清涼地の景観と、ツアーに付随する交通手段や旅行会社の周到なサービス、ガイドの親切な説明などが総合的に旅行の満足度として評価され、その評判が新たな観光客を呼び寄せている。こうした観光客がもたらす莫大な布施や観光収入は、在外華人による布施と並んで、破壊された現代中国の寺院建築を修復・維持し、現在の寺院や次世代を担う僧侶・尼僧を養成する仏学院の運営経費に役立てられている。その意味で聖地観光の空間に来訪する人々は、巡礼者の軸と観光客の軸のいずれに位置したとしても、共に現代中国における仏教復興の担い手とみなすことが可能だろう。

ところで、本章では五台山のみ扱い、三大仏教聖地である四川省の峨嵋山、浙江省の普陀山、安徽省の九華山と比較分析はしておらず、二〇一〇―一一年時点の調査データに基づいた分析であるためにその後のさらなる観光地化の状況は把握していない。

また、五台山の仏教復興が現代中国における仏教寺院の現況の一部分しか示していないことに留意しておく必要がある。言うまでもなく、聖地観光化の恩恵によって復興できる仏教寺院は限られており、僧侶と信者を失い仏堂を破壊された寺院の再建がかなわない事例の方が圧倒的だろう。いわゆる観光客が来ない寺院はどのようにして再興されたのか、他章の事例を参照いただきたい。

参考文献

足羽與志子、二〇〇〇、「中国南部における仏教復興の動態――国家、社会、トランスナショナリズム」『現代中国の構造変動』東京大学出版会、二三九―二七四頁。

鎌田茂雄、二〇〇一、『新中国仏教史』大東出版社。

末木文美士・曹章祺、一九九六、『現代中国の仏教』平河出版社。

山下謙治、一九九一、「五台山における聖地信仰の形成――仏教聖地形成の例として」同志社大学人文科学研究所。

山中弘編、二〇一二、『宗教とツーリズム――聖なるものの変容と持続』世界思想社。

崔正森、一九八九、『五台山游记选注』山西人民出版社。

顔亜玉、二〇〇一、「宗教旅游论析」『厦门大学学报』六九―七三頁。

楊玉潭、一九八五、『五台山寺庙大观』[M]、山西人民出版社。

Yang Fenggang, 2006, "The Red, Black, and Gray Markets of Religion in China", *The Sociological Quarterly*, 47: 93-122.

第十七章　西安市の仏教寺院と信徒活動

韓舒・櫻井義秀

一　宗教文化と社会倫理

中国の宗教文化は民間信仰と儒仏道の三教が基層的な宗教文化を構成し、その上に制度宗教や信仰活動を伴う教団宗教があり、最上位に儒教的な生活倫理やイデオロギー的な社会倫理が公式的な理念としてある。民間信仰的位相に着目すれば、神（恩恵を施す権能のゆえに祭祀対象）・祖先（父系の系譜に連なるゆえに祭祀対象）・鬼（夭逝や異常死のゆえに禍いをもたらすと考えられ慰霊対象）に対して適切な祭祀や慰撫を行うことこそ伝統的な漢人社会の宗教文化である。政府の公式見解によれば、盂蘭盆の鬼祭祀などは迷信の類いとみなされるが禁止されることなく存続している（川口 二〇一〇）。教団宗教は共産党政権下では抑圧・統制の対象となっていたが、一九九〇年代以降の宗教緩和政策によって復興が進められている。本章で扱う仏教寺院も復興中の教団宗教であり、聖地観光型ではない市中・郊外の寺院である。川田が第十二章で述べたチベット仏教はダライラマ十四世によって世界宗教として発展中であり、雲南省の上座仏教はミャンマーやタイから僧侶派遣や若手僧侶の教育支援を受けて復興を遂げている（長谷川 二〇一〇）。中国各地の仏教寺院は、文革期の弾圧をかいくぐり、寺院の復興に生涯をかけた僧侶や尼僧の働きによって九〇年代からの復興期に拡大できた寺院が少なくない。しかし、寺院運営は沿海部や都市部に近い開発地域であるほど、立地や近隣住民との関係をめぐって寺院護持の危機にさらされているという（銭 二〇一三）。

本章で着目したいのは、人々の生活指針・人生観と深く関わる寺院仏教である。現在、中国の書店では仏教関連の書籍が平積みされ、インターネット上には著名な僧侶をはじめ多くの仏教関連のサイトがある。出家を志す高学歴の若者や寺院での短期修行や奉仕を生きがいとする会社員の居士信徒も少なくない。なぜ、これほど仏教が注目されているのだろうか。

中国の私営企業家の価値意識を研究してきた中村則弘によると、中国人の三層的な宗教意識は各層間に明確な境界があるわけではなく、中国人の生活指針は状況に合わせて適切な価値観を利用していく能動性や現実性に特徴づけられるという。社会変動期には「混沌」としか言いようがない価値観や行動様式が現れるが、それ自体が中国社会のダイナミズムを生み出すのではないかと評価している（中村 二〇〇八）。他方で、駒井洋は同じ書籍のなかで混沌を混迷と解釈している。中国社会は伝統的に儒教と身分秩序で人間の欲望を統制しようとし、近代以降は社会主義によって義と仁を実現しようとしたが、文革は文化を破壊し、改革開放は欲望を完全に解き放った。金や成功への欲望だけで経済発展を適切に方向づけたり、社会秩序を維持したりすることが可能なのか。社会倫理がなければ人々を内側から方向付ける価値意識がないのだから、外側から権力によって統制・管理を加えざるをえない。駒井は現代中国が陥った隘路を打開する価値観は釈義中心の中国仏教にはないという（駒井 二〇〇八）。

研究者の解釈はともあれ、中国の人々は現代仏教に何かを期待し、生活の指針になるような確かなもの、心の拠り所となるようなものを求めている。それは個人的な癒やしであるかもしれないが、求心力を増していけば社会的には無視することができない価値観となる可能性もある。本章でここまでの議論はできないが、現代中国の仏教を考えるうえで社会倫理を形成するポテンシャルがあるかどうかを検討することを課題と掲げてもよいだろう。

ひとまず、本章では西安市における仏教寺院の歴史と現状、信徒による社会活動の現状分析を行い、そこにどのような可能性が見出されるのか最後に述べようと思う。

二　西安市の仏教寺院

二－一　西安仏教の歴史

陝西(長安)は中国仏教が最も栄えた都である。隋・唐代には十宗を数えたが、現在でも八宗を数える。八宗とは、天台宗(法華宗)、禅宗(仏心宗)、華厳宗、律宗、浄土宗、法相宗、三論宗、密宗のことである(池田 一九九三)。

ここでは、文革時期を挟んで近現代における寺院の興隆を略述する(増勤主編 二〇一〇)。中華人民共和国成立初期、陝西省には比丘一八一一人、比丘尼四〇一人、ラマ僧九人がおり、寺院仏堂は九四八カ所があった。一九五四年、西安市政府は周恩来の指導で臥龍寺興教寺の修繕、大雁塔の階段の入れ替え、大興善寺の装飾に特別支出金を割り当てたほか、罔极寺と西五台の尼僧にミシン、他の寺院に大型家畜と農具を寄贈し、低金利融資をするなどして僧侶の生活を助けた。一九五七年から極左思潮が吹き荒れ、チベット仏教では僧侶・尼僧が強制的に還俗させられるなど抑圧されたものの、西安市政府は宗教界人士に自助努力による改善を許容し、還俗させられた僧侶を寺院に戻し、老弱僧の農業労働を免除、四十一カ寺を再建した。とはいえ、一九六五年、陝西省人民委員会宗教事務所によれば、比丘は六四三人、比丘尼一三三人、信徒は三四三四人、寺院仏堂は一九三カ所に減少した。一九六二年陝西仏教協会が設立される。

一九六六年から文化大革命が始まり、陝西省宗教事務所が機能を停止し、仏教界人士は「牛鬼蛇神」とみなされ、僧侶は肉体労働に従事させられた。西安臥竜寺、大興善寺、大慈恩寺、広仁寺、長安県兴教寺、香積寺他では、三百二十の殿堂が破壊され、三百五十尊の仏像が焼かれ、六百五十個の法器が遺棄され、十万巻以上の経典が焼かれたという。

一九八〇年以降中国共産党中央委員会・国務院・陝西省委員会の各レベルにおいて宗教統制が緩和され、僧侶の名誉回復と冤罪、仏教寺院の土地使用権の回復が図られ、国務省と陝西省は三百万元以上の特別支出金を出したとされる。陝西省宗教局一九九〇年の統計では、比丘は三九一人であり、比丘尼は一二三人、信徒は約十一万人、政府の開放許可を得た仏教活動施設は六十五カ所、未承認の仏事活動場所は五十三カ所である。一九九一年までに、陝西省では、西安仏教協会をはじめ五つの市レベルの仏教協会と十三の県レベルの仏教協会が設立された。一九八八年に、陝西省仏教協会は西安市仏教協会と大興善寺で二年制の僧侶の訓練養成学校を開き、二十名の若い僧侶を募集し、寺院管理人材の不足に対処した。一九九二年に、西北大学仏教研究所は中国の大学における最初の仏教研究所として成立した。

また、改革開放が進むにつれて陝西省仏教の国際友好交流活動が活発化し、一九八〇年代から九〇年代にかけて高野山真言宗金剛峯寺、法隆寺、日蓮宗の訪問団を受け入れ、西安仏教界でも日本や台湾、香港、世界各地を訪問することになり、西安仏教は復興を遂げてきた。

二―二　西安市街地の寺院

西安は関中平原の中部に位置し、北に渭河、南に秦嶺山脈を臨んでいる。人口は約八百五十万人であり、約七万人の回族を含む五十二の少数民族と漢族から構成されている。気候は大陸性で乾燥している。二〇一一年九月十九日から二十三日まで韓舒と櫻井が西安大学民俗文化研究施設と寺院の調査を行い、西安出身の韓舒が同年と二〇一二年補足調査を行った。

次の五カ寺は市街にある。

・臥龍寺　漢の霊帝時代（一六八—一六九）に創建され、全国仏教重点寺院に指定されている。敷地内は中院、東院、西院で構成され、中院には金剛殿、斎堂殿、方丈殿、大王殿、祖師殿、菩薩殿、大雄殿がある。

・大興善寺　隋の文帝の仏教復興の象徴であり、当時国寺として建立された。日中戦争までの戦乱によって破壊されたが、解放後に修理が行われ、山門、天王殿、大雄宝殿、地蔵菩薩、鼓楼、鐘楼、伝輪古経殿遺址、観音殿、方丈殿がある。

・大慈恩寺　唐の貞観二二年（西暦六四五年）、皇太子であった高宗が文徳皇后の慈恩に報いるために創建し、玄奘が十一年かけて四十部余の経典を漢訳した。これを収めた七層の大雁塔がある。

・広仁寺　陝西省で唯一のチベット仏教寺院であり、清は中国西北地方の少数民族との親睦を深めるため、一七〇五年に広仁寺を創建した。一九五二年に、中国人民政府は広仁寺の修復金を支給し、大雄宝殿、蔵経殿、菩薩殿や僧の寮などを一新した。敷地内には天王殿、主殿、千仏殿、経堂、鐘楼、鼓楼、長寿殿、財神殿が揃っている。この寺には一七〇六年の大蔵経がある。天王殿に千手観音像が置かれ、周囲にはマニ車がある。

・罔極寺　七〇五年に太平公主が母の武則天の冥福を祈って創建し、一九三四年から尼寺になった。敷地内には山門、大雄宝殿、臥仏殿、金剛殿、禅堂、二つの舎利塔がある。

次の五カ寺は郊外に位置している。

・清涼寺　隋の開皇の元年（西暦五八一年）に建てられ、華厳宗の四大教祖の一人である清涼国師が華厳宗法事を行った根本道場である。解放後、清涼寺南院に長安県裁判所が移転し、一九六三年には県党校および上塔小学校が設置された。一九九七年に県政府から国有土地使用権を回復し、二度の増築で僧寮や台所などがつくられたという。

表 17-1　西安市の寺院

寺院名	位置	開基年	僧侶数	住職生年	住職出身地	法会回数	特色ある活動	特記事項
臥龍寺	碑林区	168（漢）	60	1964年12月	貴州省安順市	9	週3日読経の会	念仏堂
大興善寺	雁塔区	579（北周）	50	1970年	甘粛省天水県	13	土日の写経	病院敷設／雑誌刊行
大慈恩寺	雁塔区	648（唐）	30	1962年	甘粛省華亭県	12	なし	慈恩助学
広仁寺チベット	蓮湖区	1703（清）	18	1976年4月	内蒙古	6	日曜にチベット経典を読む	慈善功徳会年会費365元
罔極寺尼寺	新城区	705（唐）	10	1969年	陝西省西安市	11	なし	
清涼寺尼寺	長安区	581（隋）	50	1960～70年	陝西省	11	華厳経の書写	
草堂寺	戸県	401（西晋）	35	1960～70年	陝西省	9	なし	
香積寺	長安区韋曲鎮	681（唐）	34	1967年6月	甘粛省徽県	7	なし	
興教寺	長安区杜曲鎮	669（唐）	32	1972年	陝西省武功県	9	なし	
華厳寺	長安区豊曲鎮	803（唐）	30	1978年4月	青海省大通県	8	なし	

・香積寺　七〇六年（唐の神龍二年）、仏教浄土宗の第二世善導法師を祀るためにつくられた。善導法師は浄土宗念仏法門の研究に尽くし、『阿弥陀仏経』一万巻を書き上げた。『観経四帖疏』は日本の浄土宗の開祖・法然上人に多大な影響を与えた。創建当初の建築物として善導塔という高さ三十三メートル、一二層の塔がある。日中国交回復後、日本の浄土宗信者をはじめ、香積寺の参拝者が増え、善導塔、大殿の修築、改築が急ピッチで進んだ。

・草堂寺　唐代の宣宗大中九年（八五五年）この寺は後秦の皇、姚興のために造営した逍遥園を基礎として修理し、建てられた。姚興は弘治三年（四〇一年）にインドの高僧鳩摩羅什を国師として長安に迎え、逍遥園に住まわせ、経典漢訳を進めさせたのである。この寺は、南に終南山の諸峰を望み、周囲は幽玄の雰囲気に囲まれる風光明媚な古刹である。

・興教寺　創建は六六九年（総章二年）で、玄奘の遺骨を葬るために建てられた。法相宗の開創者、慈恩大師基（六三二―六八二）の塔と、法相宗の大学者、円測（六一三―六九六）の塔がある中国法相宗の根本道場である。玄奘の遺骨が埋葬されている唐三蔵塔は、高さ二三メートル、二階建ての正方形の塔である。

・華厳寺　唐徳宗の貞操元一九年（八〇三年）に建てられた。僧侶杜順はここで華厳宗を創立した。東の塔は華厳宗の祖の杜順の禅師塔で、西の塔は華厳宗四代目の祖清涼国師の塔である。

以上、西安市内・郊外の古刹・名刹に相当する寺院の現況を示した。これらは仏教協会の指導の下で寺院ごとに運営を行っている。もう一つ、法門寺仏学院を紹介しておきたい。西安の西、扶風県法門鎮には一四七年創設の法門寺があり、仏舎利塔の下には仏舎利を収めた地下宮殿が発見されている。ここには金銀器一二一点、珠玉品四百点、織物七百余点などが収められ、特に舎利骨は純金、銀、漆などの見事な八重の宝函に保管されていた。これらの宝物は現在法門寺博物館に展示されている（鎌田 一九九七：一九七）。二〇一〇年、国家宗教局の許可を得た後、西北地区最初の漢伝仏学院として法門寺仏学院は正式に設立された。四年制学部課程と二年制修士課程に分けられ、七十人の学生（学生募集定員は学部三十名および修士十名）、十九人の専任講師および六人の事務職員がいる。年間の経費約三百万元の一部を陕西省政府が支出する。

続けて、寺院の社会活動に力を入れている広仁寺とボランティアの活動動機をみておこう。

二―三　広仁寺功徳会の社会活動

広仁寺は一九八三年に「漢族地区仏教全国重点寺院」として国務院に選ばれ、住職の任欽上師は陕西省仏教協会副会長を務めている。この寺は、陕西省民政局と宗教局の許可を得て、二〇一一年に西安広仁寺慈善功徳会が設立した。「広布仁慈、功徳無量、慈悲喜捨、利楽有情」のスローガンを揚げ、「日行一善、毎日一元」を提唱している。

毎日一元とは功徳会の会費年額三六五元に相当する。

慈善功徳会の係員は二人で、寺院から食事と寮を提供され、月給は八百元である。功徳会の運営諸経費は功徳会財団の資金と会費である。二〇一一年の調査時点で、広仁寺功徳会は活動規模の大小を問わず、計八十あまりの慈善活動を行っている。およその活動領域を表17-2に掲載した。

広仁寺功徳会には二〇一二年三月時点で、約百六十名の会員がおり、慈善活動に参加したボランティアは二十―五十名の間である。表17-3に六名のボランティアの特徴を記載した。

A　広仁寺功徳会の係員として功徳会に勤務。家庭の影響で子どもの頃から仏教に接触し始めた。二〇〇六年、二十四歳のときに不慮の事故で両親を失った。極度の悲しみから脱するために経書を読み、寺院に通うようになった。Aは複雑な人間関係を嫌い、汚れていない場所を見つけようとした。二〇〇七年から自発的に寺院のボランティア活動に参加し始めた。参加動機として「社会に恩返しをし、命の意味を実現したい」とAは答える。ボランティアに参加するメリットは他人を助けると同時に自分の心を豊かにすることだ、と語る。Aは年に約五十回ボランティア活動に参加し、生きている意義や仏の教えを実感するという。

B　Aと功徳会事務室に勤務。幼少から祖母の影響を受け、仏壇の前で一日に三回礼拝してきた。寺院でこの仕事をすることは祖母しか賛成してくれなかった。祖母の死後、寺院で済度法会が行われ、Bは祖母が極楽世界に行ったと堅く信じている。二〇一一年からボランティア活動に参加し、弱い人を助け、仏教教義を実践するためにボランティア活動に従事しつづける。年に約五十回ほど参加し、経書の内容を深く理解できるようになったという。

表 17-2　広仁寺功徳会慈善活動の領域

領域	内　　容
人文方面	中国の伝統文化を高揚し，「五戒十善」の平和社会を創建する。
慈善方面	（地震・水害）被災者を救援し，貧困扶助（不自由者，留守老人，孤児）を行う。
教育方面	「希望工程」を立て，苦学生を援助する。
医療方面	薬品を寄贈し，医療常識を普及する。
環境方面	都市を緑化し（ゴミ拾い，植樹），省エネ対策を実施する。
宣伝方面	仏教経典を印刷し，法話を行う。
社会方面	政府，社会，他の慈善会と交流し，慈善理念を広める。

注：希望工程とは，中国青少年発展基金が1989年に始めた非営利社会公益事業であり，農村貧困地区の教育条件の改善や未就学児童の復学等を支援するために展開している中国共産党青年団が主導するプロジェクトである。

表 17-3　ボランティアの社会属性

番号	性別	年齢	出身地	婚姻状況	兄弟数	最終学歴	職種	子供数	年収（元）
A	女	31	江蘇省	未婚	2	大学	係員	0	9600
B	女	27	山西省	未婚	2	専門学校	係員	0	9600
C	女	35	西安市	既婚	3	専門学校	主婦	1	10,000
D	女	42	西安市	既婚	4	専門学校	主婦	1	0
E	男	40	陝西省	既婚	2	大学	部長	1	140,000
F	男	28	遼寧省	既婚	1	大学	社員	0	30,000

C　結婚する前に夫の要求に応じ、仕事を辞めた。結婚した後、親戚に誘われ、寺院に通うようになった。家族の同意を得たうえで仏教に帰依した。仏教を信じて以来、心が落ち着き、生きている幸福感や満足感が感じられ、人生が楽しくなった。二〇一〇年から知り合いと慈善活動に参加し始めた。はじめは他人を助けたかったが、多様な慈善活動を通じ、人生の生きがいを見つけ、生活の重荷を下ろしたように感じた。慈善活動は他人を助けられるだけではなく、参加者に生活の安心感を与えてくれるという気がした。

D　家が広仁寺に近い。二〇一一年から広仁寺功徳会の活動に参加した。それ以前に仏教に接触した経験は少ない。今の生活は幸せだと思っており、社会に役立つことをしたかったため、自発的に功徳会に加入した。二〇一一年十一月から二〇一二年三月にかけて八回の活動に参加した。養老院に行ったときに高校一年の娘を連れて行ったことがある。慈善活動のほかに、広仁寺を掃除し、事務室を助けている。

Ｅ　歩いているときに足下のアリを気遣うほど気立てが良い人である。仏教を従来から敬慕していた。自分の会社をもっており、時間には相当に余裕があるため、功徳会が設立されたときから毎週慈善活動に参加している。人間にとって社会的責任や社会貢献は大事だと考えている。慈善活動は人間の利他意識を高め、人間関係の不安感・緊迫感を和らげていく。慈善活動に参加することによって心が安らかになり、仏教に帰依する意欲が高まったという。

Ｆ　仏教信者であり、二〇一一年十月から功徳会の慈善活動に参加し始めた。それ以前は慈善活動に参加したことはない。半年で十回活動に参加した。時間があれば参加する。最初は自分、他人、社会の役に立つことをやりたいという動機で参加したが、慈善活動によって生活のストレスを解消できるうえに、他の角度から自分と社会を再認識できる気がしたと語る。

西安は北京・上海などの大都市に比べれば、プラタナスの並木が美しい落ち着いた雰囲気の大都市だが、社会生活にはそれなりのストレスがかかるものと思われる。寺院には日本のような檀家組織があるわけではなく、信仰心や現世利益を求める人々からの布施だけで維持されている。そうした寺院が慈善活動を組織的に行い、ボランティア参加者は他者に配慮することで自分の悩みやストレス解消にもつながるという効用を実感しているということは興味深い。寺院や信徒は宗教活動の統制や施設管理の規則には従いながらも、仏教伝統の護持と再興にそれぞれの立場で関わっているのである。この点を次節では西安市民の宗教意識と仏教徒の信仰生活を調べた調査結果から深めてみたい。

三　西安における仏教徒の宗教意識

三―一　市民の宗教意識と活動

韓舒は二〇一二年八月下旬に西安市蓮湖区・桃園社区の一つのマンションの住民百五十世帯に調査票を配布し、六十五部を回収した。五十六部の回答者が特に信仰をもたない人、九部が信仰をもつ人だった。

伝統的儀礼として、臘八節、盂蘭盆、正月廟会を行っている人の比率はそれぞれ八七・五パーセント、七五パーセント、六九・六パーセントである。臘八節は十二月八日に小豆、緑豆、エンドウ、粟、もち米、トウモロコシ、コウリャン、小麦など八種類の穀類を入れて、甘い味をつけた粥を食べる習慣であり、仏陀が修行後に粥を食べたことに由来する。盂蘭盆は七月十五日に行われ、元来は安居の後の僧侶を供養する行事だったが、祖先の霊を祀り、餓鬼に食施をなす慣行となった。正月廟会は春節期間に開催され、「雑技」「獅子舞」の出し物や「シャオチー（軽食）」の屋台が出揃う。

寺院参拝では、年に一―五回寺院に通う人が総数の六十四パーセントに達し、六―十回通う人は三十パーセントである。参拝の理由として平安の祈願が総数の六七・七パーセント、出世祈願が一八・四六パーセント、病気治癒祈願が一五・三八パーセント、進学および妊娠の祈願がそれぞれ一三・八五パーセントだった。

日常生活では、「三生有幸」「万劫不复」「曇花一現」「大慈大悲」のような仏教に由来する成語をほとんどの人々が認知しており、因果応報を信じている人は総数の六九・六パーセント、また、輪廻転生を信じている人は五一・三パーセントを占めており、仏教文化が日常生活に浸透していることを裏づける。

仏教聖地の巡礼については、四川省峨眉山に行った人が三十六名、山西省五台山が三十四名、河南省龍門石窟二十八名、甘粛省莫高窟二十六名、山西省雲岡石窟二十四名、甘粛省麦積山石窟十九名、江西省九華山十三名、浙江省普陀山九名であり、信仰の有無にかかわらず聖地観光が都市住民に普及している。中国人は聖地巡拝によって山水の美景を鑑賞し、普段の単調で退屈な生活を抜け出し、ささやかな楽しみを得る。都市中間層となった人々は山頂に着くと高級な宿に宿泊し、僧侶とお茶を飲みながら閑談する。僧侶は参拝客を豪勢な精進料理で歓待し、参拝客から多額の布施を受け取る。参拝客はこうして活力を回復し、再び苦労の多い日常生活へと戻っていくのだろう。

次に、仏教を意識的に信仰している人たちの考え方をみておこう。

三-二　西安市の仏教信者

韓舒が上記調査および寺院調査で出会った人、紹介を受けた人などで面接することができた信者たちの属性と聞き取り内容を記載する。サンプリングに偏りはあるが、仏教徒になる経緯と現在の心境に着目していただきたい。

Ａ　十八歳から工場で働き始めた。家族が地主だったので、共産党員になれなかった。Ａは無神論者を自認していたが、新しい考えを受け入れやすく、他人を喜んで助けた。自分が若いときに、多くの人々が飢餓にあえぎ、家族を連れていたるところで物乞いをしていた貧しい人に同情を禁じえなかった。四十五歳の頃、隣に住む田舎から出てきた老婆が優しい人だったので悩みを打ち明け、いつしか旧暦の一日と十五日に一緒に読経するようになった。

経を読めば、気持ちが伸びやかだと感じられた。一年後に信仰をもつことにし、夫は特に反対しなかった。

生活に対する幸福感と満足感が高くなると感じられた。一九八〇年代だと、仏教を信じている人は恐らく回りの人に嘲笑されただろうが、現在は仏教徒の数が膨大になっているため心配する必要はないし、仏教が中国民族の伝統文化の一部分なのだから仏教徒になれて光栄だと感じている。Ａの生活は順調で、平穏である。

Ｂ　学校へ行かず、漢字も読めなかった。三十歳のときに夫の仕事のために田舎から西安へ引っ越した。知り合いがおらず、寂しかった。その後、同じ社区に住んでいる人に誘われて寺院に通うようになった。収入がなく、家族も支持せず、寺院に通うバス代にさえ事欠いた。二〇一〇年に癌を患い、入院した。家族と相談した結果、手術を受けなかった。入院した後、毎日「阿弥陀仏」を読経していたところ、化学療法も受けなくて済んだ。家族も不思議がった。退院した後、仏教に回心した。四人の娘は家に仏壇を置き、Ｂの読経を励ました。もう一つ不思議なことには、Ｂは本来漢字が読めなかったため読経できなかったが、「読経したいので漢字を教えてください」と仏に祈ったところ、三日後に自然と読経できたという。調査した際、Ｂは十分間経典を暗誦してみせてくれた。

Ｃ　両親は厳格な仏教徒である。父は中国古典文化に強い興味をもっていた。Ｃは少年時代に『大唐西域記』を読み始め、仏教に接触した。中国人にとって仏教は近づきやすい。自分には仏教との深い縁があり、仏教を学ぶ過程で自分を認識することができたと考えている。

Ｃの妻も仏教徒である。一九九〇年に妻の母が衰弱し、臨終の時を迎えようとしていた。その際に、家族の皆が母の傍で順番に経典を読んだ。Ｃは一生懸命読経しているときに、頭上に動くものを感じた。その後、皆が仏陀の姿を見た。仏陀が最初は点のように小さく、徐々に大きくなっていき、金色に囲まれ、光を放っていた。Ｃは涙を禁じえなかった。仏陀が妻の母に入っていったのを見て、その姿を描こうとしたら仏陀の姿は消えた。その時妻の母が微笑んで亡くなった。この出来事を契機にCは仏教の信仰をもち始めた。

D　大学を卒業した一年後(一九八八年)に、非常に仲が良かった母が事故で亡くなった。Dは「なぜ母のような良い人が突然亡くなるのか。母は苦労を耐え忍び、私を育てた。私がようやく仕事を見つけ、給料をもらい、母に孝行できるようになったときにこんなことになった」と嘆いた。Dがその悩みを同僚に話したところ、寺院に行き住職と相談した方がいいと言われた。Dは寺院を訪ね、仏教に接触し始めた。仏教に対する理解が深くなるにつれ、自然に信仰をもった。妻が大反対し、「家を寺院にされた」などの文句を言った。今は八歳の息子に経典を教えている。仏教を信じたら、生活の質が上がると感じている。

E　故郷には八仙庵(道教)があり、道教が好きだった。しかし、家族にお前は道教とは縁がないと言われた。八〇年代に気功を練習していたときに、蔵密(チベット仏教)に接触した。気功が政府から禁止された後、蔵密を夢中で学んだ。蔵密についての疑問があれば、寺院の僧侶に尋ねた。西安は信望のある僧が少ないため、一九九二年に成都の中巴活仏のところで帰依した。Eは共産党員でも仏教徒になれると考えている。共産党の目標は「為人民服務」であり、仏教のスローガンは「普渡衆生・利益衆生」である。共産党であれ、仏教であれ、皆のより良い生活のために努力するのはよいことだと考えている。仏教を信じたら、一切の悩みが解消した。

F　小さい頃に父を失い、母と肩を寄せ合うように生きてきた。性格が内向的であるために友達が少なく、定年後に孤独感がいっそう強くなった。定年(一九九七年、五十五歳)後に、同じマンションに住んでいる老婆に親近感をもち、付き合うようになった。その人は仏教徒で、「あなたと仏教は深い縁がある」などと言った。

Fは老婆から貸してもらった『因果論』を読み、仏教に接触し始めた。Fは連れられて寺院を訪れた。住職はFに『地蔵経』を与え、これを読んでいるうちに、密宗を学びたくなった。夫は支持したが、子どもは寺院にお金を寄付することを嫌っている。仏教への道に、ずっと誰かに導かれていると感じられた。生活も無事で、平穏な日々を送っている。

G　一九八〇年、小学校四年生のとき、春のピクニックで草堂寺に行った。鳩摩羅什の物語を聞き、この時代に憧れた。そのため、草堂寺で「我心向仏」の願いを祈願した。大学時代に、『金剛経』、『六祖壇経』、『心経』を読んだ。当時は未来と前途に迷い、「私は誰だろう、どこから来たのか、どこへ行くのか、人類の終わりがあるのかどうか」という疑問をもっていた。ときどき寺院の勉強講座を聞き、親戚の済度儀式にも参加した。二〇〇〇年から半年間の間に二回の交通事故に遭い、三人の友達を失った。精神的な苦しさと悪夢に悩まされた末に、二〇〇二年河南省開封市大相国寺で「友よ安らかに眠れ」と祈願した。その後は悪夢が一度もなかった。二〇〇九年、草堂寺の締性方丈から諭され、五界の迷いを解き、回心した。家族の理解を得られたうえに、友達にも尊重された。仏教を信じた後、商売上での金銭追及に執着しなくなり、心が落ち着くようになった。三年間かけて十万元で同業者を苦境から助けた。そのことで業界内でも尊敬されている。

H　子ども時代は祖父がいつも座禅を組む様子を見ており、祖父から仏教の物語を聞いた。また、父は漢方医学の医師で、法門寺に「慈和病院」を建て、五十年以上にわたって無料で身寄りのない老年者や僧侶を診察したうえに、生活用品も贈った。家族は皆仏教経典を学び、善意で人を手助けし、善行や喜捨を好んだ。二十歳頃に、チベット仏教の活仏がHの病院を訪れ、居士と隣人に仏教知識を広めた。Hもこの授業を受け、回心した。人生上の問題にも遭ったが、心が静かだった。

Ｉ　一九八七年の大学入試を受ける前に寺院で祈願した。順調に卒業した後もときどき寺院に行ってお礼参りした。妻とは仲が良かったが、雑事に追われたＩは家族から逃げようと思った。一九九六年にＩは浮気し、家庭内で葛藤を抱えた。罪悪感から逃れるために寺院に通うようになり、最終的に回心した。これまで、災難に遭うと念仏することで解決できた。その都度寺院に出かけていたが、本当の信心を得ていなかった。

Ｊ　静かに読書するのがが好きなＪは二〇〇二年に友達に誘われ、仏教に接触し始めた。その一年後に、急に悟りを得て回心した。二〇〇八年の「五・一二」四川大地震を経験したときに、仏の存在を心から感じられた。仏教を信じた後、自分の生活が順調になったし、家族と友達も支持してくれた。

Ｋ　文化大革命のため十八歳(一九七三年)で「下郷(下放)」を余儀なくされた。その後の五年間は農業をやっていた。農村の民間信仰は非常に強く、交通は不便で医療も遅れていた。村民は病気になると病院に行かず、呪術をする人の診察を受けるだけだった。Ｋは最初不審に思ったが、徐々に信じるようになった。都市に帰った後、結婚し、二人の息子を産んだ。四人家族の生活に苦しんだＫはいつも近くの山にある寺院に通い、夫が良い仕事を見つけられるよう祈っていた。二人の息子は無事に大学に進学でき、夫の商売もうまくいった。そのおかげを感じたことと寺院の居士に仏教と縁があると言われたこともあり、回心した。Ｋは家に仏壇を立て、毎日線香をあげ、仏像を拝んだ。二〇〇四年に、夫が自動車を運転しているときに、もう少しで川に落ちそうになったが助かった。仏の加護で命を拾ったと考えている。

Ｌ　二〇〇六年に故郷を離れ、瀋陽から西安の大学に進学した。親友がいなくて寂しいＬはいつも大学に近い罔極寺(尼寺)に行き、孔雀を見た。そこで尼と知り合い、寺院の雑事を助けるようになった。夏休みも故郷

表 17-4　聞き取り調査を行った西安市の仏教信者

番号	性別	年齢	出身地	結婚状況	兄弟人数	最終学歴	職種	子の人数	党員	入党時間	本人年収	帰依証	帰依時点	帰依場所	居士	居住地
A	女	68 歳	河南省	既婚	4 人	小学校	工場労働者	1 人	否		1 万元	有	50 歳	香積寺	居士	蓮湖区
B	女	70 歳	長安区	既婚	5 人	無	無	5 人	否		無	有	59 歳	嘉武台	居士	蓮湖区
C	男	64 歳	江蘇省	既婚	4 人	高校	工場長	1 人	否		4 万元	有	46 歳	臥龍寺	居士	蓮湖区
D	男	46 歳	西安市	既婚	6 人	大学	テレビの記者	1 人	否		6 万元	有	33 歳	観音山	居士	蓮湖区
E	男	43 歳	西安市	既婚	2 人	高校	鉄道局の書記	2 人	党員	19 歳	6 万元	有	33 歳	成都	居士	蓮湖区
F	女	68 歳	陝西省	既婚	3 人	大学	水電設計局	2 人	党員	26 歳	8 万元	有	45 歳	西武台	居士	蓮湖区
G	男	44 歳	長安区	既婚	4 人	EMBA 修士	企業家	1 人	否		20 万元	有	41 歳	草堂寺	居士	曲江新区
H	女	44 歳	陝西省	既婚	3 人	大学	小学校の教師	2 人	否		3 万元	有	38 歳	法門寺	居士	碑林区
I	男	45 歳	陝西省	既婚	5 人	EMBA 修士	建築士	2 人	否		12 万元	有	35 歳	歳慈恩寺	居士	新城区
J	女	45 歳	陝西省	既婚	3 人	大学	通信工程師	1 人	否		5 万元	有	35 歳	北京	居士	雁塔区
K	女	65 歳	遼寧省	既婚	8 人	中学校	主婦	2 人	否		1 万元	無			無	
L	女	24 歳	遼寧省	未婚	1 人	大学	無職		否		0	有	19 歳	西安	居士	蓮湖区

注：無は無回答。

へ戻らず、罔極寺に住むようになった。仏教を信じれば寂しくなく、生活に満足感を味わえた。そして二〇〇七年、十九歳でLは自然に仏教に帰依した。二〇一〇年に大学を卒業し、西安で就職したが、職場の人との付き合いがうまくいかず寺院に再び戻った。一人っ子のため出家できないLは西安から離れたくなかったが、家族の関係でもうすぐ瀋陽に帰らなければいけないと語った。

現代中国の人々は伝統的な仏教文化や民間信仰になじんでいても、仏教を意識的には信仰していない。信者の自覚もない。日本のように檀家制度がない中国では、寺院に所属しているという意味での檀徒意識はない。日本における名刹古刹の寺院参拝同様、その都度の自身の問題解決や現世利益を祈るだけである。それが寺院に誘われて行事参加や僧侶との話し会いのなかで仏教信仰に目覚めたり、不思議な体験から功徳やおかげを悟ったりして信者にならずにいられないという状況のなかで発心していくのである。

四　おわりに

中国の諸宗教のなかでも中国仏教には功利主義が最も少ない。それは仏教が本来中国の宗教ではないことと関わっている〔呉 二〇〇九〕。にもかかわらず、外来宗教としての仏教は伝播後二千年の歳月を経て中国の風俗や慣習に根ざした形で土着化した。中国仏教とインド仏教の最大の相違点は、信者の信仰内容にあろう。インドの初期仏教では王や長者、熱心な在家信徒に信者が限られていたのに対して、中国仏教は庶民信仰に拡大した。他方で、中国の庶民においては仏教徒と非仏教徒の境が曖昧であり、人生上のありがたい出来事や苦難の経験を経て仏教徒として回心することもあるが、仏教への理解が極度に深まるわけでもない。やはり、現世の御利益と来世の往生を願うという心情は、祖先崇拝や道教的民間信仰同様に継続される。

とは言え、現代人の不安解消や心の拠り所として仏教信仰が求められ、寺院がその場所を提供している事実は確かである。仏教の復興には宗教政策の緩和のみならず、社会変動のなかで人生の浮き沈みを経験し、平安と安寧を求める現代中国の人々の心のあり方がおおいに関わっている。ただし、現代中国の漢伝仏教において寺院運営や仏学院における僧侶・尼僧の養成には宗教政策・宗教教育が及んでいる。そのために資本主義的な欲望の追求を否定し、仏教理念に根ざした徳を説いても、強権国家のあり方を直接的に批判するような方向には向かないだろうし、寺院の護持資金を自前で賄うために聖地観光化を意図的に進める寺院も少なくない。いずれにしても、第一節で述べた現代仏教は中国の社会倫理形成に対してどのような役割を果たせるのかという問いに対して、ここでは長期的には中国社会に資する形での役割はあるだろうという常識的見解を提示するに留める（王二〇一一）。

本章で示した西安の仏教寺院の現状や市民の宗教意識、在家信徒の宗教意識にかかる資料が、現代中国の仏教理解に資することがあれば幸いである。

参考文献

〈日本語文献〉


池田魯参、一九九三、『長安仏教の一側面――長安の天台宗』平成二年度文部省国際学術研究調査報告、愛知学院大学。

川口幸大、二〇一〇、「盂蘭盆節の鬼祭祀にみる神・鬼・祖先の現在」鈴木正崇編『東アジアにおける宗教文化の再構築』風響社、五七―八〇頁。

鎌田茂雄、一九九七、『仏のきた道――中国の仏教文化を探る』ＰＨＰ研究所。

駒井洋、二〇〇八、「中国社会と中国的倫理」中村則弘編『脱オリエンタリズムと中国文化』明石書店、四四―六八頁。

長谷川清、二〇一〇、「ミャンマー境域に住むタイ族の仏教」木村文輝編『挑戦する仏教』法藏館、九九―一四四頁。

銭丹霞、二〇一三、「仏教と現代中国―浙江省象山県における仏教信仰」瀬川昌久・川口幸大編『現代中国の宗教』昭和堂、七六―一〇一頁。

中村則弘、二〇〇八、「混沌と社会変動――中国に見る担い手の生活指針から」中村則弘編『脱オリエンタリズムと中国文化』明石書店、一九五―二二四頁。


〈中国語文献〉

王志遠、二〇一一、「積極穏健的二〇一〇年中国佛教」、金澤、邱永輝（編）『宗教藍皮書　中国宗教報告二〇一一』社会科学文献出版社。

吾淳、二〇〇九、『中国社会的宗教伝統――巫術与倫理的対立和共存』上海三連書店。

増勤主編、二〇一〇、『首届長安仏教国際学術検討会論文集』全五巻、陝西師範大学出版社。

第十八章　北京市の道教と道観

趙可佳・櫻井義秀

一　はじめに

中国の市場調査会社である零点研究諮詢集団（ＨＯＲＩＺＯＮ）が実施した「中国人精神生活調査」によると、十六歳以上の中国人で、超自然信仰をもつ、あるいは何らかの宗教活動をしている割合は八十五パーセントに達し、無神論者であるという回答をした人は十五パーセントしかいない。特定宗教を信仰しているという回答は二三・二パーセントを占める。このうち仏教の信者数が最も多く、プロテスタントを信仰する人は三・二パーセントにとどまる。この調査によって判明した割合を基に考えると、中国人のうち一・二億人は、「宗教を信じないが、神霊が存在する」と思い、一・四一億人は「財神」を崇拝し、一・四五億人は風水説を信じ、三・六二億人は一年以内に運勢を占ったり人相や手相を見てもらったりしたことがあり、七・五四億人は一年以内に墓参りしたことになる（楊　二〇一二）。現代中国では、政府が「無神論」をアピールしているにもかかわらず、また、人々が宗教を意識しておらずとも、宗教実践が民衆の生活に根ざしているのである。

もっとも、宗教実践の場としての廟信仰や教団宗教による宗教活動には抑圧と統制が加えられてきた。「いずれの廟も、一九四九年以降には人民公社や生産隊という集団体制の施設へと転用され、その後は取り壊されるか、ほぼ打ち捨てられた格好になったのだった。また共産党が『封建・迷信』の打破を掲げて、既存の信仰や宗教的な行為を弾圧したために、廟において神々への儀礼をとり行うことも不可能となった。」（川口 二〇一〇：一〇）こうした廟信仰や寺院・道観（道教寺院）などの宗教施設が復興するのは一九九〇年代以降である。

本章では中国人の民衆信仰に深く根ざした功利主義的志向性と、自然観を含む神仙的世界観を有する道教と道観の現状について考察する。

二　中国の道教史

二‐一　道教の歴史

道教は、神仙思想という思想的側面と丹薬や符籙などで長命・病気治癒を得るという実用的修養を兼ね備えた宗教実践である（佟・孫 二〇一三）。現在まで継続している道教の宗派は、全真教と正一教の二つである。全真教は、金朝時代に、山東省寧海で王重陽（一一一二—一一七〇）によって創設され、儒仏道の三教一致を唱え、道士に独身と戒律の遵守を求め、修行を重視する。東漢の時代、張道陵（三四—一五六？）を始祖とし、「天師道」や「五斗米道」という呪術や武闘により勢力をもった道教教団があった。その流れをくんで新しく成立した全真道に対抗するため、符呪（道教の護符）を作成するための図形や文字などを記載した符籙の継承・使用を重視する上清派、霊宝派、浄明派など各符籙派と合流して、一三〇四年、各符籙派が正一教に統一された（康編 二〇〇九）。北京市では、現在政府公認の一三箇所の道観のうち、正一教は四カ所、全真教は九カ所あり、正一教は中国南部に多い。

道教は中華人民共和国の五大公認宗教の一つとされ、一九五七年に第一回中国道教代表会議を開催し、中国道教協会を成立した。しかし、文化大革命の時期には弾圧を受け、道観が学校、工場などとして接収され、道士たちはやむをえず還俗して故郷に帰った。一九七八年、中国共産党第十一期中央委員会第三回全体会後、宗教信仰の自由化政策が再び提出され、中国道教協会は宗教活動を再開することができた。その後、各省市、県レベルでも道教協会が組織され、中国道教協会の指導下で各道観が運営されている（王編 二〇〇五、傅 二〇一一）。

二-二　北京の道観史

七九一年、北京に最初の道観である白雲観が建立された。明代には「道録司」が設置され、全国の道教事務を管理した。しかし、清と民国期には従来政治に庇護されてきた道教の勢力は衰えた。国民政府は神祠存廃標準を公布し、符術を使う道教を迷信としたが、民間では変わらず神霊が崇拝され、廟会も盛んだった。一九五〇年、北京市において道観は六十七カ所あり、道士が二百人近くいたとされる。文化大革命時には、北京における大多数の道観が壊されたり、他の施設に転用されたりしたが、改革開放後に道教界は復興し、二〇〇五年に北京市道教協会が成立された（北京市地方志編纂委員会 二〇〇九）。二〇一四年の時点で、十三カ所の道観があり、四カ所が北京市内、九カ所が北京市郊外に位置している（表18-1）。その他、政府発行の「宗教活動場所登記証」を取得していない認可外の道観もあり、それらにおいても法事、廟会、神像への参拝などの宗教活動が道士によって行われている。

道観で行われる宗教活動は「科儀」であり、戒律（伝戒、授籙）、威儀（行持、斎）、賛頌（頌経、詩歌、歩虚、青詞）、表奏（礼懺文、奏疏、榜文）に分けられる。信者は道士に科儀を依頼し、その費用は北京市の場合、数百元から数万元と幅広い。なお、科儀には、「陽事科儀」と「陰事科儀」の二種類がある。陽事科儀とは、誕生日の祝い、幸福や平安の祈り、災難除け、進学、栄転、妊娠の祈願などであり、陰事科儀とは、先祖供養、施食、祀る人のいない鬼への法事を指す。

表 18-1　北京市において開放される道教活動場所

道観名	宗派	場所	開放年	住職(責任者)
白云観	全真	北京市西城区白云観街 9 号	1981	李信軍
呂祖宮	全真	北京市西城区復興門北順城街 15 号	2006	馮高欣
桃源観	全真	北京市海淀区聶各庄鎮鳳凰嶺景区内	2006	黄信陽
聖蓮山真武廟	全真	北京市房山区史家営鎮聖蓮山風景区	2010	高懐仁
佑民観	全真(坤)	北京市通州区張家湾鎮里二泗村	2009	劉崇堯
青龍観	全真(坤)	北京市昌平区南口鎮龍潭村	2006	梁弘鑫
興隆観	全真	北京市平谷区南独乐河鎮峨眉山	2007	文高鈺
龍王廟	全真	北京市平谷区大华山鎮挂甲峪村	2008	朱崇君
薬王廟	全真	北京市平谷区金海湖鎮滑子村	2008	常高禄
古北口娘娘廟	全真(坤)	北京市密云県古北口鎮古北口村	2014	来逢霞
火徳真君廟	正一	北京市西城区地安門外大街 77 号	2008	張凱
東岳廟	正一	北京市朝陽区朝外大街 141 号	2008	袁志鴻
佛子庄真武廟	正一	北京市房山区佛子庄郷上英水村	2010	王成亜
都城隍廟	正一	北京市昌平区居庸関景区内	2011	張興発

三　北京市の道観

趙は二〇一三年七月と二〇一四年七月に二度、北京市における市内と郊外の道観と道教協会を訪ねた。道観の住職と道士、一般信者と観光客、道教協会のスタッフ、道教の研究者にインタビュー調査を行った。櫻井は二〇一〇年九月に北京市内の道観を訪問した。

本章では四カ所の道観を紹介する。

(1)　呂祖宮(北京市道教協会)

呂祖宮は北京市内の西二環に隣接する金融街に位置し、敷地内の正殿が呂祖殿であり、南北に二つの配殿がある。そして、北京市道教協会が入る建物がある。呂祖宮には九人の常駐道士がおり、全真派に属するので結婚や肉食は戒律で禁じられている。道士は河北省出身者が多く、生活補助として毎月千元が支給され、これ以外に法事の報酬がある。

呂祖宮では入観料、法事代を比較的安い価格に設定していることもあって、盛んに法事を行っている(表18-2)。

また、呂祖宮では書道、古琴、太極拳、風水などの伝統文化課程の講義を毎週開講している。学費として一人一回三十元を徴収しており、場所使用費、教師の交通費、課程の経費等に充当される。道士の教育では、北京市道教協会は十数名の道士を選んで、中国道教学院が実施する研修を受講させたり、二〇〇六年から二〇一四年にかけて五回の道教専門研修クラスを開催し、百名以上の道士に中央民族大学宗教専門の卒業証明書を取得させたりした。

社会事業に関して述べると、二〇〇八年の四川省大地震において呂祖宮は死者を弔う儀式を行い、居士たちが十万元以上の寄付を行った。二〇一三年、北京市道教協会は北京市慈善協会、北京愛尓英智眼科病院と共に、「善行北京・点亮心灯」慈善活動を行った。北京市道教協会に所属する「弘道済世基金会」は、北京の貧困家庭や目が不自由な児童に百万元の寄付を行うなど、社会事業にも積極的に関わっている。

ところで、道観は宗教施設であり、道教は宗教として政府から公認されているが、いわゆる布教・教化にはあまり力を入れていない。呂祖宮の道士である王氏は次のように説明をする。「人は皆一人一人の個人だから、同じ教理で教えられない。現代社会は豊かになったけれども、人々の苦痛や悩みも増えた。しかし、世の中に同じ個人はいないので、単純に神様によって慰められても役に立たない。道教は来世に期待をもつ宗教ではないから、現世で一生懸命頑張るしかない。私たちは観光客などを誘わない。なぜなら、道士は道観で修行する、学生は学校で修行する、社会人は社会で修行し、それぞれに自分の道を歩むから、人生そのものが『道』の修行だ。私たちは布教しないから、今、道教の勢力は仏教や西洋の宗教より弱いかもしれないが、道教を信じるか信じないかは別として、中国人にとって道教は心の中に存在するものなので、消滅した

表 18-2　呂祖宮の宗教活動

日付(旧暦)	道教の祝日	科儀の種類
正月九日	玉皇大帝誕生日	陽事
正月十五日	天官大帝誕生日(上元節)	陽事
二月十五日	道徳天尊誕生日	陽事
四月十四日	呂洞賓祖師誕生日	陽事
七月十五日	地官大帝誕生日(中元節)	陽事，陰事
十月一日	寒衣節	陽事，陰事
十月十五日	水官大帝誕生日(下元節)	陽事，陰事
清明(公暦四月五日)	清明節	陰事
夏至	霊宝天尊誕生日	陽事
冬至	元始天尊誕生日	陽事

りはしない。」

（2）佑 民 観

佑民観は、北京市内から約四十キロメートルの通州区張家湾鎮の「里二泗」という村に位置している。二〇〇七年、それまで山西省で修行していた全真派の坤道劉崇堯が、北京市道教協会に請われて佑民観の住職となり、十人程の坤道を率いて宮殿を改装し、佑民観を静かに修行できる道観とし、二〇〇九年に正式に開放（市民・外国人の拝観が可能）され、北京市で二番目に認可された全真派の坤道院になった。

佑民観の住職、劉崇堯氏は五十代女性で遼寧省鉄嶺市の出身であり、伝統文化に造詣の深い父の影響を受けて工場労働者から道士の道に進んだ。鞍山市の道教聖地である千山に赴き、道教の大師許信有氏の弟子になった。一九八八年、中国道学院は第一回坤道の専修講義を開き、劉氏はその学生となったが、当時の学生で現在も全真派の坤道として修行している者は少ないという。

劉氏は、宮殿の修理から法事の道具まで可能な限り自分たちで製作し、キュウリ、トマト、落花生などを栽培する自給自足の生活をしている。金銭的な生活補助はない。劉氏によれば、「佑民観は確かに貧乏だが、しかし、私は政府から大金をもらいたくない。修行するなら貧乏な生活を送るべきと思う。豊かになれば、修行できなくなる。」

佑民観の主な宗教活動は表18-3のとおりである。祝日には、普段観光客や参拝者がほとんどいない佑民観がにぎやかになる。その一方で、里二泗の村民はあまり佑民観に行かない。佑民観の坤道によると、佑民観に来る人は、以前から劉崇堯氏に従ってきた信者たち、あるいは北京市内や、周辺の河北省、山西省の人が多いという。

ところで、坤道の修行道場として維持されている佑民観だが、土地の権利が里二泗村にあり、今後宮殿の拡張や道士の住居を建てるためには村の管理委員会の認可を受ける必要がある。しかし、道教を信じていない村民は佑民

表 18-3　佑民観の宗教活動

日付(旧暦)	道教の祝日	法事の種類
正月一日	天臘之日	陽事
正月九日	玉皇大帝誕生日	陽事，夜6時「拜太歳」
正月十五日	上元賜福天官誕生日	水陸空法会，佑民観の伝統廟会
正月十九日	丘祖誕生日	陽事
二月十五日	太上老君誕生日	陽事
二月十九日	慈航道人誕生日	陽事，放生活動
三月三日	王母娘娘蟠桃会	陽事
三月二十三日	媽祖(金花聖母)誕生日	陽事
四月十四日	呂祖純陽祖師誕生日	陽事
四月十七日	法筵開日	陰事，罪の返済
六月十九日	慈航道人成道日	陽事，放生活動
七月十五日	中元赦罪地官誕生日	陰事
九月九日	斗姥誕生日	陽事，拜斗
十月十五日	下元解厄水官誕生日	陰事
十一月十一日	太乙救苦天尊誕生日	陰事
十二月八日	王侯臘之日	天地開赦，お粥の喜捨
十二月二十五日	玉帝巡天下降之辰	二十四日の夜11時，玉皇を迎える
夏至	霊宝天尊誕生日	陽事
冬至	原始天尊誕生日	陽事

観が村の土地を占有し、自分たちには何らの利益をもたらしていないと考えて不満をもつ人もいるという。なお、北京市内の白雲観の入観料は十元だが、佑民観の入観料は三元であり、佑民観の土地は村に所属しているため、その少ない入観料の一部を村に納めている。清貧を貫かざるをえない。

(3) 東岳廟

東岳廟は、北京市内朝陽門外大街に位置し、泰山東岳大帝を主として祀る華北地区で最も大きい正一派の道観である。一九九七年、北京市朝陽区文化文物局は東岳廟を修復して、ここを北京民俗博物館として利用し始めた。毎年の春節には盛大な廟会が行われ、民間芸人による伝統的な絶技が披露される。二〇〇八年から、東岳廟は再開の許可を受け、道教の活動施設として使われるようになったが、東院と西院の一部は、東岳廟ではなく、北京民俗博物館によって管理されている。

正一派に所属する東岳廟の道士たちは、一般に道観に住む義務はない。住職の袁志鴻氏は道士たちに対して厳しい。袁志鴻氏は、道教の制度的管理を強化することによってこそ、道教の「教風」が改善されると考えている。東岳廟に住んでいない道士たちは、会社員のように毎朝出勤して、夜に自宅に帰り、家族と暮らす。しかし、二十六歳未満の若い道士は恋愛や結婚が禁止されており、東岳廟に住むことが義務である。出家主義の全真派と比べて、正一派の東岳廟の生活補助金は多く、一カ月三千元から四千元に達する。

東岳廟の春節廟会では、雑技や獅子舞などの民間芸能と立ち並ぶ屋台が昔から人気を呼んでいる。二〇一〇年の春節から東岳廟は道教の祈福法事を再開した。観光客や信者たちは、廟会の様々なイベント以外に盛大で神聖なる道教法事を体験できるようになった。さらに、二〇一〇年から東岳廟は「子時参拝」を行っている。これは旧暦十二月三十日二十三時から一月一日一時までの間に東岳廟で初詣を行うという行事であり、参拝者は限定九十九名で、予約しなければならないほど盛況である。

ところで、東岳廟の土地は、東岳廟の東院と西院の一部が北京民俗博物館によって保有されている。廟内を異なる機関が管理していることが、両者の対立関係の要因となっている。道士へのインタビューによると、東岳廟は民俗博物館との対立が厳しく、数年前には博物館のスタッフと東岳廟の道士が、土地を巡って喧嘩したことさえあったという。現在でも、民俗博物館が管理する宮殿では、東岳廟の道士が経文を唱えたり静座したりする際にも電灯をつけないという状況が続いている。

(4) 真武廟

正一派に属する真武廟は、北京市平谷区王辛庄鎮北上営村に位置し、北京市内から約八十キロメートルの距離にある。真武廟の道観は、明の弘治年間に建てられ、主に道教の道徳天尊、元始天尊、霊宝天尊と真武大帝を祀っていた。

真武廟の住職、杜永徳氏は一九八二年に甘粛省に生まれた。幼少時から病弱であり、貧乏な両親は治療費を払えないので彼を道観に連れて行った。杜氏は年配の道士に育てられ、正一派の方術と医術を習った。一九九七年、杜氏は北京に来て漢方医になり、平谷区の峨眉山の道観で住職を務めていたが、他の道士とは流派が違うために孤立していたので、真武廟に移ったという。

杜氏が初めて真武廟に来た二〇一〇年頃、道観はほとんど破壊されたままで、誰も、どの機関も真武廟を修復しようとはしていなかった。杜氏は修復費用を集めるために、北京の自宅を売却し、妻子共々平谷区に賃貸住宅を借りて暮らすことにした。道観の修復費用はおよそ七百万元にのぼったが、杜氏は自ら百万元あまりを出し、残りの費用を信者の寄付と法事の収益から返済している。真武廟の常駐道士は杜氏しかいないので、細かい事務から法事までほとんどを杜氏が単独で処理している。春節の時、真武廟は廟会を開いたが、数日間で約七万人の信者や観光者が真武廟を訪れた。祈福法事の開催から喜捨の粥をつくることまで杜氏が一人で行ったという。

正一派は符呪が得意であるため、真武廟には符を求める、病気を治す、風水のアドバイスをもらうなどの目的で杜氏を訪れる人が数多くいる。趙の調査時に、杜氏に娘を診てもらいに来ていた「農民工」の夫婦がいた。杜氏によると、娘は生理中に髪を洗ったために、外出中につむじ風に巻き込まれて邪気にあたったとのことである。初めて杜氏に病気を診てもらいに来たとき、娘は気が狂っていて庭を乱暴に走り回っていた。杜氏の描いた符紙を燃やして、その灰を水に入れて娘に飲ませたところ、当日の午後には調子がよくなったという。今回杜氏を訪れたのは二度目で、娘は大人しくなっていたが、まだ喋ることができず、自分の意思を表せないままだという。北京市道教協会の職員は、杜氏の縁結びの符はぴたりと当たるので、協会のスタッフも時々杜氏に符を頼んでいるという。

杜氏は、真武廟が政府に公認されなくとも宗教活動を行い、修行を行いながら真武廟を修復する資金を集めているが、やはり一日も早く開放の許可をもらいたいと述べた。開放が認められないと、大型の宗教活動を行えないからである。

四　道士と道教信者の宗教意識

四-一　道士になる契機

二〇一四年八月、趙は、先述した道観の住職に対するインタビューに加えて、数名の道士にライフコースや宗教意識に関する質問をした。代表的なケースを紹介する。

Y　一九七〇年に北京で生まれ、市内の一流大学を卒業して教育部部長秘書の職務を担当していた。Yは書道に秀でた人物であり、北京市道教協会の道家書画芸術委員会副秘書長、中国道教学院の書道講師、北京書画芸術研究会会員などの職務を務め、寺院や道観の扁額や対聯を書いた。また、彼は慈善事業に熱心に取り組み、第一回中国道家書画芸術作品慈善競売会と、二〇一〇年弘道済世専項基金芸術品競売会を組織し、参加した。

Yが道士になって出家したのは、官界での仕事が複雑すぎて心身ともに疲労困憊していたためだったという。またYは中国伝統文化を好み、静かな所で書道を練習したり、人生の修行をしたりすることに以前からずっと興味をもっていた。このことも道教を信仰することを選んだ理由であるという。「もし中国の伝統文化を大きな庭と見れば、我々道士はただその番犬だと思う」とYは述べた。二〇〇五年前後に、彼は北京市内の呂祖宮に住み始めて、書道の練習をしながら、伝統文化コースで教師として書道を教えるようになった。北京市道教協会のスタッフの話では、Yが出家した理由は、やはり「官途が順調ではない」からだっただろうという。

Yが出家することに対して、妻と息子は特に反対しなかった。家族も北京に住んでいるので、会うのも便利である。もちろん、他人はYが高給の仕事を捨てて道士になることを理解できなかったし、信じることのできない者もいた。一つのエピソードとして、Yの高校生の息子は、担任の教師から「いつもお母さんが保護者会に来ているので、今度はお父さんを呼んできてください」と言われたという。息子は、「父は道士ですから来られません」と答えた。先生は、道士などありえない、絶対嘘をついていると思い、激怒してYの妻に確認の電話をかけた。Yの妻は、「夫は確かに道士です。保護者会には行けなくてすみません」と返事をしたという。

Yのように地位も給料も高い職務にある人間が、急に職を辞して「半路出家（人生半ばの出家）」することは、道士にまれにみられる。特に現在では、全真教、正一教の区別が次第に少なくなってきて、道観に住むか住まないか、あるいは結婚できるかできないかは、すでに宗派を区別する主な特徴ではなくなった。若いときに出家し、三十歳から四十歳頃になったら還俗して、一般の人のように暮らす道を選ぶ人も多くなった。Yのような職務が重い人はストレスもかかり、現実生活から離れた静かな生活を送りたいと考え、さらに伝統文化を好むため、両方の希望を満たす「道士になる」というライフスタイルを選んだのだろう。

M　東岳廟の在家道士であり、一九七〇年代に内モンゴルに生まれた。大学卒業後、タイでビジネスを始めたが、数年後失敗して中国に帰国した。中国でも会社を経営したが、成功できなかった。その後、Mは東岳廟の住職、袁志鴻の弟子になり、在家道士として務め始めた。借家に住み、東岳廟に通勤する。

Mの故郷では道教が盛んではなく、カトリックとプロテスタントの教会が多数あり、周りの親戚と友人のほとんどが信者になっていた。タイで結婚相手を見つけるつもりがかなわず、帰国後も相変わらず独身だった。Mの親戚が誕生日で占ったところ、「命帯華蓋」という結果が出た。「高潔で孤独な人、神秘学に興味をもつ、僧侶や道士に向いている」という意味である。その占いの結果をきっかけにして、Mは道教に関心をもち始め、東岳廟の住職に弟子入りして道教の教理を学ぶようになった。現在、Mは、自分の生活に満足しており、入信する前より心が静まったと感じるという。結婚できるかどうかについてMは焦らなくなった。東岳廟の住職は、ときどきMに見合い相手を紹介している。

O　一九八七年に河北省の農村部で生まれ、十五歳で家族の勧めにより道士になり、後に北京市呂祖宮に移った。Oは信仰心の強い若い道士である。彼の両親も道教と民間信仰を信じており、小さい頃から家族の影響を受けていた。

Oは神霊の存在を強く信じており、趙に「神霊を見た」経験を話してくれた。数年前、地方で地震による死者のための慰霊法事を行ったとき、空は晴れていた。しかし、法事が始まり、道士たちが経文を唱え、楽器を演奏し始めると、雲が急に集まって、空が真っ黒になった。現場にいた人は神聖な雰囲気を感じた。休憩に入ると、空の雲が散っていき、元どおりの快晴になった。午後に法事が再開すると、空はまた厚い雲で覆われた。当日の天気予報によると、曇りになる確率はなかったが、空はまるで神霊が死者のために泣いているように、法事の進行に合わせて晴れになったり曇りになったりした。Oはこのときに初めて実際に神霊の存在を実感し、信仰心を強めたという。

北京市道教協会のスタッフの話によると、Oと年齢が近い若い道士たちは、総じて「半路出家」の年長の道士よりも信仰心が強い傾向がみられるという。

四-二　中元節参加者の宗教意識

二〇一四年の八月一〇日(旧暦七月一五日)は「中元節」で、地官大帝の生誕日であるため、様々な罪の赦しが与えられる贖罪の行事が催される。また、祖先の霊や供養する人のいない霊を慰め、死者の贖罪を願う行事も行われる。中元節の際、道教の宗教施設では盛大な法事が行われ、祈願や慰霊のために参拝に来る人が絶えない。趙は中元節の際に、北京市内で最大の規模であり、人気の高い全真教の道観「白雲観」で、宗教活動に参加した三十五人にアンケート調査を行った。回答者の特徴を表18-4に示した。

道教の祭日「中元節」に、道観に行って宗教活動に参加する人のなかで、「私は道教の信者である」と自覚する人は十一人(三一・四パーセント)、「道教の信者ではない」と自覚する人は十八人(五一・四パーセント)、「どちらでもない」人は六人(一七・一パーセント)である。道教の信者ではないと思っていても、祭日には参拝に行くという人が半数を占める。

表 18-4　回答者の基本属性

性別	女性 19 人，男性 16 人
年齢	10 代 3 人，20 代 10 人，30 代 8 人，40 代 7 人，50 代 5 人，60 代以上 2 人
学歴	未就学 1 人，小学校 2 人，中学校 4 人，高校あるいは中専 10 人，大学あるいは大専 16 人，修士 2 人
現住所	北京市内 20 人，北京郊外 7 人，その他の省 8 人

科儀や廟会への参加頻度について、最も多いのが「年に数回」の十九人(五四・二パーセント)である。参加類型について、春節のような祭典や、中元節のような祭日を選んだ人が最も多く、二十八人(八〇パーセント)と十七人(四八・六パーセント)である。その目的は、「祈願」と「観光」が最も多く、それぞれ三十一人(八八・六パーセント)、二十七人(七七・一パーセント)である。

道教に関わるボランティアへの参加に関する質問では、「まったく参加しない」を選んだ人が二十六人(七四・三パーセント)で大半を占める。道教を通じて知り合いや親戚と交流するかという問いについて、「あまり交流しない」を選んだ人が十六人(四五・七パーセント)である。道士との交流も、「よく相談する」人はわずかに四人(一一・四パーセント)で、「話したことさえない」人が最も多く、十九人(五四・三パーセント)である。道教は人々の紐帯や交流を促進する宗教ではないことがわかる。

道観訪問者は道教の信仰をもつというよりも、民間信仰や慣行として廟会に集い、時に科儀に加わるのではないかと考えられる。

五　おわりに

二〇一四年三月、全国人民代表大会と政治協商会議十二届第二次会議が北京で開催され、道教界の十一名の代表者が会議に参加した。道士といえども隠栖は許されず、中国社会における伝統を用いた国家政治と社会生活に積極的に参与することが求められている。

本章では、復興する道観とそこに集まる人々の宗教意識をみてきた。全真教・正一教共に、修行に重点を置く道観と、廟会や科儀など人々の求めに応じた法事中心の道観があり、立地や住職の方針、施設内の北京道教協会や北京民俗博物館などとの関係によって独自の施設運営や発展の方略をもつことになった。道士となった時期は少年期から中高年まで様々であるが、正一教の道士は結婚もできるし、婚姻生活を維持したまま道士でもいられる点で、修行中心の全真教道士とは異なる。しかし、人々の陽事・陰事のニーズに応え、符籙を施すという点では、正一教の道観も中国人の現世的・功利的志向性にも対応しているのだろう。

道教は伝統的な民族宗教の特徴を守りつつ、現代の競争社会に疲れた人々には居場所を与え、現世利益を求める人には霊験あらかたな儀礼を執行しているのである。

参考文献

〈中国語文献〉

北京市地方志編纂委員会、二〇〇九、『北京志・宗教志』北京出版社

傅勤家、二〇一一、『中国道教史』商務印書館
康保成編著、二〇〇九、『道士』中国社会出版社
佟洵・孫勐、二〇一三、『北京道教史』宗教文化出版社
楊鳳崗、二〇一二、「当代中国的宗教復興与宗教短缺」『文化縦横』二〇一二年第一期
王卡編、二〇〇五、『中国道教基礎知識』宗教文化出版社

〈日本語文献〉
川口幸大、二〇一〇、「廟と儀礼の復興、およびその周縁化――現代中国における宗教のひとつの位相」小長谷有紀・川口幸大・長沼さやか編著『中国における社会主義的近代化――宗教・消費・エスニシティ』勉誠出版。

〈ウェブサイト〉
北京市道教協会ホームページ『宮観の基本的情報、法事情報について』http://www.bjtaoism.net

第十九章　雲南省・江蘇省・甘粛省における宗教団体の社会活動

保薇・栄畳飄・李鑫・櫻井義秀

一　はじめに

カトリックやプロテスタント教会が海外宣教を行う場合に社会活動から始めるという宣教戦略は近代において効果的だったが、現代でもその効果は持続している。人々は宗教団体に関わり、その活動に参加することで現世や来世に関わる恵みや御利益を獲得できると信じ、市井の人々がしたくてもできない慈善や奉仕活動を継続して行う宗教者の姿の背後に救いをもたらす大いなる存在を感じるものである。近現代中国においてキリスト教、仏教、イスラームはどのように地域社会と関係を構築し、人々の生活を向上させ、救いや力をこの世において見せてくれたのだろうか。

本章では、雲南省のカトリック村落（保薇が調査を担当）、江蘇省の安養院（栄畳飄が調査）、甘粛省のイスラーム女学（李鑫が調査）を事例にして、宗教団体による社会活動が地域の人々、高齢者、女性に対して与えたソーシャル・キャピタル、終の住処、エンパワーメントについて考察していく。

いつの時代も宗教者の地道な社会活動と布教が堅固な信仰と信者のつながりを形成していくことがこれらの事例から明らかにされるだろう。

二　雲南省の茨中カトリック教会

二―一　茨中教会の歴史

茨中教会は雲南省迪慶チベット族自治州徳欽県燕門郷茨中村に位置している。最も近いシャングリラ県との距離は二百六十二キロメートルであり、昆明市との距離は九百二十一キロメートルである。茨中村にはチベット族、ナシ族、リス族、ヌー族、ペー族、イ族と漢族がともに住んでいる。村には果物、クルミ、ブドウ酒の生産と観光業などの生業がある。近年、茨中教会の聖堂は観光地として人気があり、海外や中国国内の観光客の人数が増えていくにつれて、民宿を運営する村人が増えている。茨中村は近くの村と比べて経済的に恵まれている。

茨中村には百四世帯があり、人口は千百四十九人である。そのうち、五百六十人がカトリック信者である。茨中教会は徳欽県で最も大きい教会であり、現在の主任神父であるY氏は近隣の小さな六教会も兼務している。

調査は二〇一四年九月にカトリック信者である保薇により実施され、Y氏と宿泊先の民宿経営者他教会に集まる村民から情報の提供を得た。

茨中教会の歴史は約百六十年前に遡る。一八六一年、パリ外国宣教会から二人の宣教師が徳欽県で布教を開始し、翌年に茨中村から十五キロメートル離れた茨姑村において地主から土地を買って茨姑教会を建てた。同時に、一八六六年までに学校と病院も付設した。この教会は迪慶地方で最も古いカトリック教会であった。一九〇四年、イギリスがチベットに侵攻し、ラサを占領、ダライ・ラマ十三世が亡命した。一九〇五年、このことに怒ったチベット族とラマ僧たちが漢族の役人、フランスの宣教師、カトリックに改宗した人々を襲い、殺害した(維西教案)。

宣教師は殺され、茨姑教会も焼失した。しかし、叛乱は四川省の軍閥である回族出身の馬家軍に鎮圧された。一九〇九年、清の政府が十二万の銀貨の賠償金を支払い、茨中村の九分の一の土地を使って、教会を建て直した。宣教師が再び茨中村に着いたときには十二世帯しかなく、そのうちの五世帯は地主であり、七世帯は小作農であった。その当時の村人はチベット仏教と東巴教（納西族のシャーマニズム的民間宗教）を信じていた。茨中教会が建て直されて以来、カトリック信者は増えつづけ、一九四九年に信者数は約百人であった。

写真 20-1　茨中教会

現在、茨中村には約五百六十人の信者がいる。また、茨姑村には六十世帯があり、二世帯のチベット仏教信者を除いて、残りの五十八世帯がカトリック信者である。

二-二　教会の社会活動

茨中教会では伝統的なクリスマスなどの教会行事のほかに、毎週月・水・金曜日の夜八時半と日曜日の朝十時半から一時間のミサが行われている。Y神父はSNSを利用して茨中教会の歴史や現況を紹介して観光客を増やすことを考えている。聖堂の二階には三室の客室が用意されており、観光客は無料で短期間泊まることができる。ただし、泊まった人は教会の簡単な仕事を手伝わなければならない。Y神父は、「ここの村人の生活は都市部に比べて非常に貧しい。それに村のインフラ事業の発展もまだ遅れている。だから、多くの観光客がここに来てほしい。観光客が来て、村人の運営した民宿に泊まれば、村人の生活に役立つと思う」と述べた。

観光業のほかには、ほとんど社会活動は行われない。その理由は三つある。

①資金的余裕がないこと。茨中教会の聖堂には百年以上の歴史があり、全国の重要文化財として政府から維持費がもらえるものの、教会の主な収入は信者の寄付である。茨中村は豊かな農村であるものの、都市部に比べれば貧しい村である。

②スタッフがいないこと。教会は基本的にY神父一人で維持され、他に六カ所の聖堂も兼務しており忙しい。毎年七、八月に陝西省のシスターたちが徳欽県に手伝いに来る。

③政府に厳しく統制されていること。二〇一四年の七月、陝西省のシスターたちは短期間の無料のカトリック講座を開設しようとしたが、村の幹部が許可しなかった。

二-三　村人の教会活動

村民九名に質問紙を配付したところ、次のような回答を得た。回答者は男性三名、女性六名、青年が六名、六十代以上の高齢者三名である。全員農業に従事し、男女一名ずつがチベット仏教を信じ、七名がカトリック信者である。七名の信者ともに週に一回程度教会活動に参加しており、世代の異なる村人同士の交流を楽しんでいる。

二人のインタビューを紹介しよう。

A（二〇代女性）　Aは結婚する前にチベット仏教の信者だった。結婚した後、夫がカトリック信者なので、洗礼を受けてカトリック信者になった。小学校一年生の娘と三歳の息子がいる。茨中村では、村人は皆が知り合いであり、ほとんどの人の間に血縁関係がある。つまり、親戚である。村人はもし慶弔活動があったら、どんな宗教を信じているのかに関係なく、皆が手伝いに行く。若者が教会に行く頻度は農閑期に週に一回であり、農繁期に月に一回である。高齢者の場合は、農業を手伝うことができないから、週に一回ぐらい教会に行く。また、カトリックのクリスマスや復活祭などの伝統行事のときに、カトリック信者だけではなく、チベット仏教信者もそれらの行事に参加している。その一方で、チベット仏教の重要な宗教活動のときにカトリック信者も一緒に遊びに行く。

Ｂ（七〇代男性）　Ｂの家族は伝統的なカトリック家族であり、先祖がカトリックに改宗してから自分の孫まで六代が信者である。Ｂは生まれてから八日目に洗礼を受けた。一九八七年から、茨中教会の会長を務めている。二〇〇一年から徳欽県政治協商会議の委員を担当し、二〇〇七年から雲南省カトリック愛国委員会と教務委員会の常務委員を務めている。二〇〇八年にＹ神父が茨中教会に来るまで、もう一人の同世代の信者と二人で教会を維持してきた。

家業のブドウ栽培は宣教師に教わったものである。一八八四年、フランスの宣教師がフランスの玫瑰蜜という種類のブドウの種を茨中村に持参し、同時にフランスのブドウ酒の醸造技術も伝えた。Ｂの叔母は中華人民共和国が成立する前には教会のシスターであり、直接フランス人宣教師からブドウ酒の醸造技術を学び、Ｂも続いて学んだ。現在、Ｂは玫瑰蜜の専門生産農家であり、収穫されたブドウを使って醸造されたブドウ酒は人気がある。最近、Ｂは煉瓦工場を始め、自宅を民宿にしている。Ｂの長男は登山客のために小さい旅館を経営しており、村では成功した家族である。

Ｂによれば、中華人民共和国が成立するまで、フランス人神父が管理した茨中教会は病院、老人ホーム、孤児院、学校など多くの福祉施設を運営していた。困窮者に対して信仰の有無に関係なく、無料で面倒を見た。学校の毎年

写真 20-2　茨中村のブドウ栽培とブドウ酒醸造

の入学定員は男子生徒四十人と女子生徒五十人であり、授業料は無料だった。チベット語、中国語、地理、歴史、数学、科学、聖書の読解などの授業があった。また、教会は生徒に寄宿舎も用意した。こうして、学校で教育を受けた子どもたちはほとんどカトリックに改宗した。

茨中村はほとんどの人がカトリックあるいはチベット仏教のどちらかを信じている。違う宗教を信じている同士でも結婚できるが、結婚した後は、一般的に女性の方が男性の宗教へ改宗する。Bの息子の嫁は結婚する前、実家ではチベット仏教を信じていた。しかし、結婚した後、Bの一家が全員カトリック信者なので、もし自分一人だけチベット仏教を信じつづけたりすると生活で不便だと思い、洗礼を受けてカトリックへ改宗した。また、カトリック信者なのに、結婚した後チベット仏教の信者になるという場合もある。結婚による改宗は頻繁に生じる。しかし、まれに嫁いだ女性が自分の宗教を諦めない場合もあり、現在、茨中村ではこういった一家両教の家庭が二世帯あり、それでも仲良くやっている。

二-四　カトリック教会とソーシャル・キャピタル

インタビューをした二名は若者の教会離れを指摘した。Y神父によれば、茨中村の人口は約千百人であり、その中でカトリック信者五百六十人であるが、毎週、教会に行く人数がわずか百人である。Aによれば、一部の若い男性信者は毎週教会に行くが、ミサに参加せずに、ただ教会の庭で話し合っているだけである。Bの解説では、現在、茨中村の若者たちは高収入を求めて都市部で働きたがり、出稼ぎ者の数が多い。村を離れると若者は教会へ行かない。昨年、茨中村で一泊千六百元の高級ホテルがオープンしてから出稼ぎ労働者が村に戻ってこの高級ホテルで働いている。しかし、毎週教会に行く人の数が増えない。若者の教会離れはとても厳しい問題である。

いずれにせよ、茨中カトリック教会は村人に交流の場を提供し、カトリックの伝統行事の時期にクリスチャンの出稼ぎ労働者は村に戻って、ミサに参加する。そのとき、村のチベット仏教の信者も教会に遊びに来る。ミサが終わった後、若者は教会の庭で、一緒にお酒を飲んだり、話し合ったりする。また、茨中カトリック教会の聖堂は百年以上の歴史を誇り、近年中国国内だけではなく海外にも人気がある。Y神父も徳欽県政府も聖堂の人気を利用して、観光客を呼び寄せ、民宿の運営やレストランの経営で村人の生活を向上させようとしている。

アンケート調査によれば、茨中村の村人が信頼とネットワークの面で良好な社会関係を維持していることがわかったが、それは家族や村落や小都市にみられるような「信頼に満ちた親密な水入らずの共同生活」(テンニース一九三五＝一九五七：三五)というゲマインシャフトの効果なのか、あるいは、カトリック教会という宗教が醸成したソーシャル・キャピタルのゆえんであるのか、その区別は必ずしも明らかではない。村人のほとんどは先祖代々茨中村で生活しているので、お互いに知り合いで血縁関係がある。その一方で、現在の茨中教会は観光業の他、ほとんど社会活動を行わないが、宗教はボランティアのような短期的・直接的に把握可能な社会活動もあれば、社会教育や社会教化のように長期的・間接的に効果が認められる活動もある。稲場圭信によれば、「宗教団体の社会貢献活動は、社会福祉の実質的な担い手としての機能に加えて、助け合い・支え合いの精神を育てる公共的な場を提供する機能をあわせ持つ」という(櫻井・稲場　二〇〇九：五一―五二)。

カトリックが宣教師たちによって雲南省に伝えられてから約百六十年、村落の親族関係や近隣関係とも密接に関わりながら会堂を維持し続けている。初期の社会活動が蒔いた種は村人の歴史的記憶と現在の信仰生活に実を結んでいると言えよう。

三　江蘇省の仏教安養院

三-一　中国の高齢化と高齢者福祉

少子高齢化は今世紀多くの国が直面している深刻な課題の一つである。中国では、六十五歳以上の高齢人口が二〇一四年時点で一億三、七五五万人に上っている。高齢化率が一〇・一パーセントに達しており、すでに高齢化社会になっている（中華人民共和国国家統計局 二〇一五）。高齢人口の増加は、高齢者施設の不足や介護の困難等、高齢者福祉に関する様々な問題をもたらしている。しかし、財源不足のため、政府だけではこれらの問題を解決することは難しい。こうしたなかで現在、仏教団体が積極的に高齢者福祉に関する社会活動に参与している（趙 二〇一二）。そして、近年、宗教の社会事業に関する政策的な制限が以前より緩和されたことにより、仏教系高齢者福祉施設である安養院の数が増えている。

中国東部の江蘇省は安養院の発祥地であり、現在二十六カ所の仏教団体による安養院が置かれている。なかでも、今回の調査対象である鎮江大聖寺安養院（写真20-3）は、中国における最初の安養院として十六年の歴史をもつ（莫 二〇一四）。

今回の調査目的は、入居費が安い安養院が、年金がないかあるいは少ない高齢者の養老問題を解決する手段の一つとなれるかどうかを調べ、高齢者福祉に対する安養院の貢献を探究することである。また、安養院は高齢者の主観的幸福感に対してどのような効果をもたらすのかについて考察する。安養院では、様々な仏教イベントによって高齢者の孤独感と死への不安を解消しうるかを明らかにしたいと考えている。

具体的には、今回の調査は、大聖寺安養院と弥陀村の二カ所で行った。

（1）大聖寺安養院

大聖寺安養院は中国江蘇省の西南部、鎮江市に位置し、二〇〇〇年に住職である釈昌法法師によって創設された中国初の安養院である。二〇〇二年に江蘇省宗教局から老人ホームを設置する同意を得て、二〇一一年に民政局の許可を得て合法的な養老施設になった。

現在、入居者は約百七十人で、平均年齢は約八十二歳、このうち身寄りがない高齢者は十一名である。

写真 20-3　大聖寺安養院

写真 20-4　弥陀村

この安養院は、釈昌法法師が、自分の母親の死をきっかけに創設したものである。母親は釈法師の外出時に事故で亡くなり、「親孝行をしたいが、親はすでにいなかった」という後悔から、償いのために身寄りがない高齢者を扶養しようと、大聖寺安養院を立ち上げたのである。大聖寺安養院は、入居者が支払った入居金と、寺院の収入で運営する。基本的には、寄付金を受けないが、建物の建設費用の一部は寄付金である。

（2）弥陀村

弥陀村は、中国江蘇省の東南部、無錫市に位置し、二〇〇二年に王洪妹居士によって創設された中国最大の菩薩の道場（菩薩を信仰する仏教信徒らが集まって念仏を唱える集会所）である。現在、弥陀村の安養院の入居者の数は約七十人である。ただし、この安養院は、宗教局の同意は得たものの、民政局の許可がなく、合法的な養老施設ではない。弥陀村の場合は、仏教信者の高齢者が幸せな老後を送るために、道場の中で、老人ホームを立ち上げた。弥陀村は、前述の大聖寺安養院とは異なり、信者からの寄付金で運営されている。

通常、民間の老人ホームには医師が勤務していないことも多いが、安養院には医師が勤務している。安養院には様々な部屋が設けられていて、そのなかには医務室も存在する。医務室に医師と看護師が勤務している。大聖寺には、六十歳くらいの医師と無資格の看護師の二人が勤務するが、弥陀村では七十歳くらいの漢方医が入居者の面倒をみており、週末には医大生もここでボランティア活動を行う。

（3）終末期ケア

大聖寺と弥陀村には、高齢者の孤独感と死への不安を解消する終末期ケアがある。高齢者は、医師に余命を一週間以内と診断されると、往生堂に入る。そして、安養院の責任者が居士（中国では在家の仏道修行者を意味する）を集め、法事を行う。この法事は、二十四時間中断せずに、二時間交代で行われる（二時間誦経、八時間休憩）。二、三人の居士が終末期の高齢者の隣で誦経しながら見守って、死への恐怖を軽減する。この法事は、昼夜を通して臨終まで続く。インタビューによると、この終末期の法事が入居者の重要な理由である。入居者は、このような法事によって、極楽往生ができると信じている。

表 20-1　大聖寺安養院と弥陀村の入居基準，入居金および入居者の日常生活と施設の状況

	大聖寺安養院	弥陀村
入居基準	①仏教信者 ②家族の同意(家族がいない場合，自分の意思のみで入居できる)	①仏教信者 ②家族の同意
入居金と月額利用料	入居金：20 万円～40 万円(1 万～2 万人民元)月額利用料：3000 円(300 人民元)	なし
入居者の日常生活	昼は誦経，夜は自由時間 (ただし誦経活動に参加したくない場合は自由にしてよい)	朝から晩まで誦経
建物	4 軒の 3 階建てが高齢者の居室として使われる	5 軒のうち 3 軒が法事とイベントの際の客室として使われる。残りの 2 軒が男女別居の居室として使われる
共用設備	シャワー室，洗面室，トイレ，洗濯室，医務室，キッチン	洗濯室，医務室，キッチン
居室設備	2～3 人で共用する ベッド，机，椅子など	4～5 人で共用する ユニットバス，ベッド，机，椅子，布団など

三－二　高齢者介護の将来

今回の調査から、安養院は利用料が非常に安く、経済的に困窮する高齢者にとって利用しやすいことがわかった。設置数が少ないという問題はあるが、年金がないあるいは少ない高齢者の養老問題を解決する手段の一つとなることが可能である。

そして、安養院には設備面に加えて様々なイベントもあるので、入居者に心身の健康保持や安定した生活を与えることができる。また、比較的若い高齢者がより高齢の者の面倒をみることで介護費用を安上がりにしているのだが、そのおかげで高齢者の間にコミュニケーションができ、つながりが深まる。さらに終末期ケアもあるので、高齢者の孤独感と死への恐怖を解消することができる。

中国は家族による老親扶養が規範化している社会でありながら、一人っ子政策を実施した結果、老齢の親夫婦二組に息子や娘夫婦が一組、老親が農村部で子世帯が都市にあって介護できないという家族が激増している。高齢者の介護施設やデイケアは都市部で一部公的に担われ、不足分

は民間施設が代替し始めているが、圧倒的にキャパシティが不足している。仏教安養院による介護施設の運営は、利用者もしくは信者同士の介護を行うということでこれまでの高齢者介護施設の常識を超えるものであるが、終末期ケアも付帯し、人間関係も構築できるなどの効果も認められるために、手詰まりの高齢者福祉において今後の一つの示唆を与えているのではないかとも考えられる。

もちろん、施設の部屋数や、安養院の利用者が仏教信者しかいないこと、弥陀村のように老人ホームとしての許可がない安養院は法律に守られておらず、いつでも閉鎖される可能性があるなど問題を抱えており、大聖寺安養院も弥陀村も、現在の責任者が強力なリーダーシップで維持管理をしている施設なので、適切な引き継ぎがないと継続性が担保されないという限界を抱えている。

それでも、宗教施設による安養院の設置は、今後の宗教団体による社会活動の可能性や方向性を示唆するものと言えるのではないだろうか。

四　甘粛省の回族女学

四-一　回族のイスラーム教育

中国において一九七八年に改革開放政策が実施されて以降、政府の宗教政策が緩和され、一九五〇年代から禁じられていた宗教活動が復活した。この流れを受けて中国におけるモスクの再建やメッカ巡礼などのイスラーム復興運動が行われてきた。それとともに、ムスリム女性の低い識字率や地位が問題になり、各地で「女学」という主に回族女性を対象とするマドサラ（学校）が積極的に設立され、女性へのイスラーム教育が行われている。

このような女学は、公立の教育機関が提供しえない宗教教育、中国語とアラビア語二言語の識字教育、および社会教育を提供している。そこに通う学生には若年女性のみならず、既婚者で子育て中の女性や高齢者女性もいる。特に、回族が集中している寧夏、甘粛などの西北地域では、一九八〇年代初めから女学が多く設立され、発展を遂げてきた。

女学研究の空白を埋めた著作は、二十一世紀初めに発刊された『中国清真女寺史』である。[1]明末から清の初期にかけて女学は河南省に現れ、中原地域の各ムスリム居住地に広がったが、西北地域までは及ばなかった。にもかかわらず、その本の出版をきっかけとし、西北地域における女学に関する課題は研究者の関心をひき、研究論文が相次いで発表された。松本ますみは臨夏中阿女校という「女学」はイスラーム社会の発展に貢献したと指摘し（松本二〇〇二）、そして回族女性へのフォーマル教育とノンフォーマル教育、すなわち「女学」との対比研究を通して、女学がムスリム女性の社会教育に果たす積極的な役割を議論した。回族女性にとって、女学は職業訓練場とアイデンティティを確認する場所であり、そこで彼女たちは従属的なジェンダー観を変更できると考えたのである（松本二〇一〇）。

女学は創設当時すべて私立であり、アラビア語学習塾といった小規模なものであった。しかし、都市化の進行に伴い、都市社区構造の変化、家庭宗教機能の削減、女性自己認識の回復という三つの理由から（馬二〇〇三）、①学校運営の精鋭型、②モスク経営の中間型、③個人経営の基礎型といった類型化が可能な形で分化している。近年、女学に関する事例研究は多くなってきたが、女学発展の新しい動向に関する研究が不十分であるために、女学の全体像を把握することが難しい。

筆者（李）は二〇一五年と二〇一六の夏に、これまでの研究がふれなかったイスラーム教経学院で短期間ではあるがフィールドワークを行い、女学の設立目的、教育目標、運営状況、教育理念、教育実態などを調査し、女子学生のエンパワーメントについて考察しようと考えた。以下はその報告である。

四-二　蘭州イスラーム教経学院

蘭州市は甘粛省の省都であり、甘粛の政治・経済・文化・交通の中心地となっている。古来シルクロードの重要な中継地であった蘭州は、今でも中国西北地域において交通の要衝であり、典型的な少数民族集住地となっている。五十六の民族が居住している蘭州市の総人口は三六一・六二万人、少数民族人口は一五・九四万人である。そのなかで回族人口は一〇・九五万人、蘭州市総人口の三・〇三パーセントを占めている（張・楊・居・鄭 二〇一四）。現在、蘭州市は城関区、七里河区、西固区、安寧区、紅古区と皐蘭県、永登県、楡中県と、五区三県を管轄する。今回のフィールドワークを行った蘭州イスラーム教経学院は回族人口が多く集住する城関区に位置している。

蘭州イスラーム教経学院は、一九八四年に中華人民国国務院と中国共産党甘粛省員会の承認を得り、甘粛省イスラーム教協会の敷地内に創設した宗教教育機関である。創設の目的は「愛国愛教」（中華人民共和国を愛し、イスラーム教を愛する）の教職者人材を育成することである。一九九七年に、新しいキャンパスが建設され、規模が拡大された。キャンパス内に総合事務棟、教育棟、生活サービス棟、学生寮などの建物があり、総計建築面積は一七五〇〇平方メートルになっている。そして、礼拝室、図書館、パソコン教室、階段教室、食堂、シャワールーム、ジムなども設置されている。現在、女性教師を含めて三十名の常勤教員がおり、そのうち副教授が八名、講師が十八名である。

二〇一一年まで、蘭州市唯一の政府公認のイスラーム教育機関として、男性ムスリム青年のみを募集し、教職者人材を育成することが主要な教育目的であった。新しい学長の就任に伴い、イスラーム文化に熟知する、中国語とアラビア語との運用に熟練する、イスラーム国家へ留学できる、あるいは翻訳事業に従事できるアラビア語の即戦力となる人材を育成することを目標とする女性イスラーム教育が始まった。それは、「アラビア語大専クラス」というムスリム女性向けのアラビア語専攻コースである。現在、蘭州イスラーム教経学院において、全日制教育クラスはイスラーム教経学専攻（四年制）の六つとアラビア語専攻（三年制）の六つ（男性三つ、女性三つ）に分けられているが、アラビア語専攻の学生は、男女を問わず、三年間勉強した後、優秀者は次の段階（四年制）に進級することができ、進級率は三十パーセント以上である。現在、甘粛省をはじめ、各地出身の約四百名の学生が学習中であり、そのうち女性が約七十名である。

アラビア語大専クラスの募集対象は、中学校卒業あるいは中学校卒業相当の学歴をもち、十八歳から二十二歳の女性ムスリムである。応募人数は年々増えつつあるため、統一試験に合格した者のみが入学できる。学校の管理は半閉鎖式（金曜日の放課後から日曜日の夕方まで開放する）のため、毎学期授業料と寄宿料を千五百元、食事、買い物代千六百元（月ごとに四〇〇元を学生カードにチャージしてあげる）を徴収する。毎年、成績の優秀な学生に奨学金千元、家計の困難な学生に助学金千五百元を提供する。

カリキュラムの面では、経学、文化、言語、政治、技能の五類の計三十科目の課程を展開している。女性クラスと男性クラスとは一年目の授業内容は同じである。二年目からムスリム女子学生に『ムスリム家政概論』や『ムスリム幼児教育』を増設する。授業のほか、多様な活動も展開されている。例えば、コーラン暗唱コンクール、アラビア語講演大会などがあげられる。これらの活動には男女とも参加できる。活動やサークルでは女性たちが積極的に参加する姿がみられ、さらに女子学生が男子学生に勝ち、優勝したこともある。今学期に開催されたアラビア語講演大会で、アラビア語大専クラスの二年の女子学生が二十人のなかで一位を獲得した。

四-三　女学生徒のジェンダー観

このような教育活動は、単に女性の自信の回復、生活技能の向上のためのみならず、イスラーム教的な教育観と回族の教育観との相互作用の結果と言えよう。イスラーム教は男女ムスリムが同じ教育を受ける権利を有すると主

写真 20-5　蘭州イスラーム教経学院で講演を聴講する女子学生たち（http://www.lzjxy.cn/News/xueyuan/354.html より転載）

張しているため、学校側は原則としては男女平等な教育内容や教育機会を提供している。同時に、回族教育は伝統的な「男は外、女は内」の性別役割分業モデルの影響を受けており、女性を教育する際に「賢妻良母」の性別役割意識養成を強調している（虎 二〇一三）。女性に対しては「妻、母」の役割をよりよく果たすために家政と幼児教育の科目が増設されたわけである。そうすると、女性は男性と同じレベルの教育を受け、一緒に競争し合うことができ、そのうえで女性の役割も果たせるようになるので、伝統的な役割分業意識の強い回族社会に戻った後、家庭内の役割に加えて家庭内外の権利を獲得できるようになる。

ここに通う学生は農村出身者もいれば都市出身者もいる。筆者の聞き取り調査対象者の六人のうち、農村出身者が半分を占めている。彼女たちに女学に来るのは誰の意志なのかについて尋ねたところ、四人が自分で決めたと述べた。その理由はすべて宗教知識とアラビア語を勉強するためである。卒業後の進路については、五人が就職する予定があり、そして結婚後も仕事を続けるつもりであると答えた。仕事と家庭の重要性については、家庭より仕事が大事だと思う人は一人もいなかった。「結婚したら生活の中心は家庭内になるかもしれないが、やむをえない状況がなければ、やはり仕事を続け自分が習得した知識を生かしたい」と答えた女性がいた。その一方で、「他の女子学生は自分のやりたいことがあるため、それを続けたい」という。「でも私は子どもができたら育児に専念したい。仕事は自分の価値を実現する唯一の道ではない」と語る生徒もいる。言い方は人によりそれぞれだが、「女学」の学生はよき妻よき母の役割を果たすということには肯定的な考えをもっている。

四-四　卒業生の進路

経学院学位は教育部門認定の学位ではないけれども、イスラーム教宗教学位であるためにイスラーム内では認められている。甘粛省においては、国民教育による学位と同じくとらえられている。そして、成績の良い学生はメッカ巡礼のエスコートに選抜されることができる。甘粛省メッカ巡礼団体の派遣者として昨年も今年も一名の女子学生が選ばれた。これは宗教における女性の地位を上げた証しと思われる。また、経学院の女性たちは卒業後学校の推薦により、イスラーム国家に留学することができる。さらに、就職したい学生を関連企業に紹介することもできる。

二〇一五年、筆者が初めて訪問したときに女性の卒業生が十七名おり、そのうち二名がイランの大学に留学できた。そのほかの卒業生は、回族幼児院の教師、他の「女学」の教師あるいは宗教指導者「女性アホン」を務めている。あるいは、翻訳や貿易ビジネスに従事する者、進学、留学している者、また政府機関で民族宗教事務に関する仕事をする者もいる。これは、彼女たちが学んだイスラームの知識、アラビア語の知識と現代社会の知識はイスラーム復興と識字教育に有用であると見なされている証拠である。彼女たち自身も経済的に自立でき、自分の地位を向上させたと考えられる。

四-五　中国社会における女子イスラーム教育

この女学が設立された理由の一つは、回族女性がイスラーム教育を受けたいというニーズが増加してきたからである。もう一つの理由は、学長の考えによるもので、母親は一つの学校であり、母親がイスラーム宗教の知識を身に付けたなら、少なくとも三世代の家族に影響を与えることができるというものである。

現在までイスラーム文化と理念を伝える女学の合理性について議論されてきた。その議論は、女学が教法解釈上で合法か否かを問うことや、女学というのは特定の宗派に限定されているのかとか、イスラーム教典を読まずに翻訳者ばかりを育成しているのではないかという懸念や、女性教師のもつ知識の正統性などについてであった（馬二〇〇三）。筆者はこのような議論には立ち入らないが、少なくとも調査からは、宗教教職者を育成する経験のある蘭州イスラーム教経学院が設立した女学において、教師のもつ知識の正統性や高い知識水準が確保されていること、そして、カリキュラムにおいて言語課程、宗教課程、社会技能課程をともに展開し、総合的なイスラーム事業に貢献できる人材を育成できていることが確認された。また、政府認定の宗教教育機関であるためホームページやSNSの公式アカウントをもち、インターネットを利用して広報し、その情報をより多くのムスリム女性に届け、より多くの回族女性や回族の家庭に影響を及ぼしていくことが期待できる。

最後に、イスラーム国家における女子教育の問題をアジア的な視点で考察しておきたい。イスラーム国家といっても北アフリカや中東諸国のように女子教育が普通教育や高等教育に組み込まれている地域と、アフリカや南アジアのように内戦が続き、イスラーム過激派が女子教育を否定し、女学生を拉致したり殺害したりするというような地域もある。ノーベル平和賞を受賞したマララ・ユースフザイ氏はパキスタン出身だが、タリバンによる銃撃を受け負傷し、治療と安全のために家族でイギリスに移動せざるをえなかった。

南アジアでは女子教育が人間開発の重要な施策になっており、識字率の低さや女性が従事する仕事のなさが、十代半ばの婚姻や多産多子の背景となっている。回族においても女子教育や女性の社会教育が、回族世帯の生活水準を上げ、女性の就業率も高めて、結果的に中国社会における回族の社会的地位を押し上げることになるものと思われる。

このような女子教育によるエンパワーメントを可能にしたのが、中国の社会政策である。もちろん、政府は少数民族である回族が独自の民族教育や宗教教育によって民族的アイデンティティを強化し、公民意識を希薄化させることを警戒している。したがって、川田進がウイグルの調査で記し、また本章でも確認しているように、国家や地域を越える普遍主義的なイスラームではなく、「愛国愛教」のイスラーム教育にならざるをえない。しかし、中国における社会主義的労働観と国家による男女平等の教育制度が、回族のイスラーム教育においても適用され、イスラーム女学という教育機関が生まれたものと考えられる。回族はそうした教育機関を積極的に活用し、民族の高等教育や識字教育に活用し、結果的に中国という国民国家を超える留学生や、自身の職業によって伝統的な回族女性の役割をも超える女性たちを生み出していっているのである。

参考文献

〈日本語文献〉
櫻井義秀・稲葉圭信、二〇〇九、『社会貢献する宗教』世界思想社。
テンニース、一九五七、『ゲマインシャフトとゲゼルシャフト――純粋社会学の基本概念（上）』杉之原寿一訳、岩波書店。（原著：Tönnies, F., 1935, *Gemeinschaft und Gesellschaft: Grundbegriffe der reinen Soziologie*, Buske.）
茨中教会　https://read01.com/K64N27.html
松本ますみ、二〇〇一、「中国西北におけるイスラーム復興と女子教育――臨夏中阿女校と韋州中阿女学を例として」『敬和学園大学研究紀要』、一〇：一四五―一七〇頁。
松本ますみ、二〇一〇、『イスラームへの回帰――中国ムスリマたち』山川出版社。

〈中国語文献〉
虎麗平、二〇一三、「社会性別視角下当代ムスリム女学」『回族研究』、第二期　一〇九―一一四。

馬強、二〇〇三、「回族伊斯兰文化教育的田野调查及思考」『回族研究』第四期　一〇四―一二〇頁。

莫宗通、二〇一四、「対蘇南仏教界開展養老服務的調査と思考」『民族与宗教』八七号一巻、四七―五五頁。

水鏡君・ジャシック、二〇〇二、『中国清真女寺史』、三聯書店。（英語版は二〇〇〇年に出版された。）

中華人民共和国国家統計局、二〇一五、『中国統計年鑑二〇一五』中国統計出版社。

趙立新、二〇一二、「宗教世俗化与宗教参与養老」『魯東大学学報』二九号三巻、六―一一頁。

張志斌、楊瑩、居翠屏、鄭春雨、二〇一四、「兰州市回族人口空间演化及其社会响应」地理科学　http://www.cnki.net/kcms/detail/22.1124.P.20141107.1101.002.html
蘭州イスラーム教経学院ホームページ　http://www.lzjxy.cn/News/xueyuan/381.html

第二十章　インド、ラダックにおける仏教ナショナリズムの始まり

――カシミール近代仏教徒運動との出会い

宮坂　清

一　ラダックにおける仏教とナショナリズム

インドの北端、ヒマラヤ―カラコルム山系中に位置するラダックは、乾燥した高地という過酷な自然環境のため、インドのなかでも極端に人口が希薄な地域である（図20‐1）。十九世紀以降、辺境であるがゆえに外部から注目され、大国間の紛争の現場になっていくが、それに伴い住民も政治的な意識を高めていく。人々はアイデンティティの基礎を宗教に求め、自らがチベット仏教徒ないしムスリムであると自覚するようになっていく。本章はこのうちチベット仏教徒が活発化させていった仏教ナショナリズム（Buddhist Nationalism）を取り上げ、とりわけその端緒がどのようなものであったかについて検討を行う。

宗教社会学や文化人類学では宗教とナショナリズムの関係についての議論の蓄積があるが、二〇〇〇年代以降、とりわけ仏教ナショナリズムや近代仏教運動についての比較研究が盛んになっている（大谷　二〇一二）。南アジア地域に目を向けると、宗教とナショナリズムの関係を対象とした従来の研究は、ほとんどがヒンドゥー教徒ないしムスリムを事例としたものであり、なかでもインドの人口の八十三パーセントを占めるヒンドゥー教徒によるヒン

図 20-1　ラダック地方

ドゥー・ナショナリズムについては社会的に関心を集めていることもあり、多くの研究が存在する（中島 二〇〇五など）。仏教徒が関わる運動についての研究は相対的に少ないものの、不可触民や低カーストの人々による仏教への改宗運動や、亡命チベット人による運動についての研究は比較的多い（舟橋 二〇一四など）。他方で、インド北西部や東北部の辺境地域に古くから暮らしてきた「土着の」チベット仏教徒によるナショナリズムはそれほど研究されているとは言えない。そのうちラダックのチベット仏教徒による仏教ナショナリズムに限定すれば、日本では山田孝子がわずかにふれているのみである（山田 二〇〇九：一六五―一九二）。

一方、海外に目を転じると、ラダックや欧州の研究者による研究がいくつかある（Ganhar 1956, Shakpo 1988, Bertelsen 1997a; 1997b; 1997c, van Beek 2001）。本章はこれまで日本ではあまり目を向けられてこなかった、ラダックにおける仏教ナショナリズムを紹介し、それをインドや広くアジアの文脈に位置づけるための基礎的な考察である。

ラダックが属するジャンムー＆カシミール州（Jammu & Kashmir, 以下、J&K州）は、パキスタンや中国（チベット自治区・新疆自治区）と隣接しており、インドとパキスタンや分離独立派などとの間で泥沼化しているカシミール紛争の舞台として知られるほか、中国との間でも一九六二年の中印国境紛争以降、現在まで散発的な衝突が続き、国境が確定していない箇所がある。

ラダックの人口は約二十九万人であるが、そのうち仏教徒が四十六パーセント、ムスリムが四十七パーセントと、ほぼ同割合であり、両宗教の信者を合わせると人口の大半を占める。これは主に、ラダックがチベット文化圏とイスラーム文化圏のちょうど境界に位置していることによる。すなわち、ラダックは十世紀以降、東方に位置するチベットから影響を受けてきたが、十四世紀以降は西方や北方からイスラームが広がってきており、大まかにいえば、現在ではラダックを境界にして東方は仏教徒、西方や北方はムスリムが暮らす地域となっている。ラダック地域内においても、南東部は仏教徒の、北西部はムスリムの割合が高い。他方、J&K州全体でみると人口割合は大きく異なり、ムスリムが六十七パーセント、ヒンドゥー教徒が三十パーセントであるのに対し、仏教徒は一・四パーセントにすぎない(Census of India 2011)。つまり仏教徒はラダックでは半数近くを占めるが、J&K州においては極小と言ってもいいマイノリティである。なお、同州の仏教徒のほとんどはラダックに居住するチベット仏教徒であり、ヒンドゥー教からの改宗仏教徒などはわずかであると考えられる。

このような状況のなか、ラダックのチベット仏教徒は、一般に仏教徒としてのアイデンティティとムスリムの脅威を強調する傾向がある。一九六九年および一九八九年には仏教徒とムスリムが衝突し死傷者を出したが、その背景には、仏教徒がムスリムに追いやられ存在基盤が揺らいでいるという危機感がある。近現代南アジアの文脈からみれば、これはイギリスによる植民地支配に端を発するコミュナル対立(Communal Conflicts. 宗教共同体の政治的対立)の一つと捉えることができ、より広く近現代アジアの文脈からみれば、他地域でも活発化していた仏教ナショナリズムの一潮流とみることもできる。その後一九九五年にJ&K州政府から大幅な自治権を獲得したことにより、ラダックの仏教ナショナリズムは一応の結着をみたが、その後も一部の人々によりラダックのインド直轄領化を求める運動が行われつづけており、またムスリムとのコミュナル対立は小康状態ではあるものの抜本的には解消されていない。

ラダックに仏教ナショナリズムが波及したのは一九三〇年代である。本章は特にその初期に焦点をあて、当時の仏教誌や後世の論文に掲載された公的文書、そして先行研究に依拠しながら、今日まで続く一連の運動の端緒がどのようなものであったかを検討する。

二　グランシー委員会への意見書

一九三二年一月、仏教徒の代表四名が、社会調査を目的としてカシミールに派遣されていたイギリス人外交官が主宰するグランシー委員会(Glancy Committee)に意見書を提出した。その内容は、ラダック(を含むカシミール)の仏教徒が置かれている教育、経済、社会、宗教の領域における後進性を並べ立て、改善策を講ずるよう懇請するものだった(Buddhist Community of Kashmir 1932: 127)。意見書は委員会からその内容が必ずしも妥当でないと判断され直接の結果をもたらしはしなかったものの、近代において初めて「仏教徒ラダック人」が公に表象され、ラダックにおける仏教徒運動の第一歩になったという点で重要な意味をもつ。そしてその表象がラダック人自身ではなく、ヒンドゥー教から仏教に改宗したカシミール人によるものであったことが、表象のより具体的な諸相やその意義に少なからぬ影響を与えていることも重要である(Ganhar 1956, Shakpo 1988, Bertelsen 1997a; 1997c)。まずはその背景からみていこう。

先述したように、ラダック地域(Ladakh Region)はインド北端に位置するJ&K州の東部を占める。北西から南東へと七千メートル級のヒマラヤ、カラコルムの両山脈が連なる山岳地帯であり、山間に点在する村落の標高は三千―四千五百メートルほどである。州は大きく三つの地域からなり、ラダック以外の二地域は、州南部のジャンムー市を中心としインド平原の北端に位置しヒンドゥー教徒が多数を占めるジャンムー地域(Jammu Region)、州北部に位置し北東にヒマラヤを仰ぐ高原地域でスンニ派ムスリムが多数派を占めるカシミール地域（Kashmir Region）である。なおカシミール地域にはヒンドゥー教の重要な聖地があるほか、カシミール・パンディットと呼ばれ崇敬を集めるブラーマン階級のヒンドゥー教徒が少数ではあるが暮らしており、ヒンドゥー教徒にとっても重要な地域である。三つの地域は地理・気候の面やそこに住む人々の言語・宗教・生活文化によりそれぞれ特徴をもつが、一八四六年に成立したジャンムー&カシミール藩王国（以下、J&K藩王国）に統合されイギリスの間接統治を受けて以降、一九四七年のインド独立後も、藩王国を引き継いだJ&K州にほぼそのまま組み込まれて今日に至っている。このうちラダック地域は三地域のうち最も面積が広いが、自然条件が厳しいことから人口は二九万人ほどで、三地域のなかでも際立って少ない。そして一九七九年、ラダックはムスリムの多い西部と仏教徒の多い東部に分割され、それぞれカルギル地区（District Kargil）とレー地区（District Leh）と呼ばれるようになった。

歴史を遡れば、ラダックは十九世紀前半までおよそ千年にわたり、断続的にラダック王国が支配した地域である。チベット王家の血を引くラダック王国の歴代の王たちはほとんどがチベット仏教を信仰し、チベット仏教寺院の主要な支援者でもあったため、各地のチベット仏教寺院は大きな権力をもっていた。しかし十四世紀以降、西方から次第にイスラーム化が進み、王がイスラームを奉じた時期もある。十九世紀に入りチベットから侵攻されたラダックは西のカシミールに援軍を求めるが、かえってカシミールに影響力をもっていた、ジャンムーに拠点を置くヒンドゥー教徒ドグラの支配を受ける結果となった。一八四二年、ラダック王国は当時ラージプートのドグラ王グラーブ・シンの家臣であったゾラワール・シンが率いる軍に敗れて滅亡し、一八四六年、グラーブ・シンが藩王となってジャンムーを拠点に成立したJ&K藩王国に併合され、同国の支配下および英領インド政府の間接統治下に置かれた。こうしてラダックは一九四七年にインドとパキスタンが分離独立するまで、一世紀にわたりJ&K藩王国の東部を占めることになった。藩王はラダックの王族や貴族などの旧支配者階級が保持していた特権を制限し厳しい支配を行ったとされるが（Petech 1977）、後述するように、藩王国内におけるラダックの存在感は著しく低かった。

このような歴史を背景にして、上述のとおり、一九三二年一月、仏教徒ラダック人の独自性を確立しようとした重要な意見書がグランシー委員会へ提出された。意見書は、カシミール藩王国仏教徒協会[1](Kashmir Raj Bodhi Meha Sabha, Buddhist Association of Kashmir State, 以下、KRBMS)の会員四名の連名で、グランシー委員会の代表バートラム・グランシー(Bertram Glancy)に提出された。同委員会は、カシミールで一九三一年にヒンドゥー教徒とムスリムの間に起こったコミュナル暴動を受けて植民地政府が派遣したもので、主としてJ＆K藩王国に暮らす人々の生活状況を調査することを目的としていた。ハリ・シン(Hari Singh, 在一九二五―一九六一)を藩王とするJ＆K藩王国は植民地政府の間接統治下にあり、植民地政府は上記のコミュナル暴動を問題視し、グランシーを派遣したのだった。ただし調査地域はカシミール地域に限定されており、またラダックの仏教徒は当該コミュナル暴動に関わっていなかったため、調査対象に含まれていなかった。

意見書末尾に列記された四名の署名のうち、筆頭にあたるのはラダック人のソナム・ノルブ(Sonam Norbu)であり、ラダック人自らが陳情を行った形になっているが、彼は当時まだシュリーナガルで学ぶ二十三歳の学生であり、後述のように名目上の筆頭者であった可能性が高い。主要な会員であった残り三名はカシミール・パンディット(Kashmir Pandit, カシミールのヒンドゥー教ブラーマン階級)からの改宗者であり、なかでもシリダール・カウル(Shridhar Kaul)が実質的な指導者であった。彼らは陳情を行う数年前、セイロン(現スリランカ)のダルマパーラ(Dharmapala)によって設立された大菩提会(Maha-Bodhi Society)の影響を受け、仏教への信仰を自らの意志により選択していた。

彼らは、ラダックの仏教徒からの影響によって改宗したのでなかったのはもちろん、陳情より前にラダックに暮らす仏教徒と直接の関わりをもつことはほとんどなかった。恐らく改宗した後に、同じ藩王国の国民であるラダックの仏教徒を陳情のなかに含めたいと考えたのであろう。なぜなら彼らはラダックこそ、仏教の、その生まれ故郷であるインドにおける最後の牙城であると考えていたからである。

カシミールはかつて仏教が繁栄した国であった。しかし数多くあった記念碑的建築の遺構を保護したり仏法を追究したりする試みが表の世界からすべて消え去り、何世紀にもわたり精神の闇夜に包まれた。そしていまラダック(西チベット)の併合を通して、カシミールは再び仏教と結びついたのである。(Kashmir Raj Bodhi Maha Sabha 1936: 68, 宮坂による試訳、以下同様)

仏教徒となった彼らは、輝かしい古代カシミール仏教の歴史を知り、ぜひそれを復活させたいと考えた。そして藩王国内にあるラダック地域が仏教の信仰されている地であることに意義を見出し、活動の連携可能性を模索したが、ラダックを知るにつれ、むしろそこに暮らす仏教徒が様々な意味で「悲惨」な状況に置かれていることがわかってきた。そこで、藩王国政府の官吏であったカウルが先頭に立ち、グランシー委員会や藩王国政府にラダックの仏教徒の実情を知らせ、援助を求めたのである。

我々は、ラダックの仏教徒が諸々の事情により極めて悲惨な状況に置かれていることをご報告申し上げ、殿下の重要な臣民である彼らが衰滅してしまわないよう、首尾よく救済するための方策が直ちに政府により実行されるようご提言させていただきます。(Buddhist Community of Kashmir 1932: 127)

ＫＲＢＭＳの会員のうち、ソナム・ノルブを除けば、陳情を行った時点でラダックを訪れたことのある者はいなかった(Bertelsen 1997a: 75)。後述する意見書の内容から判断すると、カウルらは主として国勢調査資料(Census of India 1931)など公的な資料に記載された情報からラダックの状況を悲観し、意見書を執筆したと考えられる。つまり現状を目の当たりにしたからではなく、各種の指標を藩王国内の他地域と比較すると著しく見劣りするということから、あるいはそれらの指標が彼らの想定する「仏教国」にふさわしくないということから、改善の必要性を見出したのである。

三　意見書の内容と意義

ＫＲＢＭＳが提出した意見書は、具体的にどのような内容だったのだろうか。そこにはまず「ハンディキャップ」(Handicaps)として教育、経済、宗教の三項目があげられ、次いで「救済策」(Remedies)として十三項目があげられている。

まず、教育に関するハンディキャップとして以下の五つがあげられている。①初等教育にウルドゥ語が用いられている。彼らの母語はチベット語であり[(2)]、チベット語による教育を行うべきである。②ムスリム住民のためには配属されている教育事務官が、仏教徒住民のためにはいない。③チベット語教員が適切に選抜されていない。④仏教徒に対する奨学金がなく、無償配布される書籍もない。⑤仏教徒の識字率が著しく低い。四万の人口のうち英語は六人、ウルドゥ語は八十三人しか読み書きできない(Buddhist Community of Kashmir 1932: 127-128)。ＫＲＢＭＳが最も重視したのは教育の改革であった。Ｊ＆Ｋ藩王国においてラダックの仏教徒コミュニティは最も教育が遅れており、その主因は藩王国政府が教育をおろそかにしてきたためであるとされている。

次いで教育のハンディキャップと関係づけつつ、経済に関するハンディキャップが示される[(3)]。

教育が遅れていることにより彼らは経済的に搾取され、公的サービスを受ける機会を奪われている。仏教徒の一握りが極めて低賃金の職員あるいは小学校の教員として雇用されているにすぎず、過酷で賃金の低い、ひどい労働が彼らにとって飢餓賃金(starvation wage)を獲得する唯一の方法となっている。(Buddhist Community of

Kashmir 1932: 128）

重要なのは、経済的な遅れの原因を教育に求める発想が、当時のラダックの人々から内発的に湧き出たものではなく、外部のエリートによる、他と比較する視点から導き出されたものであるという点であろう。やがてこの外部の視点はラダック人自身により内化されていき、実際に教育改革に結実していくことになる。

最後に、宗教に関するハンディキャップとして、藩王国内の他のあらゆる宗教コミュニティが宗教施設を建設するための土地を政府から与えられているが、仏教徒には与えられていないと指摘される。

ムスリム、ヒンドゥー教徒、シーク教徒、キリスト教徒、ゾロアスター教徒は藩王国の主要都市に宗教施設を建設するための、あるいは他の宗教的な目的に用いるための土地を与えられている。仏教徒はこれまで宗教上必要なそうした施設をもっていない。彼らを代表する組織が存在しないため、彼らの不満はこれまでまったく議論されていない。（Buddhist Community of Kashmir 1932: 128-9）

三つのハンディキャップのうち、これだけが、ラダック地域ではなくカシミール地域に関するものである。当時カシミール地域にはほとんど仏教徒はおらず、古代にあった仏教関連の施設は他宗教の施設に変わるか、あるいはなくなってしまっていた。ヒンドゥー教から改宗したカシミール仏教徒たちは、祈りの場を求めたのである。

以上三つの「ハンディキャップ」に次いで十三の「救済策」が列挙される。そのうち六つは教育問題にあてられており、どのように上記の、教育におけるハンディキャップに対処すべきかについて提案がなされる。①初等教育における、書籍の無償配布、奨学金、仏教徒の適任者による教育、チベット語による教育。②ラマ（ここでは僧侶一般を指す）の教育。③適切な仏教教育。仏教テキストの真の意味を理解させるため、カシミール以外も視野に入れ、教員を慎重に選抜すること。④仏教徒の教育のための教育事務官を配置すること。⑤仏教徒の男子のための、中等教育以上の課程向けの奨学金を創設すること。⑥インドや外国において高等教育を受けるための奨学金を仏教徒にも付与すること(Buddhist Community of Kashmir 1932: 129-130)。

初等教育制度の改善だけでなく、中等教育以上の奨学金や、僧侶の教育、仏教教育にまでふみ込んだ内容である点が注目される。当然ながら当時のラダックでも僧院において仏教の教えに基づいた修行や教育が行われていたはずであるが、それらは著しく軽視され、むしろ外部から仏教の教師を迎え、近代的な教育制度を導入することがめざされている。

教育以外については、以下のような提案がなされている。⑦公的サービスを享受できるようにすること。⑧将来的に、藩王国政府に適任な代表者を送ること。⑨商業や産業を振興するため、藩王国政府が積極的に融資を行うこと。⑩仏教徒たちをカシミール渓谷などへ移住させること。⑪仏教徒の遺跡や聖地を藩王国政府が保護すること。⑫藩王国政府はシュリーナガルに僧院を建設するための土地を仏教徒に供与すること。仏教徒の「後進性」を克服するための調査団を派遣すること。⑬仏教徒人口の減少を食い止めるため大胆な施策を行うこと(Buddhist Community of Kashmir 1932: 130)。

このうちとりわけ⑩が目を引くが、その全文は以下のとおりである。

政府はラダックの仏教徒の人口を増やすため、彼らに対し[カシミール]渓谷やその他の肥沃な土地に定住するよう促すべきである。なぜなら現在この地方に住んでいるのは彼らだけだが、荒れ地と岩場ばかりで、国内の他地域と比べ肥沃とはとても言いがたい。そのために彼らは、発展を阻む主因である一妻多夫婚などの悪習を行わざるをえなくなっている。(Buddhist Community of Kashmir 1932: 130)

一妻多夫婚はチベット文化圏に広くみられる、兄弟でひとりの女性を妻として共有する婚姻形態であり、一般に、厳しい環境のなか、限られた財産が兄弟間で分散するのを防ぐために行われるとされる。KRBMSの主張によれば、この「悪習」は仏教徒ラダック人が不毛な土地に住んでいることによるものであるから、彼らをより肥沃な土地へ移住させなければならない。なお、この主張は実現しなかったものの、その後KRBMSなどにより一妻多夫婚への反対キャンペーンが行われた結果、一九四一年、J&K藩王国議会において一妻多夫婚廃止法が成立し、「悪習」そのものは制度的に廃止されることになる(Bertelsen 1997a: 81)。

意見書の概要は以上のとおりである。次に、「仏教徒ラダック人」を表象することがもっていた意味、そしてそれによってめざされた後進性の克服という点に注目しながら、意見書の意義を検討する。まず「仏教徒ラダック人」がそのようなものとして積極的に表象されたのは、恐らくこれが初めてであったという点が重要である。意見書は宗教に基づくコミュニティの存在を前提に書かれているが、これは英領インドにおいて特定集団の権利が主張される際にとられた常套手段であり、J&K藩王国においてもなかば当然に、宗教に基づく人口統計が行われ、特定の宗教とコミュニティを結びつけることが慣例となっていた[4]。このような文脈からすれば、宗教によって集団を表象することは、妥当であるというよりむしろ必要なことであったといえる。しかし、J&K藩王国における辺境の地としてなかば取り残されていたラダックにおいて、宗教によって人々を表象することは必ずしも一般的ではなかったはずである。バーテルセンによれば、「仏教徒ラダック人」という範疇そのものは一九三二年以前の公文書にもみることができるが、その実際の中身がどのようなものであるかはグランシー委員会が活動を始めるまで問題とならなかった(Bertelsen 1997a: 69)。

意見書のなかでラダックの仏教徒コミュニティは均質な人々から成る集団として表象され、教育が行き届いておらず、様々な原因により社会的、経済的に周縁化されているとされた。そして重要なのは、そのうえで、藩王国政府が仏教徒コミュニティに対し他と平等に機会を与えることを怠ってきたと主張されている点である。KRBMS

の主張に従えば、仏教徒は独自のコミュニティを構成しているのであるから、他のコミュニティと同等の権利を享受すべきである。同時に、仏教徒コミュニティは教育されねばならない。なぜなら彼らの宗教指導者に知的指導力が欠けており、一般の人々は人口を自ら減らす悪習を行っているからである。仏教徒ラダック人という範疇をつくり出すことは、それゆえ外在的な権力と内在的な脆弱性により打ちひしがれている人々に、独自のイメージを付与することによって力を与える試みであったといえる。

> これらの無力な人々を無言のまま駆られる牛(dumb driven cattle)と呼ぶことは決して誇張にはあたらない。彼らには代表組織がないため、彼らのもつ不満は話し合われることがなかったのである。(Buddhist Community of Kashmir 1932: 129)

「仏教徒ラダック人」ははるか昔から存在したが、これまで彼らは代表組織をもたなかったがゆえに自分たちの存在を知らしめることができなかった。ＫＲＢＭＳにとって、仏教徒ラダック人という範疇をつくることは、元々存在した仏教徒アイデンティティを揺り起こすことであったが、ただ揺り起こすだけで十分ではなかった。彼らは教育されねばならず、事実上、再構成されねばならない。それは彼らの現状が、収まるべき枠組みにまったく合致していなかったからである。

視野を広げれば、仏教徒ラダック人を宗教的、社会的に再構成する試みは、ＫＲＢＭＳと、当時進展しつつあった南アジアや東南アジア、特にセイロンにおける仏教復興運動の交点において起こったものとみることができる。セイロンにおいては十九世紀以降、新たに構成された「シンハラ仏教」をアイデンティティの核とするナショナリズムが活発化しており、次節でみるように、その影響がカシミールにまで及んだのである(ゴンブリッチ、オベーセーカラ 二〇〇二)。

四　カシミール近代仏教運動と仏教徒ラダック人の出会い

ＫＲＢＭＳの実質的な指導者は、カシミールの中心都市シュリーナガル出身の改宗仏教徒、意見書を提出した当時三十九歳のシリダール・カウルであった。カウルはＢＡ（文学士）とＢＴ（教育学士）を得て、教育こそ社会進歩の原動力であるとみており、教育への熱意を強くもっていた。先に検討した意見書が教育に特に大きな比重を置いたものであることがそれを物語っている。彼は一九一五年に藩王国の官吏に採用され、後の一九三九年にはラダックとその周辺を含む辺境地域の学校教育についての調査を受け持つ部署の補佐官となる。カシミール・パンディットという恵まれた家庭に生まれた彼はなぜ、どのような事情により仏教に改宗し、仏教徒運動に傾倒していったのだろうか。

一九一五年より少し前、彼はＢＴを取得するために北インドの聖地ヴァラナースィーに滞在した。滞在中にその近郊にある仏教ゆかりの地ブッダガヤを訪れた際、外国人の女性が仏塔に近づいたかと思うと、そのとたん卒倒したのを目撃する。意識が戻った彼女に話を聞くと、ずっとブッダガヤを訪れたいと思い続けてきたため、その思いが叶い興奮しすぎたのだという。これを聞いてカウルは仏教がその信徒に起こす強い情動に感動し、改宗を決意した。カウルはそのときまでに世界の大宗教をくまなく学んでおり、そのうえでこのような経験をし、仏教こそ自分が求める信仰であると判断したのである。カウルの宗教に対する態度は「たまたまヒンドゥー教の家庭に生まれたからといってヒンドゥー教徒であり続ける必要はない」というものだった(Bertelsen 1997a: 70)。カウルはやがて大菩提会に接近し、ＫＲＢＭＳを設立した後、その活動内容を大菩提会の機関誌"Maha Bodhi"誌上で報告するようになる。

ＫＲＢＭＳの他の会員がどのような経緯で仏教へ改宗し、会員になったかはよくわかっていない。一九三二年一月に意見書を提出したのは、先述のとおり、改宗したカシミール・パンディット三名とラダック人学生一名であった。カウル以外の元パンディットはシリダール・バット(Shridhar Bhat, ＫＲＢＭＳ秘書官)、シャムブ・ナス・ダー(Shambu Nath Dhar, ＫＲＢＭＳ会長)であった。バーテルセンによれば実質的にすべての意見書の草案を作成したのはカウルであり、それからすれば、彼が協会の代表でなかったことは奇妙だが、それは恐らく彼が藩王国の官吏であったことによるものである。(5)

カウルを始めとするＫＲＢＭＳの会員は、大菩提会の指導下にあったセイロンをはじめ、南アジアや東南アジアで起こっていた近代仏教運動と直接に関係があるか、少なくともそれを知っていた。カシミールにおける仏教復興の動きは、このように地域内にとどまるものではなく、南アジアにおける近代仏教運動や、さらには植民地支配に対するより幅広い意味での抵抗運動ともつながっていた。

意見書の提出に加わった唯一のラダック人ソナム・ノルブは、イギリスの大学から学位(工学)を得た最初のラダック人として知られ、後にラダックの政治において重要な役割を果たすことになる人物である。しかし、一九三二年の段階では、彼はまだシュリーナガルの大学で学ぶ二十三歳である。ＫＲＢＭＳにおける彼の役割ははっきりせず、恐らく名目上の会員であったと考えられる。彼を意見書の署名の筆頭に置いた目的は、ＫＲＢＭＳが仏教徒ラダック人の代理として陳情を行うことを正当化することにあったのだろう。

しかし、それではＫＲＢＭＳはソナム・ノルブ以外のラダック人とまったく関わりなく意見書を書き、提出したかといえば、必ずしもそうではない。シリダール・カウルは仏教に改宗して数年後の一九一七年、ラダックのヘミス僧院のスタグサン・リンポチェ(Stagsan Rinpoche)と出会っている。リンポチェは歴史上の著名な仏教修行者であるナローパが修行を行っていたとされる洞窟を訪れるためカシミールを訪問しており、その際に通訳をしたのがカウルであった。このとき初めてラダック人仏教徒とカシミール人改宗仏教徒の間に直接のつながりが生まれたのである。恐らくこのときまでに、カウルは南アジアにおける仏教復興運動と関わりをもっており、すでに仏教テキスト、とりわけ大菩提会のダマーパーダ(Dhammapada)を学んでいた。

その一五年後の一九三二年十二月、スタグサン・リンポチェはＫＲＢＭＳに対しラダック仏教徒の全権を付与することになる。一九三二年一月にグランシー委員会に提出された意見書ではリンポチェの名は言及されていないが、一九一七年の出会い以降、カウルとスタグサン・リンポチェは連絡を取り合っており、一九三二年一二月にＫＲＢＭＳに全権を付与する旨の声明が発表される。

この経緯を鑑みれば、カウルとスタグサン・リンポチェの邂逅は重要な意味をもつ。ヘミス僧院とスタグサン・リンポチェは、ＫＲＢＭＳがラダックのみならずＪ＆Ｋ藩王国に居住するすべての仏教徒を代表してグランシー委員会に陳情することを正当化するという役割を果たしたのである。

カシミール仏教徒の導師の長でありクショク・ヘミスである私、スタグサン・ラスパは、仏法の普及とカシミール仏教徒の生活条件向上のために、シュリーナガルの政府により認可を受けて設立されたカシミール藩王国仏教徒協会を、ジャンムー&カシミール藩王国王バハドゥール殿下の領土におけるすべての仏教徒を代表する唯一の団体として承認するものである。また同会の後援者となるようにとの要請を喜んで引き受けるものである。(Stagstang Raspa 1997 (1932): 86)

ヘミス僧院は旧ラダック王国の王家から庇護を受けてきたラダック最大の僧院として知られており、その代表であるスタグサン・リンポチェの権威は大きい。ただし位階としては十六阿羅漢のひとり諾距羅《バクラ》の転生者とされるスピトゥク僧院のクショク・バクラ・リンポチェの方が上であり、スタグサン・リンポチェの声明がラダックの仏教界を代表しうるかは必ずしも確かではない。そもそも当時ラダックの仏教界を束ねるような組織は存在しておらず、ヘミス僧院の関係者以外に誰がどこまでその声明の内容を知っていたかは不明である。しかしいずれにしても、ラダックの仏教徒とほとんど関わりをもたなかったＫＲＢＭＳがラダックの主要な僧院の代表者からお墨つきを付与されたことのもつ意味は大きい。意見書の提出以降、グランシー委員会や藩王国政府に、徐々にその活動が認められていったことを考慮すれば、この声明がもった意味はさらに大きくなる。

ただし、その声明の発表に至った経緯には注意が必要である。ＫＲＢＭＳは一九三二年一月に意見書をグランシー委員会に提出する前、一九三一年十一月十三日に口頭で同委員会に陳情を行っている。その際、グランシーは文書で意見書を提出するように要請し、その後、翌年一月に最終的な意見書を提出するまでの間に、ＫＲＢＭＳは二つの暫定的な意見書を提出している(Bertelsen 1997c: 121)。このうち一九三一年一二月二〇日に提出された意見書が、一九三五年に作成された「カシミール藩王国仏教徒協会三年次報告」に掲載されている(Kashmir Raj Bodhi Maha Sabha 1936)。その意見書には記載内容を保証する権威として「ラダックの指導者」であるスタグサン・リンポチェの名があげられているが、グランシー委員会に提出された最終的な意見書からは削除されているのである。恐らく、カシミール仏教徒である彼らがラダックの仏教徒をも代表しうることの根拠をグランシー委員会から要求され、スタグサン・リンポチェの名をあげたものの、その裏づけがないために最終版の意見書では取り下げたのではないか。そしてその後になって、上記の声明をカウルらが起草し、リンポチェの承認を受けたうえで公表したのであろう。ラダック人ではない彼らが仏教徒ラダック人を代表することの正当性を確保するために苦労したことがうかがえる。

五　ナショナリズムからコミュナリズムへ

本章の目的はラダックにおける仏教ナショナリズムの端緒がどのようなものであったか、その様相を明らかにすることであった。そのために、まず一九三二年にカシミールの改宗仏教徒がグランシー委員会に提出した意見書を取り上げ、その内容を検討した。そこで明らかになったのは、意見書がラダックに暮らす仏教徒の教育、経済、社会、宗教といった領域における「後進性」をグランシー委員会や藩王国政府に理解させ、それを改善するような施策を講じさせることを目的としていたこと、そしてそのための戦略として、宗教に根ざしたコミュニティを単位とする必要から「仏教徒ラダック人」というアイデンティティの構築を行ったという点である。必ずしも直接的な結果をもたらしはしなかったものの、KRBMSは広く南アジアの近代仏教運動やJ&K藩王国政府の事情に通じていたシリダール・カウルを実質的な指導者としたことにより、効果的に政治的な主張を行うことができた。

KRBMSの実質的な指導者であったシリダール・カウルは、広く宗教を学ぶなかで南アジアの近代仏教運動に出会い、傾倒し、それを自らの故郷であるカシミールで実践するようになった。そしてラダックの高僧スタグサン・リンポチェとの出会いを一つの契機として、同じ藩王国内の同じコミュニティに属する同胞、ラダックの人々の「悲惨」な状況を改善するための運動を開始したのだった。当時のラダックは大局的にはJ&K藩王国に併合された不毛な辺境の地にすぎず、スタグサン・リンポチェを含む当時のラダックの人々は政治的な主張を行うための回路をほとんどもっていなかった。シリダール・カウルという媒介者の存在が、ラダックの仏教徒を独自なコミュニティとして存立させる、大きな契機となったことは間違いない。

KRBMSによりつくられた運動の枠組みは、本章で取り上げた時期以降、次第に「仏教徒ラダック人」自身により、改変されつつ継承されていくことになる。一九三四年には、KRBMSの影響を受けた旧ラダック王国の王族や貴族らが青年仏教徒協会(Young Men's Buddhist Association, YMBA)を設立し、藩王国政府に対しラダックの仏教徒の待遇改善を求め、同時に、一妻多夫婚や飲酒に反対する運動を展開し、人々に「正しい仏教徒」としての自覚を高めるよう促した。KRBMSの運動に共鳴する形で、ラダックの人々は初めて宗教に基づくコミュナルな意識をもち始めることになった。一九四一年にJ&K藩王国議会において一妻多夫婚廃止法が成立し、一九四三年に仏教徒の相続法が改正されるなど、運動は一定の成果をあげた。

青年仏教徒協会は一九四〇年前後から活動を中断するが、一九四七年にインドが独立して以降、クショク・バクラ十九世（クショク・バクラ・リンポチェ、一九一七―二〇〇三）を指導者に迎え、より積極的に運動を展開するようになる。彼は青年仏教徒協会を指導する一方、一九四九年には全ラダック僧院協会（All Ladakh Gonpa Association）を設立し、また同年、ラダックで初めて行われた民主的な選挙においてラダックの代表に選ばれた。そして一九五三年以降、晩年に至るまで、J&K州政府の担当大臣、インド下院議員、国家マイノリティ委員会委員、駐モンゴル大使を歴任し、ラダックの顔として大きな影響力をもった。彼の指導のもと、青年仏教徒協会や、それが改称したラダック仏教徒協会（Ladakh Buddhist Association）を中心とした仏教徒は、州政府に対し教育改革や自治権拡大を求め、さらにインド中央政府に対してラダックの仏教徒を「指定部族」に指定し国家的な保護の下に置くことを求めた。

仏教徒の運動が始まるまで、ラダックのとりわけ村落部では仏教とイスラームが異なった宗教であるとは必ずしも考えられておらず、同じ世帯で両方の祭祀を行うこともあったという。しかし多数派のムスリムを優遇する州政府への不満が叫ばれるにつれ、ラダックの都市、次いで村落部においても次第にコミュナルな意識が芽生えていく。仏教とイスラームが峻別され、その結果生じた隣人としてのムスリムへの反感が増幅していき、当然ながらムスリムも黙ってはおらず、一九六九年には、ラダックの中心都市レーの街で仏教徒とムスリムが初めて大規模に衝突することになった。一九七八年、これを受けて州政府はラダック地域を仏教徒が多数を占めるレー地区とシーア派ムスリムが多数を占めるカルギル地区に分割したが、ラダック仏教徒協会はこれを分断統治であると非難し、ラダックを州から離脱させ国の直轄領とすることを求める、より過激な運動へ発展した。対立が極まった一九八九年、レーの街を中心に複数の死者を出す衝突が発生し、さらに、暴力が収まった後もムスリムとの関係を断つ「社会的断交」が一九九三年まで続いた。

状況が落ち着きを取り戻したのは、一九九五年、ラダックのレー地区が大幅な自治権を認められたことによる。

ラダック自治山間開発会議レー(Ladakh Autonomous Hill Development Council, Leh)が設立され、州政府を介さない独自の予算を国から得られるようになった。なお、カシミールと異なりシーア派が多数を占めるカルギル地区にも、二〇〇三年に同様の自治が認められた。その後も直轄領化を求める運動は継続しているが、その主体は、二〇〇三年にラダック仏教徒協会から、新設された政治団体、ラダック直轄領化戦線(Ladakh Union Territory Front)へと受け継がれ、ラダック仏教徒協会は「宗教活動」に専念することになった。その後ラダック直轄領化戦線は必ずしも「直轄領化」を積極的に主張せず、二〇一〇年にはヒンドゥー・ナショナリズムを標榜するインド人民党(ＢＪＰ)へと合流している。インド人民党は二〇一〇年のラダック自治山間開発会議レーの選挙において惨敗しインド国民会議派が多数を占めたが、二〇一五年の同選挙では逆に圧勝するなど、ラダックの政治は振れ幅が大きく安定しづらい状況にある。こうしたなか、仏教徒とムスリムの関係は表向き普段は落ち着いているものの、些細なきっかけから暴力へ発展することもしばしばあり、抜本的な対立解消への道のりは遠いといえる。

ＫＲＢＭＳがラダックにもたらした大菩提会の流れをくむ近代仏教運動は、人々に「仏教徒ラダック人」というアイデンティティを確立させ、そのアイデンティティに依拠して人々は多くの政治的な主張を実現させ、教育と経済を中心に利益を獲得してきた。宗教やカーストに基づく様々なコミュニティが利益獲得を競い合うインドにおいて、彼らの運動は、彼らが辺境に暮らす極小のマイノリティであることを鑑みれば、上首尾に運んできている。しかし、それと引き替えに、彼らの運動が容易に解消しがたい分断に加担してしまっていることも記しておかなければならない。以上、本章で取り上げた初期の仏教ナショナリズムが、その後いかに展開したかを簡潔に述べたが、その詳細な検討を今後の課題としたい。

付記：本章は、「インド、ラダックにおける仏教ナショナリズムの始まり――カシミール近代仏教徒運動との出会い」(『名古屋学院大学論集　社会科学篇』第五一巻第二号、二〇一四年)に、加筆修正したものである。

注

（1）一九三二年一月の意見書の署名は「カシミール仏教徒代表」(Representative of Kashmir Buddhists) であるが、以後は「カシミール藩王国仏教徒協会」に統一されており、混乱を避けるため本章では後者を用いる。
（2）ラダックで話されているのはチベット語系の方言の一つ、ラダック語である。実際のところチベット語とラダック語は発音が大きく異なり、直接対話はほとんどできない。
（3）一九三五年に発表されたＫＲＢＭＳの「三年次報告」では、この点に関して、「科学調査」に基づき「仏教徒たちがいかに多様な職業に割り振られているか」が示されている。
（4）一八七一―七二年に行われた初の全インド国勢調査(Census of India) 以来、Ｊ＆Ｋ藩王国でも国勢調査が行われていた。
（5）彼は後にクショク・バクラ・リンポチェのスピーチや論説の草案、そして広く知られる一九五二年の予算に関わるスピーチも起草したとされる(Bertelsen 1997c: 135)。

参考文献

〈日本語文献〉

大谷栄一、二〇一二、「アジアの仏教ナショナリズムの比較分析」『国際研究集会報告書第四一　近代と仏教』国際日本文化研究センター、一〇七―一二二頁。

ゴンブリッチ・R、G・オベーセーカラ、二〇〇二、『スリランカの仏教』島岩訳、法藏館。(Gombrich, R., G. Obeysekere, 1988. *Buddhism Transformed: Religious Change in Sri Lanka*, Princeton University Press.)

中島岳志、二〇〇五、『ナショナリズムと宗教――現代インドのヒンドゥー・ナショナリズム運動』春風社。

舟橋健太、二〇一四、『現代インドに生きる〈改宗仏教徒〉――新たなアイデンティティを求める「不可触民」』昭和堂。

山田孝子、二〇〇九、『ラダック――西チベットにおける病いと治療の民族誌』京都大学学術出版会。

〈英語文献〉
Bertelsen, Kristoffer Brix, 1997a, 'Early Modern Buddhism in Ladakh,' in T. Dodin and H. Rather (eds.), *Recent Research on La-*

dakh, 7, Ulm: Universitat Ulm, 66–88.

Bertelsen, Kristoffer Brix, 1997b, "Protestant Buddhism and Social Identification in Ladakh", in *Archives Des Sciences Sociales Des Religions*, 99(1), 129–151.

Bertelsen, Kristoffer Brix, 1997c, *Our Communalised Future: Sustainable Development, Social Identification and Politics of Representation in Ladakh*, PhD thesis, Aarhus University.

Buddhist Community Of Kashmir, 1932 (1931) "Memorandum of the Kashmir Buddhists", in *The Maha-Bodhi*, 40(3): 127–131.

Ganhar, J. N. and P. N. Ganhar, 1956, *Buddhism in Kashmir and Ladakh*, New Delhi and Srinagar.

Kashmir Raj Bodhi Maha Sabha, 1936 (1935), "The Triennial Report of the Kashmir-Raj Bodhi Maha Sabha Srinagar", in *The Maha-Bodhi*, 44(2): 67–76; 44(3): 135–136; 44(4): 168–175.

Petech, Luciano, 1977, *The kingdom of Ladakh: c. 950–1842 A. D.*, Istituto Italiano per il media ed Estremo Oriente, Roma.

Shakpo, N. T., 1988, 'The Revival of Buddhism in Modern Ladakh', in Uebach, H. and J. L. Panglung (ed.) *Tibetan Studies: Proceedings of the 4th Seminar of the International Association for Tibetan Studies, Schloss Hohenkammer, Munich 1985*, (Studia Tibetica Band II.), München, 439–448.

Stagstang Raspa, 1997 (1932), "The Statement of stagtsang Raspa, 6 December 1932", in Bertelsen 1997a: 86–87.

van Beek, M., 2001, 'Rahula Sankrtyayana and the History of Buddhist Organisation in Ladakh', in *Ladakh Studies*, 16: 18–24.

おわりに

本書の元になった調査研究は、二〇一〇年から一五年までの間、助成を受けた二つの科学研究費補助金で行われている。

二〇一〇年―一二年　基盤研究Ｂ（海外学術）「ポストグローバル時代の東アジアにおける階層分化と宗教文化再編」
二〇一三年―一五年　基盤研究Ｂ（海外学術）「東アジアにおける宗教多元化と宗教政策の比較社会学的研究」

編者は、それまでタイの地域研究で基盤研究Ｂ（海外学術）の助成を受けたことがあったが、東アジアを対象とした研究では初めてであった。本書で執筆している中村則弘、首藤明和の二人に分担研究者に加わってもらい、ようやく中国を含めた東アジアの宗教研究に本格的に着手することができた。両名とも日中社会学会の会長を歴任した日本を代表する中国研究の社会学者である。日中社会学会において中国社会の諸側面を学べたことに感謝したい。

ところで、編者自身が中国での宗教調査を志すようになった理由は二つある。一つは、二〇〇九年に初めて中国人留学生（吉喜潔）を修士課程で指導することになり、その後十名の修士課程大学院生と二名の博士課程大学院生を中国から受け入れている。否が応でも、タイの地域研究や日韓の宗教文化交流の研究を中国に拡大する必要があった。大学院生や研究仲間に案内を頼み、北京・上海・南京・西安・太原・成都の街で宗教施設を訪問し、東チベットの仏学院や修行地、五台山の寺院などを見学しながら、中国宗教の現況を眺め、大学院生たちの調査研究から現代宗教の動向を知る機会を得た。数名の当時の院生と共著という形で調査報告を残せたことは幸いである。

もう一つの理由は、日韓宗教研究フォーラムを通じて韓国や中国の研究者と知り合い、二〇〇八年に「東アジア宗教文化学会」という学術団体の立ち上げに協力し、北海道大学で創立大会を開いたことである。これからは東アジアという地域において宗教研究の交流を進めていかなければならないという強い思いがあったが、日中韓の研究代表者同士の関係がこの時期から政治関係悪化と平仄を合わせるかのようにずれ始め、第二回の学術大会は開催されず学会誌も二号で終わり、最終的に学会は解散された。

いわゆる西欧的な宗教概念や文化概念ではなく、東アジアの宗教文化を自分たちの学問的伝統と言葉で語り出そうという高い志で結成された学会だけに、挫折感も大きかった。研究者個人同士のつながりには何の問題がなくとも、こと国同士の関係となれば、非常に難しい問題が生じてくる。それ以降、中国の研究者とは個別の機会に交流はあるものの、学会や大学組織の単位で交流はしていない。そして、二〇一二年から香港中文大学や台湾中央研究院の研究者と交流を始め、いわば中国本土とは少し距離を置きながら中国の宗教文化研究を継続している。今後とも学術的交流を深め、調査領域を拡大していきたいと考えている。

本書の制作にあたっては、科学研究費補助金の分担者と研究協力者に章の執筆を依頼した。多忙のため執筆がかなわなかった分担研究者もいるが、研究会で有益な助言を得ている。学会で研究報告を依頼したことを機縁に執筆してくれた方もいる。また、いつものことながら、北海道大学出版会に刊行を依頼し、上野和奈氏が手際よく編集作業を進めてくれた。

最後になるが、本書は北海道大学大学院文学研究科の書籍刊行事業の助成を受けている。昨年度、北海道大学の財政逼迫の折、一度は事業中止に追い込まれたが、研究科教授会で復活の声が高まり、今年度も助成が継続され、本書への助成が採択された。審査に関わった研究推進委員会の先生方、および北海道大学出版会の企画ということで本書の原稿を査読いただいた先生にも感謝申し上げたい。

一人の研究者が研究領域を拡大し、研究室として研究体制を組み、成果を公表するまでには科学研究費補助金や大学の出版助成など多くの公的な支援が必要である。もちろん、研究者は研究成果を大学教育や社会への学術的情報発信などで還元していくのだが、支援から一応の成果が出るまで数年がかかり、教育の成果として現れるには十年単位の時間がかかることを多くの方に知っていただきたいと思っている。多くの市民の方から、そういう長い目で大学の研究や教育を温かく見守ってもらえることを希望しながら、擱筆したい。

北海道大学出版会

〈定価は消費税抜きを示します〉

定価 A5判 五、一〇〇円

定価 A5判 五、二〇〇円

定価 A5判 五、八〇〇円

定価 A5判 五、二〇〇円

定価 A5判 四、三〇〇円

定価 A5判 三、三〇〇円

櫻井義秀（さくらい よしひで）

1961年　山形県生まれ
1987年　北海道大学大学院文学研究科博士課程中退
現　在　北海道大学大学院文学研究科 教授
単・共著 『東北タイの開発と文化再編』北海道大学図書刊行会，2005，『東北タイの開発僧』梓出版社，2008，『統一教会』〈共著〉，北海道大学出版会，2010，『死者の結婚』北海道大学出版会，2010，『カルト問題と公共性』北海道大学出版会，2014など。
編　著 『社会貢献する宗教』〈共編〉世界思想社，2009，『現代タイの社会的排除』〈共編〉梓出版社，2010，『越境する日韓宗教文化』〈共編〉北海道大学出版会，2011，『日本に生きる移民たちの宗教生活』〈共編〉ミネルヴァ書房，2012，『アジアの宗教とソーシャル・キャピタル』〈共編〉明石書店，2012，『アジアの社会参加仏教』〈共編〉北海道大学出版会，2015，『人口減少社会と寺院』〈共編〉法藏館，2016など。

現代宗教文化研究叢書7
現代中国の宗教変動とアジアのキリスト教

2017年3月25日　第1刷発行

編著者　櫻井義秀
発行者　櫻井義秀

発行所　北海道大学出版会
札幌市北区北9条西8丁目　北海道大学構内（〒060-0809）
Tel. 011(747)2308・Fax. 011(736)8605・http://www.hup.gr.jp/

㈱アイワード/石田製本㈱

ISBN978-4-8329-6832-5

執筆者紹介(執筆順)

櫻井義秀(さくらい よしひで)　はじめに, 第一章, 第四章, 第十六～十九章, おわりに
＊編著者(別　記)

郭　莉　莉(かく りり)　第二章
生　年　1987年
現　在　河北経貿大学外国語学院 専任講師
主　著　「都市の少子化と子育て支援ネットワークに関する日中比較研究――札幌・北京調査を事例に」『現代社会学研究』第27巻, 1-18頁, 2014年(単著)。「中国農村高齢者の養老問題――都市近郊の『失地農民』に焦点を当てて」『21世紀東アジア社会学』第7号, 146-163頁, 2015年(単著)。

金　昌　震(きむ ちゃんじん)　第二章
生　年　1974年
現　在　北海道科学大学 非常勤講師
主　著　「ネットワーク論的観点から見た育児支援」『日本文化研究』第50輯, 2016年(共著)。「少子化原因の背景に関する日韓比較」『北海道大学大学院文学研究科研究論集』第14号, 2014年(単著)。

寺沢重法(てらざわ しげのり)　第三章
生　年　1982年
元 北海道大学大学院文学研究科 助教
主　著　「慈済会所属者の族群と社会階層は多様化しているのか？―― TSCS-1999/2004/2009の分析」『宗教と社会貢献』第5巻第2号, 27-42頁, 2015年(単著)。「現代台湾において日本統治時代を肯定的に評価しているのは誰か？――「台湾社会変遷基本調査」の探索的分析」『日本台湾学会報』第17号, 226-240頁, 2015年(単著)。

羅　欣　寧(ら きんねい)　第三章
生　年　1991年
現　在　北海道大学大学院文学研究科修士課程
主　著　「中国における計量宗教社会学とその課題―― Spiritual Life Study of Chinese Residents, Study of Mysticism in Chinese Buddhist Monks and Nuns, 中国総合社会調査を事例に」『日中社会学研究』24号, 45-56頁, 2016年(共著)。

伍　嘉　誠(ご かせい)　第四章, 第九章
生　年　1984年
現　在　北海道大学文学研究科 専門研究員
主　著　'Demographic Changes and Religion in Japan: A Case Study of Soka Gakkai

in Hokkaido'. In Nagy, S. R. ed., *Japan's Demographic Revival: Rethinking Migration, Identity and Sociocultural Norms.* Singapore: World Scientific Publishing Co., 2016, pp.145-178(単著).「香港社会における高齢化とキリスト教団体による高齢者福祉――ソーシャル・キャピタルの視点から」,『日中社会学研究』第 23 号，107-122 頁，2015(単著)。

李 賢 京(い ひょんぎょん) 第五章
生 年 1979 年
現 在 東海大学文学部 特任講師
主 著 「在韓日本人コミュニティの形成と宗教――日本人教会を中心に」『比較日本学』第 34 集，2015 年(単著)。『アジアの社会参加仏教』北海道大学出版会，2015 年(分担執筆)。

佐藤千歳(さとう ちとせ) 第六章
生 年 1974 年
現 在 北海商科大学 准教授
主 著 「教会破壊に乗り出した習近平政権」『文藝春秋』2014 年 7 月号，130-138 頁(単著)。「変容する中国の宗教―― 21 世紀におけるキリスト教の復活」『善隣』436 号，2-10 頁，2013 年(単著)。

徐 琼(じょ けい) 第七章
生 年 1963 年
現 在 上海応用技術大学人文学院 副教授
主 著 『図們江地域における開発と社会変容 1990-2005』一粒書房，2012 年(単著)。「中国のキリスト教団体及び活動の特徴について――上海朝鮮族の「家庭教会」を事例に」『評論・社会科学』118 号，47-69 頁，2016 年(単著)

藤野陽平(ふじの ようへい) 第八章
生 年 1978 年
現 在 北海道大学大学院メディア・コミュニケーション研究院 准教授
主 著 『台湾における民衆キリスト教の人類学――社会的文脈と癒しの実践』風響社，2013 年(単著)。「台湾における「日本語」によるキリスト教的高齢者ケア――社団法人台北市松年福祉会玉蘭荘の機関誌分析より」三尾裕子，遠藤央，植野弘子編『帝国日本の記憶――台湾・旧南洋群島における外来政権の重層化と脱植民地化』慶応義塾大学出版会，2016 年(分担執筆)。

ダーライブヤン・ビャンバジャワ 第十章
生 年 1979 年
現 在 クイーンズランド大学 特別研究員
主 著 "The Struggles of River Movements," Social Movement Studies, No 4, 2015 (単著). "Mobilizing against Dispossession: Gold Mining and a Local Resistance Movement in Mongolia," 北方人文研究，第 5 号，13-32 頁，2012 年(単著)。

稲本琢仙（いなもと たくせん） 第十章翻訳
生　年　1992年
現　在　北海道大学大学院文学研究科修士課程

ティラポン・クルプラントン 第十一章
生　年　1971年
現　在　フリーランス研究者・翻訳・通訳者
主　著　『日本に生きる移民たちの宗教生活――ニューカマーのもたらす宗教多元化』ミネルヴァ書房，2012年（分担執筆）。『タイ上座仏教と社会的包摂――ソーシャル・キャピタルとしての宗教』明石書店，2013年（分担執筆）。

シリヌット・クーチャルーンパイブーン 第十一章
生　年　1980年
現　在　北海道大学大学院文学研究科博士課程
主　著　「一九七〇年代におけるタイ学生運動の動態――イベント分析による考察」『年報タイ研究』第15号，37-57頁，2015年（単著）。「タイの民主化と反日運動――「野口キック・ボクシング・ジム事件」と「日本製品不買運動」を事例に」『現代社会学研究』第28巻，1-19頁，2015年（単著）。

ジュタティップ・スチャリクル 第十一章
生　年　1975年
現　在　ラジャパーク大学 行政学部長
主　著　『現代タイの社会的排除――教育・医療・社会参加の機会を求めて』梓出版社，2010年（分担執筆）。『タイ上座仏教と社会的包摂――ソーシャル・キャピタルとしての宗教』明石書店，2013年（分担執筆）。

中村則弘（なかむら のりひろ） 第十二章
生　年　1957年
現　在　長崎大学多文化社会学部 教授
主　著　『台頭する私営企業主と変動する中国社会』ミネルヴァ書房，2005年（単著）。『脱オリエンタリズムと中国文化――新たな社会の構想を求めて』明石書店，2008年（編著）。

川田　進（かわた すすむ） 第十三章，第十五章
生　年　1962年
現　在　大阪工業大学工学部 教授
主　著　『中国のプロパガンダ芸術』岩波書店，2000年（共著）。『東チベットの宗教空間』北海道大学出版会，2015年（単著）。

首藤明和（しゅとう としかず） 第十四章
生　年　1970年
現　在　長崎大学多文化社会学部 教授
主　著　『中国の人治社会』日本経済評論社，2003年（単著）。『中日家族研究』浙江

大学出版社，2013年(共編著)。

吉　喜　潔(きつ きけつ)　第十六章
生　年　1986年
現　在　石屋商事株式会社

韓　　舒(はん しょ)　第十七章
生　年　1988年
現　在　中国陝西旅遊出版社

趙　可　佳(ちょう かか)　第十八章
生　年　1990年
現　在　北京首都博物館研究員

保　　薇(ほ び)　第十九章
生　年　1989年
現　在　株式会社ビックカメラ

栄　畳　飄(ろん でぃえひょう)　第十九章
生　年　1991年
現　在　北海道大学大学院文学研究科修士課程

李　　鑫(り きん)　第十九章
生　年　1991年
現　在　北海道大学大学院文学研究科修士課程

宮坂　清(みやさか きよし)　第二十章
生　年　1971年
現　在　名古屋学院大学法学部 専任講師
主　著　「神々に贈られるバター――ラダックの遊牧民による乳加工と信仰」鈴木正崇編『森羅万象のささやき――民俗宗教研究の諸相』風響社，2015年(分担執筆)。「科学と呪術のあいだ――雪男学術探検隊，林寿郎がみた雪男」江川純一・久保田浩編『「呪術」の呪縛　上巻』(宗教史学論叢19)リトン，2015年(分担執筆)。

索　　引

あ 行

愛国愛教　328
アジア宣教　73
アジア通貨危機　27
アジア・バロメータ調査　241
阿訇　335
アルバニア決議　176
安徽省九華山　361
イエス之御霊教会教団　83
延吉教会　159
一貫道　16
維権　133
維権教会　140
イスラーム　324
　回族の——教育　420
　新疆ウイグル自治区の——調査　349
一帯一路　306
一国二制度　210
一妻多夫婚　439
李明博　28
イリイチ，I　283
インギサル県　350
イングルハート，R　7, 237
インド人民党　447
黄大仙　214
宇野重昭　281
“五好”宗教活動場所　351
“五好”宗教人士　351
盂蘭盆　383
雲南省
　——の茨中カトリック教会　410
雲南保山回族　323
円仁慈覚大師　362
延辺朝鮮族
　——のキリスト教　155

か 行

外省人　81
回族　324
　雲南省保山市の——　323
　——のイスラーム教育　420
開拓布教　16
科儀　395
カギュ派　301
カサノヴァ，ホセ　5
カシミール人改宗仏教徒　442
カシミール藩王国仏教徒協会　434
カシュガル市　352
家庭教会　77, 133, 135
　中国の——の類型　139
カトリック
　——の下層民の救済的な宗教運動　105
カトリック教会
　雲南省の——　410
　韓国の——　101
　タイの——　262
　香港の——　215
　モンゴルの——　237
峨眉山　361
カリタス　215
カルト　244
カルマ寺　316
カルマパ十七世　301
川田進　427
韓国
　——カトリック教会　101
　——のキリスト教　85
　——の社会保障　24
　——の二〇〇五年人口センサス調査　102
　——の弥勒信仰　105
韓国系キリスト教　16
『韓国天主教会統計二〇一五』　106
甘粛省
　——の回族女学　420
基層信仰　15
祈福信仰　128
金大中　27
金泳三　26
九華山　361
教会活動
　——とソーシャル・キャピタル　96
教会ソーシャル・サービス協会　201
共産党中央統一戦線工作部　134, 303

玉樹震災　318
キリスト教
　——信仰の受容　81
　——の悪魔祓い　83
　延辺朝鮮族の——　155
　五カ国の——比較　84
　ナショナリズムと——　78
キリスト教研究
　中国における——　157
広仁寺　379
苦難神学　148
グランシー委員会　434
クリフォード，J　325
契約協力関係　209
経路　324
華厳寺　379
化身ラマ　301
ケープタウン決意表明　150
ケンポ・カルツェ　302, 314
ケンポ・ジグメ・プンツォ　308
ケンポ・ソダジ　302, 306
公共空間における宗教　19
公共宗教論　5
孔子　286
江蘇省
　——の仏教安養院　416
江沢民　13, 304
高齢化
　東アジア地域の——　23
胡錦濤　13, 35, 305
国語教会　172, 190
国際記念物遺跡会議（ICOMOS）　359
国際仏学会　308
国民党　41
五大公認宗教　12
五台山　361
五台山仏教学院　362
五台山仏教協会　363
国家宗教事務局　134, 303
駒井洋　374
坤道　398
渾沌　290
コンヤプ寺　314

さ　行

蔡英文　44, 184
差序格局　62
三自愛国運動　14
三江教会堂　77
三色市場　6
山西省五台山　361
三無老人　33
西安広仁寺慈善功徳会　379
西安仏教　375
香積寺　378
真耶穌教会　78
真武廟　400
西蔵之声　318
四川省峨眉山　361
四川省大地震　397
薔色園　215
指定部族　446
ジニ係数
　中国の——の推移　38
社会関係資本　250, 313
　教会活動と——　96
社会教理　126
社会保障・社会福祉
　韓国の——　24
　台湾の——　40
　中国の——　31
邪教　81, 163
社区　34
シャーマニズム　239
宗教
　——とツーリズム　359
　中国の——と精神的健康　60
宗教市場理論　238
宗教市場論　5
『宗教事務条例』　10
宗教人口
　中国の——　10, 57
宗教性
　中国の——の規定要因　58
宗教政策
　中国の——　12
宗教政策三原則　305
宗教政策四原則　305
宗教と和諧　310
習近平　35, 305
儒仏道　16
シュマッハー，E　283
ジュメ・タヒール　353
巡礼　360

正一教　394
正月廟会　383
シリダール・カウル　441
シルクロード経済圏構想　306
新界租借条約　200
新疆ウイグル自治区　349
新興都市教会　138
興教寺　378
神仙思想　394
親中派　81
シンハラ仏教　440
人民公社　33
心霊復興運動　83
スターク，R　5
スタグサン・リンポチェ　443
星雲大師　309
政治帽子　336
清真寺　335
聖地観光　359
青年仏教徒協会　445
西洋の衝撃　292
聖霊運動　120
聖霊刷新運動　127
世界価値観調査　7
世界文化遺産　359
世俗化　4, 233
浙江省普陀山　361
セブンスデー・アドベンティスト　237
セルグループ　243, 247
全真教　394
選択的宗教文化　15
善堂　14
荘子　289
ソーシャル・キャピタル　250, 313
　教会活動と――　96
徐正敏　75
祖先崇拝　15, 287
ソナム・ノルブ　434
孫文　80

た　行

タイ
　――のカトリック　255
　――のカトリック教関連学校　266
　――のカトリックの司祭・修道士　265
　――のキリスト教　85, 255
大覚醒運動　79
タイ・カトリック中央協議会　262
大聖寺安養院　417
胎蔵界曼荼羅　287
太陽花学生運動 → ひまわり学生運動
大理　334
台湾
　――のキリスト教　171
　――の社会保障・社会福祉　40
台湾基督長老教会　173, 179
台湾公義行動教会　182
台湾語教会　172, 190
武田清子　81
多神教的世界観　282
「単位」制度　32
丹薬　394
陳水扁　184
地下教会　77, 135, 139
チベット騒乱　316
チベット仏教　301
チベット仏教徒
　ラダックの――　431
中華キリスト教青年会　201
中華人民共和国憲法　11
中間層
　――中心の教会　125
中共中央一九九一年六号文件　304
中共中央一九八二年十九号文件　304
中元節　404
中国
　――的価値意識の構成　286
　――におけるキリスト教研究　157
　――の家庭教会　133
　――の家庭教会の類型　139
　――のキリスト教　85
　――の高齢化と高齢者福祉　416
　――のジニ係数の推移　38
　――の社会保障・福祉　31
　――の宗教人口　10, 57
　――の宗教政策　12
　――の宗教性の規定要因　58
　――の宗教団体の社会活動　409
　――の宗教と精神的健康　60
　――の宗教文化　373
　――の新興都市教会　138
中国回教倶進会　335
中国基督教協会　77, 134
中国基督教三自愛国運動委員会　77, 134

中国人精神生活調査　53, 394
中国総合社会調査　54
中国道教協会　394
中国の夢　37
甑山教　105
朝鮮族　155
　——の神学育成クラス　166
朝鮮天主教会　104
長老教会 → 台湾基督長老教会
チンギス・ハーン　325
『清真指南』　326
清涼寺　377
草堂寺　378
茨中カトリック教会　410
ツーリズム
　宗教と——　359
ティモシー・リチャード　74
大倧教　105
テーラー，ハドソン　74
天道総天壇　16
統一戦線活動　303
東岳廟　399
道観　394
道教　394
　香港——連合会　214
東京韓人教会　112
道士　402
鄧小平　13, 35, 304
杜文秀　334

な　行

中村則弘　374
ナショナリズム
　——とキリスト教　78
南京金陵協和神学院　166
南京条約　200
ニー，ウォッチマン　80
二元忠貞　327
二〇〇九年ウイグル騒乱　350
二二八事件　176
日本
　——のキリスト教　85
日本菩提学会　308
ニンマ派　302
盧武鉉　28
ノリス，P　7, 237

は　行

廃仏毀釈　292
白雲観　395, 405
朴槿恵　29
ハッジ（巡礼）　360
バーバ，H. K.　325
ハルミ・ベフ　281
東アジア地域
　——の高齢化　23
東トルキスタン・イスラーム運動　355
ひまわり学生運動　178
ひまわり青年福音団　180
ファンダメンタリズム　5
費孝通　62
フォックス，J　8
符呪　401
普陀山　361
仏教
　——安養院　416
　五台山——協会　363
　チベット——　301
　香港——連合会　213
　モンゴル——　234
　ラダックのチベット——　431
仏教協会　375
仏教徒ラダック人　439
仏教ナショナリズム　429
符籙　394
プロテスタント教会
　中国の——　134
　台湾の——　172
　香港の——　172
文化大革命　12, 336, 362, 375, 395
ベインブリッジ，W　5
北京条約　200
法輪功　13
保山回族　323
ポストコロニアリズム　325
ポスト社会主義　231
ポスト社会主義国家　9
ポスト福祉国家　9
香港
　——のキリスト教と社会福祉　199
　——の宗教慈善組織　221
香港教会更新運動　216
香港ソーシャル・サービス協会　202, 205

香港道教連合会　214
香港仏教連合会　213
本省人　81
本土派　81

ま　行

馬英九　179
馬注　326
馬注文化園計画建設委員会　339
松本ますみ　421
馬幇　335
マルクス主義宗教観　304
弥陀村　418
民衆神学　77, 106
民進党　44
民族宗教事務委員会　159
無神論　12, 233, 303
毛沢東　32
　——主義　288
　——崇拝　12
モリソン，R　74
モルモン教　237
モンゴル
　——のキリスト教　85, 231
モンゴル国勢調査　232
モンゴル福音主義同盟　237
モンゴル仏教
　——の復興　234

や　行

柳田國男　284
山田慶児　290
山中弘　359
両班　104
円玄学院　215
佑民観　398
永昌惨案　333

ら　行

ラダック　430, 432
　——のチベット仏教徒　431
ラダック直轄領化戦線　447
ラダック仏教徒協会　446
ラーチャブリー教区社会開発センター　270
ラルン五明仏学院　302
蘭州イスラーム教経学院　422
リー，ウィットネス　80
李登輝　177
呂祖宮　396
臘八節　383
ローカルチャーチ(地方教会)　80
六七暴動　207

わ

和諧社会　36